幕末外交儀礼の研究

欧米外交官たちの将軍拝謁

佐野真由子

思文閣出版

幕末外交儀礼の研究——欧米外交官たちの将軍拝謁◆目次

幕末外交儀礼の研究——欧米外交官たちの将軍拝謁

〔凡例〕

一、日付は和暦表示を基本とし（ただし第二章を除く）、原則として年数のみ、カッコ書きで西暦を添えた。ただし、同じ節のなかで同じ元号が近接するなど、内容が明らかな場合は西暦を省いたほか、各所で適切と考えられる方法を採用した。

二、史料の引用にあたり、漢字は原則として原文どおりの書体で記したが、いわゆる変体仮名はひらがなで表記した。また、筆者の判断で句読点を加え、翻刻史料についても必要に応じて句読点を改めた（ただし現代の著作を除く）。

三、以下の史料は事実関係の典拠として頻出することから、章末注においては、それぞれ編者名、出版者名、刊行または覆刻年を省略し、書名と巻号のみを記載した。

東京大学史料編纂所編『幕末外国関係文書』（東京大学出版会）
黒板勝美編『續徳川實紀』（吉川弘文館）
通信全覧編集委員会編『続通信全覧』（雄松堂出版）

序章

江戸時代後期、西洋諸国から渡来し、それぞれの仕方で「開国」を要求した外交使節らは、ごく一部の国を除いて閉ざされてきた日本の国際関係に新しい時代をもたらした。「国と国との関係」に新展開が見られたことは言うまでもないが、そのもとでは日々具体的に遂行されるべき外交実務というものが発生し、当時における日本の為政者と官僚――徳川政権の幕閣・幕臣たち――は否応なく、急速な新知識の吸収と実際の業務処理の必要に迫られることになった。

そのなかでも少なからぬ割合を占めたのが、来日した外交使節らを相手とする外交儀礼の挙行という仕事である。とりわけ、そうした使節が日本に到来するだけでなく、駐在外交官として日本国内の一角にとどまるようになると、彼らが徳川将軍の居城に登り、本国元首の名代として将軍に拝謁する機会が必要とされ、そのために城中で儀礼が執り行われるようになった。本書は、その儀礼の詳細を解明し、長大な論争を経て実現した初めての事例はもとより、引き続き、幕府においてそのような儀礼の態様が順次、前例に依拠しつつも新規の要素を取り入れながら整えられていった経過を追跡する。

それは、条約交渉等の政治過程と並行し、絡み合いながらも、つねに別次元の検討課題として存在した、より象徴的、文化的な側面における徳川幕府の外交実践、ひいては対外認識の変遷を分析しようとすることである。(1)

(二) 本書の範囲と目的——もう一つの幕末対外関係史

本書が直接の対象とするのは、安政四(一八五七)年から慶応三(一八六七)年の間に行われた、全一七例の将軍拝謁式と、それらの連鎖関係である。安政四年一〇月二一日には、初代アメリカ総領事として前年から駐在を開始していたタウンセンド・ハリス(Townsend Harris)が、西洋諸国の代表としては初めて江戸城に登り、徳川第一三代将軍家定に拝謁して、フランクリン・ピアース(Franklin Pierce)大統領の親書を奉じた。他方、慶応三年三月二五日から四月一日にかけては、第一五代将軍慶喜が大坂城で、時の駐日イギリス公使ハリー・スミス・パークス(Harry Smith Parkes)、オランダ総領事ディルク・デ゠グラーフ゠ファン゠ポルスブルック(Dirk de Graeff van Polsbroek)、フランス公使レオン・ロッシュ(Léon Roches)、アメリカ公使ロバート・ブルース・ヴァン゠ヴァルケンバーグ(Robert Bruce Van Valkenburgh)をそれぞれ引見したが、これらが徳川政権下での最後の将軍拝謁式となった。

ハリスの初拝謁のためには、それに先立って一年以上前から、実施の可否に関する論争や、式の詳細にわたる準備が続いた。したがって、本研究の主要な時期的範囲は、徳川幕府が欧米外交使節の迎接儀礼を司った安政三(一八五六)年から慶応三(一八六七)年までの一二年間ということになる。

日本赴任にあたって大統領から将軍宛の親書を託されていたハリスは、安政三年の来日直後から、自身に課せられた重要な任務として、それを将軍に捧呈したいとの強い希望を表明していた。翌年一〇月二一日の実現に至るまでの議論や具体的な準備についてはこのあとの本論で詳述するが、幕府内における論戦の経過から浮かび上がるのは、この際のハリス迎接儀礼が徳川幕府にとって、西洋国際法上の慣習に則った——駐在代表による本国元首の親書捧呈から開始される——外交関係の幕開けを示すと同時に、想像もつかないような未曾有の事態ではけっしてなかったということである。とりわけ、このときの式次第が幕府が長年の経験を有する朝鮮通信使迎接儀礼を基礎に準備された経緯は、単なる先例参照というにとどまらず、現場でこれにかかわった幕臣らが、新たな対米外交の始まりを徳川幕府の「通信」の伝統の延長線上に納得していった思考の過程を表すものとして、注目に値する。

幕府は引き続き、四例の拝謁式をこなすなかで試行錯誤を繰り返し、第六例・イギリス公使ラザフォード・オールコック（Rutherford Alcock／万延元〔一八六〇〕年七月九日）、第七例・フランス代理公使ギュスターヴ・デュシェヌ＝ド＝ベルクール（Gustave Duchesne de Bellecourt／同二一日）の登城・将軍拝謁をもって、「幕末外交儀礼」の態様が一通りの完成を見た（出御した将軍は、第四例以降、第一四代家茂）。その様相は、「近世アジア域内交流から幕末対欧米外交への連続」とも表現できるだろう。理念のレベルではなく、現場の政策担当者らの現実に即応した実践のなかで、新たな外交についての認識がそのように展開していった経過が浮き彫りになる。

その後、いったん安定的に、さらに六例が実行されたのち、最幕末期、一連のものとして挙行された四例の将軍拝謁式は、その場に居合わせたイギリス公使館員アーネスト・メイソン・サトウ（Ernest

Mason Satow）が見るところ、「全くヨーロッパの流儀によって」[2]行われた。しかし、日本側の列席者一同が西洋式の服装を着用していたはずもないこれらの儀式を、いずれの基準によって「ヨーロッパの流儀」によるものと判定しえたのだろうか。明治新政府の成立後、外交儀礼は幕末の実践を引き継ぎつつ、急激な西洋化を見ることになる。その、いわゆる「ミカドの外交儀礼」への道程で[3]、何が連続し、何が断絶したのか。その考察に道を開くところまでが、本書が視野に収めようとする範囲である。

なお、本書が焦点を当てる欧米諸国外交官の将軍拝謁式が挙行されたのは必然的に、将軍の居城内――全一七例のうち、一三例目までは江戸城、最後の四例は大坂城――である。他に、たとえば、来日した外交官らが老中などの幕閣や、外国関係諸奉行をはじめとする幕臣等を相手に、彼らの役宅や奉行所などで外交交渉を行うような場合にも、双方が象徴的な挨拶を交わし、茶菓、酒肴の接待、物品の贈答などを伴う儀礼的場面が設定されることがあった。「外交儀礼」を広義にとれば、当然これらも含まれることになる。後述するように、そうした事例のうちでも初期のロシア使節への対応を素材に、外交儀礼を異文化コミュニケーションの典型的な場面として考察した研究成果も存在する。しかしながら本書では、これらの場面における幕府の経験に目を配りつつも、考察の対象は城内での将軍拝謁式にしぼり、この線をたどることで国際関係を司る政権中枢の判断と実践の経過を明らかにしていきたい。

本書が扱う時期の当初、来日した外交代表らが実質的な最高権力者と見なし、諸条約締結の当事者とした徳川将軍に拝謁して、自身が名代を務める本国元首の親書を奉ずるという行為は、西洋の国際慣習法上すでに確立した、国家間関係の維持、構築に欠かせない儀礼として行われたのである。これは、現代でも新着外交官の業務開始にあたって挙行される信任状捧呈式につながる儀礼であって、[4]実務レベルの応接とは区別されなければならない。他方、城中であっても、将軍慶喜の時代に散見されるようになった将軍と外交官らとの非公式の会談は、象徴性を持った儀礼とは異なるため、分析対象から除くこととする。

本書の目的は、第一にはこうした作業を通じ、その重要性にもかかわらず従来の研究において光を当てられることのなかった幕末外交儀礼の実態を詳らかにすることである。そこからは、外交儀礼の機能ゆえに、もともと注視されてきた政治交渉の過程とは一線を画す形で推移した、いわばもう一つの幕末対外関係史が輪郭を現すはずであり、全体として、徳川幕府による外交運営と、より長期的な外交史上におけるその意義を見直すことにつながると考えられる。

(二) 既往の研究と本書の位置――見落とされてきた儀礼研究の重要性

外交において儀礼は、国どうしの関係を表現する型であり、歴史的にも欠かせない重要性を持ち、それが現代に至るまで引き継がれているにもかかわらず、日本の国際関係史研究――とくに、欧米諸国を相手とする近代以降の――においては、あくまで「内容以外」の飾りの部分と捉えられるためか、十分な注意が払われてこなかった。むろん、その場合の「内容」にあたる条約交渉等の政治的経過を論じた研究のなかで、同時期に発生した事実として儀礼の挙行に触れたケースはあるが、[5]それ自体が本格的な考察の対象とされることは皆無であったと言ってよい。

その点で、近年、幕末期における日露間の交流を外交儀礼を通じて考察した生田美智子の研究は、この領域に初めて直接目を向けた意義あるものと言えよう(6)。ただし生田は、主に異文化コミュニケーションが記号化される場面という観点から分析の素材として外交儀礼を扱っており、また、担当の幕臣による外交官らの応接など、先にも触れた「広義の」儀礼と呼ぶべきケースのみを取り上げている。これに対し、本書は諸儀礼のなかでも国家間関係が最も明確に表現された江戸および大坂城内における将軍拝謁儀礼に光を当てる。幕末対外関係史において儀礼に同様の意義を見出している論者としては三谷博を挙げることができるが、一般論にとどまっている(7)。

幕末外交儀礼というエアポケット　ところで、本書にとっての先行研究は、直接に幕末外交儀礼に関係するものだけではない。「隣接領域」と見なすべき諸分野には豊かな研究の蓄積があり、この研究はそれらを踏まえて成り立つものである。

徳川政権において、将軍の居所にして政治の中枢であった江戸城に幕臣や大名らを迎え入れ、とりわけ将軍その人が彼らに謁《えつ》を与えることは、最高権力者の地位と主従関係の継続を確認するきわめて重要な形式として機能した。正月の年始御礼に始まる年中行事を軸に、各家の家督相続や高位の幕臣らの役替え、とくに「御暇《おいとま》」と言われる遠方への転勤などに際し、時々に「将軍に御目見《おめみえ》する」という特別な行為が、それを取り巻く時空間の設定と相俟って政権を支えていた。同時にそうした殿中儀礼の秩序は、武家政権内部のみならず、都から下向した勅使、また、日光東照宮や東西本願寺などを典型とする賓客の迎接といった、政権の外部との交際の場面に適用され、将軍の権威を高めながら、より広範な国家の形をつくりあげていったのである。将軍拝謁を含め、近世の武家儀礼一般については、深井雅海、平井聖、二木謙一、大友一雄、また、渡辺浩などによる研究の成果がある。[8]
こうした儀礼伝統の外延には、類似の儀式がこの政権と他国の政権との関係を司るために行われる場合があった。徳川幕府が「通信」の関係を維持した、朝鮮および琉球の使節を迎接する行為がこれに該当する。周知のとおり、朝鮮通信使は江戸時代を通じて一二回来聘した。第二回（元和三〔一六一七〕年）は伏見城、第一二回（文化八〔一八一一〕年）は対馬の宗氏藩邸における聘礼《へいれい》であったため、実際に江戸城で儀礼が行われたのは一〇回である。むろん、伏見、対馬での聘礼も、それぞれの時期の事情により江戸城での儀式に代わるものとして行われたのであって、一連の儀礼伝統から排除すべきものではない。また、琉球の使節は、徳川将軍の代替りを祝って派遣される慶賀使、琉球王の襲職御礼にあたる謝恩使を合わせ、寛永一一（一六三四）年から嘉永三（一八五〇）年に至るまで計一八回、徳川将軍に拝謁した（初回は京都・二条城、二回目以降は江戸城）。[9]
一方、これらとは別に、正式な国交ではなく、民間の「通商」関係であるとの建前が貫かれたオランダとの交際があった。長崎の出島に駐在するオランダ商館長一行は、幕府から通商を許されていることへの御礼という名目で、江戸時代初期には毎年、明和元（一七六四）年からは隔年、寛政二（一七九〇）年からは四年に一度、[10]江戸に赴き、城内で将軍に御目見した。公的な儀式では将軍が相手国使節に「御逢」になるとの表現が使われるのに対し、これは、奥向きの女性たちを含む城内の人々がオランダ人を「御覧」になるものと位置づけられ、[11]内容もそれに応じて異なっていたのであって、右の一連の国家儀礼と混同すべきではない。ただし、本書が対象とする幕末期の外交相手国にはオランダが含まれること、また、他の西洋諸国外交官を迎えるにあたっても、否定的な比較対象としてこのオランダ商館長江戸参府の慣習が参照されたことから、前提の一端としてここに掲げておく。

これら近世までの対外交流に関しては、ポルトガル、オランダを相手とする近世初期の儀礼を取り上げた永積洋子の研究成果があり、また最近ではフレデリック・クレインスが、オランダ側史料をふんだんに使用して、一七世紀から一八世紀に至るオランダ商館長参府の背景を明るみに出した[12]。琉球使節の研究は全体としては派遣の政治的背景に着目する傾向が強いが、儀礼の面を重視した考察に真栄平房昭の論文がある。加えて、琉球使節江戸上りの実態や江戸での諸儀式に関する具体的な諸側面を史料的に解明しようとした数少ない例として、宮城栄昌の著作を挙げておきたい[13]。他方、朝鮮通信使に関する成果は三宅英利、仲尾宏の総合的研究を筆頭として枚挙にいとまがない。しかしそこから、朝鮮通信使が通過する沿道諸藩の対応、饗応の献立といった個別の側面については研究の深化が見られるのに対し[14]、江戸城における儀式そのものを検討対象としたケースは、意外にもごく限られている。

貴重な例外として、ロナルド・トビの研究がある[15]。トビはその著書で、幕末における対米外交の開始にあたって日本が「既存の依拠すべき外交儀礼の規範を持っていた[16]」ことを喝破しているが、具体的な分析はほぼ江戸時代前期の朝鮮通信使聘礼儀式に限られ、その主眼はそこに近世対外関係の確立を見ることにある。本書では、そうした日本の近世初期における国際関係から、とくに欧米との接触をきっかけに「幕末」として切り分けられてきた時代への具体的な連結点として、まず、欧米諸国の使節として初めて江戸城に登り、徳川第一三代将軍家定に拝謁したタウンセンド・ハリスの迎接儀礼を取り上げ、そこからの展開を追っていくことにする。

このように、近世日本の外交儀礼についてはいくつかの先行研究があるものの、一二年間にわたって幕府の重要な実践課題となり、現に一七例が挙行された「幕末外交儀礼」は、正面から研究されることがなかったのである。

そもそも、江戸時代初期から行われた朝鮮や琉球の使節を迎えるための儀式は、近世の武家儀礼一般に関する研究で徐々に明らかにされてきた儀礼伝統のなかで計画され、実行されたと考えるのが自然である。しかし、国内の幕藩体制秩序との関連を主な軸としたこれまでの儀礼研究において、国際関係とのつながりが意識されることはほとんどなかった。他方、対外関係を基調とする研究においても幕末期の儀礼が本格的に取り上げられることはなかった。永積やトビが扱った時代と中山和芳の「ミカドの外交儀礼」（本章注3参照）とのはざまで、忘れられてきたと言わなければならない。徳川幕府による欧米外交官迎接の実践と検討の跡から浮き彫りになるはずの、近世から幕末へ、幕末から明治へという展開はここで分断され、欧米諸国を相手としながらも、本格的な西洋化を見る以前の時期における日本の外交儀礼の実態は、等閑視されてきたのである。

本書は、いままで見落とされてきたこの間隙に着目し、埋めることを試みる。それは、いくつかに分断されていた諸領域に橋を架けつつ、新たな欧米との関係構築という必要に直面した徳川幕府の政策担当者たちの発想と行動を、より総合的な形で汲み取っていく作業である。

欧米の外交儀礼研究

欧米においては、外交儀礼に関する研究は、日本においてよりも蓄積があると言ってよい(17)。筆者の観察に基づけば、一方で、現場の外交官らの参考書としても役立つような、研究書でもありながら相当実践的な観点から書かれたもの、他方で、いわゆる「外交」の歴史を扱った研究のなかでヨーロッパ君主外交の当然の一要素として儀礼が取り上げられるものとに、二分されるようである[18]。本書の主題である日本の幕末における外交儀礼は、日本の儀礼伝統に根ざして構想されると同時に、長く積み重ねられたヨーロッパ君主外交の慣習にも、また直接の背景を持つものとなったが、西洋側の事情については第二章で取り上げる。

ここでとくに言及しておきたいのは、二〇〇八年にイギリスで刊行された研究論集、*The Diplomats' World: A Cultural History of Diplomacy, 1815–1914*（Mösslang, Markus, and Riotte, Torsten, Eds. Oxford: Oxford University Press）の成果である。この書は、前述の区分では後者の系統に属するものではあるが、巻頭で編者が強調するとおり[19]、外交を制度や政治的事象の推移から論じるのではなく、第一線に置かれた外交官の職業的技能、ときに個人的な性癖や志向までを含む活動の集積と見ることに大きな特徴があり、その視角を*A Cultural History of Diplomacy*（外交の文化史）と名づけるところに、筆者がめざす外交史の方向と深く共鳴するものがある[20]。

この視角においては、外交は従来の研究に比して抽象性を脱し、きわめて現実的な人間の営為として語られざるをえなくなると同時に、その営為自体、事実上は個人であるものが、任国において自国の君主、ないしは国家そのものを代表し、それと等価に扱われることを要求するものである以上、そこにつきまとう象徴性に注意を払わざるをえなくなる。結果としてここでは必然的に、儀礼が重要なテーマの一つとして浮上する。右の論集に収録された各論文には、そのことが明確に表れており、とくに儀礼の問題を正面から取り上げた論考も、全一五本のうち三本を占める。外交が象徴的側面を有することと自体には異論をさしはさむ余地はあるまいが、それが当然の前提であるかのように看過され、十分な論考の対象になってこなかったという意味において、ここに示された方向性は重要である[21]。

しかしながら、これらのうち日本の事例を取り上げたアントニー・ベスト（Antony Best）の論文[22]は、右に述べた編者の視角を共有し、とりわけ東アジア諸国がヨーロッパの外交慣習、あるいは支配を受け入れていく過程における儀礼の重要性を強調しているものの、儀礼自体の態様を史料によって掘り下げておらず、またその考察の対象は一八六七（慶応三）年から一九〇〇（明治三三）年の間に限定されている。この期間における外交儀礼の展開に、イギリスとの関係深化を主な契機とした日本の「文明化」過程を読み込むことが論旨となっているが、幕末の外交儀礼、さらには西洋外交官の到来以前の日本の儀礼伝統に目を向ければ、結論とする儀礼の意義は異なったものになったであろう。

そのほか、外交における儀礼の重要性を見出している論者として、マイケル・R・オースラン（Michael R. Auslin）を挙げておかなければならない。オースランは主著 *Negotiating with Imperialism* で、一九世紀後半の日－米（西洋）関係を、二つの既存の「外交文化（diplomatic culture）」の間の交渉ないし駆け引きという角度から追跡している[23]。文化の視点が儀礼への注目をもたらすことは、前記の *The Diplomats' World* とも共通する。ただし、彼がそうした交渉への日本の参入、ひいては日本の近代国際関係の始まりを、一八五八（安政五）年の修好通商条約締結の時点としていることには、本書で詳述するその前年のハリス登城事例との関係においても賛同しがたい。

なお、本書が、ヨーロッパ域内、アジア域内で、それぞれ有効に機能してきた儀礼伝統が互いに接触する場面に着目する以上、本来、日本の「幕末」とほぼ並行する時期、同様に西洋諸国から国交開始要請を受け、順次これに応じていかざるをえなかった、アジア近隣諸国における外交儀礼整備状況との比較も欠かせない。この点について本格的な研究に踏み込むのは、筆者にとって次の重要な課題である。本書では、概況および欠くことのできない事例にのみ第二章で触れ、また結論に至る考察のなかでつねに念頭に置きたいと考えている。

（三）研究の方法と本書の構成

本研究では一次史料を系統的に読み込む。東京大学史料編纂所編『幕末外国関係文書』（東京大学出版会）、黒板勝美編『續德川實紀』（吉川弘文館）、通信全覧編集委員会編『続通信全覧』（雄松堂出版）といった翻刻済みの基本史料に拠りつつ、国立公文書館内閣文庫蔵、東京大学史料編纂所蔵をはじめとする関係史料によって外交使節の登城当日やその前後の動きを再現し、また、当日の式次第や各種の作法を定めた幕臣たちの議論の過程を確認することが中心となる。同時に重視するのは、諸外国側の記録によって日本側の情報を補完し、双方からの裏づけを行うことである。こうして得られた事実に関する情報を、隣接諸分野の先行研究を踏まえながら分析し、「幕末外交儀礼」の実態と意義を明らかにしたい。

ところで、本書で検証しようとする外交儀礼の「詳細」とは、式の進行プログラムであるいわゆる「式次第」のほか、列席者の装束、茶菓を含む饗応といった、式の挙行にまつわる諸要素を含み、その意味でも、このテーマはきわめて幅の広い文化研究とならざるをえないのである。それらについては、右のような史料に収載された、各回の殿中儀礼に直接関係する事実関係の記録のみから十分な理解に至るのは困難であり、たとえば服飾史、食物史といった各専門分野の研究成果を参照し、本研究の文脈と緊密に重ね合わせていく。

さて、本書の構成は次のとおりである。

第Ⅰ部は、研究全体の前段をなす。「幕末の外交儀礼」を考察するための前提条件、背景となった国際環境等を、隣接諸領域の先行研究も踏まえながら、ここで把握しておきたい。第一章では主に日本に軸足を置き、徳川幕府の殿中儀礼一般を概観したうえで（第一節）、とくに朝鮮通信使迎接の場面を取り出し、欧米諸国が到達する以前の対外関係儀礼の実態を確認する（第二節）。さらに、現場に携わった個々人の働きを重視する本研究の前提として、以降の本論で主要な役割を果たすことになる幕臣筒井政憲を取り上げ、その対外業務経験を把握しておく（第三節）。第二章では一転して、西洋諸国における外交儀礼の伝統を見る。

第Ⅱ部の第三～六章が、この研究の中核と言うべき部分である。ここでは、すでに紹介したとおり、欧米外交官を江戸城に迎えて行った儀礼の初発事例である安政四（一八五七）年のタウンセンド・ハリス迎接から、慶応三（一八六七）年、「最後の将軍」慶喜による大坂城での各国公使謁見に至る計一七例の殿中外交儀礼を、筆者の分析により四段階の発展過程に区分し、史料によってその実態を詳らかにする。儀礼の具体的な様相を再現することは重要だが、それだけでなく、儀礼相互の連鎖関係、また、幕臣らの試行錯誤の過程、西洋外交官側の思惑といった背景について十分な考察を加え、各時期に行われた儀礼の意義を検討したい。

以上の検討を経て、終章では、見落とされてきた「幕末外交儀礼」とそれを研究することの意義を、あらためて論じる。その先に、この時期の徳川幕府による外交が、日本、東アジア、さらに西洋世界に対して果たした役割が浮かび上がるのではないか。筆者なりの結論に到達したいと考えている。

（1）本書の一部には、筆者が関連テーマのもとで過去に執筆した左記の論文の内容が吸収されている。既刊の文章をほぼそのまま踏襲した箇所もあるが、多くの場合、執筆後、今日までの研究を反映して改訂し、また、複数論文を組み合わせる形で書き直した。

・「幕臣筒井政憲における徳川の外交――米国総領事出府問題への対応を中心に」『日本研究』第三九集（二〇〇九年）、二九～六四頁。

・「幕末の対欧米外交を準備した朝鮮通信使――各国外交官による江戸行の問題を中心に」劉建輝編『前近代における東アジア三国の文化交流と表象――朝鮮通信使と燕行使を中心に』国際日本文化研究センター、二〇一一年、一九〇～二一〇頁。

・「引き継がれた外交儀礼――朝鮮通信使から米国総領事へ」笠谷和比古編『一八世紀日本の文化状況と国際環境』思文閣出版、二〇一一年、五三五～五六四頁。

・「持続可能な外交をめざして――幕末の外交儀礼をめぐる検討から」『日本研究』第四八集（二〇一三年）、一〇一～一二七頁。

・「幕末最終章の外交儀礼」笠谷和比古編『徳川社会と日本の近代化』思文閣出版、二〇一五年、六四七～六七九頁。

（2）サトウ、アーネスト著・坂田精一訳『一外交官の見た明治維新（上）』岩波書店、一九六〇年、二五二頁。

（3）明治期の外交儀礼については、中山和芳『ミカドの外交儀礼――明治天皇の時代』朝日新聞社、二〇〇七年がある。また、ブリーン、ジョン『儀礼と権力　天皇の明治維新』平凡社、二〇一一年も参照のこと。

（4）現代の日本では、日本国憲法第七条に則り、各国からの新任外交官は皇居において天皇に信任状を捧呈する。

（5）たとえば、石井孝『明治維新の国際的環境』吉川弘文館、一九五七年、松浦玲『徳川慶喜』中央公論社、一九七五年、鳴岩宗三『幕末日本とフランス外交』創元社、一九九七年など。

（6）生田美智子『外交儀礼から見た幕末日露文化交流史――描かれた相互イメージ・表象』ミネルヴァ書房、二〇〇八年。

（7）三谷博「一九世紀東アジアにおける外交規範の変化――儀礼と言語」明治維新史学会編『講座　明治維新1　世界史のなかの明治維新』有志舎、二〇一〇年、二二〇～二三七頁。また、三谷「安定と激変――複雑系をヒントに変化を考える」史学会編『歴史学の最前線』東京大学出版会、二〇〇四年、七九～九八頁。なお、扱う時代は異なるが、共通の問題意識を持った論考に、石川寛「近代日朝関係と外交儀礼――天皇と朝鮮国王の交際の検討から」『史学雑誌』第一〇八編第一号（一九九九年）、三九～六五頁がある。

（8）具体的な著作名は多数にわたるためここに掲げないが、本研究の遂行にあたりとくに重要な示唆を得たものを巻末の参考文献目録に掲載した。

（9）琉球使節は朝鮮通信使のケースと違い、先行研究により数え方が一定しない部分があるが、紙屋敦之『東アジアのなかの琉球と薩摩藩』校倉書房、二〇一三年、二一八頁掲載の表が、既出の最も正確なデータと考えられる。

（10）國書刊行会編『通航一覧第六』同会、一九一三年、一九八～一九九頁。

（11）たとえば、箭内健次編『通航一覧續輯　第二巻』清文堂出版、一九六八年、二八九～二九一頁参照。比較の対象として、『幕末外国関係文書之十六』五二九～五三二頁など。

（12）永積洋子『近世初期の外交』創文社、一九九〇年。クレインス、フレデリック「オランダ商館長と将軍謁見――野望、威信、挫折」（笠谷和比古編『徳川社会と日本の近代化』思文閣出版、二〇一五年、五五一～五七八頁）。また、オランダ商館長の江戸参府、とりわけオランダ宿に関しては片桐一男の研究の蓄積が知られるが、儀礼研究としては断片的である。

（13）真栄平房昭「幕藩制国家の外交儀礼と琉球――東照宮儀礼を中心に」『歴史学研究』第六二〇号（一九九一年）、三三～四四頁。宮城栄昌『琉球使者の江戸上り』第一書房、一九八二年。他に、横山学『琉球国使節渡来の研究』吉川弘文館、一九八七年。

(14) たとえば、市川寛明「朝鮮通信使の行列構成と大名の役負担体系――大名課役と請負商人の成立」『史海』第五〇号（二〇〇三年）、二八〜四〇頁、玉井建也「朝鮮通信使・琉球使節通航と情報・接待・応対――伊予国津和地島を事例として」『風俗史学』第三六号（二〇〇七年）、二一〜二二頁、古田智史「朝鮮通信使接待の財政負担――宝暦通信使の萩藩を事例として」『七隈史学』第一六号（二〇一四年）、一二一〜一四一頁。また、濱田明美・林純一「江戸幕府の接待にみられる江戸中期から後期の饗応の形態」『日本家政学会誌』第四〇巻第一二号（一九八九年）、三五〜四三頁、高正晴子『朝鮮通信使の饗応』明石書店、二〇〇一年、同『朝鮮通信使をもてなした料理――饗応と食文化の交流』明石書店、二〇一〇年など。

なお、儀礼を扱ったものではないが、筆者にとって本研究のきっかけ――とくに、初発事例となった安政四（一八五七）年のハリス迎接と朝鮮通信使聘礼との密接な関係に気づく要因――となった、いわゆる「実現しなかった幕末の朝鮮通信使」に関する朝鮮史方面からの研究には、第一章であらためて言及する。

(15) Toby, Ronald P., *State and Diplomacy in Early Modern Japan: Asia in the Development of the Tokugawa Bakufu*, Stanford: Stanford University Press, 1984.

(16) 引用は注(15)の邦訳書、トビ、ロナルド著、速水融・永積洋子・川勝平太訳『近世日本の国家形成と外交』創文社、一九九〇年、一七八〜一七九頁に拠った。

(17) このように述べるにあたり、筆者の渉猟し得た文献の範囲は、主に英語で書かれたものであり、現段階ではそれ以外の言語による先行研究を詳細に検証し切れていないことをお断りしなければならない。

(18) 前者には、その嚆矢として、本書第六章の時期にイギリス公使館員として日本で大きな活躍を見せるアーネスト・サトウ（Ernest Satow）晩年の大著 *A Guide to Diplomatic Practice* (Longmans, London & New York: Green & Co., 1917) があるが、その後は大きく時期を空け、第二次世界大戦後のアメリカを中心に多く見られる。主要な例として以下を掲げておく。Wood, John. R., and Serres, Jean, *Diplomatic*

Ceremonial and Protocol: Principles, Procedures & Practices, New York: Columbia University Press, 1970; Pauline, Innis, McCaffree, Mary Jane, and Sand, Richard M., *Protocol: The Complete Handbook of Diplomatic, Official & Social Usage*, Dallas: Durban House Publishing Company, 2002. 後者の中心的著作としては、Anderson, M. S., *The Rise of Modern Diplomacy 1450–1919*, London and New York: Longman, 1993; Black, Jeremy, *A History of Diplomacy*, London: Reaktion Books, 2010 などが挙げられる。また、両者の要素を併せ持った外交論の古典として、ニコルソン、H著、斎藤真訳『外交』東京大学出版会、一九六八年。

(19) Mösslang, Markus, and Riotte, Torsten, "Introduction: The Diplomats' World", in Mösslang, and Riotte, Eds., *The Diplomats' World: A Cultural History of Diplomacy, 1815–1914*, Oxford: Oxford University Press, 2008, pp. 1–20.

(20) 佐野真由子『オールコックの江戸――初代英国公使が見た幕末日本』中央公論新社、二〇〇三年、二五九頁参照。

(21) Mösslang and Riotte, "Introduction", p. 16.

(22) Best, Antony, "The Role of Diplomatic Practice and Court Protocol in Anglo-Japanese Relations, 1867–1900", in Mösslang, and Riotte, Eds., *The Diplomats' World: A Cultural History of Diplomacy, 1815–1914*, Oxford: Oxford University Press, 2008, pp. 231–253.

(23) Auslin, Michael, R., *Negotiating with Imperialism: The Unequal Treaties and the Culture of Japanese Diplomacy*, Cambridge, Massachusetts, and London, England: Harvard University Press, 2004.

I　幕末外交儀礼の背景

第一章　徳川幕府の儀礼と対外関係

第一節　徳川幕府の殿中儀礼

本書がその実態を解き明かそうとする「幕末外交儀礼」は、欧米諸国からの使節の到来と、将軍が彼らを迎接する現実的な必要性が直接の契機となって展開したものではある。しかし、そのとき突然、ゼロから構築されたものではない。第一に、欧米諸国との接触以前から徳川政権が維持してきた、近隣諸国との交際における儀礼のあり方が参照された。

本章第一節では、さらにその前提として、徳川幕府による政権運営の骨格をなした儀礼群を概観する。対外関係儀礼はこれらのなかで特殊な位置を占めるものには違いないが、まったく関係がないと考えるのは不自然である。実際、第Ⅱ部で明らかにするように、「幕末外交儀礼」の形成過程は、これらと密接な関係を持っていた。

従来、主に日本近世史の立場からなされてきた武家儀礼の研究は、対外関係に目を向けてこなかった。他方、日朝、日琉、また日蘭関係史等の角度からの、異国使節の迎接儀礼に関する研究は、基本的にはそれのみを取り出す形で行われ、徳川政権のより広い儀礼伝統と関連づけた考察は行われてこなかった。ここでは「幕末外交儀礼」を紐解くための、簡単な見取り図を用意しておきたい。

ところで、近世武家儀礼一般に関する研究は、序章でも触れた専門家群によって各種の儀礼ごとに詳細の度を深めてはいるものの、徳川幕府による殿中儀礼の全容を見渡そうとした論考は、深井雅海が『江戸城——本丸御殿と幕府政治』（中央公論新社、二〇〇八年）で部分的に試みているほか、意外にも見当たらない。また同書の視野も、城の構造との連関、また儀礼の諸類型のうち年中行事を主としたものであり、なお総合的とは言い難い(1)。以下、殿中儀礼の概要を、『徳川禮典録』（全三巻、徳川黎明会編、原書房、一九八二年（覆刻原本一九四〇年））を基本とし、併せて『徳川盛世録』（市岡正一著、平凡社、一九八九年）に拠りつつ、深井の前掲書ほか、各方面の先行研究を参照してまとめる。

（一）年中行事

徳川幕府の政治日程を支えたのは、「年中行事」と呼ばれる定例の儀礼群であったと言って過言ではない。ここには、たとえば正月の「御弓場始《ゆばはじめ》」、一二月の「煤払《すすはらい》」といった多様な行事も含まれるものの、大きくは、「月次御礼《つきなみおんれい》」——江戸在府大名ならびに幕臣（旗本）の定期総登城——と、季節の「御祝」——一年のうちの定められた日程で、やはり大名・旗本の出仕が求められる——とに分かれると考えてよい。いずれの場合も将軍が出御し、登城した者たちは臣下として将軍に謁する。

「月次御礼」は、殿中で行われる最も基本的な儀礼とされ、月によって多少の変動はあるが、原則として毎月一日、一五日、二八日に実施された。その都度、登城した者は身分や家格に応じて定められた部屋で、将軍に御目見する。(2) 将軍自身を含め、列席者は全員、「熨斗目麻上下《のしめあさがみしも》」（内衣は、夏は熨斗目に代えて染帷子《そめかたびら》または白帷子）という、軽微な通常礼服を着することになっており、(3) あえてたとえれば、日々の作業着よりも若干あらたまったビジネススーツでの集合と言ってよいだろう（図1）。

これに比べ、季節ごとの御祝は、より格式の高い礼典として挙行される。これらは、別格の「年始」とこれに次ぐ「八朔《はっさく》」の儀礼、対して、季節の風習として一般にも行われ、今日にも残る「五節句」（「七種《ななくさ》」「上巳《じょうみ》」「端午」「七夕」「重陽」）ならびに「嘉祥《かじょう》」「玄猪《げんちょ》」とに大別することができるが、ひとまずそれら一連の主要行事を並べると**表1**のとおりである。

登城・拝謁に際しては、装束や、城内の着座すべき場所などが、すべて身分に応じて細かく定められており、それは「各自の将軍との関係や身分・格式」を「表徴」するものであった。(4) このような場面が、月次御礼と季節の儀礼を合わせれば相当な頻度で設けられたことは、将軍権威を所与のものとして認識させ、政権の構造を可視化し、固定することに大きな効果を発揮したものと理解される。(5)

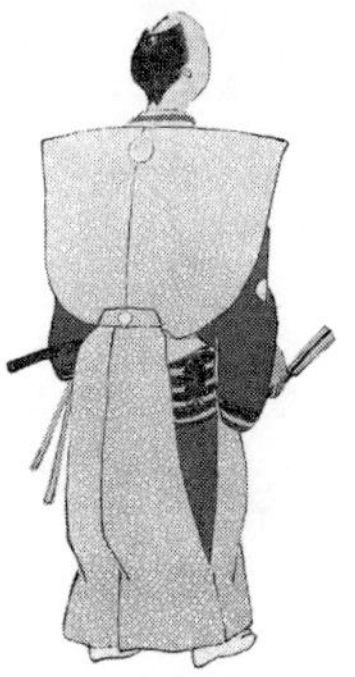
図1　熨斗目麻上下（半袴）

これら儀礼への参加は、幕藩体制の構成員たる大名、幕臣にとって、自らの存在理由とも言うべき枢要な任務だったのであり、とりわけ、日常城内で各種の執務にあたっている幕臣や、限られた数の役付きの大名を別とすれば、多くの在府大名にとっては唯一の公的な仕事であった。これらの年中行事は、徳川幕府の政治日程を支えたというよりも、政治日程そのものであったと言い換えて差し支えあるまい。

表1　徳川幕府主要年中行事

月日	行事	内　　容
正月1～3日	年始御礼	身分、家格により、3日間に分けて将軍への挨拶のため登城。年中行事のうち最も重要な儀式。徳川一門や譜代大名、諸役人が出仕する元日、御三家嫡子および有力外様大名の謁見にあてられる2日は、将軍以下、直垂・狩衣・大紋・布衣・素袍と、身分ごとに定めのある武家の最高礼装で出仕(図2)。太刀、太刀目録を献上し、盃、呉服を拝領する。無位無官の大名、旗本や、江戸、大坂その他の町年寄などが登城する3日は、熨斗目長上下着用。
正月7日	七種御祝	熨斗目長上下で登城、御目見。
3月3日	上巳御祝	熨斗目長上下で登城、御目見。
5月5日	端午御祝	染帷子長上下で登城、御目見。これに先立ち、5月2日に時服として将軍に帷子を献上。
6月16日	嘉祥御祝	将軍から大名、幕臣に菓子(饅頭、羊羹、金飩、熨斗揉、鶉焼、寄水、阿古屋餅、煮染麩の8種)を賜う。染帷子麻上下にて出仕。
7月7日	七夕御祝	白帷子長上下で登城、御目見。
8月1日	八朔御祝	徳川家康の関東入国の日を記念し、年始に次ぐ重要な式日とされる。将軍以下、大名、諸役人ら全員が白帷子長上下を着用。出仕者は馬代、太刀などを献上。また、江戸および天領各都市の御用達町人が祝儀に参加。
9月9日	重陽御祝	万石以上は花色(万石以下は花色に限らず)の紋付小袖にて登城、御目見。これに先立ち、9月2日に時服として将軍に綿入を献上。
10月亥の日	玄猪御祝	江戸城大手、桜田の両門外で日暮れから真夜中まで大篝火を焚き、城内では将軍が紅白の餅を下賜。熨斗目長上下で出仕。

注：深井雅海『江戸城——本丸御殿と幕府政治』(中央公論新社、2008年)、同『図解・江戸城をよむ』(原書房、1997年)、村井益男『江戸城——将軍家の生活』(講談社、2008年)、武士生活研究会編『絵図でさぐる武士の生活1　職制・儀礼』(柏書房、1982年)、大石学編『江戸幕府大事典』(吉川弘文館、2009年)、および、竹内誠編『徳川幕府事典』(東京堂出版、2003年)からまとめた。

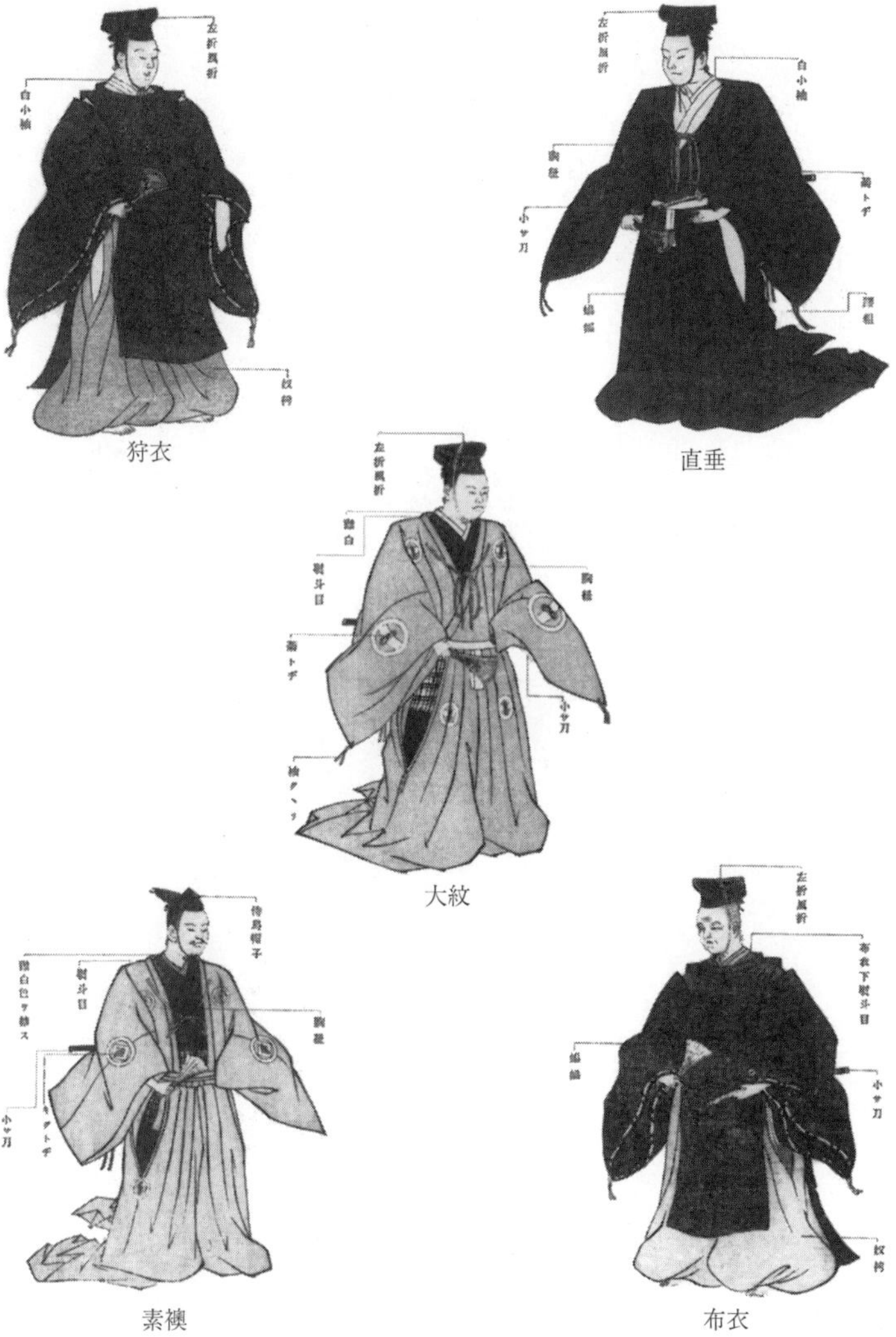

図2　年始御礼の際の装束揃え（武家の最高礼装）

（二）将軍と臣下の儀礼

以上の恒例年中行事のほかに、これらに比べ実施の頻度は間遠であるが、徳川政権の骨格をなす重要な儀礼として、将軍や世子の誕生、元服、婚礼等にかかわる諸儀式、また、新将軍の就任すなわち「御代替《だいがわり》」にかかわる各種の儀式があった。

前者は、誕生、元服、婚礼といった通過儀礼として捉える限り、当人ならびに徳川「家」の儀礼と見なすこともできる。が、当人がいわば公人であるのみならず、これを御祝いするとの名目によって臣下に惣出仕が命じられ、前項で見たと同様の光景が繰り広げられるうえは、同時に徳川「幕府」ないし「政権」としての儀礼に数えられるのは当然であろう(6)。

他方、後者の御代替がいっそう公的な性格を持ち、政権継続の中核的意義を担うものであることは言を俟《ま》たない。これについては、第一三代家定襲職の儀礼に事例をとった岩橋清美の研究があるが(7)、岩橋によれば、将軍の代替り儀礼は、前将軍の葬儀からその過程が始まる。続いて、やはり諸大名、幕臣が惣出仕のうえ新将軍に御目見する、いわゆる「御代替り御礼」があり、それが済んだのちに、朝廷より差遣された使者を迎えて行う「将軍宣下」をもって完了する。

クライマックスをなす将軍宣下については、『徳川盛世録』がこれを「至大至重の礼典(8)」と言っている。この儀礼は三代家光までは新将軍が上洛のうえ挙行されていたものが、四代家綱のときから、江戸城に勅使を迎える形に変更されたのである。新将軍は、江戸時代初期においては年始御礼と同様、武家の最高礼装である直垂《ひたたれ》でこれに臨んでいたが、やはり四代家綱から、公家の準正装である衣冠を着するようになり、次の綱吉からは、さらに公家の正装である束帯へと変わった(9)。

図3　将軍宣下式の一場面

家綱以降の将軍宣下儀礼は、宣旨伝達の大礼と朝廷よりの進物の拝受、次に、下向した公卿の饗応と町入《まちいり》能《のう》（公卿、諸大名、幕臣のほか、「江戸八百八町」の町人を城内へ入れ、能を見物させた）、最後に、公卿辞見と将軍からの謝辞仰進という、三段階から構成されていたと考えられる。(10) なお、大礼にあたって総登城した大名、幕臣らのうち、遠距離からであれ将軍と同じ空間へ出て御目見にあずかることができるのは、ごく一部の「四品《しほん》以上之面々」であった。御目見以上であってもその位に満たないほとんどの者は、襖で仕切られた大広間二之間以下に居並んで待機。「立礼」と称し、一連の儀式の最後になって将軍が敷居際に立つと、老中によって襖が明け渡され、平伏したまま拝謁したのである(11)（図4）。

一方、将軍の側でなく、大名や幕臣の側の事情、または職務上の異動に際しての御目見にも触れておきたい。

第一に、先代の逝去または隠居に伴い、大名や旗本

図４　立礼の模様

の家督相続を許された者が、その「御礼」として登城し、将軍に拝謁する慣例が知られている。しかし、これに先立ち、将来、家督を継ぐべき者、世子は、より早い段階で将軍への「はじめての御目見」を済ませる必要があり、それが完了しない限り仮に先代の急逝等により家督を継いでも、実質的な政治活動を開始することはできなかった[12]。このことは、幕藩体制下において臣下と将軍その人との関係が、単に抽象的な枠組みとしてではなく、実体的、可視的なものとして機能していたことをよく示している。

また、より実務的な契機による御目見もあった。一定身分以上の幕臣（旗本）においては、江戸から遠方の勤務に替わる際（「御暇」）、逆に戻った際（「帰府」）、さらには、職務上、何らかの特筆すべき働きがあった際（「骨折り」）に、御目見の機会が設けられ、老中等列席のもとで将軍に拝謁した。これに該当するケースは、歴代の『徳川實紀』を通じて高い頻度で確認することができる。これらは、惣出仕を前提とする大々的な儀礼とは異なるものの、人的異動にあたり将軍と当事者との直接的対面が問題とされている点で、将軍拝謁儀礼の裾野に含めることが妥当であろう。

本項で取り上げた、君臣いずれかの身分変更を契機とする拝謁は、それぞれ当人やその一族の公私両側面が交錯する場面として、(13)幕藩体制を支えるうえで前項の年中行事と相乗効果を発揮したと考えられる。

(三) 政権外からの使者を迎える儀礼

以上の、徳川政権内部の構造を形づくる儀礼に対し、政権外との接触もある。このケースにあたるのは、第一に、将軍が江戸城において、朝廷から、またそれ以外にも、徳川家とゆかりの深い日光東照宮をはじめとする社寺からの使者を、将軍の客人として迎える場合である。先に見た将軍宣下は、言うまでもなく勅使の下向を儀礼の最も重要な要素として成り立つものだが、政権外からの客人は、将軍の代替りにかかわる場面以外にも到来した。

天皇の使者、いわゆる勅使は、毎年二月から三月にかけて江戸城に到来するのが常であった。その意味では、実態として「年中行事」としての性格も有し、実際、『徳川禮典錄』も、三月の年中行事に附記する形でこれに触れている。ただし儀礼の性格からは、幕藩体制下の主従関係の確認を主たる機能とした年中行事群とは分けて考えたほうがよいだろう。

勅使参向は、朝廷と幕府の間の機嫌伺いの一環をなすものであり、年頭に幕府から朝廷へ派遣される使者への答礼としての意味を持っていた。互いの格式を重んじ、その迎接のあり方は贅を尽くしたものであった。文字どおり儀礼的なやりとりだが、朝幕間のこうした儀礼的交際は、将軍代替りといった契機に限らず、江戸時代を通じて続けられ、相互の存続と位置を確認し合っていたのである。内容は、将軍宣下の際の勅使迎接に準じた将軍との対面、饗宴と能見物からなり、賓客を迎える儀礼実践の蓄積という観点からすれば、この毎年の勅使参向儀礼は、挙行の頻度が間遠にならざるをえない将軍宣下に比し、幕府でこれにかかわるさまざまなレベルの担当者らにとって重要なものであったと考えられる(14)。

他方で、この場合には「至大至重の礼典」たる将軍宣下と異なり、幕府側の列席者は譜代衆と幕臣のみであって、外様大名は出仕しなかったことに注意が必要である(15)。また、将軍の服装も束帯ではなく、最も正式な対面の際に直垂、他に長袴の場合もあり、老中らも同様であった(16)。前二項で取り上げた、政権の威光を示すことを主眼とした行事群と、朝廷との交際のための儀礼との差が表れている。

ところで、この一連の迎接において、将軍自身が勅使と対顔する機会は、饗応能の当日を含め何度か設けられていた。が、能の幕間に食膳が供されるに際し、将軍が賓客と同席してともに食事をとるということはなかった。勅使の饗饌の場にあてられた白書院には老中が付き、高家が侍座するが、これもいわゆる相伴ではない。また、他の出仕の面々は御三家を筆頭に、それぞれの格に応じ殿中の別室に設けられた席で料理を賜った(17)。

将軍と客人との「対食」の問題は、後述するように、安政四(一八五七)年におけるタウンセンド・ハリスの初拝謁に際し、大きな論争に発展する。ここで瞥見した慣習は、その際に幕府側のとった姿勢の前提をなすものである。

勅使以外の来訪者については、右に触れたとおり、寺社からの使者が中心であったと考えられる。一定の格式によって迎えられ、記録にも残る、いわば将軍の公的な客人たちである。東照宮のほか、門跡寺院等の使者は、将軍宣下にかかわる一連の儀礼にも参列するが[18]、それ以外の時期にも登城し、個別に将軍に拝謁することも少なくなかった。

(四) 対外関係儀礼

将軍ないし幕府が一定の格式を整えた儀礼をもって迎える公的な客として、朝廷および代表的な社寺があったことを述べた。ただし、これは日本国内に視野を限った場合であって、さらにその外延には、国外からの使節を迎える儀礼が存在した。

ほぼ一義的に「鎖国」という概念で捉えられてきた江戸時代の国際環境について、「鎖国」というその言葉自体、一九世紀に入ってから編み出されたものであること、一七世紀前半に実態としての鎖国をもたらしたのも、「鎖国」という一元的な理念や処置ではなく、キリスト教の流入や日本人の海外渡航を禁ずる個別の法令が組み合わさった結果であることなどに着目し、江戸時代のむしろ国際的に開かれた側面に研究上の関心が集まるようになったのは、一九八〇年代以降のことである。実証的な研究が積み重ねられた結果、現在までには、やはり「世界史的に見て、近世の日本が相対的に閉鎖的な対外関係を維持してきたという認識が定着し[19]」たと見られるが、それでも、当時の日本の動向を東アジア、さらには世界規模の国際関係のなかで把握しなければならないとする方向は、歴史研究において異論の余地のないものになっている。

一連の議論の基盤となったのは、近世日本の対外関係の特徴として提唱された、いわゆる「四つの口」（長崎・対馬・薩摩・松前）である。[20] ここで問題にする江戸時代の外国使節もまさに、それらの「口」から日本にやってきたのだった。代表的なのは周知の朝鮮通信使であり、対馬の口から、同地を任されていた宗氏の仲介により、朝鮮国王より徳川将軍への公式の使節として、江戸時代を通じて一二回派遣された。第二回は伏見、第一二回は対馬での聘礼であったため、江戸城に上がったのは計一〇回である（表2）。

将軍拝謁儀礼の様式は、初期の家康、秀忠等の時代、言い換えれば、文禄・慶長の役後の国交回復を主な目的として遣使が行われていた時期には、いまだ定まらず、そのときどきの応接方法によって挙行され、また後年に比べれば将軍自らが親しく使節と接する傾向が強かったと考えられる。[21] その後、使節到来の名目も徳川将軍の襲職慶賀と定まり、回を重ねるにつれ、少なくとも第七回、天和度通信使の来聘までには、一定の式次第が整備された。その詳細は次節で見る。

いま一方の公的な外来の客であった琉球使節は、薩摩の口から江戸に上った。この場合は、徳川将軍の襲職慶賀に加え（慶賀使）、琉球王の側の代替りが来訪の契機となり（謝恩使）、江戸時代を通じて一八回と、回数は朝鮮通信使よりも多く記録されている（表3）。

朝鮮の場合の宗氏にあたる斡旋者は、琉球の場合には島津氏だが、前者は、いわば中央政府どうしの交流を家役として司ったものであり、後者は琉球を自らの属国として扱ったという意味で、関係のあり方はまったく異なる。[22] 殿中での琉球使節迎接式の態様は朝鮮通信使に準ずるものではあったが、次節で具体的に見るとおり、対等交際との前提で設定される朝鮮通信使迎接儀礼に比して、広間で対

表2　江戸期朝鮮通信使一覧

回	年代	朝鮮側正使	使命 (朝鮮側意図)	備考
1	慶長12 (1607)	呂祐吉	国交回復 (倭情探索、被虜刷還)	帰途駿府大御所家康表敬
2	元和3 (1617)	呉允謙	大坂平定祝賀 (同上)	伏見行礼
3	寛永元 (1624)	鄭岦	家光襲職祝賀 (同上)	大御所秀忠聘礼 この回まで「回答兼刷還使」
4	寛永13 (1636)	任絖	泰平祝賀 (倭情探索、新通交体制確認)	以降「通信使」と称す 日光山遊覧
5	寛永20 (1643)	尹順之	日光山致祭 世子家綱誕生祝賀 (倭情探索)	東照社致祭
6	明暦元 (1655)	趙珩	家綱襲職祝賀 日光山致祭	東照宮拝礼 大猷院致祭
7	天和2 (1682)	尹趾完	綱吉襲職祝賀	
8	正徳元 (1711)	趙泰億	家宣襲職祝賀	新井白石の改革
9	享保4 (1719)	洪致中	吉宗襲職祝賀	
10	寛延元 (1748)	洪啓禧	家重襲職祝賀	大御所吉宗聘礼(不予中止) 世子家治聘礼
11	宝暦14 (1764)	趙曮	家治襲職祝賀	崔天宗殺害事件
12	文化8 (1811)	金履喬	家斉襲職祝賀	対馬聘礼

注：仲尾宏『朝鮮通信使と徳川幕府』(明石書店、1997年)、および、東京国立博物館編『朝鮮通信使——近世二〇〇年の日韓文化交流』(国際交流基金、1985年)に掲載の一覧からまとめた。

表3　琉球使節一覧

回	年代	琉球側正使	使命	備考
1	寛永11(1634)	佐敷王子朝益	尚豊就封御礼	京都二条城にて拝謁
2	正保元(1644)	金武王子朝貞 国頭王子正則	家綱誕生祝賀 尚賢就封御礼	江戸上りの開始 日光東照宮参詣
3	慶安2(1649)	具志川王子朝盈	尚質就封御礼	日光東照宮参詣
4	承応2(1653)	国頭王子正則	家綱襲職祝賀	日光東照宮参詣
5	寛文11(1671)	金武王子朝興	尚貞就封御礼	以降、上野東照宮参詣
6	天和2(1682)	名護王子朝元	綱吉襲職祝賀	
7	宝永7(1710)	美里王子朝禎 豊見城王子朝匡	家宣襲職祝賀 尚益就封御礼	
8	正徳4(1714)	与那城王子朝直 金武王子朝祐	家継襲職祝賀 尚敬就封御礼	
9	享保3(1718)	越来王子朝慶	吉宗襲職祝賀	
10	寛延元(1748)	具志川王子朝利	家重襲職祝賀	
11	宝暦2(1752)	今帰仁王子朝忠	尚穆就封御礼	
12	明和元(1764)	読谷山王子朝恒	家治襲職祝賀	
13	寛政2(1790)	宜野湾王子朝陽	家斉襲職祝賀	
14	寛政8(1796)	大宜見王子朝規	尚温就封御礼	
15	文化3(1806)	読谷山王子朝勅	尚灝就封御礼	
16	天保3(1832)	豊見城王子朝典	尚育就封御礼	
17	天保13(1842)	浦添王子朝憙	家慶襲職祝賀	
18	嘉永3(1850)	玉川王子朝達	尚泰就封御礼	

注：紙屋敦之『東アジアのなかの琉球と薩摩藩』(校倉書房、2013年)に掲載の一覧を元にまとめた。

面する際の将軍からの距離や、供される食事の内容等に映し出される使節の地位は、明らかに格下の設定であった。

なお、朝鮮との交際が「対等」であったかどうかについては議論の存するところであろう。いわゆる朝鮮蔑視論を含む、朝鮮に対する当時のさまざまな見方、また、朝鮮側からの対日観をめぐっては、主に思想史の分野で取り上げられてきた(23)。そうした知見を踏まえつつ、思想史の主な対象である知識人のレベル、他方で庶民のレベルなどに分けて、理解を深めなければならない問題である。それ自体について立ち入った考察をすることは本書の範囲を超えるが、少なくとも幕末期において、外交の最前線に立った幕府の為政者、実務官僚の間では、次に示すとおり、朝鮮と維持してきた交際が、総合的に見て「対等」を旨とするものであったとの認識が存在したことを紹介しておく。

文久二(一八六二)年、高杉晋作の参加で知られる上海使節団派遣に際し、幕府内では外国懸大目付・目付の名で、「朝鮮人御取扱振御變通之儀申上候書付」とする文書が老中宛に差し出された(24)。ここでは、従来、朝鮮王国との関係が対等――「御待遇匹敵之御取扱」――であったことが明確な前提とされ、このたびの遣使で事実上、中国(清)との接触を開始するにあたり、中国から見れば属国たる朝鮮とそのような関係を続けてきたことが、今後の日本の立場に悪影響を及ぼす可能性を危惧、よってその「御取扱振」を変更すべきではないかとの議論がなされているのである。

以上の対朝鮮、対琉球関係は、対外関係を制限してきた徳川政権下において「通信」と表現される、政権間の公的な関係、つまり国交に該当する接触であった(25)。これらの関係を維持するうえで、殿中での将軍拝謁儀礼が重要な役割を果たした。その記録は幕末期、西洋諸国との国交開始を意味するハリスの迎接儀礼準備の過程でつぶさに参照され、引き続き連鎖的に援用されていくことになる。

このほかに、幕府が直轄する長崎の口から日本に入り、出島に駐在していたオランダ商館長一行による、頻繁な江戸参府・登城があった。一行は公的な使節としてではなく、通商を許されている民間人が御礼を申し上げるという趣旨で将軍に拝謁した。

こうした位置づけの違いから、オランダ人らの拝謁のための式次第――登城当日のみならず、街道通行や旅中の宿泊なども含めたプログラム全体――は、「通信」の国々からの使節の場合とは大きく異なっており、ハリス以降の西洋外交官迎接にあたって参照されることはなかった。したがってその式の具体的な詳細を掘り起こす作業は本書では行わない(26)。ただし、歴代オランダ商館長の参府道中や拝謁式が、幕末期に来日した外交官に対する際の直接の参照例とはなりえないことを、現場の幕臣らが理解していった過程それ自体は、相手が同じ西洋人、ときには同じオランダ人という状況のもとで、当時、彼らが新たな外交関係というものを咀嚼するためにきわめて重要であった。

なお、同じ長崎口では、オランダとのほかに、実際にはこれをはるかに上回る規模で、中国（清）との交易が行われていた。出島に近接する地に中国商人を集住させるため、唐人屋敷と呼ばれる区画が設けられていたが、これらの商人が江戸を訪れて登城することはなかったため、本研究の検討範囲からは外れる。残るは北方の松前口であり、ここからは実態として常時、経済的な取引を通してアイヌの人々の文化が流入し、末はその影響を受けた布地のデザインが江戸の歌舞伎衣装に採用されるなど、広範な流行を生み出したことも明らかにされている(27)。また、江戸時代後半に入ると、ラクスマン等、ロシア使節来航の前線となり、その場で幕臣が応対するという事態も発生するようになった。それらの場面は、殿中での将軍拝謁儀礼に焦点をあてる本書の直接の対象とはならないが、広義の先行事例として考慮する必要がある。

第二節　朝鮮通信使迎接儀礼の実態

本節では、右で概要に触れた朝鮮通信使の迎接儀礼にさらに踏み込み、のちに欧米の外交官を迎える際、幕府での議論の土台となる実際の儀礼態様を確認しておきたい。前節**表2**に見る歴代の朝鮮通信使のうち、ここでは、第一一回、宝暦一四（一七六四）年二月二七日に挙行された将軍拝謁式を取り上げる。

宝暦一四年の通信使は、第一〇代将軍家治の襲職を祝うために来聘した使節である。その次、第一一代家斉襲職慶賀に訪れた文化八（一八一一）年の通信使は、周知のとおり対馬で応接がなされた、いわゆる易地聘礼のケースであり、これ以降、信使来聘の計画が実現することはなかったのであるから、宝暦度の通信使は、将軍自らが江戸城に迎えた最後の朝鮮使節であった。これが安政四（一八五七）年に至って、アメリカ総領事ハリス出府の準備にあたる幕臣らが参照した「朝鮮人登　城之節之振合」(28)の典拠となる。宝暦度通信使が江戸城で将軍に拝謁した日の一連の動きを、各種の関連史料から再現しよう。

図5　朝鮮通信使の江戸城入城（「朝鮮通信使歓待図屛風　右隻」部分、泉涌寺蔵）
いずれの回の通信使を描いたものかは明らかにされていない。

（一）宿館出発から殿中控の間まで

宝暦の朝鮮通信使一行は浅草本願寺を宿館として江戸に滞在した。登城の当日はここから、対馬藩主宗義暢《そうよしなが》の先導、その家来衆、ならびに、江戸での信使接伴役を命じられていた伊予大洲藩主加藤泰武の家来衆からなる行列の随従で、江戸城に向かった(29)。朝鮮通信使一行の標準的な構成は、正使・副使・従事官の三使を筆頭に、上上官（三使の通訳）三名、上判事（倭学、漢学の教官）三名、学士（文書起草者）一名、以下、上官（医師、画員など）、次官（馬上才、楽師など）、中官（陪小童、鼓手など）、下官（船夫等）に至る計数百名とされる(30)。むろん回ごとに多少の変動があり、『朝鮮人来朝之記』（明和元年・内閣文庫蔵）によれば、宝暦度通信使は計四七〇名の一行であった(31)。

さて、行列が城の内郭（図6）に入り、大手門前の下馬所に達すると、三使および上上官以外は乗物から降り、徒歩になる。ここは、幕臣が通例の登城時において駕籠や馬から降りなければならない場所であり、さらに内奥へ向かって乗輿のまま進むことができるのは、大名と、とくに位の高い幕臣のみとされていた。随行できる家来の数も制限される。[32] 通信使の行列でも、下官の一部はこの場所に残された。続いて、この先の大手三之門外、下乗橋際で上上官三名が下馬。[33] ここは、先の大手門を乗輿のまま通過する身分を持った者を含め、勅使、また御三家を除くすべての大名、役人が下駕しなければならないとされていた地点である。[34] こうした一つ一つの詳細が、のちの欧米諸国外交官、とりわけ初発事例となったハリスの登城を準備するにあたって、比較の基準をなすことになる。

朝鮮の三使はさらに中之門まで乗物で進み、輿を降りた。三使とともに運ばれた朝鮮国王から将軍宛の国書は、ここで上上官が受け取って捧げ持ち、殿中に持ち込む。中之門では、接伴役の加藤と大目付一名、接伴僧二名が待ち受けていて、三使と互いに一揖《いちゆう》ののち、本丸表玄関まで先導する（図7、8の右寄りに「御玄関」が見える）。玄関で待つのは、寺社奉行四人、大目付三人である。玄関でも互いに一揖ののち、三使は玄関からほど近い、「殿上間」と呼ばれる部屋に案内された（図8「御玄関」の左上）。この室内で、「三使は殿上之間御下段御襖際北向に着座、上上官は同所西之張附之際に罷在」と記録されている。案内役の宗義暢もここに同席した。[35]

(二) 列席の面々ならびに装束[36]

ここでいったん、城内で使節を待ち受ける大名、幕臣らの様子に目を転じよう。すでに玄関などに迎えに出た者たちを含め、登城は五時（午前八時ごろ）との命であった。宝暦度朝鮮信使迎接の際の出仕者は「御三家方始國持大名、其外萬石以上、右嫡子、布衣以上之御役人」[37]、文字通りの惣出仕と言ってよい。

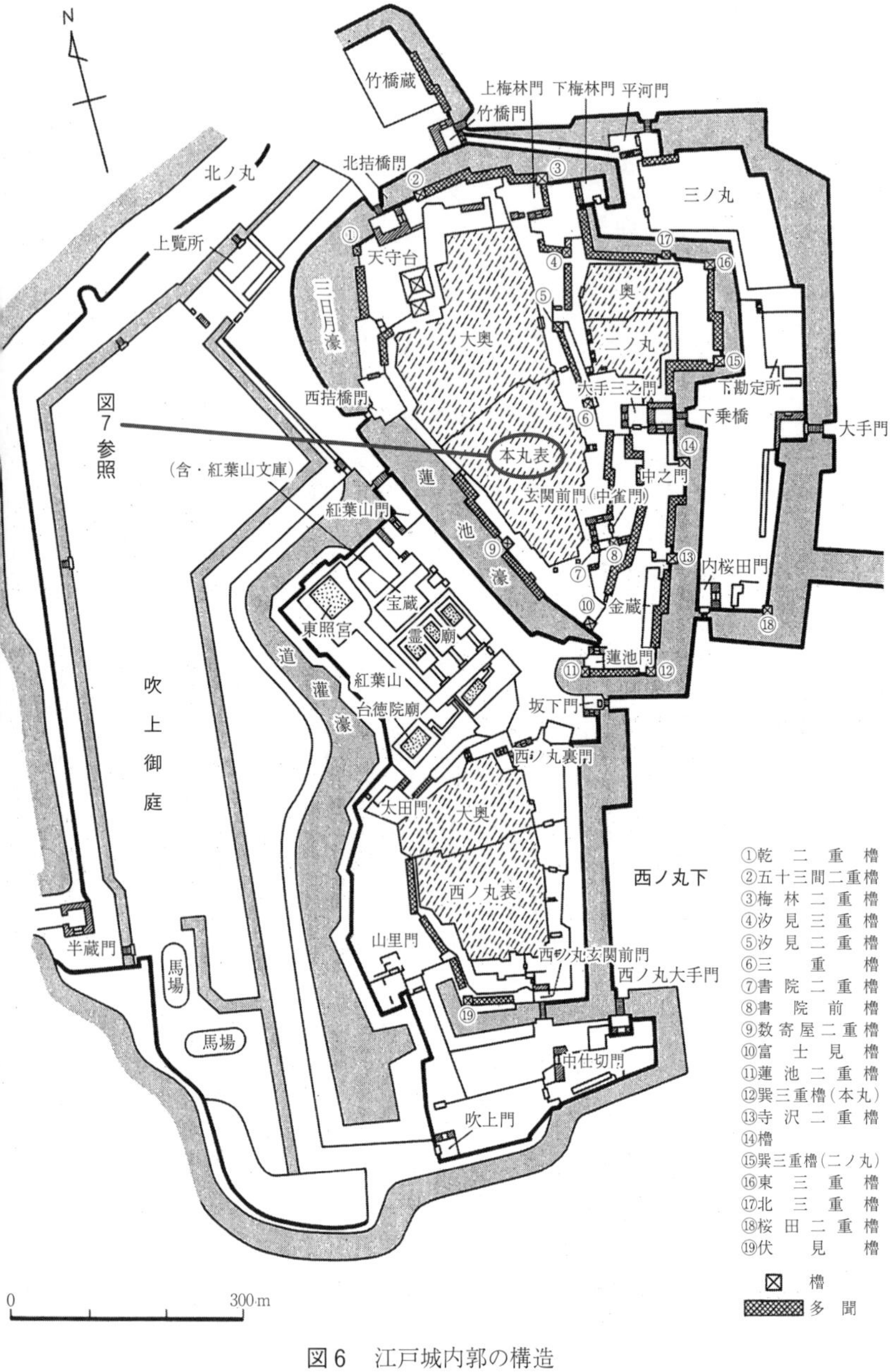
N
竹橋蔵
上梅林門
下梅林門
平河門
竹橋門
北桔橋門
北ノ丸
三ノ丸
上覧所
天守台
三日月濠
奥
大奥
二ノ丸
大手三之門
下勘定所
西桔橋門
図7参照
下乗橋
大手門
本丸表
(含・紅葉山文庫)
蓮池濠
中之門
玄関前門(中雀門)
紅葉山門
内桜田門
宝蔵
金蔵
東照宮
霊廟
蓮池門
道灌濠
紅葉山
台徳院廟
坂下門
吹上御庭
西ノ丸裏門
太田門
大奥
西ノ丸下
西ノ丸表
山里門
西ノ丸玄関前門
西ノ丸大手門
半蔵門
馬場
馬場
中仕切門
吹上門
①乾二重櫓
②五十三間二重櫓
③梅林二重櫓
④汐見三重櫓
⑤汐見二重櫓
⑥三重櫓
⑦書院二重櫓
⑧書院前櫓
⑨数寄屋二重櫓
⑩富士見櫓
⑪蓮池二重櫓
⑫巽三重櫓(本丸)
⑬寺沢二重櫓
⑭櫓
⑮巽三重櫓(二ノ丸)
⑯東三重櫓
⑰北三重櫓
⑱桜田二重櫓
⑲伏見櫓
櫓
多聞
0
300m

図6　江戸城内郭の構造

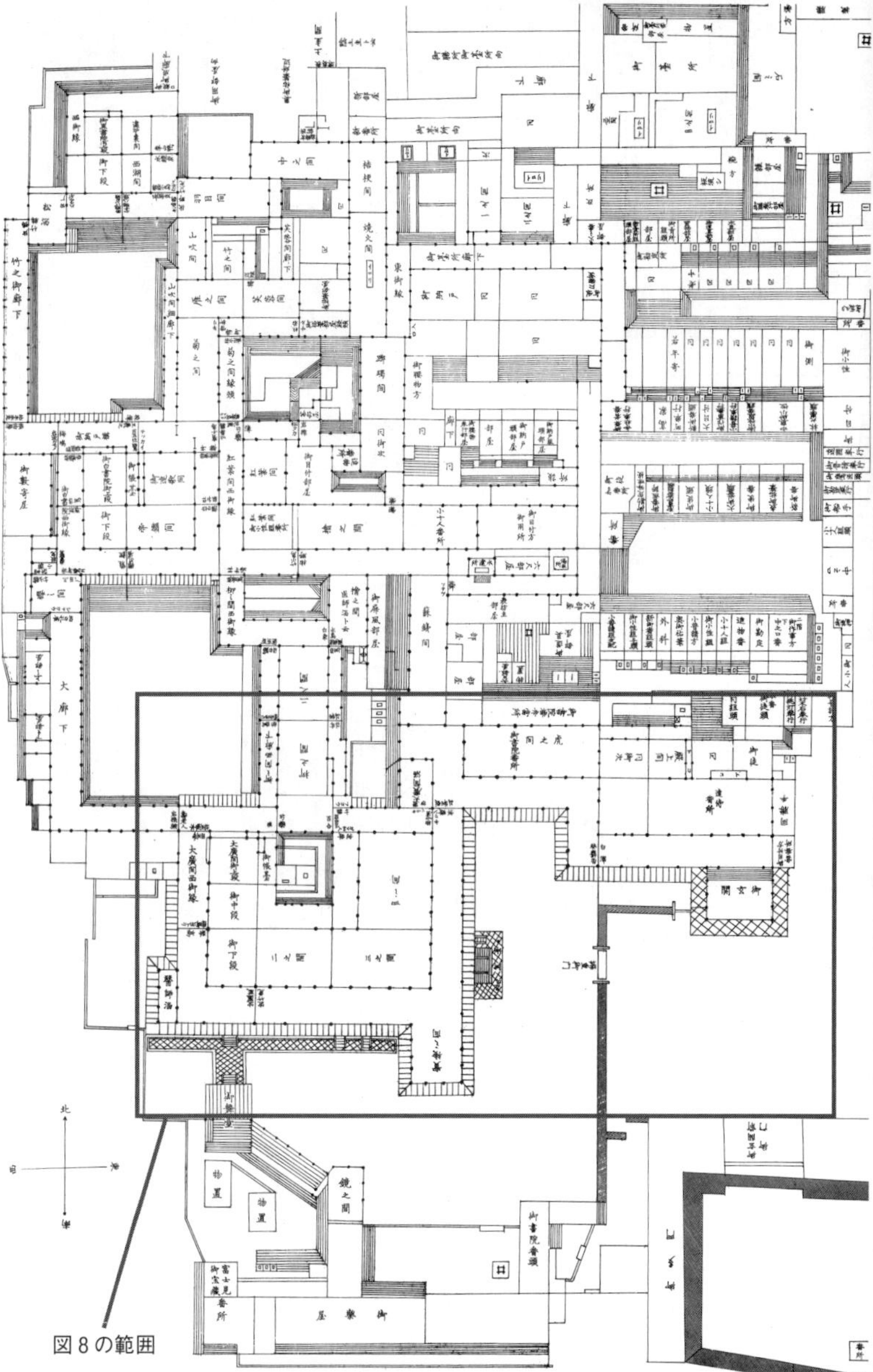

図7　江戸城本丸表向主要部分

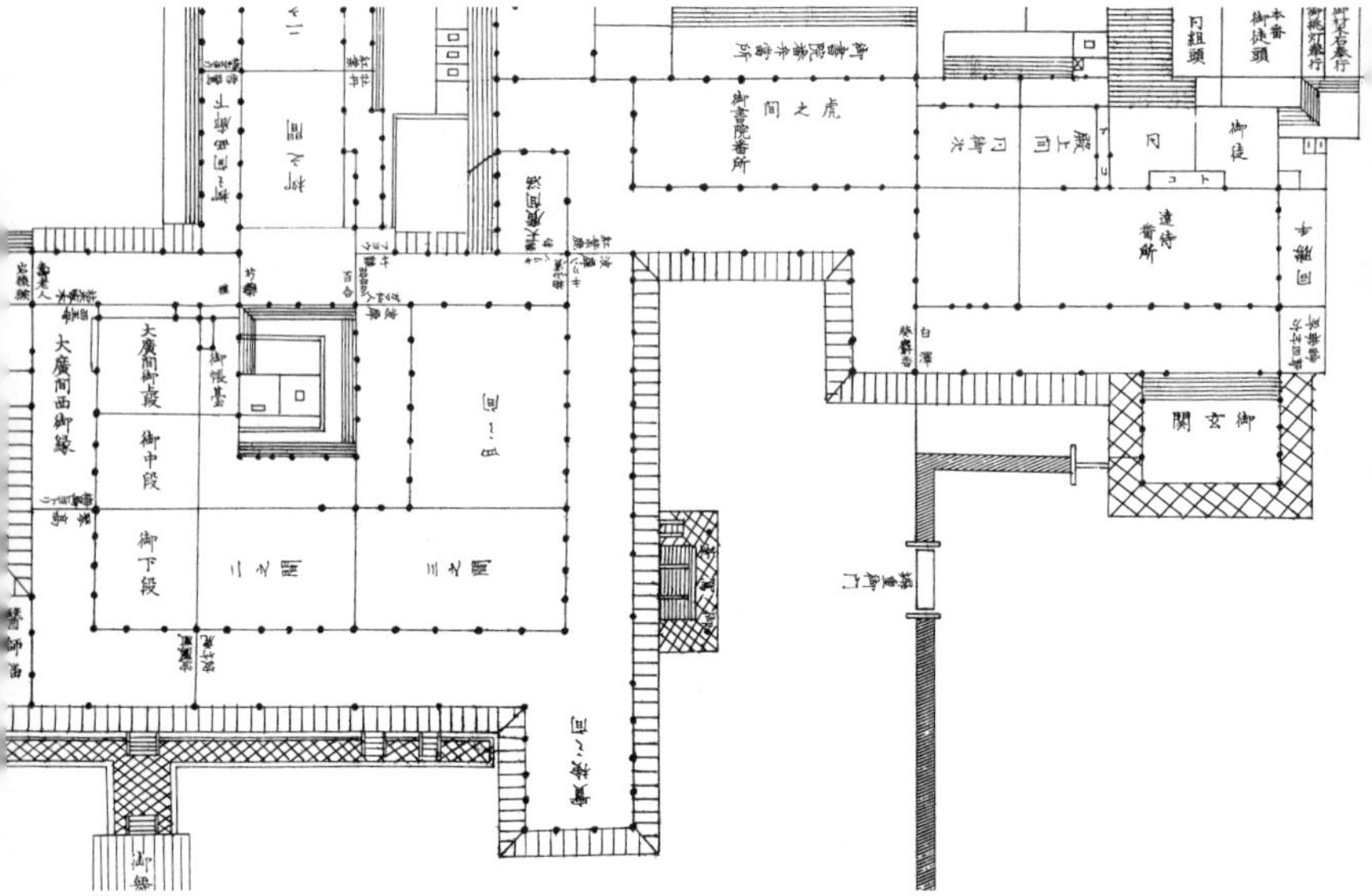

図８　本丸大広間周辺拡大図

当日、実際には尾張家が欠席したが[38]、一般に朝鮮信使聘礼には御三家の同席が慣例となっていた。御三家の当主および世子は、式典の場へ出御する前の将軍に白書院で御目見を済ませると、大広間の西側（図7、8では向かって左側）にある畳敷きの縁頬《えんがわ》に着座、その下座に連なって高家の面々および寺社奉行が控える（図8左端に「大廣間西御縁」が見える）。彼らの前面にあたる大広間では、中段の東西に溜詰と老中が列座している。なお、高家は当日の役回りによって城内の他の場所にも配置されていた[39]。

儀式の主要な舞台となる大広間上・中・下段は計九二畳の空間であるが、ここから九〇度東へ回り込む形で下段とつながっている二之間（後述するように、宝暦度通信使が登城した時期には「松之間」と呼ばれていた）との間は襖で区切られている。二之間には誰も着座せず、三之間、四之間には、右に登場した老中ら以外の大名、幕臣たち、つまり「國持大名、其外萬石以上、右嫡子、布衣以上之御役人」、これに加え、「法印、法眼之醫師」が整列し、端座して待っている。[40] 数にして数百人に上ったと考えられる。彼らからは、これから将軍がお出ましになる上段はもちろん、中・下段の空間は見えない。

　さて、これらすべての列席者へは、「登城之衆、装束に而可致出仕候」との指示がなされていた。[41] その具体的な内容は、「出仕之諸大夫以上衣冠襲を着、太刀帯之、布衣之輩布衣着之」というものである。[42] 諸大夫《しょだいぶ》（五位）以上の者が衣冠を着するとは（図9）、先に見た、勅使を迎えて行う将軍宣下の儀に準じた服装と見なすことができる。ここではひとまず、朝鮮通信使の迎接が明らかに、幕府の恒例の年中行事——そのうち最も格式が高いのは、武家の最高礼装で参列すべきものとされた「年始御礼」であった——とは比べようのない、特例的な盛典であったこと、他方で将軍宣下以上の位置づけ

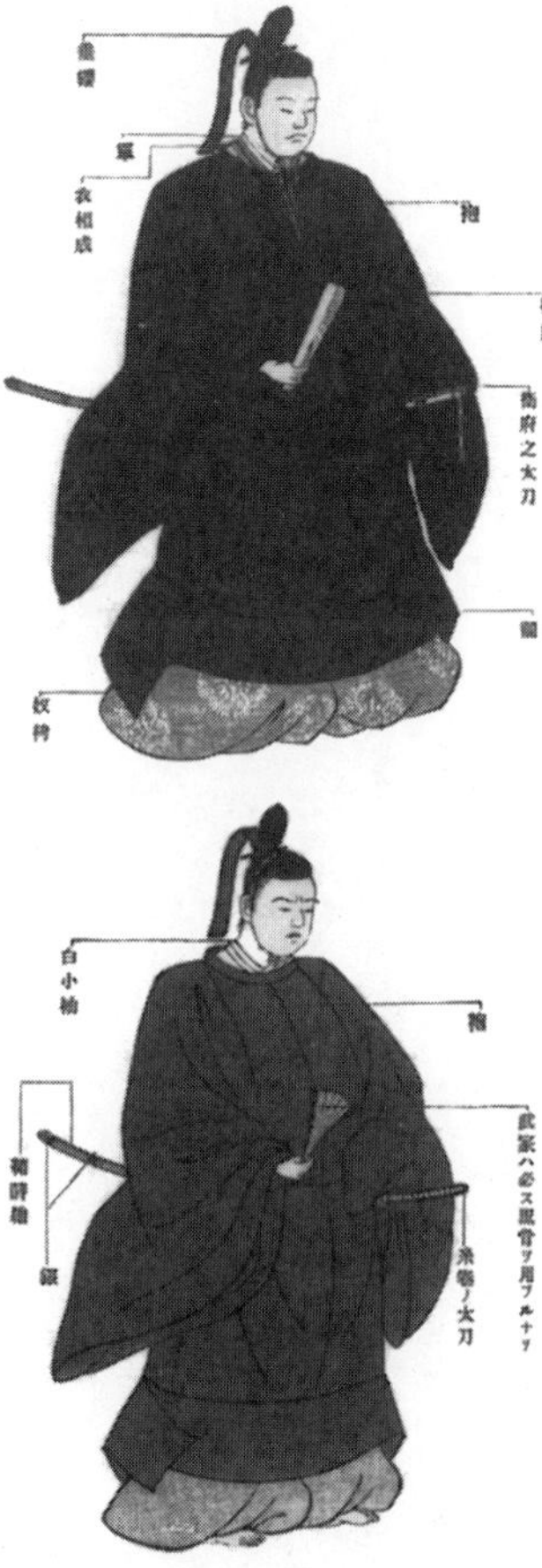

図9　衣冠

上が四位以上、下が五位の者が着用するもの。

ではなかったことを確認しておく。

(三) 謁見の進行

城内で待つ人々の様子が明らかになったところで、儀式を先に進めなくてはならない。宝暦度朝鮮通信使から代替りの祝賀を受ける将軍家治は、巳之中刻(午前一一時ごろ)、刀、脇差を小姓に持たせ、老中松平康福《まつだいらやすよし》の先導で大広間上段に出御。「御座疊」に「大御茵《しとね》」を敷いた上に着座した。その西寄りに、若年寄衆、側用人が控える。

なお、このとき、将軍自身の服装は、「御直垂御帯劔」であった[43]。前項で確認した臣下の衣冠に匹敵する将軍の大礼服はあくまで衣冠であり、ここでは正規の組み合わせから外れる服装が採用されたことに注意しておきたい。『徳川禮典録』からは、遡って享保四(一七一九)年の通信使の際、第八代将軍吉宗が、臣下一同衣冠姿の中、直衣で出御したことも確認できる[44]。対外儀礼において、将軍自身の服装をあえて規範外のものとする習慣が存在したと断定することまではできないが、この先例がのちに、ハリスの迎接にあたって幕府内で持ち出され、議論に影響を与えることになる。

将軍が定位置について大広間の準備が完了すると、三使の待つ殿上間には、寺社奉行四名、大目付四名、接伴僧二名がやってきて、三使を「松之間」に案内したと記録にある[45]。周知のとおり江戸城はたびたびの火災によって再建が繰り返されたが[46]、宝暦度通信使が登ったのはいわゆる「万治度造営」の本丸御殿であり、このとき「松之間」と呼ばれていた空間は、幕末の「弘化度造営」御殿を基準にすることの多い今日一般的な絵図面では「二之間」にあたる[47]。信使らは、列席の大名、幕臣らが居並んだ三之間、四之間が南向きに開け放たれている廊下を通り、ここへ達したと考えられる。松之間では、随従の上上官が、掲げてきた国書を大広間下段との境の襖際に置いたのち、南側に出て板縁に控えると、三使はその襖際から東、つまり三之間側へ五畳分下がったところに西向きに着座。対馬藩主宗義暢も付き添って、同間の廊下寄りにいる。

ここから全体を取り仕切るのは、朝鮮信使来聘御用掛の老中松平武元である。松平は、着座していた「松之間」外の板縁から大広間下段へ出て、将軍の準備ができたことを確認すると、戻って儀式の開始を宗義暢に合図。すると、宗から上上官へ、さらに上上官から三使へと合図が送られ、上上官は襖際に置いてあった国書を板縁まで持ち出す。宗がこれを受け取り、下段から大広間に進み入って二畳目に至ると同時に、西側から高家の者が出て引き取り、将軍に向かって前進、上段の下から一畳目に置く。彼が元の位置に戻ったところで、いよいよ三使が出て大広間中段まで進み、中段の下から二畳目に横に並んで将軍に拝謁し(48)、松之間に下がった。書簡箱は上段の御側衆が取り上げて御納戸に納める。以上が、三使が国王の名代として将軍に会う儀式である(49)。

深井雅海の整理によれば、江戸城大広間で挙行される将軍拝謁の儀式において、拝謁する大名や幕臣が下段でなく中段まで上がるケースは存在しない。逆にそのランクを超えると考えられる者は、大広間より奥の白書院もしくは黒書院での拝謁となり、それに該当するのは、大廊下席、つまり御三家および加賀金沢藩主前田氏等の大大名と、「臣下に与えられた最高の座席」であったとされる溜之間詰、つまり近江彦根藩主井伊氏など大老クラスの大名らのみであった(50)。それらに対して、国王の使者として迎える朝鮮使節の拝謁位置は異例である。他方、一時的に上段まで進む将軍宣下の勅使と比較すれば、[51]その拝謁位置が低く抑えられていたことにも注意しておきたい。

さて、このあと、三使が王の名代でなく、自身の立場で将軍に拝謁するという「自分御禮」に移行する。この場合、あらためて将軍の御前に出た三使の位置は、さきほどの中段二畳目からはだいぶ後退し、下段の上から五畳目と定められていた。[52]下段は縦が九畳分あることから、[53]これは下からも五畳目にあたる。この「自分御禮」は、朝鮮通信使の拝謁においてはつねに式次第に組み込まれ、とくに問題になることもなく続けられてきたものだが、のちに見るように、アメリカ総領事ハリスの初めての拝礼の際、大きな議論を招来することになる。

(四) 饗応

「自分御禮」が終わって三使が松之間に退くと、続いて将軍から御酒が供される。これも、掛から掛へと、順にその開始の合図が伝達されたのち、三使は再び下段五畳目に着座、御酌を務める高家の面々が中段の下から三畳目に出ると、対馬藩主宗義暢の取り次ぎにより、正使から順に出て土器を受け取る。ただし、宝暦度通信使の時期には、朝鮮の国法によって酒類が禁じられていたため、この儀式も空杯によって行われたという。[54]これが一通り済み、三使と宗義暢が松之間に去ると、随従の上上官以下、次官、小童までが、敷居際、板縁などそれぞれ定められた場所から将軍に拝謁を許された。

ここで、引き続き饗応がある旨、松之間の三使に伝えられる。三使は今一度、下段に出て将軍に御礼を申し上げ、退去。将軍自身は饗応には同席しないため、この時点で入御となる。[55]朝鮮通信使の饗応には御三家の相伴が恒例となっており、[56]宝暦度においては紀州家、水戸家の世子が出席した。饗応

図10 「朝鮮通信使歓待図屛風　左隻」部分（泉涌寺蔵）
式次第を検討すると、列席者の着座位置などから、通信使の饗応の場面と判断される。

の場所は先刻謁見が行われた大広間の下段で、紀伊、水戸の主人側が西側に、三使が東側に着座して向き合い、互いに二揖ののち食事が始まる。給仕は中奥小姓、また、饗応席の西の縁頰、つまり主人側の背後には老中、三使の背後には宗義暢が控えていた(57)。

歴代の朝鮮通信使の饗応が、近世における最高格式の儀礼膳とされる七五三膳であったことは、すでによく知られている。本膳、二の膳、三の膳として、それぞれ、汁、飯を除き七菜、五菜、三菜が供される。宝暦度通信使の饗応もむろんこの形で行われた(58)。

ここで献立の中身を詳述することはできないが、朝鮮通信使饗応の歴史については、高正晴子による、料理の復元を含む長年の研究蓄積に譲る。一口に七五三膳と言っても、その内容には、引替膳（本膳をいわば観賞用とした場合、実際に食するための膳）の有無、四膳目、五膳目にあたる追膳の有無など、細かな異同があり、そのときどきの宴席の位置づけがそこに表れる。代々の朝鮮通信使のもてなしに関しても、そうしたレベルの議論がつねにあったとされる(59)。

のちのハリス迎接の準備においても、幕府内ではこの点で興味深い議論がなされ、また最終的には、饗応の実施如何が大きな論点になる。

なお、本席の三使饗応と並行して、隣の松之間に設けられた上上官三名の宴席は、やはり七五三膳であった。続く上判事、製述官ら上官の各職掌に対しては、虎之間と柳之間に分かれ、細かな格差を

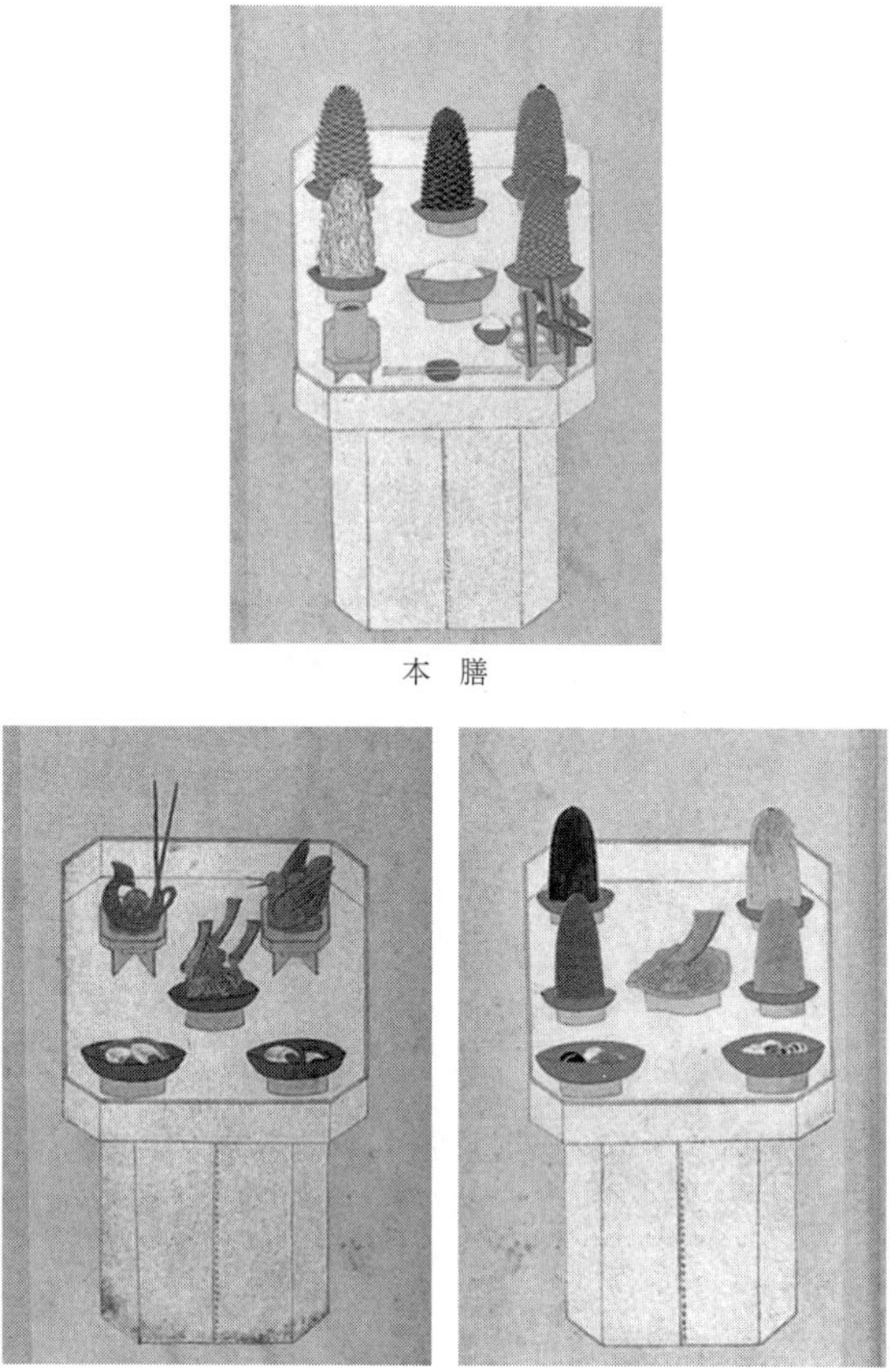

本　膳

三之膳　　二之膳

図11　「朝鮮人饗応七五三膳部図」（名古屋市蓬左文庫蔵）

設けつつも、一様に七五三の饗応である。随従の者のうち、その次の位と見なされる次官、さらに小童の席は紅葉之間に設けられ、ここでは七五三膳より格を落として三汁十一菜の料理が供されている。それ以下の従者については、中官には玄関腰掛にて饅頭が、下官には下馬腰掛で赤飯が用意された。[60]

食事が済むと、大広間下段の三使は松之間の通訳、上上官を呼び、饗応への謝意を伝える。それが、上上官から宗義暢へ、宗から老中へ、と伝達される。いよいよ三使退出の段には、寺社奉行、大目付らが先に立ち、老中は書院番所まで、寺社奉行、大目付は玄関まで、接伴役、接伴僧らは中之門まで送った。到着時の出迎えと対称の見送りがなされたことになる。なお、出仕の大名、役人ら、三之間以下に列席していた面々に関しては、この日は将軍への御目見はなく、使節の退出後、御菓子を頂戴して下城した。[61]

第三節　幕臣筒井政憲に見る外交経験の蓄積

本章では、「幕末外交儀礼」を研究する前提として、徳川幕府が安政三（一八五六）年のアメリカ総領事タウンセンド・ハリス来日と、彼からの登城・将軍拝謁希望に接する以前に有していた先例、とくに宝暦度朝鮮通信使の登城・将軍拝謁の日の一連の動きを見てきた。西洋の外交官として初めてハリスを江戸城に迎えるにあたり、これが、掛の幕臣らによる検討の具体的な土台となるのである。

日本の、いわゆる幕末における欧米諸国との国際関係と、東アジア諸国を相手方とするそれは、従来、異なる専門家群によって研究対象とされ、別の学問領域とされてきた。研究の対象となる地域だけでなく、時代に関しても、両者の間には懸隔があった。欧米との本格的な外交関係への突入が嘉永・安政年間（主として一八五〇年代）であるのに対し、朝鮮通信使の来聘は、対馬での応対に終わった文化八（一八一一）年の第一二回を最後にとだえている。四〇年の空白をはさみ、前者は近代史につながっていく、後者は近代とは切り離された、「別の歴史」として研究されてきたと言ってよい。

こうしたなかで本研究の着想につながったのは、荒野泰典、池内敏、糟谷憲一などにより、朝鮮通信使応接の準備が文化八年以降も、徳川幕府崩壊まで続けられたことがある程度明らかにされていたことであった(62)。筆者はこれを、右の「四〇年の空白」に疑問を差し挟む鍵として受け取り、幕府の対外政策決定者らの間で、対欧米外交と対朝鮮外交は一九世紀以降も、別のものどころか、自然に併存し、実務上の案件として緊密に関係するものだったのではないか、と考えるようになった。その視点から史料を見直した結果、まず、一八五〇年代半ばから六〇年代初頭、アメリカ、さらにオランダ等への対応を決めていく過程で、幕臣らが対朝鮮外交の事例を具体的に参照し、検討していた事実を明らかにすることができた(63)。朝鮮通信使迎接の積み重ねを前提として眺めると、日本の外交史は近世から近代へと、連続的な姿を現してくる(64)。

その延長線上にある本研究は、いわば学問上の都合によって切り分けられてきた時代、また外交の領域を、本来の自然な連続性を持った姿で提示し直そうとするものでもある。そのためには、歴史上の人物たちがなした仕事を、歴史研究がつくってきた枠組みに沿って切り取るのではなく、当時、政策現場にあった彼ら自身の視点に立ち戻り、彼らの生きた、限りある、しかしその限りにおいて連続した時空を再構成してみることが、とくに重要になる。

そこで本節では、第Ⅱ部で詳述する儀礼検討の過程に登場する幕臣たちのうちでも、初期の段階で中心的な役割を果たす筒井政憲《つついまさのり》を取り上げ、その若き日から晩年に至るまでの時期を通じて、彼が徳川幕府の対外関係に携わった経験の蓄積を概観しておきたい(65)。安永七(一七七八)年に生まれ、安政六(一八五九)年に満八一歳で没した筒井政憲が、安政四年のアメリカ総領事ハリス出府をめぐって示した国際認識は、その長い政治・外交上の経験の集大成と考えられる。

なお、以下の記述は史料として他にとくに断りのない限り、筒井自身が安政四年正月の時点で書き残した「筒井肥前守明細書」(内閣文庫蔵)に基づいて進めることにする(66)。

(一) 文化度朝鮮通信使と筒井政憲

筒井は安永七(一七七八)年に旗本久世広景《くぜひろかげ》の子として江戸に生まれ(67)、寛政一〇(一七九八)年、旗本筒井正盈《つついまさみつ》の婿養子となった。「学問藝術出精」により部屋住みから小姓組に召し出され、享和二(一八〇二)年に番入りを果たした。筒井が何歳で昌平坂学問所に入学したかは現時点で明らかでないが、林家の私塾であった昌平黌がいわゆる寛政の学制改革を経、学問吟味による幕臣登用の制度を整えた、幕府の公式学問所として確立を見た直後の時期に、ここで学び、頭角を現したことになる(68)。文化五(一八〇八)年からは林大学頭(述齋)らとともに学問所の講書を務めるようになり、さらに二年後の文化七年には、「学問所御用諸事林大学頭勤方同様」の旨を命じられた。同時に、幕府の役職として二丸留守居に任命された。

文化七年という時点で筒井が、いわば大学頭代理と言える地位にあったことが重要なのは、翌文化八年が、最後の朝鮮通信使、いわゆる文化度通信使来聘の年にあたり、その準備が本格化していたからである。代々の林大学頭は日本を代表する儒者として朝鮮通信使応接の中心的役割を果たしてきたが、文化度通信使においても同様であった。

ただし、第一一代将軍家斉の襲職慶賀のために実施されたこの信使来聘は、既述のとおり対馬での易地聘礼という形をとったため、将軍の名代として、老中小笠原忠固《おがさわらただかた》、寺社奉行脇坂安董《わきさかやすただ》以下の面々が大挙して対馬に下った。林述齋もこれに従っている。林の江戸出立は文化八年閏二月二八日、筒井の「明細書」には、「林大学頭朝鮮人来聘為御用対州江相越候留守中」は二丸当番を休み、「学問所之方重ニ可相勤旨」を指示されたとある。この間、殿中での月並講釈も筒井が勤めた。易地聘礼の留守を預かった筒井は、むろん、対馬での儀式を直接経験してはいない。しかし、師ないし上司の代理としてその「裏」を務めるという立場にあって、文化度通信使をめぐる一連の経緯をよく承知していたと考えて間違いあるまい。

林は対馬での信使応接から戻り、文化八年一〇月一日に将軍に帰府の挨拶を終えたが、同月一八日に拝領物受領のためあらためて登城を命じられた折には、代理として筒井を遣わした。一方、筒井自身が「明細書」に「本役」と記す二丸の仕事には、翌文化九年正月から復帰し、同年八月、西丸徒《かち》頭《がしら》に昇進した。

ここではまず、このあとのハリス来日の時期に現役であった幕臣のなかで、資料による知識や後日の伝聞としてではなく、身近な現実の事業として文化度通信使来聘を知っていた稀有な存在としての筒井を確認しておく。さらに一歩踏み込んだ推測が許されるならば、上記の顚末により、若い筒井の幕府における立場を躍進させ、またその路線を決定づけたと考えられるこの信使来聘は、本人にとっても印象の強いものであったのではないか。

つまり一方では、その後短時日のうちに本役での昇進が認められたことにも表れているように、大学頭の代理をこなすことを通じて幕府上層部との接触の機会も増え、学術面もさることながら幕臣としての優秀さが認知されるに至った。他方で、大学頭が長期に江戸を不在にし、代理を必要とする時期に筒井という人材がこれにあてられたことは、筒井にとって、単に学問所の優秀な卒業生として幕臣の道を歩んでいくのみならず、同時に学問所と正式な関係を持つ学者としての一面を、その生涯にわたって維持していく重要な要因となった。筒井が前述の西丸徒頭への昇進とほぼ同時に、幕府から、役所の仕事と並行して学問所との調整に経験を発揮するようとくに命じられたことも、その意味で特筆に価する。

(二) 筒井政憲の長崎経験

こののち筒井は、文化一〇（一八一三）年九月二〇日に西丸目付、文化一二年九月六日には本丸目付へと、江戸城内で順調に昇進を重ねた。また、その翌年には養父隠居により筒井家の家督を相続した。こうした日々に大きな転機をもたらしたのが、文化一四年七月二一日付で長崎奉行に任命されたことである。

長崎奉行就任

当時、長崎奉行は二人制で、一人が長崎在勤、もう一人が江戸在府とされ、毎年秋に[71]両者が交代することになっていた。筒井は任命を受けた年の一〇月に長崎に着任、一年間在勤ののち江戸に戻り、その翌年、文政二（一八一九）年に再び長崎に赴いて、一年間勤務。帰府後、将軍への御目見が文政三年一一月一七日と記録されている。翌文政四年正月二九日に町奉行に転じており、長崎へは二度の赴任であった。長崎奉行の在任期間としてはごく平均的なものである。[72]

ただし、この時期の任命についてはとくに、文化五（一八〇八）年のフェートン号事件により当時の在勤奉行松平康平が切腹に至ったことをはじめ、オランダ以外の異国船の来航によって長崎の緊迫感が高まっていたこと、他方で、ヨーロッパでのナポレオン戦争の拡大によるフランスのオランダ支配、イギリスのオランダ植民地支配という状況を背景に、オランダ船の定期来航が途絶えるという異常事態が断続していたという背景を考慮する必要がある。戦乱の沈静化とともに三年ぶりでオランダ船が入港したのが筒井着任の年であった。その船がもたらした風説書の日付が七月四日であるから、[73]七月二一日の長崎奉行拝命時には、筒井自身にもその報が入ったと考えてよいであろう。

この時期、日蘭貿易の規模は御定銅六〇万斤とされていたが、オランダ側はこの年、過去六回の欠損分計三六〇万斤のうち、少なくとも二五〇万斤を、以降一〇年間に分割して上乗せしてほしいと希望した。これは、オランダ側の利益補塡、また日本に新たな商品を運ぶための原資の確保という貿易上の理由に加え、近年の戦争で破壊された世界各地のオランダ商館を再建するため、長年の友好国日本からの援助と見なされるであろうこと、さらに、オランダ船の安定的な来航によってこそ日本は引き続き外国の風説を知ることができるであろうことを挙げて説かれたのである。[74]

この申し出は結果として、現地長崎での交渉、翌年のオランダ商館長江戸参府中に行われた幕府への懇請もさることながら、筒井が一回目の長崎勤務を終えたのち、江戸在府番であった時期の尽力によって事実上満額で認められた[75]。正徳新例（正徳五〔一七一五〕年）以降、幕末に向けて「次第に先細り」となり、「大局から見れば減少の一途」をたどったとされる長崎貿易の傾向のなかで[76]、特異とも言える決断であった。

さて、筒井の一回目の長崎在勤中、文政元（一八一八）年は、オランダ商館長の江戸参府が行われる年であった。オランダ商館長江戸参府行程の一部始終や、将軍への進物等に関する一切の監督は、長崎奉行の管轄である。奉行自身は参府に同行しないが、奉行支配の役人が警固役として付き添うことになっており、この采配を現場で経験したことは、のちにハリスの出府問題を考える際、筒井の前提知識の重要な一角をなしたと考えられる。なお、参府は江戸時代の初めには毎年行われていたものの、明和元（一七六四）年からは隔年、寛政二（一七九〇）年以降は四年に一回となっていたため[77]、先述の平均的な勤務形態においては、歴代の長崎奉行のうち、長崎からこの行列を送り出すという仕事に当たらない者も多くいたのである。

ブロンホフとの交流　このときの参府の当事者であり、筒井の長崎奉行時代全般にわたって重要な関係者の一人であった当時のオランダ商館長は、ヤン・コック・ブロンホフ（Jan Cock Blomhoff）であった。ブロンホフは以前に荷倉役として四年間の出島在留経験があったが[78]、商館長として再来日したのは、筒井の任命直前に入港したオランダ船によってである。筒井が初めて長崎に到着した時点では、滞日一九年のベテランになっていた前任のヘンドリック・ドゥーフ（Hendrik Doeff）と、新旧二人の商館長が揃っており、したがって先述の貿易額をめぐる交渉も、その最初の段階は、ドゥーフからブロンホフへと業務を引き継ぎながら進められた。これは筒井が新しい仕事を吸収するうえで、非常に幸運な環境であったと言えよう。

　しかし、筒井の長崎生活はそれだけではなかった。彼が着任三日後に招かれた商館長宅のパーティーで、ブロンホフが日本の禁令を承知で帯同していたオランダ人の妻子と対面したことなどは[79]、江戸に生まれ育ち、四〇歳を迎えようとする時期に初めて遠隔地に赴いた筒井にとって、この長崎という、当時の日本で最も異国文化の充満した地の印象を、とりわけ強烈なものにしたのではなかろうか。ブロンホフの家族が嘆願の末にも日本での同居を許されず、まもなく出航しなければならないことはすでに決まっていたが、出島絵師川原慶賀に描かれたことでも有名な彼女らから、筒井は新任長崎奉行として挨拶を受けたのである。

図12　「ブロンホフ家族図」（川原慶賀筆、神戸市立博物館蔵）

　ブロンホフはその後、筒井の長崎奉行在任期間を超えて文政六（一八二三）年まで日本に駐在し、ちょうど入れ替わりに商館付医師として来日したフィリップ・フランツ・フォン・シーボルト（Philipp Franz von Siebold）以前に、現在のライデン国立民族学博物館日本関係コレクションの基礎をなす収集を行ったことでも知られる[80]。そのブロンホフと筒井の付き合いは、ブロンホフの日記（『長崎オランダ商館日記』）で見る限り、右の参府時、江戸に着いたブロンホフの宿に、筒井が江戸にいる自分の息子から鉢植えの花を届けさせるなどの気遣いを見せたことが記録されているほか[81]、筒井の任期前半においてはとくに深まった様子がない。しかし、輸出銅の増額が実現した任期後半、とくに筒井の長崎離任の時期に向けては、奉行周辺の役人たちも含めて日蘭間の交流の機会が増え、それらの場面が日記のなかに点描されている。

こうした交際のなかでも特筆すべき出来事があった。文政三年九月一四日、オランダ商館員たちによる、オペレッタ「二人の猟師とミルク売り娘」(アンソーム台本、ドゥニ作曲)[82]の上演である。ほかでもない筒井の送別に際して、筒井自身と、筒井と交代する奉行間宮信興をともに商館長宅に招いての催しであった。それ自体は「出島にわか芝居」などとしてすでに紹介されている事実だが[83]、筒井という人物の経験の蓄積を追う文脈のなかに、あらためて置いてみることの意義は大きい。

ブロンホフは日記に、両奉行が「極めて満足し、このようなことは見たことがない、彼ら自身(日本人)の見せ物や中国人の見せ物への自負が失われた、と述べた」と書いている。芝居の幕切れに「Lang Leeve de Gouverneurs van Nangazackij(両長崎奉行万歳)」と書いた照明具が運び込まれたり、退席の際に通る庭にも凝った飾り付けをしておいたりと、商館長自らの指示による念入りな演出は奉行をたいそう喜ばせたらしく、「表門のところで閣下方と別れの挨拶をしたが、閣下方が始めに、もう一度私に礼を言い」、さらにブロンホフの挨拶に対して「すべて懇ろに返礼の言葉が返された」という[84]。

このとき、ブロンホフはとくに「奉行筒井は、芝居の荒筋の完全な翻訳文を前もって手に入れており、自らも多くのことを書き留めていた」ことに気づいた[85]。これが、筒井自身が文政三年九月付の跋文を付し、のちに勝海舟の手を経て昭和三(一九二八)年刊の新村出監修『海表叢書巻二』(更生閣書店）に収められたという「喎蘭演戯記」であることは、間違いないと考えられる。その跋文で筒井は、前述のように貿易額拡大を実現させた背景に触れ、「印度諸島、兵燼之餘、城舎商館殆頽廢」のところ、それらの修繕費用は莫大であり、オランダ側が輸出銅の増加を願う「其情亦可憐」であったためと記している。結果、「蘭人之欣可知也」とし、「國恩」は彼らにおいて「徹骨入髄」に至ったと言う。仮にこれを誇大な表現と見るにせよ、謝恩に芝居を上演しようというオランダ人らの気持ちに対し、「嗚呼、人情之貫乎古今、通乎四海」と書き付けた感慨は、筒井が長崎生活で得た果実と捉えておくべきだろう。

江戸町奉行時代

こうして江戸に戻った筒井は、江戸町奉行に栄転する。のち天保一二（一八四一）年、すでに家慶に将軍位を譲り大御所となっていた第一一代将軍家斉の逝去に伴い、西丸留守居となるまで、丸二〇年にわたってこの要職にあった。それも本人の四〇代、五〇代全般にわたる時期であるから、前後の対外関係業務の一方、筒井のキャリアにおいてこの部分が一つの軸をなしたことは言うまでもない。名奉行であったとされ[86]、筒井自身の「明細書」には数多い火事の処理やそれに伴う普請の問題、米価高騰の問題、町会所貸付金の問題などへの取り組みが列挙されている。この役職における筒井の事績については藤田覚の著作で取り上げられているので[87]、対外関係を主題とする本書では履歴の確認にとどめる。

なお、藤田がとくに指摘するのは、筒井を含め、この天保の改革にさしかかる時期、民衆に慕われた町奉行らは、幕府上層部から触れ出されるさまざまな規制（娯楽の制限や無許可の小商いの禁止など）に抗して庶民の側に立った施策を打ち出し、実行したということである。そこには役職柄、庶民の生活を理解していたがゆえの温情措置という面もあるが、より現実的に、締め付けの行き過ぎは民衆の暴動につながり、安定的な市政の維持には、質素倹約や規律よりも庶民経済の一定程度の自由、ひいては江戸という都市の繁栄が必要であるとの、経験に裏打ちされた見解があったとする。こうした方針を貫いた結果、老中水野忠邦による改革が本格化した天保一三年、すでに西丸留守居になっていた筒井は、町奉行時代の失政を理由に御役御免差控えを命じられ、さらに翌年には、長崎奉行時代にまで遡って責めを受けることになった。

ところでここでは、本書の主題に直接関係する筒井の経験として、町奉行の研究としては通常注目されることのない、オランダ商館長参府に関する業務に触れておかなくてはならない。筒井が長崎奉行として参府行列を送り出した経験については先に述べたが、慣例では、商館長一行の世話は江戸に入ってからも長崎奉行の管轄で、滞在中の警固や、登城・将軍拝謁等に関する一切を、江戸在府番の奉行が取り仕切ることになっていた。しかし、筒井の町奉行在勤中、天保元（一八三〇）年の商館長参府の際には異例ながら、在府長崎奉行を応援する形で、町奉行支配の同心二名と勘定奉行支配の普請役二名が、一行の旅宿長崎屋の取り締まりに当たったことが記録されている(88)。

町奉行の関与の理由については、『通航一覧続輯』に「去文政年間、高橋作左衛門、土生玄碩等か事ありしより(89)」とあり、これが、前回、文政九（一八二六）年のオランダ商館長参府の際、商館医シーボルトと幕府天文方高橋景保らとが接触したことに端を発し、日本地図など禁制品の授受が発覚して、シーボルトの国外追放へ、高橋の獄死へと発展した、いわゆるシーボルト事件を指すことは言うまでもない。実はその後、今回の参府に先立つ文政一二年一二月、筒井が同事件をきっかけに考察をめぐらせ、「先年長崎勤役中及見聞候趣共彼是照し合」わせて記したという「異国筋之儀ニ付存得候趣申上候書付」（早稲田大学図書館蔵、図13）からは、再び同様のことが起こらぬよう、長崎奉行の家来に加えて江戸では町奉行が、また通過の道筋でも各地の奉行や領主が、商館長一行の警固に協力すべきであると、自ら提案したことがわかる[90]。

同文書によれば、その背景として、幕府内にはシーボルト事件の発生を受け、オランダ商館長の参府自体を中止する動きがあった。筒井は自らの出動によって、この中止という事態を防ごうとしたのである。筒井はそのことについて、今回の一件ゆえに二〇〇年余りも続いてきた参府を中止し、オランダを遠ざけてしまうのは「御國量之狭き様ニも相聞可申」と記している。

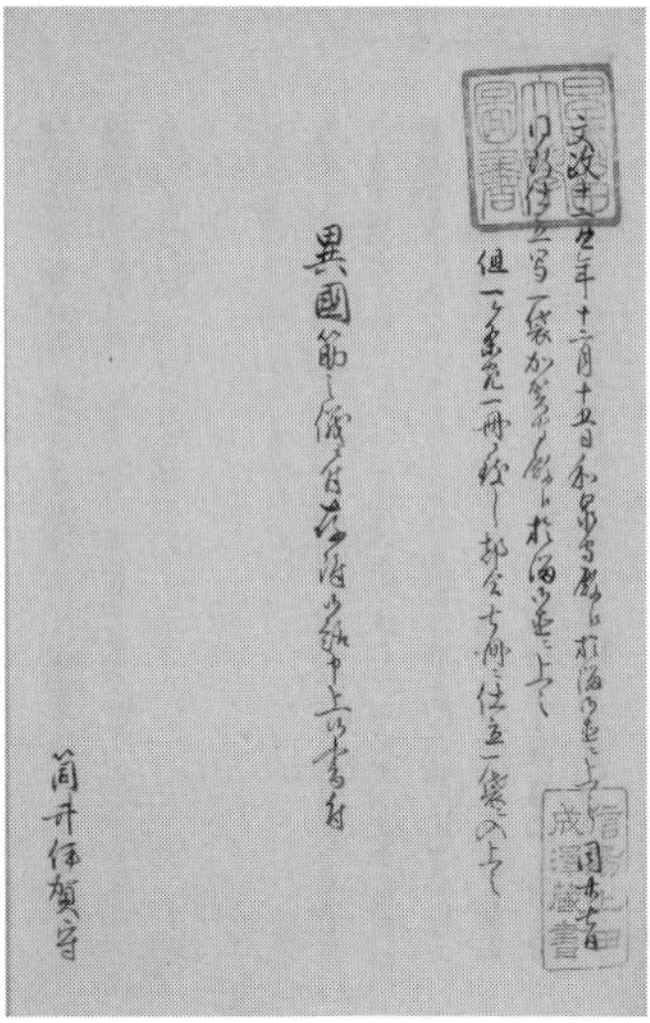

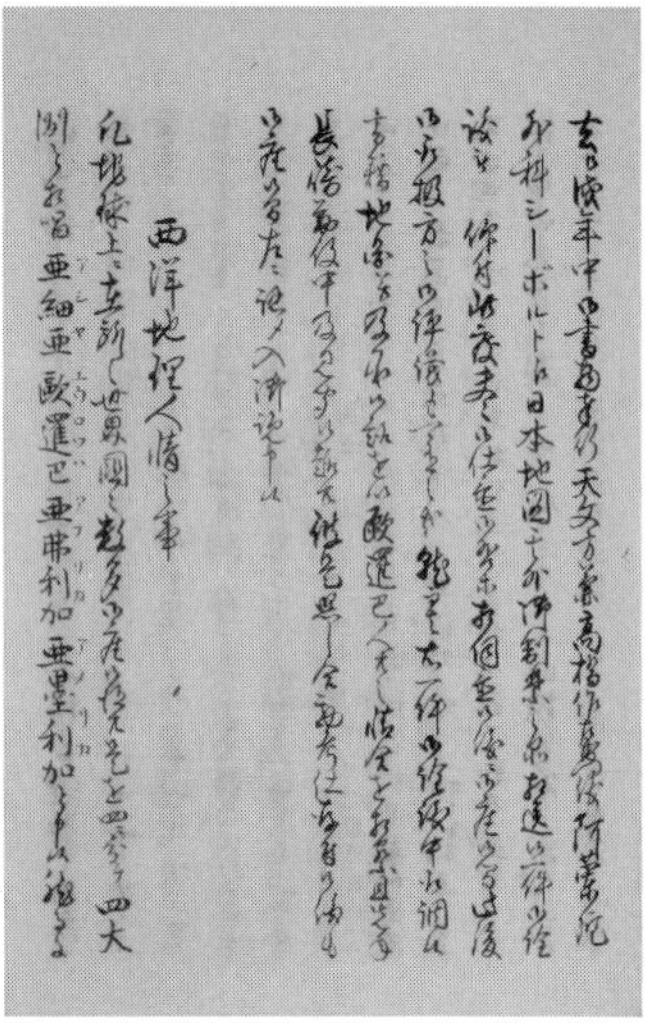

図13 「異国筋之儀ニ付存得候趣申上候書付」冒頭部分（早稲田大学図書館蔵）

(三) 幕末期の外交と筒井政憲

天保の改革により不遇の時期を過ごした筒井が幕府に再登場するのは、改革を主導した水野忠邦が失脚し、阿部正弘が老中に登用された翌々年の弘化二(一八四五)年七月一九日である。勤仕並という最低限の形であったが、同じとき、林大学頭(当代は前出の述齋の息子、培齋)の弟で、次々代の大学頭となる林復齋と万端同様に学問所御用を勤めるよう命じられ、実質的には学者としての側面から表舞台への復帰を果たした。

幕末の朝鮮人来聘御用掛　免職前と同じ西丸留守居に復帰したのはその後、弘化四年二月一一日付であったが、これに先立って弘化三年一二月一四日には、朝鮮人来聘御用掛の任命を受けている。ここに再び、文化度通信使以来、三〇年余を経て、筒井は朝鮮通信使業務と関係を持つことになった。弘化三年の御用掛任命とは、すでに天保八(一八三七)年から将軍職にある一二代家慶の襲職慶賀を目的とした通信使来聘準備にあたるためである。

この第一三回となるはずであった朝鮮通信使を迎える計画は、幕府としては慣例に従った当然の手順として、代替り直後から開始されていた。当初は前回の文化度通信使の例に倣い、対馬での聘礼が想定され、いったんは弘化元(一八四四)年に実施することとして[91]、天保一一(一八四〇)年七月から八月にかけ、一連の御用掛も任じられていたのである[92]。しかしながら同年一二月に至り、老中水野忠邦自身が御用掛となり、計画を指揮する立場に立ってから、すでに進んでいた対馬聘礼準備の裏で聘礼地を大坂に変更する方針が示されたため、計画は混乱をきたした。その間の事情は池内敏が明らかにしている[93]。

水野の失脚を受けて天保一四年に老中となった阿部は、水野時代の通信使来聘御用掛を徐々に入れ替えていった[94]。当面は水野の大坂聘礼計画を継承しつつ、来る丙辰年（一八五六年）実施との方針を阿部自身が決断したのが、弘化三（一八四六）年一一月ごろであったとされ（正式発表は弘化四年八月一五日）[95]、その直後に登用されたのが筒井であった。

「明細書」によれば、弘化四年五月二日には、「御備場筋之儀ニ付、去年以来取調物等も仕、彼是骨折」との理由で拝領物を賜ったとあり、筒井が欧米諸国の接近を念頭に置いた海防政策の検討に本格的にかかわり始めたのも、朝鮮通信使御用掛の任命と同じころからであったことがわかる。この時期の幕府には、ロシア船の来航に加え、アヘン戦争が終結し、欧米諸国による蚕食が始まった中国（清）の状況に関する情報が大きな脅威をもたらしていた。そうした欧米列強に対する海防の問題と、朝鮮を相手とする慣例的、儀礼的外交実務の問題とは、幕府にとってむしろ当初のこの段階においてこそ、大きく性格の異なる懸案と捉えられたであろう。にもかかわらず、互いに接点のない領域どころか、幕府のなかで、現に一人の多忙な人材が同時に双方を担当するという範囲内に、それら両懸案は位置していたのである。

さて、丙辰年（一八五六年）と決まった通信使来聘に向けては、対馬藩が早急に朝鮮側との調整に動き出すが、嘉永五（一八五二）年の江戸城西丸炎上を主な理由として再び延期され、来る辛酉年（一八六一年）の挙行が予定されるに至った[96]。ここで準備には時間的余裕が生まれたが、結局、第一二代将軍家慶は、嘉永六（一八五三）年、通信使を迎えないまま亡くなった。

アメリカと
ロシアの来航

将軍家慶が他界した嘉永六年とは言うまでもなく、アメリカからマシュー・カルブレイス・ペリー（Matthew Calbraith Perry）、そしてロシアからエフィミィ・ヴァシリエヴィチ・プチャーチン（Yevfimij Vasil'jevich Putjatin）の両使節が来航した年である。筒井はこのとき、ペリーが持参したアメリカ大統領国書の和解（日本語訳）にも関与したが、より深いかかわりを持ったのはプチャーチンであった。いま一人の幕臣、川路《かわじ》聖謨《としあきら》とともに、幕府全権として長崎および下田での交渉にあたり、翌安政元年一二月二一日（一八五五年二月七日）、日露和親条約の締結に漕ぎ着けたことは周知のとおりである。これに際し、筒井は大目付格、さらに大目付へと昇進した。

ここでの交渉内容に踏み込むことは本節の目的を超えるが、その場の様子については、プチャーチンの秘書官として同席した作家のイワン・アレクサンドロヴィチ・ゴンチャローフ（Ivan Alexandrovich Goncharov）が「談判はすべて川路の双肩にかかっていて、筒井はむしろ貫禄をつけるために、あるいは……人好きのする性格を見込んで派遣されたのかもしれない」[97]と書き残した。また、「老人は最初から私たちを魅了してしまった。……まなざしにも、声にも、すべてに長老らしい分別のある愛想のよい善良さが輝いていた――それは長い人生と実生活の叡智のたまものである。……おまけに、この老人の物腰には立派な教養がにじみ出ている」[98]とも記している。

図14　筒井政憲
安政元年の会談時、ロシア側に描かれたもの。

その節の交渉記録を見ても、筒井の発言は少なく、儀礼的なものであって[99]、当時五〇代前半の川路が鮮やかに対話を切り回して相手方に舌を巻かせたのに対し、二〇歳以上年長の筒井は文字通り、長老としての存在だったのであろう。しかし、後章で見るように、さらに数年を経たハリス出府論争の当時、筒井が幕府の対外政策において単に重石としての老人であったという理解は正しくない。

一方、将軍家慶の逝去により一三代家定が将軍職を襲ったことは、幕府にとって、新たな朝鮮通信使来聘準備を開始すべきことを意味した。対欧米関係の慌しい展開にもかかわらず、徳川幕府がこの外交慣例を毫も忘れることがなかったことは、よく確認しておかなくてはならない。ペリーとの日米和親条約締結直後と言ってよい嘉永七（一八五四）年六月には、まず二九日、対馬藩主とその家来筋に対し、先代家慶のための信使来聘業務に関して拝領物の下賜があり、翌三〇日には、ペリーとの交渉で全権を務めた林大学頭（復齋）はじめ三名が、新たな朝鮮人来聘御用掛に任命された（このとき、筒井を含む以前からの来聘掛について御役御免の措置はとられておらず、追加任命と考えられる）。そして、幕府から対馬藩に、「御代替ニ付、朝鮮人來聘之儀……可爲先格通」との沙汰があったのは、プチャーチンとの日露和親条約締結二日前にあたる安政元年一二月一九日であった[100]。

ここで「先格通」とは、前回の文化度通信使と同様の方式ということである。すなわち大坂に代え、再び対馬での聘礼を準備せよとの指示であり、地元開催を理由に幕府から援助を引き出そうとする対馬藩側の働きかけが功を奏したものと言われる[101]。日本側からの度重なる聘礼地変更の申し入れは朝鮮側の体面を傷つけるものであったが、朝鮮側も財政難の折から、さらなる訪日延期を条件にこれを許諾した。その結果、安政三年七月二三日の時点で、家定襲職慶賀の通信使来聘は、そこから一〇年先の丙寅年（一八六六年）と決定されたのである[102]。

幕府が、日本側にとっては長すぎる一〇年の延期を受け入れることにしたこの日は、初代アメリカ総領事タウンセンド・ハリスの下田到着二日後であった。本書が解き明かそうとする一二年間は、ここから始まる。

翌安政四（一八五七）年にハリスを、その翌年にオランダ領事ヤン・ヘンドリック・ドンケル＝クルティウス（Jan Hendrik Donkel Curtius）を江戸城に迎えることになった将軍家定は、自らの襲職を祝う朝鮮通信使の来聘を待たずに逝去した。一四代将軍家茂のための信使来聘は、丙子年（一八七六年）の実施と決まったが、慶応三（一八六七）年に没した家茂自身も、また一五代慶喜も、もはや朝鮮通信使を迎えることのないまま徳川幕府が終焉を迎え、計画がついに未完に終わったことについては、[103]あらためての説明を要すまい。ここで、通信使に関するこの最終的な経緯の詳細に踏み込むことはしないが、本書が、直接には欧米諸国外交官の将軍拝謁儀礼という観点から考察の対象とする、安政三（一八五六）年から慶応三（一八六七）年に至る期間は、延期を繰り返しながらも、次々と替わる新将軍のために朝鮮通信使の来聘が検討され、幕府にとって、隣国との関係のあり方を確認し続けた時期でもあったのである。

筒井自身にとっては、朝鮮通信使をめぐるさまざまな検討が、それ自体として生かされることこそなかったものの、その知見は第Ⅱ部で見るアメリカ総領事迎接にあたり、具体的な形に結実する。この筒井政憲という長寿の人物が、日本の対外関係史上、一九世紀前半と、欧米外交官らの到来以降とを架橋する役割を果たしたことを述べ、本章を終えることにしたい。

(1) 竹内誠「江戸幕府の年中行事」大石学編『江戸幕府大事典』吉川弘文館、二〇〇九年、三八～四八頁も、類似の射程を持ったまとめである。
(2) 注(1)大石編『江戸幕府大事典』、九四一頁、および、竹内誠編『徳川幕府事典』東京堂出版、二〇〇三年、八六～八七頁参照。
(3) 徳川黎明会編『徳川禮典録(上)』原書房、一九八二年(覆刻原本一九四〇年)、一〇～一九五頁。また、市岡正一『徳川盛世録』平凡社、一九八九年、二六八～二七三頁参照。
(4) 深井雅海『江戸城——本丸御殿と幕府政治』中央公論新社、二〇〇八年、三〇頁。
(5) 渡辺浩『東アジアの王権と思想』東京大学出版会、一九九七年、三四～三五頁参照。
(6) 原田知佳「江戸幕府将軍世子の人生儀礼——家治の誕生祝儀を事例に」『学習院史学』第五〇号(二〇一二年)、四〇～六二頁。
(7) 岩橋清美「将軍代替り儀礼の社会的意義——第一三代将軍徳川家定の代替り儀礼を事例として」『東京都江戸東京博物館研究報告』第八号(二〇〇二年)、五三～七〇頁。
(8) 注(3)市岡『徳川盛世録』、二四頁。
(9) 吉田昌彦「特集研究　将軍任命儀礼で読み解く幕府と朝廷の関係性——二つの顔を持った王権の正体」『歴史読本』第五八巻第一号(二〇一三年)一七二～一七七頁。また、黒板勝美編『新訂増補國史大系第四十二巻　徳川実紀　第五篇』吉川弘文館、一九六五年、三七〇頁。
(10) 吉田昌彦「近世確立期将軍宣下儀礼に関する一考察」『九州史学』第一一八・一一九号(一九九七年)、四二～四七頁、また、注(3)市岡『徳川盛世録』、三六～三九頁を参照。
(11) 徳川黎明会編『徳川禮典録(中)』原書房、一九八二年(覆刻原本一九四〇年)、二七六頁など。
(12) 大友一雄「近世武家社会の年中儀礼と人生儀礼——はじめての御目見に注目して」『日本歴史』第六三〇号(二〇〇〇年)、五三～五九頁。

(13) 大友一雄「幕藩関係にみる武家儀礼」『儀礼文化』第二六号(一九九九年)、三七~五〇頁。
(14) 宮内哲「勅使饗応にみる日本的生活文化の断片——空間の装いと時間に対する意識について」『日本文化』第一七号(一九九四年)、四三~七六頁参照。
(15) 小野清『徳川制度史料』同、一九二七年、五六~六〇頁。
(16) 注(3)徳川黎明会編『徳川禮典録(上)』、一〇〇~一〇二頁。
(17) 同前、一一〇~一二〇頁。なお、この場合の部屋割りは、大名らの通常の登城時、格式によって定められていた控えの間、いわゆる殿席とは異なり、また、年中行事の際の礼席とも別のものである。殿席については、笠谷和比古『近世武家社会の政治構造』吉川弘文館、一九九三年、一五四~一五五頁参照。礼席に関しては、注(15)小野『徳川制度史料』、一八一~一九七頁を参照のこと。
(18) 注(11)徳川黎明会編『徳川禮典録(中)』、二七六、二八三、三〇三頁など。
(19) 三谷博『ペリー来航』吉川弘文館、二〇〇三年、四頁。
(20) 近年のまとめとして、荒野泰典「近世的世界の成熟 通史」荒野泰典・石井正敏・村井章介編『近世的世界の成熟』吉川弘文館、二〇一〇年、一九~二八頁。また、荒野泰典「『四つの口』と長崎貿易——近世日本の国際関係再考のために」(「nippon.com」二〇一二年七月九日付収録記事)、http://www.nippon.com/ja/features/c00104/(アクセス日・二〇一六年三月七日)。
(21) 仲尾宏『朝鮮通信使と徳川幕府』明石書店、一九九七年、四四~七一頁参照。
(22) 閔徳基「江戸時代の琉球使節と朝鮮使節」河宇鳳他著・赤嶺守監訳『朝鮮と琉球——歴史の深淵を探る』榕樹書林、二〇一一年、四九~七七頁。
(23) たとえば、奥谷浩一「朝鮮通信使四七年間の空白と『易地聘礼』にかんする思想史的考察——江戸時代の日本思想史の一断面」『札幌学院大学人文学会紀要』第八〇号(二〇〇六年)、一四三~一七六頁、平木實「一八世紀朝鮮国の儒学界とそれがみた日本の儒学」笠谷和比古編『一八世紀日本の文化状況と国際環

境』思文閣出版、二〇一一年、四五七～四八九頁など。

(24)『幕末外国関係文書之五十二』、四〇八～四一一頁。

(25)トビ、ロナルド『全集　日本の歴史　第九巻「鎖国」という外交』小学館、二〇〇八年、九二～一〇八頁。

(26)先行研究については序章注(12)を参照のこと。

(27)森田登代子「歌舞伎衣裳にみられる歴史的・社会的事象の受容――『馬簾つき四天』『小忌衣』『蝦夷錦』『厚司』を事例として」『日本研究』第四〇号（二〇〇九年）、一二九～一五八頁。

(28)『幕末外国関係文書之十七』、八八、三五九頁など。

(29)國書刊行会編『通航一覧第二』同会、一九一二年、五七三頁。

(30)『増正交隣志』による整理として知られる。より詳しくは辛基秀『新版　朝鮮通信使往来――江戸時代二六〇年の平和と友好』明石書店、二〇〇二年、三二一～三三三頁を参照。

(31)ただし、このなかには江戸出府の途上、大坂に係留される船に残る人員もあり、すべてが登城の行列に加わるわけではない。

(32)注(4)深井『江戸城』、一二一～一二三頁参照。

(33)注(29)國書刊行会編『通航一覧第二』、五七三頁。

(34)注(2)竹内編『徳川幕府事典』、七四～七五頁参照。

(35)注(29)國書刊行会編『通航一覧第二』、五七三頁。

(36)一方の朝鮮通信使側の衣装については本章では扱い得ないが、鄭銀志「江戸時代における朝鮮通信使の服飾」『服飾文化学会誌』第四巻第一号（二〇〇三年）、一五～二九頁が参考になる。

(37)注(29)國書刊行会編『通航一覧第二』、五七二頁。なお、ロナルド・トビが、列席者の数で相手を圧倒しようとする琉球使節の儀式と異なり、朝鮮信使の迎接はごく限られた数のエリート大名だけを登城させて行うものであったとしていることには、疑問が残る（トビ著、速水融・永積洋子・川勝平太訳『近世日本の国家形成と外交』創文社、一九九〇年、一四八頁）。トビが具体例として引く天和度通信使（天和二〔一六八二〕年）の例だけをとっても、「御連枝方、國持大名、御譜代衆、諸役人旗本の面々、殘らす登城」との記録がある（注(29)國書刊行会編『通航一覧第二』、四三九頁）。

(38) 注(21)仲尾『朝鮮通信使と徳川幕府』、二六二頁。

(39) 注(29)國書刊行会編『通航一覧第二』、五七三〜五七四頁。

(40) 同前、五七四頁。

(41) 同前、四四七頁。

(42) 『朝鮮人来朝之記』明和元年（内閣文庫蔵）。

(43) 注(29)國書刊行会編『通航一覧第二』、五七三頁。

(44) 徳川黎明会編『徳川禮典録(下)』原書房、一九八二年（覆刻原本一九四〇年）、三六七頁。

(45) 注(29)國書刊行会編『通航一覧第二』、五七四頁。

(46) 村井益男編『日本名城集成　江戸城』小学館、一九八六年、九八、一〇六頁参照。

(47) 長門萩藩八代藩主毛利重就（寛延四〔一七五一〕年四月から天明二〔一七八二〕年八月まで在任）が記したとされる「御自身御作廻之記」に収められた「朝鮮人御礼之節大広間之図」（深井雅海編『江戸時代武家行事儀礼図譜　第七巻（諸大名江戸城殿席図㈢）』東洋書林、二〇〇二年、二五五〜二五六頁）によって「松之間」の位置が確認できる。

(48) 注(29)國書刊行会編『通航一覧第二』、五七二頁には、このとき「九拝」の礼をとったとの記載があるが、疑問なしとしない。仲尾宏は、享保度通信使以降、三使の将軍に対する「四拝礼」が固定したとしており、それも、以前の「再拝」に対して日本側の優越性を誇示する性格のものであったとしている（注(21)仲尾『朝鮮通信使と徳川幕府』、二二三〜二二四頁）。

なお、三使と将軍の対面の場面については管見の限り、史料ないし先行研究上、拝礼、拝謁といった一般的な言葉が用いられており、その瞬間の姿勢（座礼か立礼か等）を明らかにすることができない。ただし、のちに幕府内でアメリカ総領事ハリスの拝謁様式を検討する際、ハリスが立ったままの姿勢で臨むであろうこと、他方で琉球使節は「跪踞」が慣例であることを前提に、朝鮮通信使との差異が論じられる過程からは、通信使がより低く床上に着座するのが通常の姿勢であったと判断される。『幕末外国関係文書之十七』、三三四〜三三五頁。

(49) 注(29)國書刊行会編『通航一覧第二』、五七二〜五七五頁。

(50) 注(4)深井『江戸城』、二二一〜四一頁、また、笠谷和比古『近世武家社会の政治構造』吉川弘文館、一九九三年、一五四〜一五五頁参照。

(51) 深井雅海『図解・江戸城をよむ』原書房、一九九七年、二六〜二七頁。

(52) 注(29)國書刊行会編『通航一覧第二』、五七五頁。

(53) 注(47)深井『江戸時代武家行事儀礼図譜』（全八巻）所載の各種図面を参照。

(54) 仲尾宏「宝暦度通信使とその時代」辛基秀、仲尾宏編『善隣と友好の記録◎大系朝鮮通信使◎第七巻甲申・宝暦度』明石書店、一九九七年、九七頁。

(55) 注(29)國書刊行会編『通航一覧第二』、五七五〜五七六頁。

(56) ただし、新井白石の采配による正徳度通信使の場合には、饗応に際して御三家の相伴が省かれ、対馬藩主、接伴僧らが同席した。注(21)仲尾『朝鮮通信使と徳川幕府』、一九五頁。

(57) 注(29)國書刊行会編『通航一覧第二』、五七七頁。

(58) 同前、五七七頁。

(59) 高正晴子『朝鮮通信使の饗応』明石書店、二〇〇一年、二二三〜二二六頁。

(60) 注(29)國書刊行会編『通航一覧第二』、五七七〜五八二頁。また、注(42)『朝鮮人来朝之記』。

(61) 注(29)國書刊行会編『通航一覧第二』、五七八頁。

(62) 荒野泰典「朝鮮通信使の終末——申維翰『海遊録』によせて」『歴史評論』No.三五五(一九七九年)、六三〜七四頁、池内敏「実現されなかった朝鮮通信使——天保期以降の朝鮮通信使構想」辛基秀・中尾宏責任編集『善隣と友好の記録◎大系朝鮮通信使◎第八巻　辛未・文化度』明石書店、一九九三年、一〇二〜一〇六頁、同「一八四〇年代以降における朝鮮通信使来聘計画(その一)」『鳥取大学教養部紀要』第二七号(一九九三年)、一〇九〜一二四頁、同「朝鮮通信使大坂易地聘礼計画をめぐって」『日本史研究』第三三六号(一九九〇年)、六〇〜八一頁、糟谷憲一「なぜ朝鮮通信使は廃止されたか——朝鮮史料を中心に」『歴史評論』No.三五五(一九七九年)、八〜二三、四二頁。

(63) 二〇〇六年一〇月、国際日本文化研究センター第二九回国際研究集会における筆者の発表「幕末の対欧米外交を準備した朝鮮通信使——各国外交官による江戸行の問題を中心に」。

(64) 二〇〇七年に刊行された真壁仁『徳川後期の学問と政治』(名古屋大学出版会)は、幕政における昌平坂学問所の機能にスポットライトを当てることで、やはり従来の時期的分断に疑問を投げかけている。

(65) 筒井には、広義の昌平坂学問所儒者との位置づけで注(64)の真壁も着目し、狭義の儒者である古賀氏三代を主題とする前掲書のなかでも紙数を割いているが、筒井に関する考察の視点は従来の「幕末外交」の範囲を出ていない。そのほかには上白石実が、開国前後に老中阿部正弘の対外政策顧問的な立場にあった筒井に着目している(「筒井政憲——開港前後の幕臣の危機意識について」『史苑』第五四巻第一号〔一九九三年〕、四七〜六二頁)。

(66) 任免に関しては、東京大學史料編纂所編『柳營補任　二〜五』(東京大學出版會、一九六三〜一九六五年)で重ねて確認した。

(67) 竹内誠・深井雅海編『日本近世人名辞典』吉川弘文館、二〇〇五年、六三〇頁。

(68) 寛政の学制改革については、注(64)真壁『徳川後期の学問と政治』、八三〜一四四頁。

(69) 注(29)國書刊行会編『通航一覧第二』、二二八～二三五頁。
(70) 同前、四四頁。
(71) 長崎市役所編『長崎叢書(下)』原書房、一九七三年(復刻原本一九二六年)、二六三頁、ならびに、森永種夫校訂『続長崎實録大成』長崎文献社、一九七四年、四六三頁。なお、本馬晴子「長崎奉行所組織の基礎的考察」(『崎陽』第二号(二〇〇四年)、九一頁)では九月の到着としており、小船方「沖両御番所幷小瀬戸御巡見　文化一四年丑九月　金沢(大蔵少輔)様、筒井(和泉守)様　奉行巡見記録」(長崎歴史文化博物館蔵)からも、筒井は九月七日の段階で長崎にいたかのように見える。しかし、このときの筒井の到着が慣例よりも遅い一〇月であったことは、日蘭学会編『長崎オランダ商館日記　六』(雄松堂出版、一九九五年、二五二頁)でも確認できる。上記の小船方史料はその内容から、記録というよりは例年の巡見に向けた準備のための帳面と考えるほうが妥当であり、また実際の巡見は、同じく『長崎オランダ商館日記　六』(二五三頁)によれば、文化一四年一〇月一六日に行われた。
(72) 注(71)本馬「長崎奉行所組織の基礎的考察」、八七～九九頁参照。
(73) 日蘭学会法政蘭学研究会編『和蘭風説書集成　下巻』吉川弘文館、一九七九年、一二二五～一四一頁参照。
(74) 注(71)日蘭学会編『長崎オランダ商館日記　六』、二二四～二二六頁。
(75) 宮永孝『阿蘭陀商館物語』筑摩書房、一九八六年、一二二頁参照。また、日蘭学会編『長崎オランダ商館日記　八』雄松堂出版、一九九七年、一四一～一五九頁。なお、正式決定までにはその後さらに約一年を要したが、上乗せ分の分割方式はオランダ側の提案どおりではなく、より早いペースで補塡が行われた(日蘭学会編『長崎オランダ商館日記　八』、三二二～三二五頁)。
(76) 太田勝也『長崎貿易』同成社、二〇〇〇年、二五一頁。
(77) 國書刊行会編『通航一覧第六』同会、一九一三年、一九八～一九九頁。
(78) 詳しくは、沼田次郎「和蘭商館長ヤン・コック・ブロンホフについて——とくに洋学史との関連においい

て」『長崎市立博物館々報』第二六号（一九八六年）、二一〜二九頁参照。

(79) 注(71)日蘭学会編『長崎オランダ商館日記　六』、二五三頁。

(80) フォス、ケン「国立民族博物館の発展と、ブロンホフ、フィッセル、シーボルトの日本コレクションに求められるそのルーツ」長崎歴史文化博物館編『長崎歴史文化博物館・ライデン国立民族学博物館共同企画　開館記念特別展　長崎大万華鏡――近世日蘭交流の華　長崎』同博物館、一六〇〜一六四頁。

(81) 日蘭学会編『長崎オランダ商館日記　七』雄松堂出版、一九九六年、八五頁。

(82) 石田純郎「文政三年に出島で演じられた小唄入り喜劇『二人の猟師と乳売り娘』について」『日蘭学会会誌』第一六巻第二号（一九九二年）、六一頁参照。

(83) 注(82)石田「文政三年に出島で演じられた小唄入り喜劇」の他、岡泰正「オランダ所蔵の出島俄芝居図をめぐって」『日蘭学会会誌』第一八巻第二号（一九九四年）、五一〜六八頁、また、「長崎奉行が喜んだオランダ人のにわか芝居」『芸術新潮』第四四巻第一〇号（一九九三年）、七〇〜七三頁など。

(84) 日蘭学会編『長崎オランダ商館日記　九』雄松堂出版、一九九八年、二六〜二九頁。

(85) 同前、二八頁。

(86) 藤田覚「近世後期の町奉行と民衆――名奉行の虚像と実像」『地方史研究』第三八巻第五号（一九八八年）、一〜一五頁。

(87) 藤田覚『天保の改革』吉川弘文館、一九八九年、八五〜一〇二頁参照。

(88) 箭内健次編『通航一覧続輯　第二巻』清文堂出版、一九六八年、二六一〜二六八頁。

(89) 同前、二六一頁。

(90) 片桐一男は、町奉行同心二名、普請役二名が出役する態勢を、時代を問わず参府時の一般的なルールであるかのように紹介しているが（片桐『江戸のオランダ人』中央公論新社、二〇〇〇年、一一七頁）、直接の根拠とされているのは嘉永三（一八五〇）年の参府に関する史料であり、この筒井の書付と、箭内編

注(88)『通航一覧続輯　第二巻』とを併せ読めば、これが天保元（一八三〇）年に初めて採用された方式であることが判明する。

(91) 注(62)池内「一八四〇年代以降における朝鮮通信使来聘計画（その一）」、一一〇頁。
(92) 箭内健次編『通航一覧続輯　第一巻』清文堂出版、一九六八年、七六～七七頁。
(93) 注(62)池内「一八四〇年代以降における朝鮮通信使来聘計画（その一）」、一一〇～一一二頁。
(94) 東京大學史料編纂所編『柳營補任　一』東京大學出版會、一九六三年、八〇頁。
(95) 注(62)池内「一八四〇年代以降における朝鮮通信使来聘計画（その一）」、一二〇頁。
(96) 三宅英利『近世日朝関係史の研究』文献出版、一九八六年、六一九頁。
(97) ゴンチャローフ著、高野明・島田陽訳『ゴンチャローフ日本渡航記』雄松堂書店、一九六九年、四九六頁。
(98) 同前、四三九～四四〇頁。
(99) 「長崎ニテ筒井肥前守　川路左衛門尉　使節ト対話書　二條」「筒井肥前守　川路左衛門尉　使節ト対話書　三條　附同節差出ノ書翰」「豆州下田於テ筒井肥前守　川路左衛門尉　使節ト対話書　三條」太政官『樺太交換始末録二』（国立公文書館蔵）。
(100) 『幕末外国関係文書之八』、三九〇～三九一頁。
(101) 田保橋潔「朝鮮通信使易地行聘考」朝鮮総督府編『近代日鮮関係の研究(下)』原書房、一九七三年（覆刻原本一九四〇年）、八六六頁参照。
(102) 『幕末外国関係文書之十四』、四九〇～四九三頁。
(103) 注(96)三宅『近世日朝関係史の研究』、六二〇～六二二頁を参照のこと。

第二章　欧米諸国の外交儀礼

第一節　外交実務に関する規範

(一) 信任状捧呈式をめぐる慣習

本書は幕末日本における外交儀礼の変化、形成を探求するものだが、その前提として、前章で見た徳川幕府の儀礼伝統の一方、幕末期、各国の外交官らを迎えて幕府が直面しなければならなかった欧米側の儀礼について見ておかなくてはならない。幕府は、アメリカ総領事タウンセンド・ハリス以降の諸外国代表を相手に、将軍拝謁儀礼の様式を整えていった。その検討過程は、自らの儀礼伝統を踏まえて試行錯誤を重ねたという性格が濃厚であって、個々の要素について比較的柔軟にハリス等の意見を容れた事実はあるものの、初歩から彼らに教わり、西洋型の儀礼を採用したというものではない。しかしながら、そうして生まれた儀礼様式は同時に、欧米の外交官らが彼らの伝統において納得し、その延長線上に理解しうるものでもあったのである。

二つの手引き書

外交儀礼そのものを直接のテーマとする論考は欧米においても限られている。そうしたなかで、実用的な観点からも研究書としても信頼の厚い書として、一九七〇年にコロンビア大学出版会から発刊された*Diplomatic Ceremonial and Protocol: Principles, Procedures & Practices*を挙げることができる。(1)共著者の一人、ジョン・R・ウッド（John R. Wood）はアメリカ人で、第一次大戦時代の陸軍からキャリアを始め、その後、アメリカの外交・領事職に転身、長く対フランスを中心に活躍した人物である。もう一人のジャン・セール（Jean Serres）はフランスの外交官として各地を歴任したのち、一九五六年、駐パキスタン大使を最後に退官した。

彼らが序文に述べるところによれば、「それぞれの国の外交・領事職における長く多様な職業経験のなかで、外交官、領事官、そしてそれ以外にも本国や海外で政府の公務に就く者が参照するにふさわしい、……信頼に値し、かつ実用的な書がないこと、もしくは、あっても不適切であることを、つねづね残念に思っていた」(2)という。また、生涯に立派な業績を上げた外交官が、その手になる膨大な記録、報告のなかで、政治交渉等の内容にとどまらず、日々の業務遂行のあり方、とりわけ儀礼の執り行い方といった一見瑣末な事柄について書き残しているケースは稀であるとも言い、そのために現場で生じている不便を補い、国を問わず、同業者、さらには研究者の役に立つことを念じて著したのがこの書であるという。(3)

この記述は、研究以前に実践の場でも、外交官らが従うべき儀礼の詳細を記したマニュアルが、欧米においても現実にほとんど存在しなかったことを示している。しかし、彼らは唯一、「信頼に値し、かつ実用的な書」の先例として、自らの時代から遡ること約半世紀、一九一七年の刊行になる、アーネスト・サトウの大著 *A Guide to Diplomatic Practice* を挙げる(4)（図1）。そして、まるでこの先行書にあやかるかのように、サトウの著作と同じく全編にわたり通し番号を付して必要各項目を解説している(5)。

周知のようにアーネスト・サトウは、まさに本研究が対象とする一九世紀半ばの日本に、最末席の駐日イギリス公使館付通訳生として着任（ただし当時のイギリス外務省の語学教育方針により、それ以前に四ヵ月間、北京に滞在して中国語を学んだ）、明治維新を挟み、キャリアの前半、二五年間の外交官生活を、日本で送った人物である。その間、一時帰国中にロンドンで弁護士資格を取得している。一八八四年以降は、駐タイ（シャム）総領事（のち弁理公使）、駐ウルグアイ弁理公使、駐モロッコ特命全権公使、そして駐日特命全権公使として再来日、さらに駐中（清）公使を歴任、一九〇六年に外務省退官後は、ハーグ国際仲裁裁判所イギリス代表評議員等を務めた(6)。ここで取り上げる著作は、こうした長く広範な現場経験から生まれたことはもちろん、それに加えて、自ら積極的に行った膨大な情報収集・整理の賜物にほかならない。

A GUIDE
TO
DIPLOMATIC PRACTICE
BY THE
RT. HON. SIR ERNEST SATOW
G.C.M.G., LL.D., D.C.L.
FORMERLY ENVOY EXTRAORDINARY AND MINISTER PLENIPOTENTIARY
VOL. I
LONGMANS, GREEN AND CO.
39 PATERNOSTER ROW, LONDON
NEW YORK, BOMBAY, AND CALCUTTA
1917

図1　*A Guide to Diplomatic Practice* 初版本の扉

新旧の二書はいずれも、一般に外交官と呼ばれる職業をさらに細分化した種別や、彼らの外交特権から国際会議等での交渉の進め方に至る基本事項を解説し、第一義的には日常業務の手引き書と見なすことができる。また同時に、国際問題研究に貢献するというスタンスをとっている点も同様である(7)。これらの書に目を通せば、外交官の仕事の大きな割合を占めるのが、ダイナミックな本質部分と見なされがちな国家間交渉の内容以前に、席次や肩書き、服装といった、形式的かつ象徴的な問題であり、外交とは実のところ、個々の一時的な交渉が持ち上がる前提として、いわば平時の関係を規定する象徴的営為の連鎖にほかならないことが理解されてくるのである。

外交使節の着任と信任状捧呈式

さて、本書は主に、外交官の任国元首への信任状捧呈式といった具体的な場面、つまり狭義の儀礼に関心を注ぐが、それはこうした外交業務の手引き書でどのように扱われているのだろうか。はじめにサトウの著作から、信任状とその捧呈式に関する項目を抜き出すと以下のとおりである。少々長くなるが、今後の議論の重要な基礎をなす知識として、関係部分すべてを引用しておきたい。信任状捧呈式は、新任国家代表の着任と関係する儀礼であるから、これらはいずれも「任地へ向かう外交代表（Diplomatic agent proceeding to his post）」というカテゴリーに含まれている。なお、同書は解説のために過去の事例を多く取り上げているが、ここではそれらは省略する。(8)

§239　新たに任命され、任地に向かう外交代表は……国家元首に宛てた彼の信任状を持参しなければならない。……

……

§243　以前には、大使は任国元首の首都に式典を伴う正式な形で入場する慣習があったが、これは現在では見られなくなった。……外交代表は私人として、できるだけ目立たない形で任地に向かうのが一般的である。……

§244　首都に到着したのちは、ただちに外務大臣に自身の到着を知らせ、また、任地によってはこれに加えて、儀典長もしくは大使接伴係にも連絡する。これは文書で行うことができる。大使は外務大臣を訪問し、信任状捧呈のための謁見について、国家元首の指示を仰ぐよう要請する。信任状は、事前にその写しを提出しなければならない。

§245　然るべき儀式によって信任状を捧呈することで、彼の公的身分は対外的に目に見える形で確定するのであり、それが済むまでは、外交代表はいかなる公式訪問も行わない。しかし多くのヨーロッパの国々では、少なくとも今日、常勤の職業外交官を国家代表に任命し、外国の首都に駐在させるのがつねであるから、新任大使はこれから同僚となる人々のなかに、過去の仕事で関係したことのある知己や友人を見出すことも多く、彼らを私的に訪問することは何ら差し支えない。また、外交団の古参者を私的に訪ね、信任状捧呈式のほか、いずれ必要となる王族メンバーとの謁見や、他に公式訪問しなければならない相手は誰か等、現地のもろもろのマナーについて有益な情報を得ておくことは、むしろ望ましい。ただし、これらの点について、現地側のマナーに関する最高権威は、あくまで儀典長や大使接伴係といった、宮廷や政府の官僚であることを認識しておかなければならない。非公式に外務大臣を訪問し、知遇を得ておくのもよいであろう。……

§246　元首または大統領に対し、外交代表が公式に口上を述べることが現地の習慣となっている場合には、然るべき権威者——第一義的には外務大臣——から謁見の日時が通知されると同時に、予定している口上の写しを外務大臣に送付する。しかし、それに対する答礼の写しを要求してはならない。……

……

§249 元首や大統領の答礼に対し、通常、外交代表が再び返答することはない。

口上は自国の言語か、普遍的に認められている外交用語、つまりフランス語か、いずれか便宜に叶うほうで行えばよい。任国元首の答礼も同様である。東洋の国々においては前者が普通であり、口上は公式通訳によって現地語に訳される。元首は彼自身の母語で答礼を述べ、そのうえで翻訳される。

……

§254 多くの宮廷においては、大使の接受と、特派使節や全権公使、その他、下位の外交代表の接受との間に、明確な区別を設けている。

大使の場合、本人および随員のために宮廷から一以上の乗り物が提供され、宮廷の係官が宮殿までの道のりに随行するが、特派使節や公使等は自身の乗り物を用いる。通常、大使はまず随員を伴わずに拝謁し、信任状捧呈式が完了したのちに、随員を紹介する許可を求めることになっている。多くの宮廷では、彼は儀典長もしくは同等の宮廷係官によって元首に紹介される。他には、大使接伴係による場合がある。あらたまった口上を述べるとは限らず、この点は現地の慣習によって決まる。居宅に戻る際の手順は、謁見に向かう際と同様である。……

§255 特派使節や全権公使、駐在公使の場合は、公使館員を伴わず、自身の乗り物で謁見に向かい、信任状を捧呈する際、口上は述べない。ただし、パリおよびマドリッドにおいては、館員を引き連れ、謁見の最後に彼らを紹介することとなっている。全体として、大使の場合の謁見に比べ、非常に簡略化された形で行われる。

……

§258　大使を置いていない国々では、使節や駐在公使が信任状捧呈のための謁見に向かう際、任国側の乗り物で迎えがあるのが通例のようである。これらの国々では、信任状の提出にあたって、口上を述べる慣習となっている場合もあれば、そうでない場合もある。……(9)

まずここでは、サトウが自身の長年の経験や膨大な収集事例をもとに、普遍的な活用を考えてまとめた外交手引書の内容が、この程度の簡単なものであったということに注目しておきたい。儀式の細部は、時を経てより詳しく規定されるというものでもなかった。後発のウッド／セール書の関係部分では、「外交使節の開始と終了（Beginning and termination of a diplomatic mission）」という部門のなかに、以下のとおり、信任状捧呈式関連の項目が見られる。

122　新たに（外交）使節の長となった者は、本国政府より「信任状」と称する公式の書簡を発給される。この書簡は、蠟で緘した封筒に入れられ、原則として、捧呈時に任国の元首によって開封されなければならない。これには、使節の長が任国に到着した際、外務大臣に提出するための「真正なる写し」が添えられる。これらの書簡は、外交使節にその使命についての権威を授けるとともに、使節の任命を確定させるものである。

……

127　使節団の長が任国の首都に到着した時点では、とくに公的な儀式が執り行われることはない。新任の使節は、任国の元首に信任状を捧呈するまでは「お忍び」の状態と見なされる。ただし慣習的には、到着した長やその随行の者に対し、現地の官憲が、たとえば税関や国境警察に対して便宜を図り、また、その到着地で儀典官が出迎える等の配慮をする。具体的な扱いは各地の慣習による。

……

132　使節団の長の信任状の写しが確認され、形式、内容ともに正確であることが判明すると、外務省の儀典係は現地の慣習に従い、新しい使節団の長が元首に信任状を捧呈するための謁見式を手配する。

133　任国元首による大使もしくは全権公使の接受は、その国家代表としての地位の公的な認証を意味する。儀典係がその儀式――すなわち、行列の護衛や軍隊による敬礼、口上の交換等を含む式次第――を取り仕切る。儀式の模様は通常、官報等で公刊される(10)。

本書第Ⅱ部では、徳川幕府が挙行しようとする儀礼のあり方が十分に「ヨーロッパ式」に準じたものであるか否かが、何度か重要な論点として登場する。しかし、「ヨーロッパ式」の信任状捧呈式とは、細部まで定められた所与のプログラムではなかったことを、再度、確認しておく。したがって、実際に行われた個々の式における次第の詳細は、それら個々の場合に関係者の持ち合わせた過去の記録、つまり先例、また、より不確かながら経験者の記憶として語り伝えられる「慣習」、さらには、その都度の必要に応じた想像力あるいは創造性によって構築されたのである。

以上のような慣習が国際的なルールとして明文化されたのは、一九六一年に採択された「外交関係に関するウィーン条約」においてであった[11]。そこにはこう規定されている。

第十三条　1　使節団の長は、接受国において一律に適用されるべき一般的な習律に従い、自己の信任状を提出した時又は自己の到着を接受国の外務省に通告し、かつ、自己の信任状の真正な写しを外務省に提出した時において接受国における自己の任務を開始したものとみなされる。

これ以上に詳細な、信任状提出の方式、そのための儀式の態様等を、国際法のレベルで明示的に定めたものは、現代においても存在しない。

(二) 外交儀礼は何を表現しているのか

さて、外交官のとるべき具体的な行動として共有されていた、こうした一連の理解は、いつから、どのような理念に基づいて形成されたのだろうか。

当初、外交は君主の専権事項であった。ヨーロッパにおいては、明確には一二世紀、早くはそれ以前から、諸王権の間の関係を秩序づけるために必要な礼譲が定まっていったとされる[12]。他方、前出のウッド／セール書は、外交儀礼の存在意義を、とくに「駐在」外交官の発達と関連づけて見る。事件の有無にかかわらず国家間の関係を維持、発展させるため、互いの国内に常設の使節を住まわせることは、今日では外交運営の当然の形態となっているが、この方式は、とくに早い事例としては一三世紀のイタリア都市国家間において、一般的にはその後一七世紀にかけて、ヨーロッパ域内で慣行となったものである。[13] しかしなお、外交は王族の個人的な関係とほぼイコールであり、駐在使節は彼らの名代であった。

一八世紀中には、対外関係業務の量的増加、煩雑化に伴い、外交は組織的、専門的に取り扱うべき一つの職域と考えられるようになり、中央官庁の一つとして外務省が設置され、常設の官僚群の手で、より制度的に国家間関係が処理されるようになった。これと併行して、君主に従属し秘密性の高かった外交は、民主的な公開性を求められるようになった。[14] とはいえ、とりわけイギリスなどでは典型的に、中央官僚としての外務省勤務職員の場合とは別に、海外に派出される外交官の人事は君主の専権事項であり続けたことから、[15] 国家間の関係が王族どうしの個人的関係に比定される状況は、観念的にも実際上も、けっして急速に終了したわけではない。より本格的な民主化の過程にはまず、最も求心力を持った王権がフランス革命で打倒されたのち、ナポレオン戦争の混乱が終結してウィーン会議が持たれた一八一四～一八一五年の画期があった。

ここで成立したウィーン体制の外交実務面における意味は、直接的には外交使節の階級を国際的に制度化することで、外交の場での席次争いを防ぎ、ひいては外交を、君主同士が権勢を競い合うものから、直接それに携わる人々の職業的、技術的駆け引きという性格の色濃いものへと、変質させる土壌を提供したところにあった。このことは、各外交官の代表する国家が、その実際の国力の強弱によらず対等であるという、少なくとも形式的な前提と、表裏一体の関係をなしていた。[16]

その後は約一世紀を経て、第一次大戦が始まった一九一四年前後、あるいは国際連盟が成立した一九一九年を、最終的な転換点と見るのが一般的である。[17] 一連の過程は、「旧外交から新外交への移行」「近代外交の台頭」などとして整理されてきた。序章でその成果を強調した、*The Diplomats' World: A Cultural History of Diplomacy, 1815-1914*（Mösslang, Markus, and Riotte, Torsten, Eds., New York: Oxford University Press, 2008）は全体として、ヨーロッパ諸国の外交運営が現実に、組織的、体系的なものへと移行する――王と使節との濃密な個人的関係が、より機能的なものへと変化していく――時期を、一九世紀後半と捉えている。

つまり、本書が主題とする日本の「幕末」は、ヨーロッパにおいて外交というものの性格が漸進的に変化しつつあった時期にあたる。

さて、こうした外交の制度化、官僚化によって、外交儀礼が旧態依然とした無用の長物と化したかと言えば、実際にはその逆であった。王族と王族の間の個人的な意思疎通が大きな割合を占めていた段階では、それに伴う礼譲がいかに華美で煩雑でも、個々の場面における「お付き合い」の一環であった。ところが、国家どうしの関係を第一線で構築するのが、王自身とは別の、必ずしもその類縁に連なるわけでもない人物となり、かつ、王が個人的に意を含めた名代から、形式としてその役割を担う官僚へと移行するにつれ、礼譲の表現として実践される行為もまた形式化される一方、一定の形式化された行為によって自らの代表性を表現し、相手国側からもそれを認知されることが、かえって不可欠になっていった。[18] 外交儀礼が、ウッド／セール書の言葉を借りれば「政府やそれを代表する者が公私の場面において従うべき行動規範の全体[19]」として発達を見るのは、まさにこの時期からであったと捉えてよいだろう。

「政府やそれを代表する者が公私の場面において従うべき行動規範の全体」である外交儀礼の目的について、同書はその序文で、個人間の日常生活において平和的関係を維持し、敵対を防ぐという、ごく基本的な原則を国際関係に準えた平易な解説を与えている。とはいえ、外交上の儀礼と単なる個人間の礼譲は、前者においてはその実践にあたる人間の身体が、それが代表する国家元首、ひいては国家そのものを体現しているというところに違いがある。「外交」儀礼の本質は、再び同書によると、そこに「独立国家やそれを代表する者に対して要請される配慮や敬意といったもの[20]」が働く点にある。言い換えると、「外交代表とは、自身よりも高位の存在を代表しているのであり、彼らに与えられる名誉は、実際には彼らが代表する人物に向けられたものである[21]」。こうした認識は現に、幕末に日本に到来した第一線の外交官らによって主張され、自らの存在意義への執着と相俟って、ときに彼らの言動を制約しさえする。

つまり、欧米諸国で慣習的に成立するに至った外交儀礼では、そこにある物理的な外交官の身体そのものが、その場において最大の敬意の対象となることに、大きな特徴がある。とりわけ当の外交官が任国の元首と対面する場面では、迎える側は本人であるその身体と、外交官の身体を通じて代表されているその本国の元首とが、同じ空間内で互いへの敬意を持って相見えることに意味がある。ここでの焦点は、二つの身体の対等性にあると言い換えてもよい。ゆえにウッド／セール書は、外交儀礼は同じ「儀礼」であっても、上下関係の存在を前提とした、一般社会の秩序維持のためのそれや、参列者が神を崇める種類の宗教儀礼等とは明確に一線を引かれるべきものであって、これらと同列に論じたり、または比較したりすることは的を射ていないと述べる[22]。

儀礼は外交においてあまりにも基礎的な前提であり、実践者の身体の存在そのものですらあるゆえに、とくに実践の現場においては、かえって明文化されない慣習としてしか伝えられてこなかったのであろう。そのことは、外交官ら自身が儀礼の記録や手引きを書き残してこなかったという事実によく表れている。

しかしそれは、国際関係の研究が儀礼を見落とし、あるいは承知しながらも捨象してよいということを意味してはいない。むしろ、表面で流動する政治的関係の変転によらず、背景で恒常的に実践され、国家間関係の維持を根本で担保する基層として、無視することのできない要素であり、別の見方をすれば、政治の変転を受け止め、その都度の交渉のあり方を司るのも、また儀礼であるということになる。本研究が取り出して分析の対象とする「将軍拝謁式」――二つの身体＝国家が出会う場面――は、そうした外交儀礼の、最も研ぎ澄まされた部分と位置づけられる。

第二節　非西洋地域への進出と儀礼観

（一）「現地側のマナー」

以上、欧米諸国間の関係を前提として、外交儀礼慣習、また外交そのものについて、先行研究の成果に拠りつつ述べてきた。本書が対象とする一九世紀半ば、日本に欧米諸国の外交官らが入ってきたのは、西洋でも外交のあり方が変質し、外交が元首その人の手を離れ、実践者としての専門官僚の比重が増大することによって制度化が始まった、まさにそうした時期と重なっていたのである。この時期、王の親族等ではない、職業人である外交官が制度的に元首を代表するようになったために、外交儀礼も、その都度の華美な礼典というより、外交官の行為規範として整理される必要が生じていた。

その意味で、一九世紀後半は外交儀礼の発達した時代と称することができる。最初の、しかもその後長い間、唯一の外交実用書であり続けることになるアーネスト・サトウの手引き書は、当時、まことに時宜を得た出版であったはずである。今日の視点からはこれを、刊行時までの慣習を振り返ってまとめた同時代の記録と見なすことができる。

日本はほかでもないこの時期に、形成途上の外交慣習ないし常識を身につけた外交官らを迎えた。やってきた欧米諸国の外交官たちは、日本における将軍拝謁式に何を期待していただろうか。ここではまず、彼らの間で共通認識となっていた儀礼様式をそのまま非西洋諸国にも当てはめようとしたのかどうかについて、考えたい。

先に引用したサトウの著作を見直してみると、以下の傍線部のような表現がたびたび登場することに気づく。

§244　首都に到着したのちは、ただちに外務大臣に自身の到着を知らせ、また、任地によってはこれに加えて、儀典長もしくは大使接伴係にも連絡する。……

§245　然るべき儀式によって信任状を捧呈することで、彼の公的身分は対外的に目に見える形で確定するのであり、それが済むまでは、外交代表はいかなる公式訪問も行わない。……ただし、これらの点について、現地側のマナーに関する最高権威は、あくまで儀典長や大使接伴係といった、宮廷や政府の官僚であることを認識しておかなければならない。……

§246　元首または大統領に対し、外交代表が公式に口上を述べることが現地の習慣となっている場合には、然るべき権威者――第一義的には外務大臣――から謁見の日時が通知されると同時に、予定している口上の写しを外務大臣に送付する。……

……

§254　多くの宮廷においては、大使の接受と、特派使節や全権公使、その他、下位の外交代表の接受との間に、明確な区別を設けている。

大使の場合、本人および随員のために宮廷から一以上の乗り物が提供され、宮廷の係官が宮殿までの道のりに随行するが、特派使節や公使等は自身の乗り物を用いる。……この点は現地の慣習によって決まる。……

ここから読み取れるのは、外交官の行為規範としての儀礼について、共通の慣習として成り立っていたのは大枠の部分に限られること、しかも、細かなレベルでは、任地によって方式が異なるのがむしろ通常と理解されていたことである。半世紀後のウッド／セール書にも同種の記述が見出される。つまり、外交儀礼には「現地側のマナー」に合わせることも含まれていたと考えられる。

「東洋」の格差　さらに、これらとは別にサトウの書には次のような記述もあった。

§249　元首や大統領の答礼に対し、通常、外交代表が再び返答することはない。口上は自国の言語か、普遍的に認められている外交用語、つまりフランス語か、いずれか便宜に叶うほうで行えばよい。任国元首の答礼も同様である。東洋の国々においては前者が普通であり、口上は公式通訳によって現地語に訳される。元首は彼自身の母語で答礼を述べ、そのうえで翻訳される。

……

§258　大使を置いていない国々では、使節や駐在公使が信任状捧呈のための謁見に向かう際、任国側の乗り物による迎えがあるのが通例のようである。これらの国々では、信任状の提出にあたって、口上を述べる慣習となっている場合もあれば、そうでない場合もある。……

まず、「大使を置いていない国々」について解説しよう。サトウが現役時代を過ごした一九世紀後半、外交使節の階級には、前出（本章注11）のエクス・ラ・シャペル会議（一八一八年）での取り決めとして「（特命全権）大使」「（特命全権）公使」「駐在公使」「代理公使」の四種が存在し、このうち、ヨーロッパ諸国が「大使」という最高位のポストを設置するのは、互いに認め合う大国どうしに限られていた。それ以外の国へは、仮に正式に外交関係が開かれても、使節団の長として派遣される人物のランクは「公使」以下とされたのである。[23] ここには、相手国に上下の差をつけるという発想だけでなく、ランクによって異なる人件費をできるだけ抑えるという、財政上の必要も大きく働いていたと考えられる。いずれにせよ、「東洋の国々」は「大使を置いていない国々」に含まれると理解してよい。当時の日本もそのうちの一国であった。

これらの表現がわざわざ用いられているということは、単に「現地の慣習」と言う場合は主に、西洋のなかで地域ごとに異なるマナーを指したものであり、「東洋の国々」は、これとはさらに別の区分とされていたと捉えるのが自然であろう。たとえば、§254と§258を比較すると、大使が駐在しうる国、つまり西洋主要国においては、何らかの理由で代表が公使ランクであった場合、元首との謁見にあたって任国側政府の出迎えを受けるという特権は与えられない（§254）。しかし、東洋ではそれを公使レベルでも享受しうることが、「通例」として紹介されている（§258）。こうした位置づけの格差は、ここで見ている信任状捧呈式の場面以外にも一般化することができ、西洋側においてそれ自体が慣習化されていたと考えられる。

華麗なるヨーロッパ

ところで、この問題に関連して注目に値するのは、アメリカ国務省に勤務する外交史家、デービッド・ポール・ニックルズ（David Paull Nickles）の指摘である(24)。一九世紀、アメリカの外交関係者らの間では、外交官の服装に関する問題がさかんに議論されていた。イギリスからの独立に成功したアメリカ合衆国では、当初、ヨーロッパの宮廷服に引けをとるまいとする傾向が存在したが、一九世紀に入ると反転した。宮廷文化の華美な風習から脱し、いわば質実剛健の価値観を表現するために、とりわけヨーロッパ諸国と直接に渡り合う外交の分野では、アメリカの使節は晩餐会のような場面にも質素な黒の上着で出席することが奨励された。とくに一八五〇年代には、ピアース大統領のもと、ウィリアム・L・マーシー（William L. Marcy）国務長官がこの件について厳格な姿勢をとったという[25]。

ニックルズによれば、このような装いで公の場に現れるアメリカ外交官らは、ヨーロッパの宮廷で露骨に軽蔑されることもあれば、その姿勢に敬意を表されることもあったらしい。しかし、興味深いことに、非西洋諸国に進出した場合は例外であった。アメリカの外交官も本国の指示を公然と無視して、ヨーロッパの宮廷外交に準じた華やかな――羽根飾りや金銀のモールなどを多用した――装束を進んで用い、式の設えも大仰なものを求めたというのである。ニックルズはこの傾向を、当時一般的にはヨーロッパの伝統から距離を置こうとしたアメリカが、非西洋に対してはヨーロッパ伝統を担って登場するという、人種差別的発想に支えられた外交の二重性として批判する。

その構造を第一線で体現した典型的な人物として彼が挙げるのが、ほかならぬ初代駐日アメリカ総領事（のち公使）タウンセンド・ハリスである。ハリスという個人が批判のやり玉に挙げられるべきであるかどうかは、のちほどできるだけ先入観を持たずに考察していくことにしたい。他方、ヨーロッパの外交使節は、もとよりいっそう華々しい姿で非西洋諸国の外交舞台に現れた。この傾向は、たとえば「大使を置いていない国々」における乗り物の手配に関する、右に見たサトウの記述とも呼応しよう。こうした姿勢はヨーロッパ文明の華麗さを見せつけるためとることもできようが、同時に、東洋側の地域色豊かな礼式に対抗するために、彼らにとって必要な措置であったとの想像も成り立つ。

さて、本章では西洋諸国の外交儀礼慣習を概観してきたが、非西洋諸国に対する場合、単に華やかさを強調するだけでは済まず、相手国との間で、慣習の相違によるさまざまな摩擦が発生し、また、それを解消するための努力も行われたことは言うまでもない。日本についてこの問題を検証するに先立ち、同時期の近隣諸国における事情に簡単に触れておくことにしたい。具体的には、日本より早く「開国」し、外交儀礼の中核を成す元首の謁見式がすでに俎上に載せられていた、中国（清）とタイ（シャム）のケースである。

（二）異文化への対応――日本の近隣諸国の事例から

中　国

中国（清）では、皇帝に拝謁するにあたり、いわゆる「三跪九叩頭《さんききゅうこうとう》の礼」が伝統とされ、これが欧米諸国との外交関係の展開に際し大きな問題となったことは周知のとおりである。皇帝の面前で文字どおり三度跪《ひざまず》き、その都度三回、合計九回、額を地面につけて平伏するこの礼の形式は、派遣された者が朝貢使節であることを前提とし[26]、言うまでもなく、その礼をする側と受ける側は対等ではない。中国皇帝は、伝統的に自らに従属してきた周辺国の使節だけでなく、欧米からの使節に対してもその方式を通した。

イギリスからの初の公的な対中使節となったジョージ・マカートニー（George Macartney）は、本書が扱う時期から約半世紀遡った一七九三年、熱河で乾隆帝への拝謁にこぎ着けたが、中国側の三跪九叩頭の要求を拒否した。交渉の結果、マカートニーは片膝で跪き、イギリス国王の親書の入った箱を皇帝に手渡すという、イギリス式の方法を――中国側の希望により皇帝の手に口づけするという点を省略して――採用させた[27]。マカートニー側は三跪九叩頭礼の意味をよく知ったうえで、皇帝を頂点とする伝統的なシステムに挑戦する態度を明らかにしたのだが、皇帝とその周辺は、あくまでこれを使節団の「無知」によるものとして処理し、相手を朝貢者と位置づける見方を変更しなかった(28)。中国側のそうした不変の姿勢の前に、マカートニーの挑戦は、その表面的な結果によらず不発に終わったという見方もできるだろう。

いずれにしても、マカートニーが本来、全権として本国から託されていた対中通商拡大の使命は全面的に拒否された。坂野正高は、これを「大英国《グレート・ブリテン》の外交史上にみられる完膚なき失敗の一つ」とするE・H・プリチャード（E. H. Pritchard）の言を引き、同意を与えている(29)。

次の全権使節となったウィリアム・アマースト（William Amherst）は、一八一六年、嘉慶帝に拝謁すべく北京に入ったが、中国側の姿勢はマカートニーのときと同様であった。他方でアマーストは、旅中に使節団のメンバーが分散してしまい、自身の一行は信任状を所持していなかったことにあとから気づいたり、疲労を理由に謁見期日の延期を訴えたりと、使節としての「誠意」を疑わせる事態が続いたため、皇帝に会うこと自体が許されなかった(30)。

その後、イギリスは一八三三年、中国唯一の開港地広東に貿易監督官を派遣し、初めて政府レベルの英中関係が結ばれた。一八三九年にアヘンの取り扱いをめぐる対立がきっかけとなって、両国の艦船が香港付近で衝突。一八四一年に入るとアヘン戦争は本格化し、翌年、イギリスが勝利すると、イギリスへの香港割譲や、上海など五港の開港を含む南京条約が調印された。他の欧米列強もこれを追って中国への進出を競うことになったのは周知のとおりである。しかしこの時点においては、欧米諸国の対中関係は五つの開港地に限定され、香港に移って同地の総督を兼ねることになった貿易監督官の下に各港領事が任命されたのみであって、いまだ北京政府を相手とする全面的な国交ではなかった。これが変化するのは、こののちアロー戦争（第二次アヘン戦争）を経て、天津条約に基づき各国の駐中公使が任命された一八五八年、より実質的には、さらなる戦闘ののち、とくに英仏公使の北京入りを中国側が容認せざるをえなくなった一八六〇年のことであった(31)。

皇帝への拝謁があらためて問題となるのはここからである。首都に駐在を開始した場合、西洋の外交慣例によれば、外交使節はその最初の仕事として、任国元首へ信任状を捧呈しなければならなかった。再び三跪九叩頭の問題をめぐって、欧米諸国と中国側が激しく対立する(32)。しかし、そののちは双方が、事実上解決の可能性のない拝謁問題の議論を避ける状態が続き、初めて拝謁式が実現したのは一八七三年のことであった(33)。このとき、三跪九叩頭の礼をとらない形で、皇帝が謁見に応じたのである。北京駐在官は、各国ともすでに代を重ねており、それまでの外交官たちは信任状捧呈の機会を得ないまま――形式的に見れば、外交官としての任務を開始できないはずの状態に置かれたまま――仕事を続け、中国を去ったことになる。

この間、新皇帝（同治帝）が幼少であることが、拝謁式を挙行しえない表向きの理由とされていた。しかし、一八七三年にいよいよ同治帝の親政が開始されたのを受けて、イギリス、フランス、アメリカ、ロシア、ドイツ五ヵ国の公使は相次いで謁見を要請、中国政府内では、儀礼様式をめぐる紛糾を予測しての反対意見もあったが、拒絶を通すことはできず、初めて、欧米諸国側と互いに妥協できる式次第を協議することになった。そこにやってきたのが、すでに明治新政府の時代に入っていた日本の「特命全権大使」副島種臣である。副島は他国の公使らよりも自らの地位が高いことを強調し、先頭に立って謁見を実現させたのだった。

先行研究によれば、副島は皇帝の前に出ると、三回おじぎをしながら前進して謁見場の中央に至り、台上に国書を置いてもう一礼し、祝賀の言葉を述べた。終えてまた一礼すると、同治帝のお言葉があり、さらに一礼。再び皇帝のお言葉と、副島の礼。その後、やはり三回おじきをしつつ退室した。これに続いて、欧米諸国の公使たちもほぼ同様の次第に沿って拝謁を終えたという[34]。

なお、第Ⅱ部で見るように日本ではすでに一八五七年の段階でタウンセンド・ハリスの将軍拝謁が実現し、徳川施政下で計一七例の拝謁式が行われたのち、明治新政府も当初から同種の外交儀礼を挙行していた。一八七三年、中国皇帝による初の外交官謁見の様式は、日本では徳川幕府と欧米諸国外交官らの間で協議され、引き続き検討が重ねられ、整備されてきた儀礼の形と、よく似ていることを指摘しておく。

タイ

一方、タイ（シャム）では、一八五五年、香港総督ジョン・バウリング（John Bowring）が、イギリス本国から対タイ交渉の命を受けて訪問し、英タイ（シャム）友好通商条約（通称、ボウリング〔バウリング〕条約）の調印に成功した折、国王への拝謁を果たしていた。ただしこれは、タイにおける初発事例ではない。当時その部下としてバウリングに従ったハリー・パークスが現地で発見した事例によれば、それ以前に、少なくともフランスからルイ一四世（Louis XIV）の使節が送られ、タイ国王に拝謁したことがあったという[35]。その後、タイと欧米諸国の間では、イギリスが一八二六年、アメリカが一八三三年に、限定的な内容ながらそれぞれ最初の条約を結んだ[36]。しかし、それらの際に国王への拝謁儀礼が行われたとの記録は現時点で見出せない。

タイ側は当初、バウリングの謁見式を、近隣国ペグ（現ミャンマーの一地域）からの朝貢使と同様に設定しようとしたという。しかし、パークスは上述のフランスの前例を見出してそれ以上の式典を要求し、高座に着いた国王のもと、タイの貴族たちがぎっしりと参列し平伏するなかでバウリングを迎えさせた(37)。その翌年には、アメリカから日本に向かうタウンセンド・ハリスがその途上でタイに立ち寄り、本国の訓令に従って、イギリスの例に倣った通商条約を締結し、国王に拝謁した。

ハリスはもともと商人の出身で中国訪問経験もあり(38)、彼の公職任命に際し、情報を提供してくれる東アジア各地在住の友人は多かった(39)。加えて、ハリスはタイに赴く前に香港に滞在し、バウリングから一連の条約交渉の経緯を詳しく聞く機会を持った(40)。さらに、彼のタイ訪問の時点では、ちょうどパークスがボウリング条約の批准書交換のため同地を再訪しており、ハリスと親しく交わったようである(41)。おそらくは謁見式に関しても、事前の情報には事欠かなかったであろう。

図２　ハリスのタイ（シャム）国王拝謁（ヒュースケン画）

当日の模様は、ハリス自身および秘書ヘンリー・ヒュースケン（Henry Heusken）の日記に、ある程度描写されている。ここでそれを細かく書き写すことは控えるが、引き続き日本でこの問題の中心となる人物の経験であるから、のちの議論と関連する重要な事柄を三点、抽出しておきたい。

一つは、ハリスが謁見の間において、平伏する列席者たちの間を歩いて王の側まで近づき、アメリカ大統領の親書を直接手渡したこと。二点目は、ハリスは秘書ヒュースケンのほか、搭乗してきた軍艦の提督をはじめ、随員を率いて謁見場に入ったこと。さらに三つ目として、王は口上の交換ののちカーテンの後ろに隠れ姿を消したが、ハリスは引き続き、随員とともに王宮の別室で饗餐――ヨーロッパ風の――にあずかったことである。また、タイを去るにあたって再度国王に謁見した際には、引き続き別室で王自身が私的に彼を迎え、葡萄酒などを振る舞ったという。[42]後述する日本のケースと比較した場合、きわめて興味深い。

外交儀礼の挙行は、異なる慣習を持った国々の間で外交関係が開かれるようになるにつれ、さまざまなストレスを生んだことは間違いない。同時に、軋轢の末であれ、儀礼の様式を摺り合わせるという具体的な作業を経て、各国はお互いの関係を開くことができた。儀礼は、当時、慣習を超えてそれを実現すること自体が外交交渉の対象であったが、同時に異なる慣習をつなぐ蝶番の役割を果たしたと見ることができる。

本章では欧米諸国側の発想を見てきたが、先のサトウの著作からわかるように、基本的なルールを共有する範囲はあくまで西洋域内であり、それ以外の地域を異質と捉えていることは否めない。しかし、異質は異質のまま、「東洋の国々」も一方的な支配の対象ではなく、儀礼を執り行うべき相手としての範疇に含まれていたという事実を、認識しておくことも大切であろう。

次章からは、儀礼とそれが司る国際関係について、ここまでの認識を背景に、日本の「幕末外交儀礼」に焦点を当てた本論に入っていきたい。

（1）Wood, John R., and Serres, Jean, *Diplomatic Ceremonial and Protocol: Principles, Procedures & Practices*, New York: Columbia University Press, 1970.

（2）注（1）Wood and Serres, *Diplomatic Ceremonial and Protocol*, p. xvi. 原文は英語。翻訳は筆者の責による（以下、原文が外国語の場合は同様）。

（3）同前、pp. xvi–xvii.

（4）ただし、本書の参考文献としては、五年後の一九二二年に刊行された第二版を使用する。基本的な構造は初版と同じだが、わずかながら事例が加えられている。

なお、長く外交理論書の基本書目とされたハロルド・ニコルソン（Harold Nicolson）の『外交』が「外交慣行に関する権威ある著作」として挙げるのも、このサトウの書である。ニコルソン、H著、斎藤真訳『外交』東京大学出版会、一九六八年（原著 *Diplomacy* 初版は一九三九年刊）、二六二頁参照。

（5）両者とも、「外交とは」の解説から始まり、サトウ書は国際紛争の仲裁に関する六四一番まで、ウッド／セール書は、国際機構における席次の問題を扱った一三二一番で終わる。

（6）岩下哲典編『江戸時代　来日外国人人名辞典』東京堂出版、二〇一一年、二七五～二七六頁。

（7）Satow, Ernest Mason, *A Guide to Diplomatic Practice*, 2nd Ed., Vol. I, London, New York, Toronto, Bombay, Calcutta, and Madras: Longmans, Green and Co., 1922, p. vii. ならびに、注（1）Wood and Serres, *Diplomatic Ceremonial and Protocol*, pp. xvi–xvii.

（8）挙げられているのは、一八世紀以降のヨーロッパ諸国間の事例に加え、アメリカ合衆国やヴァチカンにおける独自のケース、また、南米ペルーにおける事例など広範にわたる。ただし日本でのサトウ自身の経験は含まれていない。これらの事例がサトウ自身の考察の対象となったことを考えれば、別途の検討に値することは言うまでもない。

（9）注（7）Satow, *A Guide to Diplomatic Practice*, 2nd Ed., Vol. I, pp. 216–227.

(10) 注(1)Wood and Serres, *Diplomatic Ceremonial and Protocol*, pp. 39–41.

(11) 「外交関係に関するウィーン条約」以前の成文法と言えるものとしては、一八一五年のウィーン会議で定められた外交官の階級と席次に関する規則、その補足と位置づけられる一八一八年のエクス・ラ・シャペル会議の規則があるが、それらがカバーする領域はきわめて限定的であった。横田喜三郎『外交関係の国際法』有斐閣、一九六三年、一～一二頁参照。

(12) Black, Jeremy, *A History of Diplomacy*, London: Reaktion Books, 2010, pp. 24–28.

(13) 注(1)Wood and Serres, *Diplomatic Ceremonial and Protocol*, p. 5. 注(11)横田『外交関係の国際法』、一～二頁。

(14) Anderson, M. S., *The Rise of Modern Diplomacy 1450–1919*, London and New York: Longman, 1993, pp. 76–80.

(15) 佐野真由子『オールコックの江戸――初代英国公使が見た幕末日本』中央公論新社、二〇〇三年、二八～二九頁。

(16) 注(12)Black, Jeremy, *A History of Diplomacy*, pp. 153–154. また、注(11)横田『外交関係の国際法』、一～五頁。

(17) 注(4)ニコルソン『外交』、五〇～六一頁、また、注(14)Anderson, *The Rise of Modern Diplomacy*, pp. 103–104, 236–238参照。

(18) Mösslang, Markus, and Riotte, Torsten, "Introduction: The Diplomats' World", in Mösslang, and Riotte, Eds., *The Diplomats' World: A Cultural History of Diplomacy, 1815–1914*, New York: Oxford University Press, 2008, pp. 15–16.

(19) 注(1)Wood and Serres, *Diplomatic Ceremonial and Protocol*, p. xi.

(20) 同前、p. xi.

(21) 同前、p. 3.

(22) 同前、pp. 17–20.

(23) 注(11)横田『外交関係の国際法』、二～五頁。また、たとえばイギリスの場合、サトウの時代にわずかに先立つ一九世紀前半においては、ランクによらず「外交」という職務の対象自体が、ヨーロッパ主要国のほか、アメリカ合衆国およびトルコ（オスマン帝国）に限られていた。それ以外の地域には、形式のうえでは政治関係を司る外交官ではなく、あくまで各開港地などにおいて通商関係を監督する領事のみが派遣されたのである。See Jones, Raymond A., *The British Diplomatic Service 1815–1914*, Gerrards Cross: Colin Smythe, 1983, p. 198.

(24) Nickles, David Paull, "US Diplomatic Etiquette during the Nineteenth Century", in Mösslang and Riotte, Eds., *The Diplomats' World*, pp. 287–316.

(25) Davis, Jr., Robert Ralph, "Diplomatic Plumage: American Court Dress in the Early National Period", *American Quarterly*, Vol. 20, No. 2, Part 1 (1968), pp. 164–179.

(26) Berridge, G. R., and Lloyd, Lorna, *The Palgrave Macmillan Dictionary of Diplomacy*, 3rd Ed., Houndmills (U. K.) and New York: Palgrave Macmillan, 2001, pp. 221–222.

(27) マカートニー著・坂野正高訳注『中国訪問使節日記』平凡社、一九七五年、八五～九四頁。

(28) Zang, Shunhong, "Historical Anacronism: The Qing Court's Perception of and Reaction to the Macartney Embassy", in Bickers, Robert A., Ed., *Ritual & Diplomacy: The Macartney Mission to China 1792–1794*, London: The British Association for Chinese Studies, 1993, pp. 35-36.

(29) 注(27)マカートニー『中国訪問使節日記』、三二六～三三一頁参照。

(30) Hevia, James L., *Cherishing Men from Afar: Qing Guest Ritual and the Macartney Embassy of 1793*, Durham and London: Duke University Press, 1995, pp. 214–215.

(31) Auslin, Michael R, *Negotiating with Imperialism: The Unequal Treaties and the Culture of Japanese Diplomacy*, Cambridge, Massachusetts, and London, England: Harvard University Press, 2004, p. 21. また、坂野正高『近代中国外交史研究』岩波書店、一九七〇年、二七〇〜二七四頁。

(32) とりわけイギリスの天津条約は、自国の代表が朝貢使ではない旨を条約自体に規定していた。坂野正高『近代中国政治外交史』東京大学出版会、一九七三年、二五九頁。

(33) Wang, Tseng-Tsai, "Audience Question: Foreign Representatives and the Emperor of China, 1858–1873", *The Historical Journal*, Vol. 14, No. 3 (1971), pp. 618–621.

(34) 吉澤誠一郎『清朝と近代世界――一九世紀　シリーズ中国近現代史①』岩波書店、二〇一〇年、一一七〜一一九頁。

(35) Lane-Poole, Stanley, *The Life of Sir Harry Parkes: Sometime Her Majesty's Minister to China & Japan*, Vol. I, London and New York: Macmillan and Co., 1894, p. 194.

(36) 注(31)Auslin, *Negotiating with Imperialism*, pp. 22–23. また、嶋村元宏「幕末通商条約をめぐるアメリカの対日政策について――アジアにおけるT・ハリスの外交活動を中心に」『青山史学』第二三号(二〇〇五年)、三四〜三五頁参照。

(37) 注(35)Lane-Poole, *The Life of Sir Harry Parkes*, Vol. I, p. 194. なお、この時期のシャム王権が、清王朝に朝貢しながら、同時に周辺諸国から朝貢を受けるという二重の関係を維持していた事実については、小泉順子「ラタナコーシン朝初期シャムにみる『朝貢』と地域秩序――『まるで琉球のようだ』(伊藤博文一八八八年一月二十三日)」(村井章介・三谷博編『琉球からみた世界史』山川出版社、二〇一一年、七四〜九〇頁)を参照のこと。

(38) Cosenza, Mario Emilio, "Introduction: The Appointment of Townsend Harris as Consul General for Japan", in *The Complete Journal of Townsend Harris: First American Consul and Minister to Japan*, Rut-

land, Vermont, and Tokyo: Charles E. Tuttle company, Revd., Ed., 1959, pp. 2–3.

（39） See Drinker to Harris, 11 Feb. 1856, and 12 Mar. 1856, Letters and Papers of Townsend Harris, Series I; Parker to Harris, 13 Feb. 1856, Series II（The Archive of the City College of New York［CCNY］／横浜開港資料館蔵複写版 Ca4/04.2).

（40） 嶋村元宏「日本の開国と香港総督」明治維新史学会編『明治維新とアジア　明治維新史研究六』吉川弘文館、二〇〇一年、一六八～一六九頁。

（41） 注(35)Lane-Poole, *The Life of Sir Harry Parkes*, Vol. I, pp. 196–215. また、ハリス著・坂田精一訳『ハリス　日本滞在記　上』岩波書店、一九五三年、一八二頁。なお、ハリスの最初の公式謁見（一八五六年五月一日）と、タイを辞去する際の謁見（同月三一日）との中間にあたる五月一九日には、ポルトガル領事の謁見が行われた旨が関係者の書簡からわかる。Mattoon to Harris, 19 May 1856, Letters and Papers of Townsend Harris, Series II（CCNY). 現時点で詳細は不明だが、同時期に少なくともこれら三ヵ国の代表たちが、現地で接触を持ったと考えられる。

（42） 注(41)『ハリス　日本滞在記　上』、二〇五～二四五頁、また、青木枝朗訳『ヒュースケン　日本日記』岩波書店、一九八九年、八三～八八頁参照。なお、一回目の謁見式翌日、二回目は前日に、第二王の謁見が行われているが、設えが多少簡素になったほか、式の基本的な構造は同じであったと見なすことができる。

●コラム●　外交官と領事官

次章の主人公、アメリカのタウンセンド・ハリスを最初の事例とする欧米各国からの初期の駐日代表ら、とりわけその初代は、ハリス自身を含め、肩書きのうえでは総領事または領事の任命を受けて来日した。つまり彼らはその辞書的定義においては、国家と国家の全面的な関係を司る外交官と異なり、主に通商目的で相手国の領土内に在留する自国民の保護を中心とした、領事業務のみに専心すべき身分であった。国家間における領事関係の設定は外交関係の開始を意味せず、理論上は、外交関係への段階的措置として、試行的意味合いをもって領事関係を取り結ぶことも可能である。今日の国際社会では、現実にその順序で国家間関係が開設されるケースはほとんどないが（Berridge, G. R., and Lloyd, Lorna, *The Palgrave Macmillan Dictionary of Diplomacy*, 3rd Ed., Houndmills and New York: Palgrave Macmillan, 2001, p. 79）、欧米諸国がその国際関係を急速に非西洋へと拡大した一九世紀半ばにおいてはむしろ一般的であった。初代駐日代表らはその典型例であったと言える。

しかし同時に、その時代の文脈においては、彼らが外交官との対比において単に領事業務のみに従事したわけではないことに注意が必要である。彼らは事実上の外交官として政治的役割を果たし、「国際社会」拡大の最前線を担った。非西洋地域のなかでもアジアにおいてその役割は明確であったとされる（Anderson, M. S., *The Rise of Modern Diplomacy 1450–1919*, London and New York: Longman, 1993, pp. 107–108）。

とはいえ、だからこそ、現場で求められる業務の実態に肩書きが伴わないことは、とくに本国側の待遇の点で肩書きによる格差が厳格であったイギリスの場合など、後述する初代駐日イギリス総領事（のちに公使）ラザフォード・オールコックのケースに見るように、本人に大きなストレスを与えた。のみならず、相手国への面目を気にして、自らの資格を偽って説明する場合すらあった（佐野真由子『オールコックの江戸――初代英国公使が見た幕末日本』中央公論新社、二〇〇三年、五一～五三頁)。ただし、そうした制度上の格差やそれについての実質的な理解は国によってさまざまであり、全員がこれと同様の状況に置かれていたわけではない。たとえばアメリカ国務省は、ハリスの総領事任命に伴って「外交代表」の行動に関する訓令を交付しており("Personal Instructions to the Diplomatic Agents of the United State, in Foreign Countries", Letters and Papers of Townsend Harris, Series II, The Archive of the City College of New York [CCNY] /横浜開港資料館蔵複写版 Ca4/04.2)、またドイツでは、第一次大戦以前には外交官と領事の間に格差は設けられていなかった(ニコルソン、H著、斎藤真訳『外交』東京大学出版会、一九六八年、二〇七～二一一頁)。

これに対して、迎えた日本側は当初、相手の使用する言葉に従って「コンシュル・ゼ子ラール」「ヂプロマチーキ事務職」などと書き取ってはいるものの、右に述べたような身分上の違いにはまったく無頓着であったと考えられる(佐野『オールコックの江戸』、五三頁)。本書第六章で見るように江戸時代末期に至っても、将軍拝謁に臨む英仏米蘭四ヵ国代表を身分によらず「公使」と記載するなど、個々の人物が外交官か領事官かについて特段の注意を払い、扱いに差を設けた形跡は見出せない。積極的な関心をもって捉えたのは、第四章で見る、オランダ商館長が領事官に転換した際の、民間の通商代表から公的立場への変化と、正式な使節として国書を持参しているかどうかという点のみであった。また、外交官職のなかでの、全権公使、駐在公使、代理公使といった身分差についても、外交官ら自身が神経質になる場面は散見されるものの、日本側の態度は同様であった(これについて日本が鋭敏に意識するようになるのは、本章で触れた中国における副島種臣の事例に表れるように、明治新政府下の制度整備の過程で、日本側外交官の格付けが行われるようになってからであると推測され、別途の考察に値する興味深い問題である)。

したがって以下の本論では、外交官側の動向によりとくに必要な場合を除き、個々の将軍拝謁事例に関して、登城する者の身分をめぐり、その都度の議論は行わないことをお断りする。

Ⅱ　幕末外交儀礼の展開

第三章　アメリカ総領事ハリスの将軍拝謁(安政四年)

徳川将軍は幕末、その居城に欧米諸国の外交官を迎え、どのような拝謁儀礼を行ったのであろうか。以下、その展開について順に検証していくことになる。本章で扱うのは、それらの初発例として安政四（一八五七）年一〇月二一日に実現した、初代アメリカ総領事タウンセンド・ハリスの登城・拝謁である。

第一節で、議論の大前提であるハリスの来日から、下田に駐在したハリスが江戸出府、さらに登城・将軍拝謁を希望し、それが実現するまでの経緯を俯瞰したのち、この件をめぐる幕府内での論争を検証する。それを踏まえ、第二節においては、ハリス登城の日の式次第を紹介し、その実際の模様を追いながら、式を構成する個別の要素について準備段階の議論を取り上げ、分析していくことにしたい。これを通じて、徳川幕府の手でその施政の最後の時期に整えられた外交儀礼が、どのような経緯により、どのような性格をもって開始されたのかが明らかになるであろう。

第一節　ハリス謁見の実現経緯

（一）ハリスの江戸出府希望と幕府の反応

嘉永七（一八五四）年、再来したペリーと徳川幕府の間で締結された日米和親条約に基づき、日本における初の駐在官となるアメリカ総領事タウンセンド・ハリスが下田に到着したのは、安政三（一八五六）年七月二一日のことである。この知らせは在勤中の下田奉行岡田《おかだ》忠養《ただやす》から翌日付の書簡で江戸に報じられ、同二五日には、老中久世《くぜ》広周《ひろちか》以下、江戸、浦賀、長崎、箱館の海防関係者一同に周知された(1)。当時江戸在府中であったもう一人の下田奉行井上清直は、この緊急事態を受け、老中の命により下田へ向かった(2)。

日米和親条約上の駐在官に関する規定（第一一条）が、英文版（ならびに蘭語版）では日米いずれかが必要とした場合とされているのに対し、和文版（ならびに漢文版）では、日米両国がともに必要とした場合とされていたことから、このとき、ハリスの日本駐在を自国側の必要により当然とするアメリカ側と、あらためて両国が合意しない限り認めがたいとする日本側との間で論争となったことはよく知られた事実である(3)。この食い違いが、条約交渉時、領事駐在を回避したい日本側と、なんとしても駐在を実現しようとするアメリカ側の強い意向との板挟みとなった通訳森山多吉郎の作為に始まり、日本側全権に幕閣を欺かせる成り行きとなって、二様の条約文として残った経緯については、三谷博が詳しく解明している(4)。幕閣はハリス着任の時点で

図1　ハリス

はすでにこの問題に気づきながら、なお彼の駐在を拒もうとした。しかし結果として譲歩し[5]、安政三年八月六日、下田柿崎の玉泉寺に最初の駐日アメリカ総領事館が置かれ、ここに米国旗が揚がった[6]。

前章で述べたように、欧米諸国の外交運営においては、駐在官の制度化は歴史に一線を画する出来事であった。その範囲が非西洋諸国、とりわけ極東へと拡大しつつあった時期、日本に初めての駐在官としてハリスが着任したことは、その具体的な一歩にほかならない。逆に、迎える日本の立場から見た場合にも、これは、ペリーをはじめとする一時的な来航使節への応対という段階から、常駐使節との日々の外交交渉という段階への移行をもたらした。日本の国際環境は、この日、柿崎という一寒村を舞台に大きな展開を遂げたのである。より厳密にはこの前年、安政二年の日蘭和親条約締結によって、それまで通商上の関係に限定されてきたオランダとの関係が公的なものに転じ、出島にいるオランダ商館長が領事を兼ねることになった時点でこの問題が発生していたと理解すべきだが、目に見える変化として、ハリス来日の衝撃ははるかに大きく、かつ実質的なものであったと考えられる。

図２　下田・玉泉寺の駐日アメリカ総領事館（ヒュースケン画）

初代駐日総領事に任命されたハリスは、ニューヨークでアジア諸国の物産を扱っていた商人の出身であり、知識の豊富さに加え、貿易の利益を信奉する考え方が個人的にも強かったと言われる。そのため、彼に課された使命は何よりも通商の拡大、とりわけ通商条約の締結であったと見るのが通説となってきた。(7) しかしながら、ハリスが日本到着後、下田奉行との議論の俎上に載せた案件を、すべて貿易開始への道筋に結びつけるのは一面的な見方である。

彼の関心を理解するには、彼自身が駐在の初期において日記に繰り返し記した「二つの問題」に注目しなければならない。その一つは、日本国内において駐在代表としての行動の自由を確保すること(直接的には、日米和親条約細則に定められている遊歩区域制限の撤廃)、いま一つは、一般の来日アメリカ人のために、開港地での土地借用と建築の権利を獲得することである。(8) ここからは、前者において、任国における外交官の移動・行動の自由、ひいてはその身柄の安全確保という国際慣習――今日では、第二章で触れた「外交関係に関するウィーン条約」に明文化されている――の貫徹に、二国間の公的な関係の成立を目に見える形で表現しようとする外交的関心が、また後者において、在留同胞の保護と身分の向上という領事的関心が、シンプルに表現されているのを読み取ることができる。

そして右の二点以上に、ハリスが日本における当初の関心を集中させたのが、本国から持参した大統領の親書を奉じて江戸に上り、将軍に謁見するという象徴的行為である。(9) 新着の外交代表が任国の元首に信任状を捧呈するという行為は、当時欧米諸国においてすでに確立していた国際慣習法が要求する、二ヵ国間の関係構築に不可欠のプロセスであった。しかし、それを常識として認め合う地域の外に出、とくに、自身が初のケースとなる日本でそれを実現することは、そのこと自体、ハリスの最重要任務の一つであったはずであり、(10) 単に、それを口実に江戸に乗り込み、貿易交渉を行うといった目的に付随するものと見なすべきではない。

さて、ハリスが最初に江戸行きの希望を明示したのは、安政三年九月二七日付の老中宛書簡においいてであった。ここには、出府にあたってとくに陸路の旅を要望することも書き込まれており、右の「二つの問題」の前者、つまり自らの行動の自由、ひいては駐在代表の内地旅行権行使という懸案と、この件が連動していたことがわかる。幕府内では、この要求は大論争を呼び、最終結論に至るまでに約一一ヵ月を要した。ハリスは安政四年八月六日に至ってようやく、江戸出府ならびに将軍拝謁の許諾を伝えられたのである。これを受けてハリスは同年一〇月七日に下田を出発、陸路、一〇月一四日に江戸入り、同二一日に登城、第一三代将軍家定への謁見を果たすことになる。

他方、幕府は、最終的にハリスの江戸出府・将軍拝謁を認めるまでの一一ヵ月の間に、二度の中間的な決定をした。ハリスとの交渉は、すべて幕府の出先機関たる下田奉行があたるのが正式かつ十分な対応であるとの理由を設けて、江戸への出府は断るという決定がその第一であり、ハリスにその旨を伝えるよう、安政三年一〇月三〇日付の老中達書により下田奉行に指示がなされた(11)。これは同年一二月一二日に下田で実行されるところであったが、ハリスが、自身が書簡で要請した問題に口頭で回答を受けることを拒絶したため中止となり(12)、同じ内容が、翌安政四年正月一六日付のハリス宛老中書簡に盛り込まれた(13)。幕府の姿勢はその後、同年五月一七日の下田奉行・ハリス会談の時点でも変化していない(14)。

ところが、このハリス宛老中書簡が準備された裏で、幕府には、ハリスが引き続き強い主張を繰り返す場合、いずれ出府を受け入れざるをえないとの認識も、すでに存在したのである。現に、書簡を起案するにあたり出府を明確に可とする案も検討されていたのみならず(15)、書簡が発出された安政四年正月一六日には、老中から評定所一座、海防掛、長崎奉行、箱館奉行に対し、いずれ出府が避けられないとの前提で、その際の実務的な手順につき調査を開始するよう命じている[16]。さらに老中堀田正睦《ほったまさよし》は同年三月二六日、海防掛への諮問の形を取りつつ、各国と自主的に貿易を開始することや、もともと通商関係にあるオランダとの国交開始を含む、事実上の総合的開国方針を示すに至った。このなかには積極的な検討事項として、ハリスならびに次章で見るオランダ領事ドンケル＝クルティウスの出府も掲げられている[17]。

　ただし、ハリス自身に対しては当面、態度を変化させなかったため、ハリスはこの時期の幕府について、全権を託された官吏（この場合は下田奉行）を通じて行われるのが当然である日常の交渉と、ハリスが目下希望している、大統領の国書を江戸で将軍に捧呈するという儀礼的行為との区別ができていないという批判を書き残している[18]。しかし、右に記した背景やのちの展開と照らし合わせれば、慣習は違えども幕府がその点について単に無知だったとは考えられない。

　その後、ハリス向けにはなお従来の姿勢を維持しながら、幕府が出府許諾の方向へ明確に舵を切る、きわめて重要な時点が、安政四年六月二九日に見出せるが、ここに至る動きは次項以下であらためて取り上げることにしよう。ハリスの江戸出府はその翌日、六月三〇日の評定で、幕府の決定事項となった[19]。ただしこの段階では、可能な限りの延期を旨とし、また出府は許しても将軍拝謁の要請までは受け入れない方針であり、これが先に述べた、最終結論以前に幕府が下した中間決定の第二である。ハリスへは、同年七月八日の会談で、下田奉行から伝達された[20]。

　なお、ハリスの側は、最初の要請の時点から、こののち八月に最終結論が示されるまでの一一ヵ月間に、老中宛の二度の督促の書簡と、たびたびの下田奉行との会談において、決定の遅延と不満足な内容に憤りを示し、来るべきイギリスの侵略的な対日行動をほのめかしながら、出府と将軍拝謁の実現を迫ったのである(21)。

(二) ハリス出府に至る幕府内部の議論

この論争の時期、幕府の采配を振るう位置にあったのは、前出の堀田正睦である。堀田はハリスから出府の希望が提出されて間もない安政三(一八五六)年一〇月一七日に、老中として外国事務取扱専従を命じられた(22)。ペリー来航以前から幕政の中心にあった阿部正弘は、このとき幕閣のなかに専任の外国担当を初めて設け、その役を欧米事情に明るい堀田に任せて、自らは内政に従事しつつ見守る立場をとったとされる(23)。なお、その阿部はこののちハリスの出府を見ず、安政四年六月一七日に死去した(24)。

論争の構図

幕府内の論争とは、多くの場合、部局の名をもって堀田宛にさまざまな上書がなされ、これが積み重ねられて区切りとなる評定が行われ、それを踏まえて老中から関係部局に決定事項を達するという形で進行した。こうした展開の背後では口頭による種々の議論が行われ、その部分にこそ政策決定に至るプロセスの実質があるはずだが、当面の歴史研究としては、書き残されたものを手がかりにするほかはない。

このときの論争において老中への上書を行ったのは主に、幕府内で海防掛に任じられていた人々のうち、大目付・目付である者の集団と、勘定奉行ないし勘定吟味役である者の集団であった。従来の近世史においてはこれら双方の対立が、論争の図式としてほぼ定型化されてきた。

図3　堀田正睦

この時期の海防掛大小目付に関しては、その従来の監査役ないし見張り役としての保守的性向と異なり、阿部正弘の新しい人材登用方針に基づいて集められた、革新的な俊英が揃っていたことが知られる。このなかには、大目付として筒井政憲、また目付として岩瀬忠震《いわせただなり》が含まれていた[25]。実際、彼らはこの件について早くも安政三年一〇月中に、ハリスの出府を可とすべき意見を提出している。その理由も、「御國地永住之官吏ニ御座候上、始終此地之御用ニ相立候様御仕向有之候方、御爲筋ニも可有御座、長崎表在留甲必丹《カピタン》五カ年目參上之御振合も有之、和親之國より差越、在留罷在候官吏之儀、江戸表江被召寄候而、不相當之儀も無之[26]」と、きわめて明快にして開けたものである。すでにハリスが日本国内に駐在を開始している以上、当地で役に立ってもらうに如《し》くはなく、江戸に招くことにも何の問題もなかろうというわけだが、この段階で同じ西洋人である長崎のオランダ商館長参府を先例として引き合いに出している点は、ここからの議論の過程で除々に修正されていくことになる。

これに対し、海防掛勘定奉行・吟味役は論争の全期間を通じて出府反対の立場をとったが[27]、文書に残る形での意見表明が開始されるのは安政四年正月、ハリスの出府は不可との当初見解を本人に返す一方で、老中が幕府内の関係各方面に、出府を想定した準備を命じてからのことである。彼らは同月の上書で「亜米利加官吏若參府いたし候ハバ、中々以和蘭甲比丹之類には有之間敷、御府内所々遊歩等は素より之儀、其上一旦右之通相成候上は、諸夷必同様之儀を可申立候。……右之通勝手に相成候而は、更ニ御武威と申ものは無之様に而、國持大名等之心之内如何可有之哉と甚心配仕候[28]」と述べ、その根底にあるのは、アメリカを皮切りに西洋各国が後に続くことを予想し、その場合の幕府による国内秩序維持の観点であることがわかる。ここで同時に、アメリカ総領事の扱いがオランダ商館長と同様では済まないとの理解が片鱗を見せている。

幕府内における意見分布は単純化すれば上述の二派の対立に準じ、突出した開明思想を持つ前者に対して、大勢は後者の意見に同調してハリスの出府を拒絶する方向であったとするのが一般的である。(29)ここでは、二つの点からこの一般論に異議を唱えておきたい。

一つは、勘定奉行らはたしかに出府に反対する意見を述べながらも、それを断固差し止めることを目的としていたわけではないと考えられることである。むしろ出府拒否がいずれ難しくなることを念頭に置き、さらには、右の引用部分にも表れているように、アメリカ総領事の出府を受け入れた場合には、以降、他の諸外国についても同様の事態が起こるという、先を見通した客観的な判断があった。

いま一つは、幕府内の大勢が出府反対であったにもかかわらず、回答の遅延に業を煮やしたハリスに押し切られたというよりも、論争の流れを時系列的に、ごく客観的に追う限り、幕府中枢が早い段階から出府要請に応じる考えを持ちながら、表面的に出府反対の意見を取り入れつつ、出府可の論理が構成され、機が熟すまでの時間を稼いだと見なしうることである。先述のとおり、堀田老中自身が事実上の開国方針を打ち出したのが安政四年三月のことであり、その後同年六月二九日の時点で、幕府内の議論はハリス出府受け入れの方向へ大きな展開を見せ、最終決定へと進むことになる。

それ以前の勘定奉行・吟味役からの反対攻勢は同年三月に集中して見られるもの(30)、その見解は右の同年正月の時点以上に反対色の強いものではなく、文書中には、「最初之御應接は別して御大切之儀に付、弥御引見御坐候節は、事々彼の意表に被爲出、其機鋒を御摧き御座候處肝要之御儀哉与奉存候」[31]と、将軍拝謁を前提とし、かつ、その際には相手に対して鮮烈な印象を与えることが重要であるという、積極的な文言も含まれている。さらにこの時期の彼らの上書はすでに、ハリスが実際に出府する際の宿舎その他に関する、きわめて実務的な提案とも一体となっていた[32]。

以上からは、幕府内での意見対立が海防掛大小目付の単独勝利に終わったというよりも、議論の展開とともに消極派の主張が事実上、積極派に相通じるものとなり、全体が出府実現に向けて動いていったと捉えるべきであろう。とすれば、ここであらためて、結論への道筋を実質的に牽引した大小目付の主張を中心に、それを担った具体的な人物に着目しながら、さらに踏み込んで検討しておくことが重要と考えられる。

出府承諾論の形成

この時期の開国論の展開については、先にも触れた目付岩瀬忠震の主導によるとするのが通説である。岩瀬は、ハリス来日当時満三八歳、旗本の三男として生まれたが、天保一四（一八四三）年の学問吟味に及第、嘉永二（一八四九）年に番入りして将軍世子家定付に任じられた秀才である[33]。ここで見ているハリスの出府が実現したのち、日米修好通商条約交渉の担当官として日本を実質的な開国に導いたが、井伊直弼の大老就任後、安政六（一八五九）年に失脚した。ハリスに会ったのは、その交渉のときが初めてではない。ハリス来日直後の混乱のなかで下田奉行が右往左往していた時期、江戸から送り込まれたのがこの岩瀬であり[34]、その折にハリスから国際情勢をつぶさに聞く機会のあったことが、彼を開国主義に傾斜させたとされてきた[35]。

しかし、石井孝が「大小目付の意見を主導したのは、当然岩瀬……岩瀬こそ、ハリスの出府から通商条約の締結へと発展する、幕府外交の推進者(36)」と断定するごとく、この時期の開国論を岩瀬一身に帰することには、疑問を呈さざるをえない。田辺太一著『幕末外交談』も、この方向における岩瀬の功績を惜しみなく称えており、またそのことが今日の岩瀬理解に大きな影響を与えたとも言えよう。が、岩瀬の資質がそうした評価を受けるものであったことは間違いないにしても、少なくとも通商条約交渉が本格的に開始される以前の出府・将軍拝謁問題の段階では、海防掛大小目付の議論の「公明正大」さについて、「ただただ岩瀬修理〔忠震〕その人あってのこと(37)」との記述を鵜呑みにするのは、早計と言わざるをえない。

　そもそも、ハリス出府論争が展開しつつあったまさにその時期、岩瀬は江戸に不在であった。右の下田出張は半月程度で、安政三年九月半ばにはいったん帰府したが、翌月、他の数名とともに向後の外国貿易に関する事情調査を命じられ(38)、このうち岩瀬は安政四年四月になると、勘定奉行水野《みずの》忠徳《ただのり》とともに長崎に派遣される(39)。そのまま日蘭・日露追加条約の交渉にかかわることになり(40)、江戸に帰還して、長崎での経験を踏まえ、対米問題の最前線に登場するのは、すでにハリスも江戸に在る同年一一月のことであった(41)。

図4　岩瀬忠震

　岩瀬が長崎へ向けて出立する前後、大小目付が提出したハリス出府賛成論には、安政四年四月の一連の上書がある(42)。これはハリスの出府要求を「敢而彼方非分之論とも難申」とし、幕府が許諾回答を延引していることは「御長策に有之間敷」と言う。「外國之御扱向は、諸事實心實情を以取扱不申候而は、品々御不為相成候」と、先に見た彼らの当初意見から一貫して、率直な開国論が綴られている。

しかしながら、このあとのハリス出府決定に至る議論が、すべて岩瀬によって導かれたものであるとの理解は正確ではない。とくに同年六月七日付で、岩瀬を欠く海防掛大小目付が老中に提出した上書は、この時期、幕府上層部に、岩瀬、水野の長崎調査の結果を待つという理由で出府問題の決着をさらに引き延ばそうとする方針が出てきていたのに対し、「一應尤ニは御座候得共」としつつ、「今時勢萬國之御接遇、追々御手廣相成候共、決而御拒遠被成候儀難相成候」との見解を示して、出府を差し止めておくことの無駄を説く。その主張は、早々に「出府仰付られ候方可然、……一段御親睦を被爲示、……登　城拜謁も被仰付……」べきと、出府・将軍拝謁の実現をよしとする考えは明快である。(43)

他方で岩瀬自身が同月二一日付で、長崎から江戸の同役連中に宛てた書簡は、現地での仕事に打ち込んでいる様子をよく伝えてはいるものの、江戸の事情に関しては阿部正弘の病気を心配するのみで、ハリスの件にはひとことも触れるところがない。むしろ、さらなる貿易調査のため、身分を引き下げられてでも長崎からそのまま香港行きを切望する旨、認めているその筆致からは、(44)遠隔地にある岩瀬が、ハリス出府問題において江戸に残った者たちをなお主導していたとする根拠は読み取れない。江戸・長崎間で片道一〜三週間を要した書状の伝達速度を考慮しても、それが自然な理解であろう。ひとまずここでは、ハリス出府を実現に至らしめた論調が、一人岩瀬忠震が反対論の大勢を押し切って推進したものではなく、一定の集団の共通見解として定着していたものであることを確認しておく。(45)

(三) 出府論争における筒井政憲の位置

さて、第一章で言及した対外関係経験を積み、ハリス来日の年に満七八歳を迎えた筒井政憲はこの論争が始まった時点で、幕府大目付の一人として海防掛の一角をなしていた。筒井は、安政三（一八五六）年一〇月、先述のように岩瀬らが外国貿易に関する事情調査を命じられたことについて、外国貿易に道を開く「御英断」とする老中宛の上書を起草した(46)。石井孝はこの際の筒井のスタンスを「自由放任論の立場から、徹底した自由貿易論を展開し」たものであって、「幕吏の自由貿易論としては最初のものである」とし、さらに「七九歳という高齢の筒井が、よくこのような論を展開しているのは驚異である」と述べている(47)。

筒井はこののち、論争継続中の安政四年正月二二日に、高齢者用の閑職とも言える鑓奉行に任命された、これが最後の役職となった。が、それは表向きのことで、任命書には「海防防禦筋其外御用向、是迄之通」ととくに断られており、対外関係についての実質的な役割は継続された(48)。ただし大目付の役職を外れたため、これ以降、海防掛の議論に直接には加わらなくなったようである(49)。

安政四年六月の
筒井上書

安政四年六月初頭、筒井は単独で老中に上書を提出した(50)。「愚意を以商量仕候」と前置きされたこの上書は、すでに和親条約の批准も済ませ、駐在官吏も受け入れたいまになって出府の希望を断るようなことがあれば、ハリスは承服せず、戦争に及ぶなど何を言い出すかもしれず、「其時ニ至り、御許容相成候様ニては、御國威も立兼、唐國之弊轍ニも相當り、如何ニも御失体と奉存候」というところから説き始め、「江戸表江被召呼、御對面有之積被仰出候方、却而彼の悪察之氣燄を挫き、御爲ニも可然哉」と、将軍拝謁を前提に出府を許可すべき理由を示す。武力で攻められてから受け入れるのでは体面を失い、まさに中国（清）の二の舞であって、積極的に江戸へ招くことが先方の態度を和らげ、ひいては当方の利となるというわけである。

続いて、出府の際の旅程や宿所、また会談の際の通詞の配置といった実務的な手配に関し、プチャーチンとの交渉の折の経験を踏まえて述べたのち、先方への「御答振等御心組被置候ハヽ……速ニ御答も出來可申、左候へは……彼等敬服致候ハヽ、追々御處置之御爲ニも可然奉存候」と、事前に検討しておくべきこととして三項目を記している。

第一点は「交易筋之儀」とされているが、これは実は、既述のとおり前年一〇月、岩瀬らの貿易調査にあたって起草した上書をそのまま用いたものである。「其節掛り之者被仰付候間、定て其向より申上候儀与差扣《控》差出不申候得共、認置候故、其儘奉入御覽候」と述べており、先の自由貿易論を、そのときには提出せず、ここであらためて持ち出したことがわかる。

第二点は「於當表御對面之儀」についてであり、本上書の中心をなす。内容は、前文の趣旨と同様、ハリスとの「御對面」を「表向立派ニ被仰出」ことを基本に、しかし急激に進めることで混乱が生じるのを避けるという方針を示したもので、具体策として、下田奉行がハリスと旅程を打ち合わせるなどの折に、先方に対し、いかなる態度で臨むべきかを述べたものである。ここで筒井は、「元來彼國より初て皇國え渡來之節申立候は……」とペリーを引き合いに出し、彼がその節、アメリカが日本と永く国交を開こうとする理由として「日本國与亞墨利加國とハ、海上數千里相隔候得共、其際に國も無之、御隣國同様」であると説いたことを強調して、ハリスの注意喚起を促そうとしている。「此方ニても」、そのペリーが述べた日米友好の趣旨を受け止めたからこそ、「役人初メ商人迄も安堵親睦致候心に相成」ったのであると言い、「下田ニ館を設ケ、官吏も相詰候迄ニ至」ったと、ハリス自身の立場にも巧妙に言及する。

相手を説得するための論法とはいえ、以上は日米関係の開始にあたっての筒井自身の理解を表しているととってよいであろう。そのうえで、ハリスがこうした「眞實愛睦ノ情」によらず、日本がその「規定高き國法」ゆえ、ハリスを迎えるうえでさまざまな困難を抱えているのを慮ることもなく、強いて江戸に上ろうとするのは「此方共御談申候儀を疑惑被致候哉」と論難させようとする。落としどころとして、「只今俄ニ不被相越候共、此上交易等も相整候事ニ相成候上ニ候ハヽ、尚又厚く睦昵之取計も可有之」と時間を稼ぎながら、交易を開始し、いずれ出府・拝謁を許諾する方向を明確にしたものと見ることができる。

第三点は、ハリス出府の前提条件として国内対策を述べる。先のペリー来航の折に「彼方より押て横濱え罷越、諸役人應接」した場合とは違い、「御直江戸表ニ而御逢之事」なのだから、朝廷および御三家にあらかじめ知らせておいたほうがよいとの意見である。この配慮が、条約勅許問題を招来し、幕府と朝廷との力関係の逆転と、国内政局の混乱につながっていった後日の展開については、よく知られているとおりである。これもしかし、ハリスの出府を許諾し、拝謁を実現させることを前提とした発想であった。

総じて言えば、この上書は、積極的にアメリカとの関係を開くことを基調とし、結論はあくまで出府の許諾という方向に向かうものの、筒井自身も直接参加していた当初から海防掛大小目付が展開してきた明快な早期実現論とも異なり、急激な実施を避けるという形で勘定奉行・吟味役の立場にも配慮しつつ、双方の立場の本質的な共通項を探ったものと捉えることができる。他にこのような折衷論は提出されておらず、おそらくは筒井の立場でしかできない仕事としてこのタイミングでまとめ、老中に差し出したものと考えてよさそうである。

六月二九日老中達書と議論の決着

こののち、同じ六月中に相次いで提出された上書は、大小目付が出府・拝謁許可、[51]勘定奉行・吟味役が表向き反対、実質は諾否の決断延期と、[52]各々の従前の主張を繰り返すものであった。そのうえで、同月二九日の老中達書は、ハリス出府を「御差許相成候積御治定ニ候」と、許可の方針を明確にする一方、「寛永以來之御制度を被改候事」であるうえに、「開港以來間合も無之」、即刻というわけにはいかないとし、そのような日本側の事情を、下田奉行からハリスにあらためて説明するよう命じている。その構造は右に紹介した筒井の折衷案を踏襲していることが明白であって、筒井による上書が、両派を納得させながら、しかも出府許諾という決着への道をつけたものと評価することができる。

この老中達書は、直接の宛先である下田奉行だけでなく、評定所一座、海防掛、長崎奉行、箱館奉行、そして名指しで筒井という、文字通り全関係者に回達された。[53]幕府内で続いてきた論争に一つの区切りをつけようとしたものであることがわかる。ただし、この段階では将軍拝謁の許諾には至らず、また同じとき、謁見の折の具体的な手順にまで踏み込んだ達書案も起草された跡があるが、採用されていない。[54]前記のとおり、このあとの七月八日、下田奉行からいったんハリスに伝えられた内容は、ここまでの議論を受けたものである。

一方、江戸では、右の老中達書から三日後の七月二日、同じ面々に対し、老中から「亞墨利加官吏出府之儀、弥御治定相成候付ては、不遠可被　召呼候間、左之外ニも、銘々心附候段は、委細取調、早々可被申聞候事」と、ハリス迎接に向けた準備開始の指示がなされていた。「左」の要検討事項として挙げられたのは以下の九項目である。

一、道中海陸兩樣之内、何れ歟可然哉ノ事。
一、途中附添人取締向之事。
一、滞留中旅宿幷警衞之事。
一、非常之節手當向之事。
一、遊歩幷御賄等之事。
一、登　城拜禮式之事。
一、應接場所幷着服等之事。
一、拜領物幷役々より贈物等之事。
一、右ニ付、京都幷御三家始向々え達案等も取調、可被申聞候事。(55)

先にも触れたように、いまだ議論の熟していなかった安政四年正月という早い時点でもすでに、関係部局にハリス出府を想定した検討が命じられたことがあった。(56) しかし、その際の指示が「諸般之禮節は勿論、御扱振旅宿應節場所其外」とのみであったのに比べ、これらの項目は非常に具体的である。またここに、「登　城拜禮式之事」という一項が含まれ、調査事項という形をとりつつも、初めて正規の業務に位置づけられたことが見てとれる。

同日、堀田老中より、米国総領事出府取調掛として、土岐頼旨《ときよりむね》（大目付）、林復齋（大学頭）、筒井政憲（ここでは大目付次席との肩書き）、川路聖謨（勘定奉行）、鵜殿長鋭《うどのながとし》（目付）、永井尚志《ながいなおゆき》（目付）、塚越藤助（勘定吟味役）の七名が任命された。ハリスへは下田奉行を通じた出府引き延ばし策が続けられていたが、それと並行して、いよいよ本格的な準備が動き出す。(57)

（四）筒井意見と「朝鮮信使之振合」

筒井政憲の本領がさらに発揮されるのは、この取調掛任命を受け、安政四（一八五七）年七月四日に老中に提出された、二本一組の長文の上書においてであった。任命二日後という迅速さを見れば、それ以前から熟慮のところを述べたものと考えられる。

一本目は、初めに前記の九項目の諮問に答える形をとっており、要約すると以下のとおりである。(58)

・（諮問の第一、二点について）ハリス出府のルートとしては本来、海路が望ましいが、（米艦でなく）日本側の船に乗ることについて論議となる恐れがあるため陸路とし、アメリカ人八、九人に、道中の警衛をつけて七〇～八〇人に収まればよい。宿は本陣とする。非常の場合の処置、見物人の制し方など、すべて事前に取り決めておくこと。

・（第三点について）江戸滞在中のハリスの宿所は寺院とし、警衛に四〇～五〇人をつけること。

・（第四点について）品川あたりの寺院に滞在させ、非常の場合には芝麻布あたりの寺院に立ち退かせる心づもりをしておくこと。

・（第五点について）江戸滞在中、原則として遊歩はさせないこと。致し方ない場合、品川あたりからであれば、最寄りの在方である池上あたりまではよい。その際、二〇～三〇人が遊歩の邪魔にならぬ形で警衛にあたる。
・（続き）万一、遊歩中に買い物の希望があれば、付き添いの（日本側）役人に渡し置く費用で購入すること。
・（続き）江戸滞在中のハリスの食事は、アメリカ式の調理法を知る者が付いてくるであろうからそれに任せ、必要な費用を用立てること。下田から付き添ってくる（日本側の）者たちには日々の雑用手当を出すこと。
・（第六点について）登城、拝礼等に関しては別冊とする（後述）。
・（第七点について）応接場所等に関しては別冊とする（後述）。ただし服装について、先方には礼服がないため平服でかまわないが、国書受領は大礼と言うべきことから、当方は長袴か、見栄えの点では年始の装束としてもよいのではないか。アメリカに敬意を表するためではなく、あくまで外見上の問題である。琉球使節との兼ね合いからは長袴程度が適当であろう。
・（第八点について）ハリスへ将軍からの下され物、役々からの贈り物は、あくまで先方からの献上物、贈り物を見てそれに対応するようにすること。
・（第九点について）京都、御三家はじめ関係各方面へはぜひ連絡すること。
筒井は、右各項についてはとくに自身の提案にこだわらないとし、そのうえでこれに続き、諮問にある「左之外ニも、銘々心附候段」に答える形をとって、「此度亞米利加使節之官吏御當地江被　召呼、登　城被　仰付、書翰御受取之儀」全般についての意見を展開した。

此度亞米利加使節之官吏御當地え被　召呼、登　城被　仰付、書翰御受取之儀ハ、朝鮮國之外是迄例も無之、御舊典ニ振候事ニハ候得共、元來當時天地之氣運も古昔と相變し、世界中之萬國何方も通親交易等不致國ハ無之、未タ右ニ洩候國は、只朝鮮と日本而已ニ有之候。是を以觀候得ハ、萬國互ニ通親之義ハ、天意之然らしむる處歟。其中ニ強て御國典を以堅く御斷被爲在候ハ、皇國ハ海島之義、彼等怒ニ乗し、諸國申合、軍艦差出し、諸國沿海之浦々え乗寄及亂妨候ハヽ、御國地富饒強武之御國と雖も、諸方防禦之手當も行届申間敷哉。其上諸大名此節災後ハ別て難澁之折柄、軍備之入費も莫大之事に至り候ハヽ、終ニハ御國中疲弊可及。左候時ハ、盗賊等相起り、良民を掠奪致し、靜穩ならさる時宜ニ至候ハ、御國内ニ騒擾を釀す筋ニ相當候故、御舊典を被改候儀ハ、不容易事ニ候得共、天下之安危ニ拘り候義故、無御據御舊典を被革、此度朝鮮信使之例ニ寄、登　城被　仰付、書翰御受取有之候積被　仰出候。右ハ異國迚も、誠實之言を呈し候上ハ、御親睦被遊候廉を被施候事ニ候條、右之趣心得候様之筋被　仰出哉ニ奉存候。

右愚意之趣御尋ニ付、荒方之處認取奉申上候。以上(59)

第一に、右の文中、「萬國互ニ通親之義ハ、天意之然らしむる處歟」との表現に見られるとおり、日本をめぐる国際環境の変化についてのストレートな受け止め方が大前提となっている。強いてこの変化を拒絶することは、軍事的に日本を危機に陥れるのみならず、莫大な軍費の支出がもととなって国内情勢を不安定にするという、まずはマイナス面の予測から、ハリスの出府・拝謁を受け入れる理由が説明されるが、結論部に導かれるのは、異国であっても「誠實之言を呈し」て親睦を求められれば、これに応えるべきではなかろうかとの積極的な理念である。

ここでもう一歩、アメリカ使節を江戸に呼んで登城させ、国書を受け取ることが、「御舊典」の改革にあたるという解釈がなされていることを確認しておかなければならない。「御舊典」をここでの文言どおりに読めば、筒井はまず冒頭で、日本がそうした交際を行う相手は朝鮮のみとされてきたという言い方をしている。後半ではこれを逆手にとり、その「朝鮮信使之例」が現に存在することを根拠に、交際相手を限定してきた「御舊典」を改め、ハリスを迎え入れようという方向へ論理を展開してみせる。

次に、二本目の上書は、先の箇条書き中で別冊を設けるとしているものにあたる。そこで筒井は「朝鮮信使より國王之書翰持參之節振合ニ可准歟」、「先、朝鮮人來聘・書翰進呈之振合を元ニ致し」、「御目見之節之振合手續、凡朝鮮信使之振合ニ寄」、あるいは「登　城退之節、朝鮮人之如く、送り迎等ニ不及」と、都合四回にわたり、参照基準として朝鮮通信使に言及する(60)。筒井はこうして、対米外交の展開を明確に対朝鮮外交からの延長線上に置き、朝鮮との国交の歴史がハリスの受け入れを否定するのではなく、むしろ整合的に道を開くことを主張したのである。

なお、これ以前、逆にハリス出府反対を主張した意見のなかでも、朝鮮通信使を引き合いに出したケースが存在する。「朝鮮信使參向之振合も有之候得共、右は御國初之頃、彼國積年之怨ミを捨、御好誼を修め候より、御取扱も殊之外御手重」なのであると、朝鮮通信使の別格性を述べ、それ以外の使節を同様に扱うことは財政面からも現実的でないとした(61)。また、先の安政四年六月二九日における出府許諾決定の背後で、ハリス本人に対してはなお時間を稼ぐために、老中堀田正睦自身が下田奉行井上清直に授けた論法でも、以下のように朝鮮通信使を持ち出していた(62)。

朝鮮之儀は、従來隣好通信之國ニて、慶長年間より寶暦之度まて、彼國より隣好を修し候ため、信使參向、國書差上候節は、連綿と江戸え被　召呼、御行禮有之候處、品々御不都合之儀有之、寛政年間兩國隣好誠信簡易省弊之儀を講定致し、文化度ニ至り、朝鮮接近之地對州ニ於て信使接待有之、國書請取渡も無滞相濟、右ニて隣好誠信之道は、更ニ相替候儀無之事に候。此後御代替に付、信使差越候節は、矢張文化之通り、對州境上之禮接ニ可相成候。右体、慶長以來相續き、江戸來聘は、朝鮮信使さへ諸般不都合之事共有之故、隣好誠信之儀を講定いたし、對州限り之御行禮と相成居候事ニ付、亞米利加國より之書簡、江戸え持參、御請取と申は、何分不相當之儀に候間、是等之趣、官吏え話し聞、宜事ニ被存候ハヽ、能々合點參り候様、誠實ニ説得被及候方可然候事。

ここでは、ハリスを下田に留め置くことを正当化する先例として、対馬での聘礼となった文化度朝鮮通信使の例にとどまらず、「此後　御代替」、つまり、現将軍家定の襲職慶賀のために現在進行形で議論され続け、既述のとおりこの時点では再び対馬での挙行を予定していた通信使迎接が引き合いに出されているのである。当時の幕府において、新たな対米関係を論じるにあたり朝鮮通信使を想起することと自体は、何ら特別ではなかったことがわかる。

このののち下田奉行がハリスに対し、実際にこのとおり朝鮮との関係を持ち出して出府問題を論じた形跡はない。ハリス側の督促とも相俟って引き延ばしの方針は事実上撤回され、安政四年八月六日の下田奉行・ハリス会談において、出府ならびに将軍拝謁の実施が最終決定を見た。そして、これと並行して始まっていたハリスを江戸に迎えるための準備においては、筒井の提案どおり、「朝鮮信使之振合」が積極的な意味合いにおいて参照され、つぶさに検討されることになるのである。

むろん、すべての局面で朝鮮通信使の例に倣うのではなく、将軍の襲職慶賀を意味する朝鮮信使の迎接と、今回のハリス初登城の意義とが比較考量され、具体的な式次第として整理されていくのだが、その顛末は次節で見る。ここでは、以上の経過を通じ、江戸時代を通じた朝鮮との国交における経験が、筒井政憲によって、幕末の対欧米外交に確実に引き継がれたことを確認しておく[63]。

第二節　ハリス登城の一日(安政四年一〇月二一日)

安政四(一八五七)年八月六日の下田奉行・ハリス会談から二月半ののちに、初代アメリカ総領事タウンセンド・ハリスは江戸城に登り、第一三代将軍家定への拝謁を果たした[64]。当日の式典プログラムは「巳十月廿一日、亞墨利加使節登　城御目見御次第書」として残されているが、その原形は九月上旬には策定され[65]、以降、それをたたき台として、下田奉行やその部下から出発前のハリスに種々の説明が行われ、互いの議論が重ねられた。とりわけ、九月一一日、下田奉行所での下田奉行・ハリス会談は、以下の本文でもたびたび取り上げるように、この件をめぐる日米間の最も実質的な意見交換の場として、大変重要な位置を占めるものとなった。いわば最初期の日米文化交流ないし文化摩擦の事例にあふれたその際の記録は、当時下田在勤の奉行であった中村時萬《なかむらときかず》の名で、「亞國官吏對話書」として残されている(66)。

さて、ここから当日までの一連の準備の過程では、筒井政憲の提出した「朝鮮信使之振合」という指針がキーワードとなった。ただし、この「朝鮮信使」が歴代一二回のうち、どの回を指すのかは、必ずしも明確ではない。とはいえ、各回の信使迎接準備にあたっては、前回の例を参照するのがまず自然と考えられるのに加え、明暦三(一六五七)年に江戸を襲った明暦の大火により、第六回、明暦度通信使(明暦元(一六五五)年)以前の幕府資料は多く消失したとされるので(67)、ハリスの段階であえてそれ以前の例を考究するとは考えにくい。

明暦度の次は天和度通信使(天和二(一六八二)年)であるが、それに続く、新井白石が取り仕切った正徳度通信使(正徳元(一七一一)年)の迎接例は、よく知られているように、主に白石自身の朝鮮観が要因となって種々の側面で朝鮮側との軋轢をきたし、当時からすでに踏襲を避けるべき特例と受け止められていた。『通航一覧』によると、次の享保度通信使の際には、正徳度を飛ばして前々回の「天和度に准」ずることになり、それが「以降例となる」と言う(68)。実際、次の延享度(延享五(一七四八)年)も「享保之格を以……天和之格に准」じて執り行い、さらに、続く宝暦度通信使——江戸城に到来した最後の朝鮮通信使——を迎えるにあたっては「諸事延享之度之通り」とされた(69)。

したがって、安政四（一八五七）年のハリス迎接の段階で一般的に「朝鮮信使参向之振合」と言う場合、まずは江戸城での実例という意味において、直近のケースである宝暦度通信使の資料を参照したものと考えて問題ないのではなかろうか。その具体的な式の態様を、第一章第二節で詳しく見た所以である。

ハリスの時期により近い事例としては、文化八（一八一一）年の文化度通信使がある。このときの聘礼は対馬国府の宗氏藩邸で行われたが、客館からの使節の到着の仕方、主人側の出迎え方に始まり、江戸城での儀式の慣例に沿って細かな手順が整えられた。また、藩邸はこのために大増改築を施したという。[70]しかし、その場に将軍その人がいたわけではなく、主人側筆頭は二名の上使であって、将軍の名代といえども、儀式の場における使節との位置関係などは江戸城歴代のケースと明確に異なっていた。[71]これを見る限り、時期的に直近の事例とはいえ、ハリスの謁見式を準備するにあたってこの易地聘礼を基準にしたとは考えにくく、やはり、まずは宝暦度を参照したと想定するのが妥当であろう。[72]

実際、幕府におけるハリス迎接に向けた検討のなかで、朝鮮通信使の先例に触れた諸場面のうち、一点のみ、いずれか特定の回を明確に示した文書を確認することができた。安政四（一八五七）年八月六日付で、「亞墨利加官吏出府之儀取扱之面々」に対し、将軍からハリスへの下賜品を検討するよう命じる老中達書に、別紙として宝暦度通信使のときの記録が添えられているのである。[73]同じ文書には朝鮮通信使だけでなく、琉球使節へ、ロシア使節プチャーチンへ、アメリカ大統領へ、オランダ国王への贈り物の記録が付されており、これほど網羅的に資料が取り揃えられたという意味でも唯一の例と見られる。

このように、ハリス登城の準備において幕臣たちが参照したのは、朝鮮通信使の前例のみではなかった。また、対外関係だけでなく、必要に応じ、およそ徳川幕府が経験してきた儀礼に関する知識、見識を総動員しつつ、そのなかで「朝鮮信使参向之振合」を軸に、ハリス迎接の準備が進められたのである。

以下の各項では、安政四年一〇月二一日の最終的な式次第を基本史料とし、必要に応じて他の史料を用いながら、登城当日の具体的な模様をできるだけわかりやすく再現するとともに、その次第に沿って、各要素の準備過程における議論を検証していく。第一章第二節で紹介した宝暦度通信使の動きと重ね合わせると、ハリス迎接の式典が既存の「朝鮮信使参向之振合」を具体的な下敷きとして整えられたことが明確になるであろう。

（二）宿館出発から殿中控の間まで

ハリスは登城当日の一週間前にあたる安政四（一八五七）年一〇月一四日、七日間の陸路の旅を経て下田から江戸に到着し、前年に開所したばかりの蕃書調所に宿泊した。蕃書調所は現在の九段南、内堀通りと靖国通りの交差点を臨む九段会館横の交番の位置にあった[74]。先導役の下田奉行井上清直とその支配の役人たちに護衛された、ハリスと秘書兼通訳ヒュースケンの一行は、当日午前一〇時ごろ宿舎を出発、江戸城外堀に沿って南下していった（図6参照）。

ハリスは、自分の供廻りは「荷物人足と料理人などを除けば、私が江戸へ入ったときと同じ」であったと記している[75]。ハリスによれば下田出発時の行列は約三五〇人であったというが[76]、出府道中の

図5　下田から江戸へ向かうハリス一行
（「米国官吏江府行装之図」ピーボディー・エセックス博物館蔵）

行列書や道中宿所での聞き書きなどを見合わせると、そのかなりの部分は荷物係であったと考えられるので、登城当日は数十人規模であったと想像するのが妥当であろう。行列のなかで乗物に乗っていたのは、井上、ハリス、ヒュースケンの三人のほか、出府道中と同じであれば、井上支配の役人のうち上級の者五名であったはずである。[77] ハリスは、半マイル（約〇・八キロ）ほど行ったところで堀を渡り、城の内郭に入ったとしており、[78] その距離感を信じるとすれば、通った門は一ツ橋門と考えられる。

下乗場所　そこから城内を進んでいよいよ大手門に至ると、ヒュースケンは井上の部下らとともに、門前の下馬所で乗物から降ろされた[79]（以下、第一章図6、7、8参照）。ここは朝鮮通信使の登城のとき、上官以下が乗物を降りたところである。通例の幕臣の登城においても、ほとんどの者が駕籠や馬から降りなければ

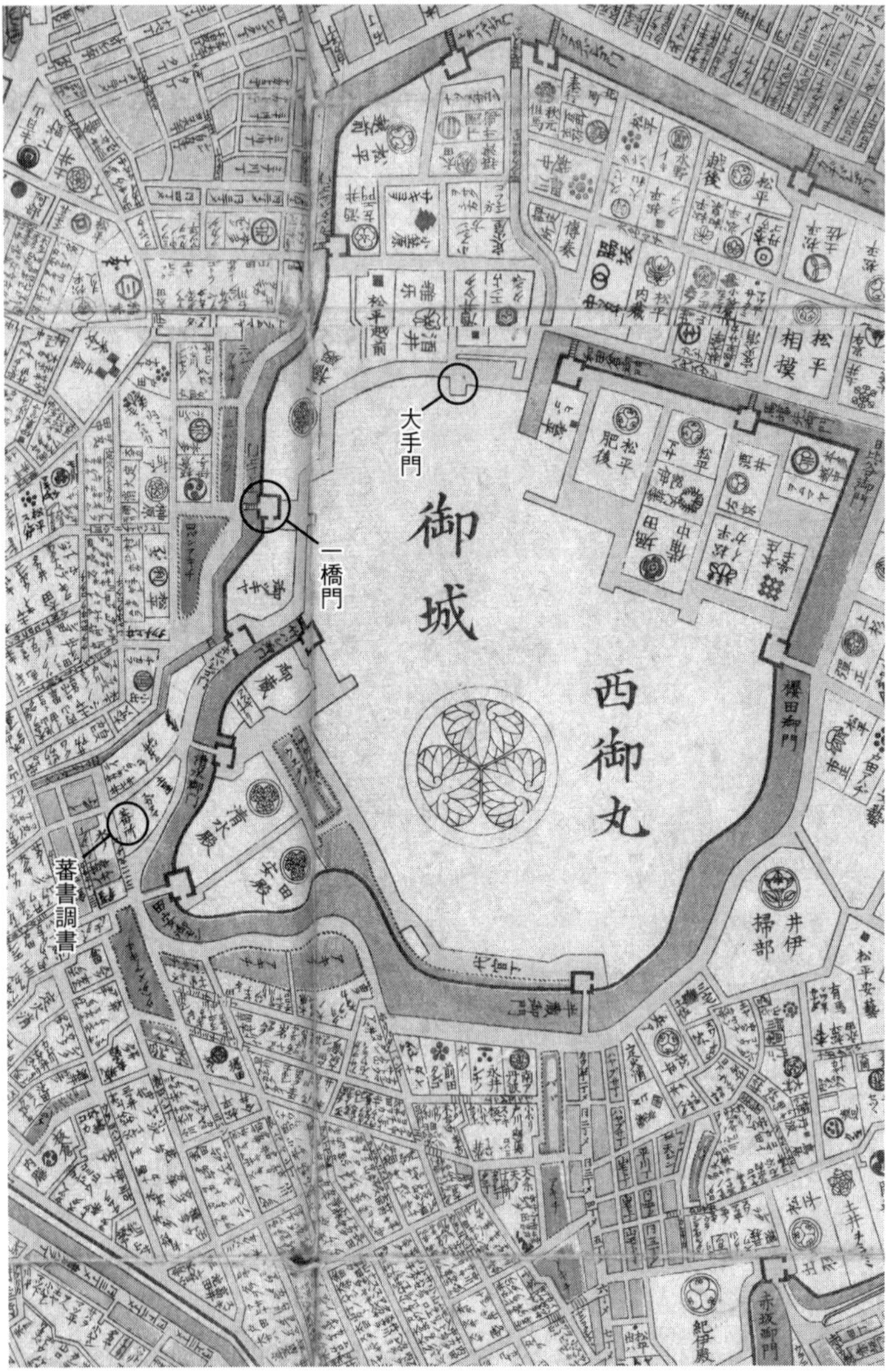

図６　「安政改正御江戸大絵図」部分に加筆（安政５年、国立国会図書館蔵）

蕃書調所がこの位置に所在していたのはわずか３年ほどであり、本図はその時期の江戸城周辺を表したものである。なお、図は北を下、南を上に描かれている。

ならない場所ではあるが、ハリスにとってのヒュースケンにあたる朝鮮通信使の通訳、つまり上上官三名は、ここを乗物で通過した。この比較によって、アメリカ大統領使節たるハリスの扱いが必ずしも十分に高くはなかったことが明らかになる。ハリス自身はその先、城内をさらに乗物で進み、大手三之門の下乗橋際に至ったところで降りた（図7）。

これらの段取りはすべて、事前に幕府側で作成した「巳十月廿一日、亞墨利加使節登　城御目見御次第書」に定められており、その記述は基本的にハリス側の当日の記録とも一致する[80]。しかし「次第書」に記載がないのが、先導役の井上の下駕についてである。ハリスの記録によれば、井上はハリスよりも「三〇〇ヤード（約二七〇メートル）ほど手前」で乗物から降りたとされている[81]。大手三之門外の下乗所は、先の大手門を乗輿のまま通過する身分を持った者を含め、御三家を除くすべての大名、役人が下駕しなければならない地点であったが、その中間で降りるという設定は通常はなかった。

図7　大手三之門
（『旧江戸城写真帖』、明治4年撮影、東京国立博物館蔵）

実は、上記「次第書」の草稿が策定された段階では、ハリスと井上はともに大手三之門外の定められた下乗所で下駕ということになっていたのである[82]。ところがハリスは、諸外国において使節は乗馬のまま門をくぐり、宮殿の入口まで達するのが慣習であるとして、自らを城の玄関まで乗物で進ませるよう、再検討を要請した。下田奉行が、日本においては大手三之門を乗輿のまま超えられるのは御三家方のみであり、かつ御三家にあっても、その先の中之門では乗物を降りなければならない規則であることを説明すると(83)、ハリスは、玄関までという要求は取り下げたものの、同じ中之門まではと食い下がった。その際、自分はともかく、こののち英、仏等の使節が到来した暁には、そのぐらいの扱いをせねば納得すまいとの理由を持ち出している(84)。

これに対し、現地の下田奉行限りでは、慣例は動かしがたいとの返答しかなしえなかったが、報告を受けた江戸では格別の取り計らいにより、大手三之門手前の本来の下乗所から「尚八十歩程進ミ、御橋際ニ而、下駕」という案が浮上、ハリス江戸到着後の最終打ち合わせの際に幕府側から提案した。しかし、幕臣である井上には特例が許されないため、通常の下乗所で先に降りることとされたのであった(85)。

ハリスの主張した城の玄関まで乗馬のまま進むという「慣習」は、前章での考察からは、明文化されたルールでなかったのはむろんのこと、欧米諸国の外交現場で不文律的に共有されていたと考えられるレベルよりも過度に具体的である。経験や見聞に基づくものであったとしても、ハリスは職業外交官としての道を歩んできたわけではなく、この時点での当人の経験は浅かったと言わざるをえないが、その唯一の実体験と言えるタイ(シャム)国王への拝謁の際には、たしかに彼は、王宮の敷地内を宮殿の応接所まで肩輿《かたかご》(現地の高級な乗り物)で運び込まれていた(86)。城の玄関まで乗物でという要求を比較的簡単に取り下げたのは、「現地側のマナー」に沿う意向であったろうか。

いずれにしても、ハリスと井上、二人の下駕の場所に差があるのは、この議論の帰結と想定することができる。「三〇〇ヤード」は「八十歩」よりも相当に長いと考えられるが、これはハリスが、自分に与えられた名誉として二人の格差を実際より大きく感じ取ったものか、のちに他人が日記を見ることを想定したものか。また、ハリスは日記に、「これから先へは、日本人でもこれまで駕籠で通った者はなかったという」[87]と得意気に書き残しているが、前述の議論の経過からは、実際には御三家がその先まで乗物で通ることを彼が知らなかったはずはなく、その慣習を承知したうえで、自身への待遇を特例と認めたものと理解しておくべきであろう。なお、御三家のみならず朝鮮使節が中之門まで乗物で運ばれていたことを、幕府からハリスに説明した形跡はない。

　加えて、勅使、また親王が任じられる慣例であった日光門主等、朝廷が関係する賓客の場合には、すべての門を乗輿のまま通過し、本丸玄関に乗物を横付けする慣わしであったことに注意が必要である。[88]勅使を頂点とするこれらの迎接儀礼は、次章で取り上げるオランダ領事ドンケル＝クルティウスの登城準備に際し、担当の幕臣永井尚志の発言に「大君え謁見の禮式ハ、勅使其外謁見之砌ハ格別、大國之諸侯にても、……勿論外國人を被爲待候とて、全國法を癈し候義ハ難相成候」[89]（傍線筆者）とあるとおり、国内諸侯を相手とする場合はもちろん、対外関係を含めたすべてのケースと比較して別格と認識されていた。

本丸の内部へ

　さて、下乗所では護衛の行列も停止し、その先は主客と限られた従者だけになった。乗物から降りたハリスは、それまで自分で運んできた大統領国書をヒュースケンに持たせ、[90]残り「貳町計《ばかり》」[91]（約二〇〇メートル）の距離を徒歩で進んだ。

　なお、この日のハリスは、「金で縫取りした上衣と、幅広い金線が脚部を縦に通っている青色のズボン、金色の房のついた上反り帽、真珠を柄に嵌めこんだ飾剣」という出で立ちであった(92)。前章で言及した「質素な黒の上着」というアメリカの方針にそぐわないことは明白だが、しかし日記のこの部分でハリスは、これが「國務省で定めた型」であると言っている。また実際、ハリスの文書ファイルのなかには、"Uniform Regulations"というタイトルの付されたメモが見出され、そこに記された服装は、ここでの描写と完全に一致しないまでも、かなり近似している(93)。このメモは手書きで日付もなく、ハリスがどこで書き写し、または聞き取ったものであるかも判断しえないが、少なくとも彼自身には、当時のアメリカ政府の指示を無視するというよりは、このような服装が正規であると考える根拠があったのではないか。

いよいよ江戸城本丸表玄関に至ると、大目付一人、目付一人の計二名が出迎え、日本側の言葉では「一揖之後(94)」、ハリスの記録では「立ち止まり、相面して、お辞儀をした(95)」のち、客人を内部へと案内した。乗物を降りた地点で大目付と接伴役、接伴僧が、玄関では寺社奉行四人、大目付三人が出迎えた朝鮮通信使のケースに比べ、この場面でもかなり低い扱いであったことが確認される。

ところで、前出の下田奉行・ハリス打ち合わせ報告「亞國官吏對話書」によれば、ハリスは、玄関で迎えられた際、「自國之式ニ依り、手を握り候様可仕候哉」、つまり、アメリカ式に握手をしてよいかどうかと尋ねたという。下田奉行が「我國之禮ニ習ひ、手を不握方可然候」、日本の礼に従って握手はしないほうがよろしいでしょう、と答え、ハリスは「左候ハヽ、一通拜し候様可仕候」、では一応お辞儀するのがよろしいですね、と素直に応じた。

控の間は、本丸表向の玄関から程近い「殿上間」であった。朝鮮通信使の場合と同じである。ただし室内には椅子が二つ用意されており、ハリスは部屋の「下段御襖之際北向ニ」、またヒュースケンは「西之方御張附際ニ」掛けるよう促された。椅子の有無を除けば、朝鮮の三使、上上官の配置とぴたりと重なる。国書は台に乗せてハリスの傍らに置かれ、案内役の井上も、朝鮮使節の際の宗義暢と同様、この場に同席した(96)。ここで薄茶の点前があったようである(97)。

（二）列席の面々ならびに装束

列席者

ここからハリスは、謁見式の直接の舞台袖となる「大廣間御車寄之際假扣所」（第一章図8では中央下部の「實検之間」とある部分／後掲図10右下）に案内されたが(98)、「通りすがりに……三、四百人ばかりの大名と高位の貴人がみな一方に向って、きちんと列坐している(99)」のを目にした。ハリスの位置からこのときに見えたのは、大広間の二之間以下の空間であったと考えられ、当日、出仕を命じられた大名、幕臣のうち、ここに詰めていたのは、上座から順に「四品以上之御譜代大名」「諸太夫之御譜代大名、同嫡子」「布衣以上之御役人、法印法眼之醫師」という面々であった(100)。老中他、役付きの大名らは、のちに将軍が出御する位置により近い、大広間中・下段に着座している。これらの人々は当日「五半時」（午前九時ごろ）に登城し、まだ実際に儀式が始まるにはだいぶ間のあるこの時点で、決められた位置に整列しているよう命じられていた(101)。

このたびの列席者には、朝鮮信使聘礼において慣例であった御三家が含まれていないことにまず注意したい。御三家の定位置であった大広間中段西側、畳敷きの縁頬には若年寄衆が座を占めた。また、朝鮮通信使の式には列席していた「國持大名」もここにはいない。ハリスの迎接にあたって登城を命じられた人々を、安政四（一八五七）年九月一〇日付、大目付・目付宛の老中達書で具体的に確認すると、列挙されているのは「溜詰」「牧野備前守」「御譜代大名同嫡子」「高家」「鴈之間詰同嫡子」「御奏者番同嫡子」「菊之間縁頬詰」「布衣以上御役人」「法印法眼之醫師」であり[102]、初代アメリカ総領事の拝謁儀式が、譜代衆と幕臣のみの列席で実行されたことが明確になる[103]。

この問題について、幕府ではハリス迎接の準備過程で朝鮮使節と琉球使節のケースを比較考量し、その結果、より簡便な後者のレベルをとることになった旨が記録に残っている[104]。ただし、表向きの理由はいかにせよ、ハリスの将軍拝謁について、水戸家からは「徳川家之　御恥辱ニ不相成様、御処置有之候様被致度、第一夷狄を御側近く被爲　召候儀、御危被奉存候」（安政四年七月）[105]、尾張家からは「一度御指許相成候而者、御取戻難相成御事柄ニ付、水戸殿……被申上候趣、同意ニ被在之」（同年八月）[106]との上書が老中宛に届いていた実情からすれば、御三家の同席を前提とした儀式の挙行は現実的に無理であったと考えるべきだろう。

歴代の朝鮮通信使来聘は、国内的には徳川将軍の権威を高からしめる機会として活用され、そのためには謁見の日に、諸大名に惣出仕を要求するのが当然であった。それを前提とすれば、ハリスの謁見が御三家や外様大名を除いて実行されたことは、この時点での対米関係の位置づけを表しているだけでなく、このあとの時期に幕府を苦しめることになる、条約勅許の問題や尊攘派の台頭に直結する構図が、ここによく見えているのではないか。

他方で、このハリスの迎接が、大名中心の行事ではなかったこと、とりわけこれを、当日を待たず亡くなった老中阿部正弘の人材登用方針により能力本位で引き上げられた幕臣たちが、幕末最初期の外交課題として積極的に乗り切ろうとしたという側面に着目するなら、以降、外交問題の複雑化とともに、幕臣がいわば中央官僚として支える政府としての徳川幕府と、従来の幕藩体制とが矛盾を来たしていく原点を、ここに嗅ぎ取ることができる。

礼装をめぐる議論

さて、ハリスは、二之間以下に居並ぶ出仕者たちの様子について、「彼らの全部が、殿中で用いる式服を着用していた。それだけ一層、一方に向って眞直ぐに居並んでいるように見えた」(107)と、印象を書き残している。その装束については幕府において、「直垂狩衣大紋布衣着用、法印法眼装束ニ而」(108)との指示がなされていた。これが、殿中の年中行事のうちでも最高格式で挙行される、「年始御礼」相当の礼装であることは明らかである（第一章図2）。より正確には、年始御礼のなかでもとくに重要な、元日および正月二日の装束だが、朝鮮通信使はこれを超える礼装である衣冠で迎えられたのであり、ここでも、朝鮮とアメリカの使節の迎接には明確な差が設けられていたことになる。

実は、ハリス登城の際の列席者の服装については、ハリスの江戸出府自体が決定される前からの長い議論があった。出府を許諾する方向が幕府内部で決定していながら、ハリス自身にはそれが知らされていなかった時期、安政四年七月までの段階では、次の三つの意見が存在したと考えられる。

第一に、もともと出府に消極的であった勘定所系の役人を中心に、「長袴」（図8）でよいとの方針が出されていた(109)。これは、五節句など比較的軽い年中行事に用いられる長上下を指しており、提案の根拠としては、琉球王の代替り御礼のために登城する使節、つまり琉球謝恩使の拝謁儀式で長袴を用いてきたこと、また、文化度の朝鮮通信使や、ごく近年の事例であるロシア使節プチャーチン応接に

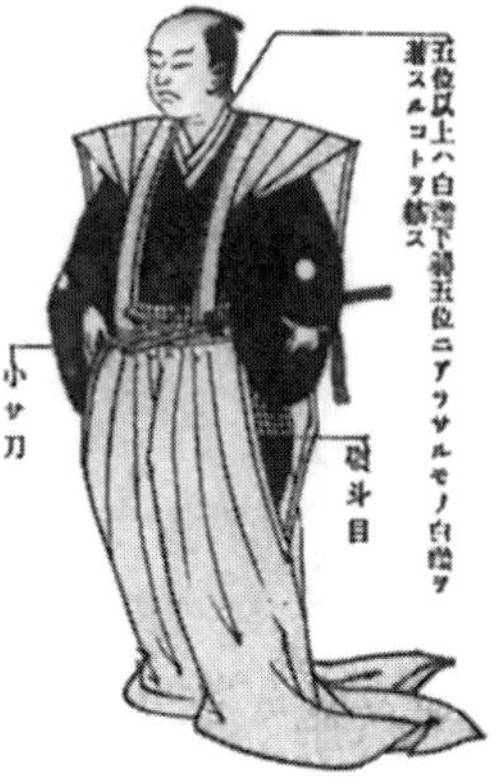

図8　長袴

おいても、奉行や目付などの役人は長袴であったことが指摘された。ただし実際には、対馬での文化度通信使聘礼に際しては将軍の名代である両上使が衣冠、他の列席者も大紋《だいもん》、布衣《ほい》、仮布衣、素襖《すおう》のいずれか(110)、長崎でのプチャーチン応接の折には、全権の二名が狩衣《かりぎぬ》、他も最下位が布衣を着用していたのであって(111)、提案者には対露全権の一人であった川路聖謨が含まれているにもかかわらず、内容は事実に反していた。

次に、ハリスの下田到着以来、身近で応接してきた下田奉行は、必ずしも服装だけに限った問題ではないが、このたびの登城・拝謁に関して次のような意見を提出していた。

……元來朝鮮者漢土附屬之小國、就中慶長征討之後、御國威ニ服し、信使をも差越候哉ニ而、乍恐御起原、方今亞國等江御接待之趣とハ相違いたし居候處、右信使御取扱より盡く御手輕相成候ハヽ、追而亞國其外ニも、朝鮮之御取扱方傳聞いたし候節ニ至り、何樣苦情可申出も難計。詰り御手重ニ御取扱有之候を、追々御省略被遊候者、子細無之。彼之苦情等ニ寄、御手輕之御処置御手重ニ相變し候者、實以御國威ニも拘り、不容易筋と奉存候。……(112)

ここに表れた朝鮮観については別途の考察を必要とするが、それと比較して欧米諸国との交際の始まりを重く見、その扱いが朝鮮に対する格式より劣った場合に、のちのちアメリカ等の知るところとなって不都合を生じるであろうことを予測し、むしろハリスを厚遇することを提案している。彼に直接対応してきた下田奉行ならではの見解とも言えよう。

これらに対し、筒井政憲は、先の七月四日付上書にもあるとおり長袴案にも一定の理解を示しながら、その後、儀式の準備全般については一貫して「先者朝鮮人登　城之振合ニ寄取調候ハヽ、凡之目當も有之候[113]」「凡朝鮮使之御振合ニ而、少々之替りハ候得共、大抵同様之振合ニ有之候[114]」といった主張を続けた。これを、第三の路線と位置づけることができる。

国内外への配慮

こうした考えが並立する状況において、安政四年八月一日に至り、老中から米国総領事出府取調掛の面々へ、「着服之儀、定而品々議論も可有之候得共、朝鮮之信使・琉球人參府等之振合も有之」との認識に基づき、今回は「其上外國江被對候儀」であることをも踏まえて、「早々取調可被申聞候事」との指示があらためて下された。その際、老中の側から、検討にあたっての条件と受け取るべき事項が二点、付されている。

その一つに、「上下一様ニ而、尊卑之差別不相分様ニ而も如何ニ有之」という。出仕者がみな同じような服装をして、身分秩序が明確にわからないのは望ましくないというのである。これだけではその理由は判然としないが、次に取り上げる出府取調掛の答申と併せ読むと、当時この問題にかかわった人たちの間で、身分秩序を視覚的に表現しうる服制の整備こそが、いわば文明化された社会の証と考えられていたことがわかる。いずれにせよ、この老中見解によって、まず、琉球謝恩使の迎接例に倣った「長袴」案は退けられたことになる。

いま一つは、「御大禮事同様ニ相成候而者、又　御國内江之響合も如何可有之哉」との懸念である。

この時点で、「御大禮事」、つまり将軍代替りの勅使や、まさに朝鮮通信使の迎接、ひいては下田奉行が提案するようなそれに匹敵する式典の実施、装束の着用は、選択肢から外れたと言えるだろう。その理由は右にあるとおり「御國内江之響合」であり、幕府内でなんとかハリス登城容認の方向がまとまったとはいえ、御三家の賛同も得られていないこの儀式を、あまり盛大に行って批判を買うことを避けたい意向が、幕閣の間に存在したことが読み取れる。老中はこの二点を述べたうえで、ハリスの「御取扱之程合も、是等より相極可申」と指示したのであった(115)。

これを受け、取調掛一同は老中に検討結果を答申した。その冒頭、先の「長袴」案について、今後はアメリカのみならず、欧米各国を同様に遇していく必要も生じようとの現実認識から、できるだけ簡便に応接するための選択肢であったことをあらためて説明したうえで、老中の指示に従い考究を重ねた結果を述べる。そこでは、右の老中意見に呼応する形で、欧米諸国にも服飾で身分の上下を明らかにする仕組みがあることを聞いていると言い、ゆえに、もしそれが判然としない服装で応接した場合、登城した使節が城中の様子を風聞書等で諸外国に知らせれば、わが「衣冠文物之皇國」が「蠻夷小醜之國々と一様」に見なされるような事態を招きかねないとの危惧が示される。そして、仮にそうなった場合には、「一時之御畧禮、萬代迄之御瑕瑾」となろうと言う。

また、プチャーチン応接の際の服装についても誤認が修正され、さらに、寛政年間のラクスマン箱館来航時、応接者が衣冠を用いたことも引き合いに出して、あまりに手軽な服装で対応しては、それらの折との相違も今後、必ず相手方の気づくところとなると指摘する。ひいては「朝廷之御章服ニ無之候而も、御武門御相當之御禮服者御用ひ相成候方、國威を被示、事体相當可仕哉」との結論が導かれるのである。[116]「朝廷之御章服」とは、勅使や朝鮮信使の迎接に用いられてきた束帯および衣冠にほかならない。全体として一定以上の正装を志向しながらも、この最高礼服を外して考えようとしているのは、右に見た老中の意向を踏まえたものであろう。

さらに同じ文中では、そもそも将軍代替りという「廉立候禮事」に際して来聘する朝鮮信使に対し、ハリスは「國書持參、初而參上と申迄」との比較の観点が示される。[117]相手国元首の国書を携えた外交使節の新規着任という契機よりも、あくまで将軍代替りを中心とした幕府側の契機の有無を重要視する、幕臣たちのおそらくは無意識の意識がここに垣間見られる。

こうして、「御武門」の服制のうち、「御相當之御禮服」として「直垂狩衣大紋布衣素袍」の着用が提案された。繰り返し述べたとおり、これは城中における元日の装束であり、武門の礼装としては最高位のものだが、この場合にはとくに、位階ごとに身につけるべき衣服が異なり、「上下尊卑之差別」が明確であることが、目的に適うと判断されたのである。また、この結論を先に立てつつ、同様の装束で対応した拠るべき先例として、二種類の琉球使節のうち、幕府側が長袴で対応する琉球王代替りの謝恩使ではなく、徳川将軍の代替りを祝って登城する慶賀使のケースが引き合いに出された。[118]最終的にこの提案が採用されたことは、すでに確認したとおりである。

以上に見てきた議論は、老中決裁ののち、採用されなかった考え方も含め、その過程がすべて老中から将軍自身に報告された。[119]その書面で老中は、決定された一同の装束について、なお「御手重過候様ニ者候得共」、また「彼國を尊敬致し候譯ニ者無之」と、高位の応接を予定することへの躊躇を述べつつ、「異國之風習何事も書綴、速ニ板刻致し、萬國江傳播仕候儀ニ付」と、ハリスの背後に国際社会の存在をはっきりと意識し、それへの体面を言葉に表していることに注目しておきたい。

習礼の有無

城内列席者の礼装について述べてきたが、式典の現場に視線を戻すと、「大廣間御車寄之際假扣所」に移ったハリスのところには、この日の準備を担当してきた「御用懸」の幕臣一同が挨拶にやってきた。(120)「御用懸」とは厳密には、「米国総領事出府取調掛」を任じられていた土岐頼旨（大目付）、筒井政憲（鑓奉行、大目付格）、川路聖謨（勘定奉行）、鵜殿長鋭（目付）、永井尚志（目付）、塚越藤助（勘定吟味役）の六名を指すと考えられるが、実際にはこの場に林復齋（大学頭）が加わっていたと想定するのが妥当である。(121)ハリスによれば、彼らは「私に對し儀式ばらぬ作法で敬意を表」し、「若干の愉快な会話が……かわされた」という。(122)掛の面々は、この三日前、謁見に先立ってハリスが筆頭老中堀田正睦邸を訪問した折に同席したほか、さらにその三日前、ハリス来着の翌日にも宿舎を訪れており、(123)すでに再会の親しみが感じられる場面である。

幕府側の心づもりでは、このあとハリスに謁見場を下見させ、将軍出御の前に「習禮」つまりリハーサルを行う手順であったが、(124)ハリスはこれを拒んだ。そのために空いた時間はいったん殿上間に戻り、再び茶が供されたという。(125)列席者注視のもとで客側が習礼を要求される場面は、シーボルトの『江戸参府紀行』に登場し、(126)オランダ商館長の登城の際に行われてきた習慣と考えられる。一方の朝鮮通信使迎接に際しては、儀式の日に先立って宗氏を中心に日本側出仕者の習礼が事細かに行われ、これを将軍自身が上覧するのが慣例となっていた。(127)

（三）謁見の進行

将軍の出御

予定の「四半時」（午前一一時ごろ）になると、[128] 将軍は老中久世広周の先導で大広間上段に出御し、立ったままの姿勢で臨むであろうハリスに下から見上げさせる角度を確保するため、特別に工夫された七枚重ねの畳の上に、曲彔《きょくろく》（椅子）を置いて座った。朝鮮使節を迎える際、「御座疊」に「大御茵」を敷いて座ったのに対し、これは新規の形ではあるが、ハリスのときに初めて考え出されたものではない。琉球使節の謁見の際、畳を三枚重ねる習慣があったのをもとに、より高くということから決定されたのである。[129] なお、座敷内のそれ以外の設えについては、老中より作事奉行、小普請奉行へ、「都而朝鮮人登　城之節の振合を以」って準備するよう指示が出されていた。[130]

将軍自身の服装は、立烏帽子に小直衣《このうし》であった（図9）。しかし、臣下一同の「直垂狩衣大紋布衣素袍」と自然に組み合わされる将軍の御召服は、「御烏帽子御直垂」でなければならない。取調掛一同もまずはそのように提案していたのである。[131] 小直衣着用への変更は、大学頭林復齋の意見によるものであった。

図9　小直衣

林は、通例の服制に則れば将軍は直垂を着すべきところ、上位の臣下がやはり直垂を着ることを考えた場合、これと将軍の服装との差異は色目だけとなり、慣習をよく知らない「異人」が見ても「尊卑之差等判然と不仕」ことを懸念した。つまり、将軍の別格性が視覚的に明確にならないというわけである。そこで、本来は直垂よりも格下でかつ別制の衣装ではあるが、形の差を重視し、小直衣という異例の服装を提案した[132]。

小直衣はもともと公家の日常着であったものが武家に採り入れられ、この時代には将軍のみの着用品となっていたものである。正月七日などの礼服に用いられた直衣とも異なり、定式化された装束の列には入っていない[133]。なお、被り物は、(風折)烏帽子ではなく立烏帽子とするよう勧め、今後、「外夷使節」つまり欧米諸国の使節に対するときは、将軍は「御立烏帽子御小直衣」と取り決めてもよいのではないかと提案している。

拠るべき先例として林は、朝鮮通信使に将軍が直衣で対応したことを挙げた[134]。先にも見たように、少なくとも享保四(一七一九)年の通信使の際、第八代将軍吉宗が、臣下一同の衣冠に対して直衣で出御したことが、『徳川禮典録』に記録されている。他方、ここで主な比較対象としている宝暦度通信使の場合、将軍の服装は、直衣ではないが、やはり衣冠でもなく、「御直垂御帯劔」であった。林の議論は、特定の先例に従うことを推奨したというよりも、必要に応じ通例の服制に従わないケースの存在を主張したものと思われる。取調掛で検討の結果、林の意見は採用となり、その根拠としてさらに、琉球使節の拝謁の折、先代将軍が小直衣を着けた例のあることが見出され、付け加えられた[135]。

さて、小直衣を着けた将軍の背後では、小姓が太刀を持ち、後方に御側衆が控える[136]。既述のとおり、大広間中段西の縁頬には若年寄衆、またその後ろに、御側衆のうち当日お役目のない者、下段西の縁頬には高家の面々、下段東側には老中が列座していたが、さらに将軍出御のとき、直前まで黒書院で御目見にあずかっていた溜詰大名らが下段西側、つまり高家の前面に入ってきて着座した。下段と二

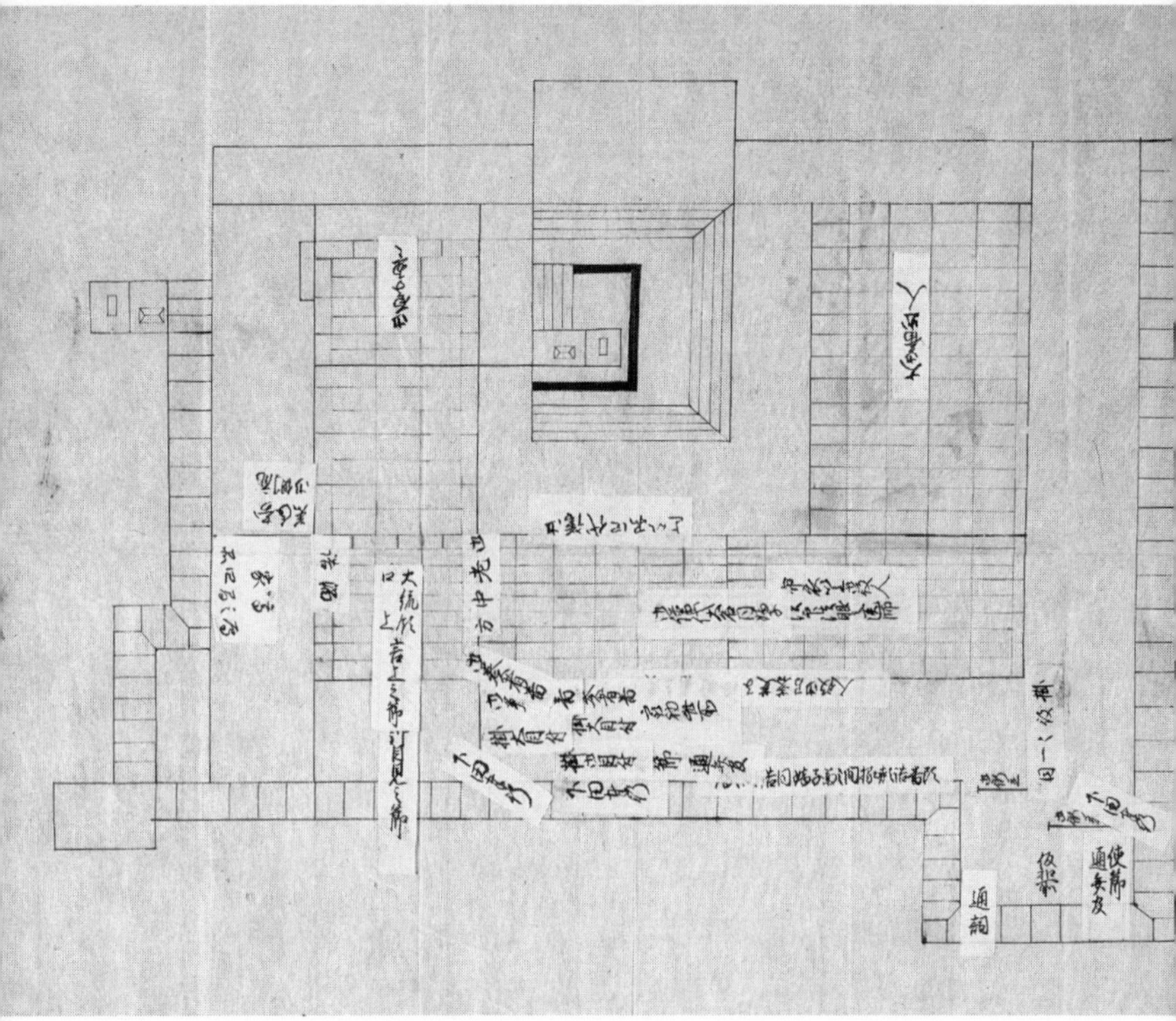

図10　「亜墨利加使節御目見之節絵図」丹後田辺藩主牧野家文書
（東京都江戸東京博物館蔵）

之間の間を襖で区切る線を南に延長した板縁では、先にハリスと会話を交わした米国総領事出府取調掛の大目付・目付らがいて、室内の動きに目を配っていた。襖際の角には奏者番が控えた[137]（図10）。

謁見

準備が整うと、下段東側の老中席にいる筆頭老中堀田正睦から奏者番へ、大目付へ、さらに廊下の先で待つ下田奉行井上（図10右下隅に「下田奉行」の付箋が見える）へと、会釈で合図が送られ、いよいよ謁見への動きが始まった。井上に先導されたハリスの後ろに大統領書簡を掲げたヒュースケンが従い、三之間、二之間の前の廊下を通って、大広間下段正面の入口に達する。奏者番はこのとき、膝行して畳二畳分、大広間下段に入り込んでいる。井上は大目付の控える敷居際で止まり（図10やや左寄りの下側に「下田奉行」の付箋がある）、床上に着座。ハリスが下段の際から将軍に向かい、中央線上を室内に畳二畳分、歩を進めてお辞儀をすると、奏者番が「亞墨利加大統領使節」と呼び上げる。ヒュースケンは下段下の板縁で待った。

ハリスはさらに三畳進んで礼、次に三畳進んで礼をし、ここで大統領からの口上を述べた。終わって一礼すると、将軍から短い答礼がなされた。次に、ヒュースケンが三拝しながら前進し、ハリスに書簡を渡して退く。堀田が出てそれをハリスから受け取り、座に戻ると、自身の上座に準備されている台の上に載せる。これに対して将軍が会釈で答えた後、ハリスは入室したときと同様に三畳、二畳と下がりながらお辞儀を繰り返し、退室した[138]。

以上が謁見の式である。先にハリスが当日の習礼を拒んだことに触れたが、これらの作法はむろんそれ以前に、ハリスの下田出発に先立って幕府で入念に検討され、ハリス自身とも下田奉行を通じて打ち合わされていた。

興味深いのは、ハリスがこのように二畳、二畳、三畳と進み、その都度お辞儀をしつつ七畳目に至っているのに対し、実は当初、幕府のほうでは、二畳目から一度に七畳目まで進む形を考えていたことである。打ち合わせの際、ハリスのほうから、諸国ではこうした儀式において、最終的な位置に進むまでに計三拝するのが通例であるから、提案のままでは礼の数が少なすぎると言い、二畳目と七畳目の間の四畳目で一度止まり、もう一礼入れることを希望したのだった(139)。

これを見る限り、ハリスが必ずしもつねに幕府の提案より高い扱いを求め、謙ることを拒絶したわけではなく、欧米側の慣習――前章からは、これも明文化された規定というレベルのものではなかったはずであるが――に沿って、自分のほうがより丁寧に振る舞うべきと考えられるときには、あえてそれを申し出る姿勢でいたことがわかる。逆に幕府側もまた、この場合は相手が低く出ようという場面ではあるにせよ、その意見に耳を傾け、諸外国の慣習とされる方式を採り入れる余地を持っていたのである。

「自分御禮」をめぐる行き違い

朝鮮使節の謁見式では、このあと、三使の「自分御禮」に移行した。しかし、ハリスの儀式では、以上の大統領名代としての謁見ののちに、あらためて自分自身の立場で拝謁するという場面は設けられなかった。実は、幕府側では慣例に従って計画したものの、既出の下田奉行を通じた打ち合わせのなかで、ハリスの反対により削除されていたのである。日本側の感覚では、将軍や藩主の上使を仰せつかった者が、まったく主君になり代わって振舞ったあと、自分自身の地位に引き下がって挨拶をし直すという対面のあり方が存在し(140)、朝鮮のみならず、琉球の使節の際にもそれを行ってきたことから、当然の申し出であった。

下田での打ち合わせ記録（安政四年九月一一日付「亞國官吏對話書」）では、ハリスに対し、一度室外に退出したあとで「寂前之通出席、其許御下段ニ疊目ニ罷出、トウンセント、ハルリスと披露。是は其許自分之御禮ニ候間、猶謹拜いたす。御諚有之」との説明がなされたことがわかる。[141] ちなみに、ここで彼を「トウンセント、ハルリスと披露」するのは入口に控えている奏者番の役目だが、この前、大統領の名代としてハリスが入室する際は、「亞墨利加大統領使節と披露」していた。この比較からも、「自分御禮」の趣旨ははっきりする。

打ち合わせの翌日、下田奉行が江戸に送った報告には、「（江戸からの指示によってハリスに説明した拝謁式の）御次第之内、使節自分御禮……之儀、彼趣意之趣申立、品々及説得候得共、何分其席限りニては決着不仕」とあり、この件についてハリスと合意できなかったことが判明する。その書面で下田奉行は、合意に至ることができなかった理由を、「今般出府之儀は、全大統領書簡持參致し候使節ニ付、右使節之廉を放れ、トウンセント、ハルリスにて御禮申上候儀は、彼國法ニ於て難成」というハリスの考え方に帰している。[142] このたび江戸に赴くのは、ひとえに大統領書簡を届ける使節としてであり、そのことを離れ、自分自身として拝謁することは、自国の法に基づいて許されないと言った、というのである。

打ち合わせ記録自体に戻って確認すると、ハリスはこの件について次のように述べたとされている。

……國書差上、一旦拜禮相濟候後、引つゞき自分拜禮可被　仰付との義、自分拜禮は、素より不表立義ニて、厚き思召を以、別段拜禮被　仰付候事ニ候ハヽ、別日ニ致し度、萬世界何レえ參り候ても、使節之禮自分之禮とて、一時兩度禮拜致し候義は無之。右は御國風ニも可有之候得共、仰之手續ニてハ、公私相混候筋ニて、折角之思召も不相立、却て不都合を極め候筋ニ御座候。

これに対して、日本側は次のように応じた。

外國ニ無之、初て承知之趣ニてハ、右様被申聞候も尤ニ候得共、初發拜謁いたし候ハ、大統領之口上を述、同人之書簡を差上候迄ニて、トウンセント、ハルリスにして、實ハトウンセント、ハルリスに無之。再進之節ニ至りては、全亞國之使節トウンセント、ハルリスにて拜禮致し候義ニて、不表立事と可被存候得共、是又使節之廉ニ屬し候儀に付、公私相混し不都合を極め候筋ニも有之間敷候。(143)

初めにハリスが、仮に自分自身としてあらためて将軍の謁を受けるならば、それは「表立たざる義」として「別日」にさせてほしい、同じ席で立場を変えて二度拝謁するなど、世界中探してもない話で、公私混同も甚だしいとの趣旨を述べたのに対し、下田奉行は、ハリスは「自分拜禮(御禮)」を「表立たざる義」と考えるようだが、最初の拝謁は大統領になり代わって、二度目の拝謁はハリス自身の役割であるところのアメリカ使節として行うのであるから、これもけっして「私」ではなく、公私混同にはなるまいと返したわけである。このまま理解すれば、ハリスが「自分」というものを「私」ととり、アメリカ使節としての「公」の立場とは区分して考えているのに比し、日本側は、

「公」の範囲内で、大統領名代としての行動とアメリカ使節としての行動を分けて理解しているということになろうか。

逆に言えば、後者においては初めから「私」が登場する余地はなく、そもそも完全に「私」の立場で将軍に相対するなどという可能性は想定されていないということであろう。そのうえで、ハリス自身が身にまとう「アメリカ使節」という資格と、彼が一時的にその役割を演ずるところの「アメリカ大統領」の資格とを区別するのが、ここに見出される発想である。したがって、あくまで「公」の一部として「自分拝禮」を提案したにもかかわらず、ハリスがそれを「私」の意味にとったため混乱が生じたというのが、この日本側記録から読み取れる食い違いの性格である。

外交官の「公」と「私」

他方、同日のハリスの日記に目を転じると、ハリスはむろん、下田奉行から拝謁式の次第について説明を受けたことを書き留めているが、細かい内容をすべて記しているわけではなく、奉行の説明に対し「一つを除いて他の全部のプログラムを承認した」と書いており、その承認しえなかった「一つ」が、ほかでもない「自分御禮」の問題なのであった。該当部分を以下に引用する[144]。

彼らは、次のことを提言した。すなわち、謁見がすんで私が退ってから、私は大統領の代理としてではなく、私的の資格をもって謁見室へもどること。その際は前に私が進んだ位置まで出ることなく、一番目の敬禮を行った場所で停止すること[145]。そのとき将軍は私に言葉をかけるが、私はそれに答えることをせず、ただお辞儀だけをして退ること。

この提議の中には、私を犠牲にして彼らに光栄あらしめようとする、けちな術策のあることがわかった。そこで私は、大統領から私に授けられた全權大使の性格は私から剝奪することのできぬものであり、大統領の信任を得ているかぎり、私はその性格を保持せねばならぬといって、彼らの提議を避けた。彼らは明らかにこれを苦慮し、私の決心を變えさせようと、説得につとめた。それは貴下にとって、個人的な名譽を意味するものであるなどと誓言しながら。私はそれに答え、その意圖には感謝するし、もし將軍が私を私的に引見しようと欲するなら、私は悦んで將軍の面前に出ようが、その時でも常に私の公的な資格においてでなければならぬといった。

これを読むと、ハリス自身が考えていたことは、先に見た下田奉行所の記録とさらに根本的な部分で食い違っていたことが明らかである。ハリスは、日本側が書き取ったように、仮に私的な立場で将軍にお会いするなら、当日その場では公私混同になってしまうので別日にさせてほしいと言ったのではない。もし別の日に私的に会うとしてもなお、自分の立場はあくまで公的なものであって、公私混同はありえないというのである。一歩踏み込んで解釈すれば、外交使節の身分というものはつねに本国元首の名代以外の何ものでもなく、謁見式のその場であれ、あらためての機会であれ、その資格を離れて行動することはない、ということになろう。ここにはまさに、先に論じた西洋における外交儀礼ないしは外交そのものの本質——外交官の身体が国家元首を体現し、それ自体が国家間で交わされる礼譲の対象になるという考え方——が、具体的な問題を通じて表出している。

これは、幕府が当然の前提とした、「公」のなかを二段階に分ける発想とは、相容れないものであった。ハリスにとっての「公」とは、「大統領の名代たることを任務とするアメリカ使節」としての立場しかありえず、「大統領の名代」という衣装を脱いだ「アメリカ使節」としての自分というものはそもそも存在しえない。彼が、下田奉行の記録にある「公私相混候筋ニて……不都合を極め候筋ニ御座候」との表現をもって危惧したのは、その存在しないはずの立場での登場を要求されたことに対してであり、それは彼にとって、職務の根本的否定と感じられたであろう。

日本側も、もとよりハリスを純粋な私人として扱おうとしたのではなく、また、朝鮮通信使の前例を考えれば、ハリスが「けちな術策」と受け取ったような意味で、外交使節としての彼の地位を貶めようという意図から「自分拜禮」を提案したわけでもない。日本側は日本側で、慣例に則った十分な扱いを申し出たつもりだったのである。しかし、それはハリスには伝わらなかった。一方でこの経緯が、ハリスが一方的に傲慢だったことを意味するものとは言えまい。すでに見てきたように、玄関での握手の例を含め、双方の間に習慣の違いがあることを前提に、ハリスがさまざまな部分で日本側に気を遣い、譲歩する——「現地側のマナー」を尊重する——用意があったことは明白である。しかしこの件に関しては、お互いが相手の説明をその意図どおりに受け取ることのできないまま、「自分御禮」はプログラムから消えることになった。

先に見たように、「自分之御禮」には下段下から二畳目という低い位置を提示されたことも、ハリスにとって問題であったことは言うまでもない。なお、ここで整理し直しておくなら、朝鮮通信使は、使節としての拝礼が中段下から二畳目、「自分御禮」が下段下から五畳目、アメリカ総領事ハリスは公式の謁見が下段下から七畳目、仮に自分自身としての拝礼を実行したとすれば下段下から二畳目、というそれぞれの格差であった。なお、琉球使節の場合は、使節としての拝謁が下段下から四畳目、他方で自分の拝礼は、下段外の板縁であった[146]（図11）。

ちなみに殿中の年始行事等における大名らの将軍拝謁は、もとより彼らが自分自身以外の国王などを代表しているわけではないため、すべてここで言う「自分御禮」に該当すると考えられる。その観点から比較すると、この場合にも別室に招かれる御三家等を除き、将軍に見えた位置は、高い場合で下段下から三畳目、低い場合は下段外の板縁である[147]。ただし、板縁からであれ、そもそも将軍への独礼が許されるのは四品以上の大名であり、数のうえで大多数を占める五位の大名は、二之間以下に列座、将軍が下段との敷居際に立って一同を見渡す「立礼」（第一章図4参照）にあずかるのみであった。

謁見式が終わると、ハリスとヒュースケンは下田奉行や米国総領事出府取調掛の大目付・目付らに案内されて、先刻の仮控所に戻ったが、この間に大広間では、ハリスの持参したアメリカ大統領国書

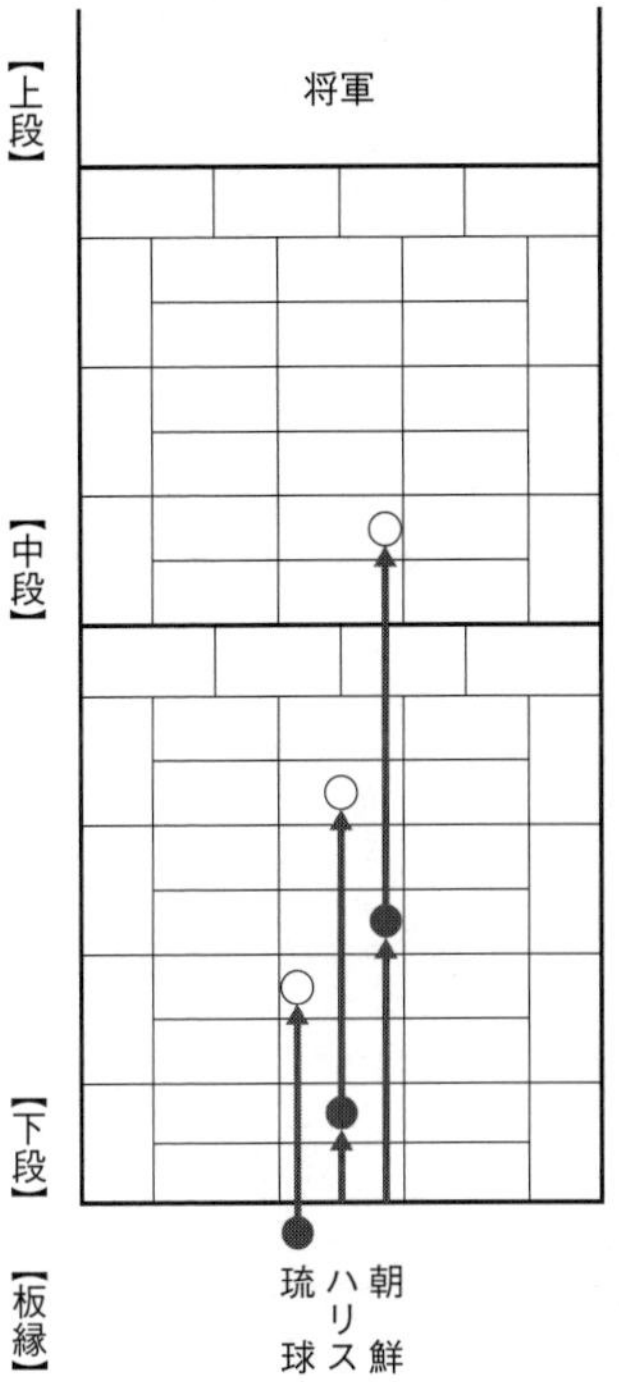

○ 使節としての拝謁位置
● 「自分御禮」位置

図11　拝謁位置の模式図

が堀田老中から若年寄へ、奥祐筆へと順に渡されていった。さらに、下段と二之間の間の襖が明け渡され、立礼が行われた。将軍はこれを済ませると退去し、黒書院で老中らの機嫌伺いを受けた[148]。なお、下位の列席者のための立礼は、このように結果としてハリスを室外で待たせる形で行われたことになるが、朝鮮信使の儀式ではすぐに大広間で饗応が続くため、立礼自体が行われていないことに注意が必要である。

(四) 饗応

殿上間に戻ったハリスは茶のもてなしを受けたのち、あらためて二之間に案内された。大勢居並んでいた大名らはすでにいなくなっており、堀田を筆頭とする老中たち、若年寄衆、奏者番が出て、取調掛の面々同席のもと、挨拶を交わすとともに、堀田から将軍よりの下賜品が授与された[149]。この段取りは、朝鮮通信使の場合、謁見当日の次第には含まれていなかったものである。約一〇日後の江戸出立の際、「御暇」の儀式にあたって、将軍上使が宿館に贈り物を届けていた[150]。ハリスに対しては、登城・拝謁という目的を遂げたうえは速やかに下田に引き取ってほしいとの考え方が、事前に幕府側関係者間で一致していたため[151]、あらためて御暇の式を設けるまでもなく、当日の式次第にすべてを盛り込んだとも考えられる。現実には、そのまま日米修好通商条約交渉に突入する長い江戸滞在となるのだが、それはまた別の論題である。

このとき、堀田から饗応の申し出もなされたが、ハリスはそれを断り、膳部は後刻宿舎に運ばれることになった[152]。しかし、これは事前に打ち合わされていたのであって、当日のやりとりは形式的に行われたものであろう。他方、ハリスがこの申し出を諾したならば、将軍入御ののち、引き続き城内で饗応となったはずである。幕府ではあらかじめ、そのための部屋や、室内でのハリス、ヒュースケンの座席の位置まで取り決め、[153]さらに、二人が椅子にかけて食事をすることを考えて、二尺三寸（約七〇センチ）の高さの「飯臺」を二脚、賄《まかない》所に命じてつくらせてもいたのだった。[154]

「対食」問題　さて、ハリスが城内でのもてなしを断ったのは、この際の日本側の提案が、将軍自身またはそれに代わる高位者の「対食」を想定していなかったためである。ハリスは、饗応の主が同席しない食事は自国の礼儀に適わないと言い、そのことが最初に議論になったのは、やはり下田出発前、下田奉行からハリスに一通りの式次第を説明した打ち合わせの折であった。

このとき、ハリスはまず、「西洋諸州之仕來」として、拝謁が済んだ翌日に君主から夕食の招きがあるのが通例であり、その際には君主自身が同席し、主客がテーブルを囲んで食事をともにするものであることを説明したと、日本側の記録にある。[155]ハリス自身の同日の日記にはこの件の記載がないため、引き続き下田奉行所の対話記録を追っていくと、ハリスは「夫々之御次第も御座候由ニ付」と国風の違い――「現地側のマナー」――に配慮を示したうえ、「第一等之執政方、則外國事務宰相堀田備中守様、御對食御座候而相當仕候義と奉存候」と、饗応の主人役として自ら堀田正睦を指名した。国王自身が出席しないまでも、王宮での晩餐に招かれ、高官と同席した、ハリスのタイ（シャム）での経験が想起される。ただし、タイでの晩餐は謁見当日の式典終了後に行われ、翌日ではなかったが。

これに対し下田奉行は、「外國之仕來も可有之候得共、當日限此方之禮ニ被習候様」、再検討を求めるとして譲らなかった。[156]翌日、当時下田在勤で活躍していた通訳の森山多吉郎（肩書は支配勘定格御普請役）をあらためてハリスのもとに送り、説得を試みたものの不調に終わり、奉行の中村時萬は多岐にわたる式次第のうち、先の「自分御禮」の件にこの饗応の問題を加えた二点を、自身ではハリスを説得しえなかった項目として江戸に報告している。[157]

以上の経過からは、そもそも江戸城内での饗応は客人だけで食事をさせるのが常であったかのようであり、また、本件について、もう一人の下田奉行、井上清直の米国総領事出府取調掛宛書簡には、実際、「我國於營中……對食と中儀者一切無之」といった文言も記されている。[158] しかし、すでに見たように朝鮮信使の饗応には御三家の相伴が恒例であった。[159] 下田奉行を別としても、つぶさに朝鮮通信使記録を参照していた出府取調掛一同が、このことを知らなかったはずはないのではないか。

他方、西洋人との食事という特異な状況を幕府上層部が受け入れられなかったという解釈も成り立ちうる。が、実のところその時点までに、幕府関係者が欧米諸国外交官と会食した事例はすでに存在し、先方招待によるものを除いても、以下のとおり、けっしてわずかとは言えない経験が積み重ねられていたのである。

第一は、初めて長崎に来航したロシア使節プチャーチンと、全権として江戸から出向いた筒井政憲、川路聖謨が、きわめて開けた姿勢で食事をともにしたケースである。彼らは事前に老中に伺いを出したうえ、嘉永六（一八五三）年一二月一四日、同一八日、さらに嘉永七年正月七日と三回にわたり、長崎奉行所西役所での会談の際、宴席を設けてプチャーチンらと同じテーブルについた。ただし、周囲の幕府関係者がこれに賛同していたわけではなく、この時点では、あえて実行した応接掛二人の抜きん出た考え方によるものであったと見るべきだろう。[160]

なお、筒井、川路の長崎到着以前、嘉永六年八月の段階で行われたプチャーチンと長崎奉行の会談時には、日本側で食事を用意しておいたものの、長崎奉行が同席しないと知ってプチャーチンが饗応を辞退したということがある(161)。それを覆したのが右の事例だが、この経緯は目下のハリスのケースと類似しており、少なくとも、対食に応じなければこうした問題が発生するという経験を、日本側の関係者はすでに持っていたと言わなければならない。

こののち、いわゆる黒船再来時、嘉永七年二月一〇日と、条約調印が成った同年三月三日にも、横浜村で幕府全権がペリー一行のために饗応席を設けた。ただし、第一回の会食には、応接掛筆頭の林述斎は同席しなかったと考えられる(162)。

続いて、再び筒井、川路が下田でプチャーチンを迎えたが、二人は嘉永七年一一月一日、福泉寺で饗応、対食している。やはり早々と同年三月に老中へ伺いを提出し、了解を取り付けていた(163)。

このあとにやってきたのがハリスであるが、彼自身に対しても、安政三(一八五六)年七月二五日、下田奉行岡田忠養が初対面で食事をともにしており(164)、さらに翌安政四年二月一日には、もう一人の下田奉行井上清直が、私邸での食事にハリスを招いた(165)。井上清直は、先に見た「我國於營中、……對食と申儀者一切無之」という発言の張本人でもあるが、将軍の膝もとでの儀式と出先で担当官吏が応接することとは性格が異なり、この見解と彼自身が設けた宴席の事例とは、必ずしも矛盾しないと捉えるべきだろう。

とはいえここで確認しておきたいのは、少なくともこうした担当官吏のレベルで、西洋人と同席して食事をすること自体への忌避があったわけではなく、彼らはこのようにすでに経験もあり、また、そこから得られる利益――懇親の情といった抽象的なもの――についても理解していたと考えられることである。実際、ハリスが江戸に出府した際にも、事前準備の段階では、江戸城内ではともかく堀田老中邸での会談後、「懸り役々は、居残り對食」という提案が、「懸り役々」の間であたかも当然のようになされていたのだった。(166)

「対食」の効用を知っている第一線の幕臣たちであってみれば、できることならそうした場面をつくりたかったであろうとすら思われるが、実際にはなぜそれを行うことができなかったのか。先に見たように、ハリスは対食の相手は堀田でよいと言っており、将軍その人との同席にこだわったのでもない。

この問題について幕府内で議論された記録は見当たらず、当面、推測の域を出ないが、想定される一つの理由として、江戸城内での儀式である以上、客人と対食するのは本来、城の主たる将軍に成り代わることのできる人物、つまり徳川一門でなければならず、その一線を越える応用、工夫はありえなかったのではなかろうか。とすれば、既述のとおり朝鮮通信使との対食を引き受けてきた御三家が幕府側列席者に含まれなかったこの折のハリス迎接では、そもそも殿中での会食という場面を想定しえなかった可能性が高い。

他方、客人がそれぞれ定められた部屋で給仕を受けながら将軍の馳走にあずかるという形は、勅使を迎えた饗応能の際に例があり、この場合には対食者の設定は不要であることから、ハリスに対してもその方式がとられたと考えられる。

饗応膳

最後に、結果としてハリスの宿舎に運ばれることになった食膳の中身を見ておこう。歴代の朝鮮通信使の場合と異なり、ハリスへの饗応膳は七五三ではなく、三汁十菜の膳であった(167)。七五三膳とは、単純に計算すれば三汁十五（七＋五＋三）菜ということになるから、これと三汁十菜とを比較して格段の差があるわけではない。また、観賞用に近い儀礼膳ではなく、食事としてはむしろ実質的な袱紗料理が供されたという考え方もできる。が、幕府側ではどのような意識でこれを準備したのであろうか。

饗応の支度も、まずは明確に「先年朝鮮人來聘登　城之節……且琉球人登城之節」の先例を「委細承知」するところから始まっている。すでに見てきた各種の議論と並行して、幕府の勘定所から賄所へ、その先例調べが要請され(168)、その結果、米国総領事出府取調掛は老中に対し、次の意見を具申した。

……朝鮮人來聘之節ハ、前々より格別之御取扱相成居、信使以下軍官迄、御品數之違ひハ有之候得共、何れも七五三の御料理被下候儀ニ付、右御例ニ而者、御手重ニ過可申。琉球人參府之節者、御膳器木地三方ニ而、吸物御肴御酒御菓子而已被下候御先格ニ而、餘り御品數少く、海外國々のもの江被下候に者、相當ニも有之間敷哉。……(169)

ここからは、料理に関して、朝鮮の例では厚すぎ、琉球の例では薄すぎるという、アメリカ使節の位置づけがはっきりする。加えて、やはり「海外國々のもの」に与える印象が強く意識されているの

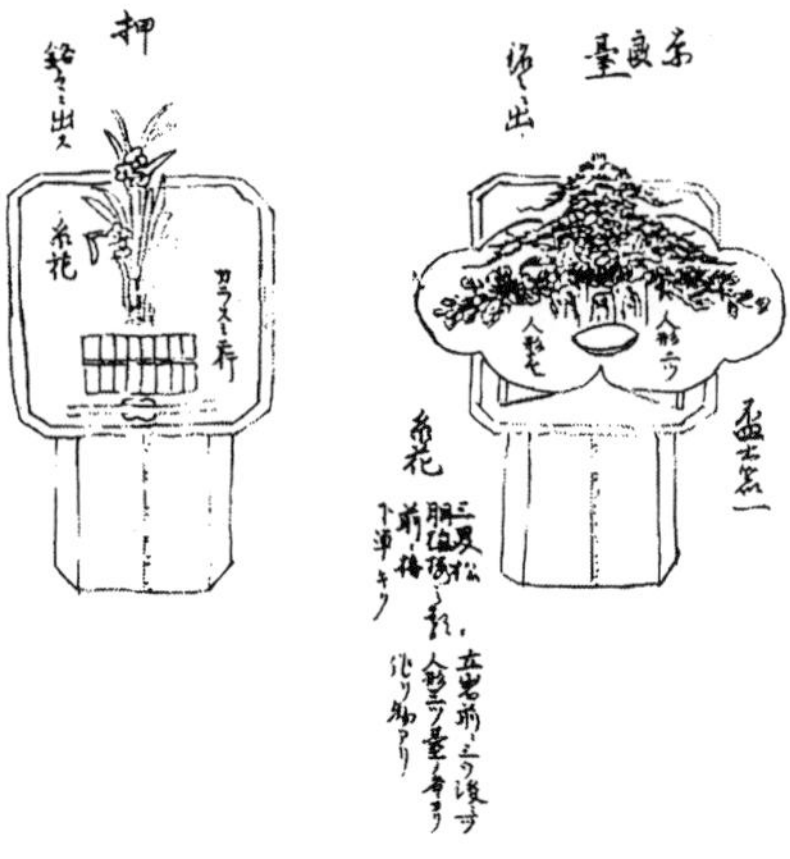

図12　奈良台（右）と押（左）
（「公義御城之例対馬御屋敷ニ而御饗応七五三図幷仕建方写」九州大学附属図書館付設記録資料館　九州文化史資料部門蔵）
図中、左右とも「糸花」との記載が見える。

がわかるであろう。先にも同様の意識が垣間見られた将軍御召服をめぐる議論では、相手への視覚的効果を重視した結果、あえて琉球の先例と一致する形が選ばれたが、ここでは同じ理由でそれが退けられている。このことは、このたびの検討が全体として、一括して国ごとの比較を行うというものではなく、あくまでも、一つ一つの要素について最良の選択肢をとっていくという取り組みであったことを示していよう。

　食膳については、朝鮮、琉球の二様の例がともにふさわしくないとなったうえで、その間の道が探られることになる。ここからは、「本願寺登　城之節」の饗応、あるいは「御能之節」、溜詰譜代大名らに出された膳部といった広範な先例が持ち出され、検討された末、まずは「三汁九菜前後」という線が導き出された。これに一菜増やし、三汁十菜とすれば、「糸花奈良臺押之御饗応」が可能になり、「右ハ見事之品々ニ付」、このあたりがよかろうとの方向がまとまっていく[170]。「糸花」とは、現代的に言えば造花、「奈良臺」「押」は、主に儀礼膳の終盤に供される彩色鮮やかな装飾品もしくは装飾性の強い料理と考えればよい（図12）。

　要するに、七五三膳を除いて最高格と言える献立を選んだことになるが、注意したいのは、たとえば、わざわざ「御能」の例を取り出したうえで、その主賓のために用意される献立ではなく、列席の主要大名に下賜される格の料理を採用したことである。実際に行われた検討作業の順序から見る限り、これも装束などの場合と同様、ハリスと誰が同格であるかを精密に割り出した結果というより、ほどよいと思われる献立を先に決定してから、その根拠となしうる先例を探し出したと捉えるのが妥当である。

なお、ヒュースケンへは、当初、ハリスよりも格を落として二汁五菜程度とし、ハリスとは別室でこれを饗する案もあった。しかし、通訳は同室にいなくては使節の役に立たず、そうであれば品数を減らすのも如何として、「身分に者不拘」同等の料理が供されることになった。ただし、「糸花奈良臺押」は、ヒュースケンの膳には添えないことになった(171)。

さて、饗応を断って再び殿上間に引き揚げるハリス、ヒュースケンと、老中らは四之間の廊下で会釈を交わし、殿上間には取調掛一同が最後の挨拶に訪れた。玄関では朝の到着時と同様、大目付と目付が見送り、帰路もまた下田奉行が先導、同じ道を通って蕃書調所に戻った(172)。

宿舎にはほどなく、三汁十菜の料理が届けられた。ハリスは身体の具合が芳しくなく、残念ながら一口も食べることができなかったというが、それでも、その膳部が「日本式の料理法によって、たいへん美しかった」こと、とくに、「膳の中心装飾が麗しく盛られてい」て、「長寿の象徴である小形の樅の木と、亀と鶴が、歓迎と尊敬のしるしをもって一際美しく飾りつけられていた」ことを日記に書き残している。また、膳の高さが「私の分は十一吋（インチ）、ヒュースケン君のものは約五吋」あったとも記録している(173)。

第三節　まとめ――近世から近代への連続

本章では、幕末期に挙行された欧米諸国外交官による将軍拝謁儀礼の最初の事例として、安政四（一八五七）年一〇月二一日、江戸城におけるアメリカ総領事将軍拝謁式を取り上げ、その実現に至る幕府内での議論を振り返ったうえで、宝暦度朝鮮通信使登城当日の手順と重ね合わせながら、式次第の詳細を明らかにした。式の模様をここでたどり直すことはしないが、第一に、それら二つの式次第が、細かな変更点はあるものの基本的に同じ構造で組み立てられていたことが了解されたであろう。また、一連の分析を通じて明らかになったのは、アメリカ使節の将軍拝謁式を準備するという、象徴的であると同時にきわめて具体的、実務的な業務の遂行にあたり、基軸となった朝鮮通信使迎接儀礼のほか、過去の多様な儀式の経験が、当然のこととして持ち出され、先例として参照されたという事実である。これはそのことだけで、当時の幕臣らが、ハリス迎接ないし、その先にある欧米諸国との交際について、むろん「新規之御禮典」[174]という意識を持ちつつも、それまでの経験の蓄積が役に立たないような未曾有の事態とは受け止めていなかったことの重要な証となる。

徳川政権の対等外交の相手国たる朝鮮からの使節を迎える儀式も、必要に応じて引き合いに出された琉球使節の迎接も、また、ロシアやオランダとの交際、さらに、対外関係とは無縁の各種殿中儀礼も、それぞれがかつて「新規之御禮典」であったはずである。徐々にそれらの格式が整えられてきたように、ハリス、続いて他の欧米諸国使節を迎えることも、当時の幕府にとって、あくまでそれら諸慣例の上に加えられる、一つの新たなパターンの構築を要請する事態と捉えられたのではないだろうか。そうした捉え方が、特段の決意によるのではなく、現場のごく当たり前の思考回路のなかでなされていたことを重視したい。

先例を検討した結果、全体として、アメリカ使節の迎接は、朝鮮の場合よりも格下に位置づけられるものとなった。ただしその決定過程においては、国単位のパッケージで格の比較が行われたのではなく、装束、饗膳など、儀礼の個々の要素について、相手への見栄えなどを含めた現実的な選択がなされていったのである。そのことを考慮すれば、最終的に整えられた式のあり方は必ずしも、日本にとってのアメリカの重要性が朝鮮よりも劣るといった見識を一意的に表現しているとは言えない。

両者の扱いを比較検討するなかでは、朝鮮通信使を日本にとって特別なものと考え、当然にハリスの上に置く意見もあれば、欧米諸国との交際の開始を重く見てハリスへの応接をより手厚くすべきとの意見もあった。これらのうち前者の立場は、西洋に対するいわゆる夷狄観の表出と見なすこともできるだろう。しかし、実際の議論の過程を追ったいま、結果として選択された両使節の全体としての格差について、同様の意味づけをすることはできない。

むしろ、一連の議論のなかで主に勘定奉行系役人が主張し、米国総領事出府取調掛の意見としてもすくい取られていたように、そこには、ハリスを皮切りに、以降、欧米諸国との付き合いが加速化していくとの現実認識が、大きく働いていたと理解することができる。すでにハリスが日本国内に常勤する駐在官として登場していることを考えれば、予想される諸外国使節の迎接は、従来の朝鮮通信使の場合のような間遠なものではありえず、より常態に近い形で対応可能なレベルの儀礼を、まさに一つの新たなパターンとして設定しておかなければならなかったのである。この方向は、次章で取り上げる時期において、より明確に浮かび上がってくる。

同時に、この格の問題に関して今一度指摘しておきたいのは、服飾に関する議論のなかで持ち出された、外国使節の到来が徳川将軍の代替りという契機によるのか否かという観点である。朝鮮通信使の来聘目的が将軍代替わりという「廉立候禮事」であるのに対し、このたびのアメリカ使節は、「國書持參初而參上と申迄」であるという幕閣の見方を紹介した。ここには、あくまで既存の統治秩序のなかに新たな対外関係を取り込み、その観点から使節の意義を解釈しようとする姿勢が表れている。

しかし、そうした姿勢のみにとどまるのではなく、これが、右に述べた対欧米外交の加速度的展開を見通す現実認識と共存し、相俟ってハリスへの対応を決定していったことは、この時期の幕府を考えるうえで示唆に富んでいる。しかも結果として、儀礼を簡素化するという方向は必ずしも選択されず、以上に見てきたとおり、ハリスに与える印象を強く意識し、さらには、ハリスを通じて情報が全世界に伝わることを十分に考慮して、一定以上の盛大さを持った儀式が挙行されたのである。

自らの従来の世界観に立脚しつつ、それでいて、あるいは、それだからこそ、自らを取り囲む世界の急速な拡大を看破しているこのありようには、欧米の到来に取り乱す様子より、地に足のついた政策担当者たちの姿が見出される。困難な時局にあって、当時の幕臣たちを己の足で立たせていたのは、この国を当然に「衣冠文物之皇國」と称する、文化的洗練についての自信であり、江戸城におけるハリスの迎接は、そのような認識と態度とを形にした場面とも見ることができよう。

ここでは、徳川幕府の政策の前線に立って経験を積んできた彼らにとって、それが至極当然の認識であり、行動であったということを、繰り返し強調しておく。時代ごとに色分けされた歴史年表に従って当時を振り返るのではなく、そのとき現場にあった者の視点に立ち返るとき、そこにはむしろ、他に選択の余地などありようのない形で、日々の連続性のなかに生きる人間が立ち現れる。その意味で、彼らが着手した対欧米外交に関する実務は、歴代朝鮮通信使への対応を含む、日本を現実に取り巻いていた国際関係を支える仕事の続きにほかならなかった。

他方、ハリスはこの儀式の、少なくとも自分自身の動きに関係する部分が、「西洋の作法で（after our Western fashion）」執り行われたと捉えたようである。[175] たしかに、前節で詳しく扱った「自分拝禮」の問題のように、結論をハリス側の主張に合わせた箇所は多い。そのように見ようとすれば、この日の儀式は「西洋の作法で」執り行われたと言えなくもないだろう。おそらくハリス自身にとっては、「現地側のマナー」の範囲で了解できるものだったのではないか。このことを端的に示しているのは、拝謁式の三日後にハリスが本国国務省宛に書いた、公式の報告文書である。[176]「日本の君主（Monarch）の面前に立っている間、……」で始まる報告書最終段落は、次のように閉じられる。「私は、……この傲慢な民族に国際法（the Laws of Nations）を認めさせたのがわが国であることを、誇りに思わざるをえなかった」。

結果として、この安政四年一〇月二一日に江戸城大広間で挙行されたタウンセンド・ハリスの将軍拝謁儀礼は、準備過程における摩擦を乗り越えて、二様の外交慣例が折り合いをなした場面と位置づけることができる。筆者はこの式典を、主にアジア域内で展開してきた近世日本の国際関係が、西洋国際社会を視野に入れ、信任状捧呈式の執行を含む国際法に基づいて展開されていく近代の外交に連結された場面と見る。それは、ハリス側の力ずくの取り込みによるのではなく、幕府の側においてもごく自然かつ主体的に、自らの経験の上に立って成し遂げられたのであった。

(1)『幕末外国関係文書之十四』、四八五～四八八頁。
(2)『幕末外国関係文書之十四』、五一九頁。
(3) 石井孝『日本開国史』吉川弘文館、一九七二年、一〇六～一〇七頁。
(4) 三谷博『ペリー来航』吉川弘文館、二〇〇三年、一七八～二〇二頁。
(5) 同前、二四六頁。
(6) ハリス著・坂田精一訳『ハリス日本滞在記　中』岩波書店、一九五四年、五三頁。
(7) 嶋村元宏「幕末通商条約をめぐるアメリカの対日政策について――アジアにおけるT・ハリスの外交活動を中心に」『青山史学』第二三号（二〇〇五年）、三〇～三三頁参照。ただし嶋村自身は、ハリス以前に駐日総領事の候補に挙がっていた人物が法律家であったことを指摘し、アメリカ側の対日意図について、従来の見方を批判している。
(8) 注(6)『ハリス日本滞在記　中』、二〇四頁など。
(9) 注(4)三谷『ペリー来航』、二四六頁。
(10) ハリス文書中に残されている、ハリスが国務長官から受け取ったアメリカ合衆国外交使節に対する一般訓令においても、任国に到着して最初の任務として、信任状捧呈のことが指示されている。"Personal Instructions to the Diplomatic Agents of the United State, in Foreign Countries", Letters and Papers of Townsend Harris, Series II（CCNY).
(11)『幕末外国関係文書之十五』、二〇一～二〇二頁。
(12) 注(6)『ハリス日本滞在記　中』、一五〇～一五一頁。

(13)『幕末外国関係文書之十五』、四四六〜四四七頁。
(14)『幕末外国関係文書之十六』、七九〜八〇頁。
(15)『幕末外国関係文書之十五』、四五〇〜四五一頁。
(16)『幕末外国関係文書之十五』、四五四〜四五五頁。
(17)『幕末外国関係文書之十五』、六六九〜六七一頁。日本の開国路線を決定づけた、この堀田覚書の重要性については、注(4)三谷『ペリー来航』、二四八〜二四九頁、また、同じく三谷「日本開国への決断」(三谷博・並木頼寿・月脚達彦編『大人のための近現代史　一九世紀編』東京大学出版会、二〇〇九年)、二〜六頁を参照のこと。
(18)注(6)『ハリス日本滞在記　中』、二二五〜二二六頁。
(19)『幕末外国関係文書之十六』、六五三〜六五六頁。
(20)『幕末外国関係文書之十六』、六九一〜七〇三頁。
(21)注(3)石井『日本開国史』、二二六〜二三二頁参照。
(22)『幕末外国関係文書之十五』、一八一〜一八三頁。
(23)田辺太一著、坂田精一訳・校注『幕末外交談一』平凡社、一九六六年、四〇頁。
(24)新人物往来社編『阿部正弘のすべて』同社、一九九七年、二三四頁。
(25)他に、論争開始時点でこの集団に名を連ねていたメンバーは、跡部良弼、土岐頼旨、伊澤政義、鵜殿長鋭、一色邦之輔、大久保忠寛、津田半三郎である(『幕末外国関係文書之十五』、二一二頁)。
(26)『幕末外国関係文書之十五』、二一〇頁。
(27)この時期の海防掛勘定奉行(いずれも勝手方)・吟味役の顔ぶれは、松平近直、川路聖謨、水野忠徳、塚越藤助、中村爲彌、設樂八三郎の六名であった(『幕末外国関係文書之十五』、四六七〜四六八頁、また、東京大學史料編纂所編『柳營補任　二』東京大學出版會、一九六三年、五〇〜六七頁参照)。

(28)『幕末外国関係文書之十五』、四六八～四六九頁。
(29)注(3)石井『日本開国史』、二二五頁参照。
(30)これらは単に「三月」とのみ記録されており、既出の堀田覚書（三月二六日付）との前後関係は厳密には確定しがたいが、各文書の内容から判断する限り、むしろ堀田の諮問より早い段階で起草されたものと推測される。
(31)『幕末外国関係文書之十五』、七二七頁。
(32)『幕末外国関係文書之十五』、七三〇～七三二頁。
(33)岩瀬忠震書簡研究会『橋本左内宛　岩瀬忠震書簡注解』忠震会、二〇〇四年、九～一三頁。
(34)『幕末外国関係文書之十四』、七九二～七九四頁。
(35)注(33)岩瀬忠震書簡研究会『橋本左内宛　岩瀬忠震書簡注解』、一三頁。
(36)注(3)石井『日本開国史』、二二五頁。
(37)注(23)田辺『幕末外交談一』、四四頁。
(38)『幕末外国関係文書之十五』、一八九～一九一頁。
(39)『幕末外国関係文書之十五』、七九二～七九三頁。
(40)両条約交渉の経緯については、注(3)石井『日本開国史』、一九〇～二〇七頁参照。
(41)注(33)岩瀬忠震書簡研究会『橋本左内宛　岩瀬忠震書簡注解』、一六頁。
(42)『幕末外国関係文書之十五』、八八〇～八九〇頁。
(43)『幕末外国関係文書之十六』、四〇〇～四〇四頁。
(44)『幕末外国関係文書之十六』、四五三～四五八頁。
(45)真壁仁は、これが古賀謹堂の牽引によるものであると主張している（真壁『徳川後期の学問と政治』名古屋大学出版会、二〇〇七年、四七一～四八五頁）。

(46)『幕末外国関係文書之十五』、二一六～二二二頁。
(47)注(3)石井『日本開国史』、一八二頁。
(48)『幕末外国関係文書之十五』、四五八～四五九頁。
(49)『幕末外国関係文書之十六』、五二六～五二七頁。
(50)『幕末外国関係文書之十六』、五二六～五三二頁。
(51)『幕末外国関係文書之十六』、五三六～五三九、五四八～五五二頁。
(52)『幕末外国関係文書之十六』、五三九～五四七頁。
(53)『幕末外国関係文書之十六』、四九七～四九九頁。
(54)『幕末外国関係文書之十六』、五〇一～五〇六頁。
(55)『幕末外国関係文書之十六』、六六一～六六二頁。
(56)『幕末外国関係文書之十五』、四五四～四五五頁。
(57)『幕末外国関係文書之十六』、六六三～六六四頁。
(58)『幕末外国関係文書之十六』、六六九～六七二頁。
(59)『幕末外国関係文書之十六』、六七二～六七三頁。
(60)『幕末外国関係文書之十六』、六七四～六八五頁。
(61)『幕末外国関係文書之十五』、七二六～七二七頁。
(62)『幕末外国関係文書之十六』、五〇〇～五〇一頁。堀田から井上に対する「口達」の覚書（下田奉行支配調役・合原猪三郎筆記）とされる。
(63)三谷博は、「ハリスの出府は、幕府の当初の意図では、西洋諸国との『通信』関係の成立を公示するための儀式であった」と位置づけているが（注(4)三谷『ペリー来航』、二五二頁）、その見解は、ここで筒井意見や朝鮮通信使との連関から得た結論とも一致する。

(64)『幕末外国関係文書之十八』七二〜八〇頁。
(65)『幕末外国関係文書之十七』七一七頁。
(66)『幕末外国関係文書之十七』、七三九〜七五四頁。
(67)高正晴子『朝鮮通信使の饗応』明石書店、二〇〇一年、七二〜七三頁参照。
(68)國書刊行会編『通航一覧第二』同会、一九一二年、四二五頁。
(69)同前、五四頁など。
(70)仲尾宏『朝鮮通信使と徳川幕府』明石書店、一九九七年、二九三頁。
(71)國書刊行会編『通航一覧第三』同会、一九一三年、五八三〜五九四頁参照。
(72)弘化年間、最終的に実現することのなかった第一二代将軍家慶襲職慶賀の通信使を大坂城に迎える計画が進んでいた際には、宝暦度と文化度、双方の記録を見合わせながら下準備が行われつつあったことを、池内敏が突き止めている(池内「朝鮮通信使大坂易地聘礼計画をめぐって」『日本史研究』三三六号〔一九九〇年〕、六一〜六三頁)。従来の江戸城に近い環境での儀式になること、一方で、文化度同様、やはり将軍自身ではなく上使による迎接になることから、妥当な折衷様式が模索されたものと考えられる。
(73)『幕末外国関係文書之十七』、二九二〜三〇一頁。
(74)現在、都の史跡として「蕃書調所跡」を示す説明板が立っている。
(75)ハリス著・坂田精一訳『ハリス日本滞在記　下』岩波書店、一九五四年、五九、六八頁。
(76)同前、八頁。
(77)『幕末外国関係文書之十八』、一七七〜一八六頁。
(78)*The Complete Journal of Townsend Harris: First American Consul and Minister to Japan*, Rev. ed., Rutland, Vermont, and Tokyo: Charles E. Tuttle Company, 1959, p. 468. なお、『ハリス日本滞在記　下』、六八頁におけるこの部分の和訳には誤りがある。

(79)『幕末外国関係文書之十七』、七四〇頁。
(80)注(75)『ハリス日本滞在記　下』、六八〜六九頁。
(81)同前、六九頁。
(82)「次第書」完成以前の幕府内の議論では、ハリスを大手門内の百人番所で下駕させる案もあった。『幕末外国関係文書之十七』、四一頁参照。
(83)下田奉行が自ら記録した「亞國官吏對話書」ではこのとおりだが(『幕末外国関係文書之十七』、七四八頁)、実際には御三家の下馬所はもう一つ先、したがって朝鮮通信使の下馬所(中之門)よりも格上の中雀門であった(小野清『徳川制度史料』同、一九二七年、一二七頁、国史大辞典編集委員会編『国史大辞典　第二巻』吉川弘文館、一九八〇年、三一六・三一七頁〔別冊図版　江戸城〕)。ただし、深井雅海は御三家の下馬所を中之門としている(深井『江戸城——本丸御殿と幕府政治』中央公論新社、二〇〇八年、一一二頁)。
(84)『幕末外国関係文書之十七』、七四〇〜七五〇頁。
(85)『幕末外国関係文書之十七』、七七九頁。
(86)ハリス著・坂田精一訳『ハリス日本滞在記　上』岩波書店、一九五三年、二〇六〜二〇八頁。
(87)注(75)『ハリス日本滞在記　下』、六九頁。
(88)小野清『徳川制度史料』同、一九二七年、一二七頁。また、武士生活研究会編『絵図でさぐる武士の生活二　生活・文化』柏書房、一九八二年、三一頁参照。
(89)『幕末外国関係文書之十九』、六五九頁。
(90)注(75)『ハリス日本滞在記　下』、六九頁。
(91)『幕末外国関係文書之十七』、七四九頁。
(92)注(75)『ハリス日本滞在記　下』、六八頁。

(93) "Other Papers and Documents", Letters and Papers of Townsend Harris, Series II (CCNY).
(94) 『幕末外国関係文書之十八』、七三頁。
(95) 注(75)『ハリス日本滞在記　下』、六九頁。
(96) 『幕末外国関係文書之十八』、七三頁。
(97) 注(75)『ハリス日本滞在記　下』、六九頁。
(98) 『幕末外国関係文書之十八』、七三頁。
(99) 注(75)『ハリス日本滞在記　下』、七一頁。
(100) 『幕末外国関係文書之十八』、七四～七五頁。
(101) 『幕末外国関係文書之十八』、五八～五九頁。
(102) 『幕末外国関係文書之十七』、七三四～七三五頁。
(103) 大名の類別と江戸城中における殿席の関係については、笠谷和比古『近世武家社会の政治構造』吉川弘文館、一九九三年、一五四～一五七頁。また、注(83)深井『江戸城』、二三一～二六頁を参照のこと。
(104) 『幕末外国関係文書之十七』、三三五～三三六頁。
(105) 『幕末外国関係文書之十七』、九五～九七頁。
(106) 『幕末外国関係文書之十七』、五七五～五七六頁。
(107) 注(75)『ハリス日本滞在記　下』、七一頁。
(108) 『幕末外国関係文書之十七』、七三四～七三五頁。
(109) 『幕末外国関係文書之十七』、一七一頁。
(110) 注(68)國書刊行会編『通航一覧第二』、五八四～五八五頁。
(111) 『幕末外国関係文書之三』四九～五〇頁。なお、嘉永六(一八五三)年の長崎に続き、翌年下田に来航したプチャーチンとの間で日露和親条約が締結された際には、ディアナ号沈没で知られる安政大地震を経ての儀式という特殊事情により、礼装が省かれたという（生田美智子『外交儀礼から見た幕末日露文化交流史――描かれた相互イメージ・表象』ミネルヴァ書房、二〇〇八年、一五六頁参照）。

(112)『幕末外国関係文書之十七』、四二頁。

(113)『幕末外国関係文書之十七』、八八頁。

(114)『幕末外国関係文書之十七』、一六五～一六六頁。

(115)『幕末外国関係文書之十七』、二四五頁。

(116)『幕末外国関係文書之十七』、二六〇～二六一頁。

(117)『幕末外国関係文書之十七』、二六二頁。

(118)『幕末外国関係文書之十七』、二六一～二六二頁。

(119)『幕末外国関係文書之十七』、三三一～三三六頁。

(120)『幕末外国関係文書之十八』、七三頁。

(121)ハリスの出府が幕府内で実質的に決定した際、林は老中の指名により、他の六名とともに米国総領事出府取調掛となるべきメンバーに名を連ねていたが（『幕末外国関係文書之十六』、六六三～六六四頁、また、『續徳川實記　第三篇』三八七頁参照）、その後の記録を追う限り、正式には発令されなかったと見られる（『幕末外国関係文書之十七』、九八～九九頁も併せて参照のこと）。しかし、ハリス側の記録からは、ハリス江戸到着後に掛の面々が宿館を訪ねる場面などを含め、林がこのグループにごく自然な形で加わっている（注(75)『ハリス日本滞在記　下』、四六～四七頁）。

(122)注(75)『ハリス日本滞在記　下』、七一頁。

(123)同前、四六～六五頁。

(124)『幕末外国関係文書之十八』、五八頁。

(125)注(75)『ハリス日本滞在記　下』、七三頁。

(126) シーボルト著・斎藤信訳『江戸参府紀行』平凡社、一九六七年、一九九～二〇〇頁。
(127) 注(68)國書刊行会編『通航一覧第二』、四二九～四三二頁。
(128) ハリスが宿舎を出発したとする「午前十時ごろ」から、将軍出御が記録される「四半時」まで、一時間で以上のすべてが進行したとすることには、感覚的には疑問が残る。計時法のずれなども含め、少々長めの時間を想定してもよいだろう。
(129)『幕末外国関係文書之十七』、三三四～三三五頁。
(130)『幕末外国関係文書之十七』、三五九頁。
(131)『幕末外国関係文書之十七』、二六二頁。
(132)『幕末外国関係文書之十七』、二六五～二六六頁。
(133) 樋口清之監修・NHKデータ情報部編集『ヴィジュアル百科　江戸事情　第六巻服飾編』雄山閣出版、一九九四年、二〇～四六頁、また、平井聖監修『歴史群像シリーズ特別編集【決定版】図説江戸城　その歴史としくみ』学習研究社、二〇〇八年、七六～七七頁参照。
(134)『幕末外国関係文書之十七』、二六五～二六六頁。
(135)『幕末外国関係文書之十七』、三三二～三三三頁。
(136)『續徳川實記　第三篇』四三一頁。
(137)『幕末外国関係文書之十八』、七三～七五頁。
(138)『幕末外国関係文書之十八』、七五～七六頁、また、注(75)『ハリス日本滞在記　下』、七三～七八頁。
(139)『幕末外国関係文書之十七』、七四二～七四三頁。
(140) 典型的な例として、参勤交代において藩主が出府した際、また江戸から発つ際には、原則として当人が登城し、将軍に拝謁するが、国許到着の時点では、在府の使者が藩邸から挨拶に伺候する。その場合、使者は藩主に成り代わっての御目見を済ませると、引き続き「自分之御禮」の機会を与えられたことが、残された次第書からわかる。徳川黎明会編『徳川禮典録(上)』原書房、一九八二年(覆刻原本一九四〇年)、一七四頁、二三二頁など。

(141)『幕末外国関係文書之十七』、七四三頁。

(142)『幕末外国関係文書之十七』、七七〇~七七一頁。

(143)『幕末外国関係文書之十七』、七四六~七四七頁。

(144)注(6)『ハリス日本滞在記　中』、三二二~三二四頁。

(145)ハリスが大統領の名代として、将軍に向かって大広間下段を七畳目まで進む際、まず二畳目で立ち止まり、お辞儀をすることになっていたが、これはその位置のことを言ったものである。

(146)徳川黎明会編『徳川禮典録(下)』原書房、一九八二年(覆刻原本一九四〇年)、三〇九頁、三三二~三三三頁。

(147)注(83)深井『江戸城』、二〇〇八年、四〇頁。

(148)『幕末外国関係文書之十八』、七九頁。

(149)『幕末外国関係文書之十八』、七六頁、また、注(75)『ハリス日本滞在記　下』、七九頁。

(150)注(71)國書刊行会編『通航一覧第三』、一九三頁。

(151)『幕末外国関係文書之十七』、三五八頁、五四五~五四六頁など。

(152)『幕末外国関係文書之十八』、七七頁、また、注(75)『ハリス日本滞在記　下』、七九頁。

(153)『幕末外国関係文書之十七』、七四四頁。

(154)『幕末外国関係文書之十七』、補遺、二~三頁。

(155)『幕末外国関係文書之十七』、七四四~七四五頁。

(156)『幕末外国関係文書之十七』、七四五頁。

(157)『幕末外国関係文書之十七』、七七〇~七七一頁。また、同五六六頁参照。

(158)『幕末外国関係文書之十七』、七七五～七七六頁。

(159)ただし、正徳度通信使の際の例外については第一章注(56)を参照。

(160)ゴンチャローフ著、高野明・島田陽訳『ゴンチャローフ日本渡航記』雄松堂書店、一九六九年、二五六～三六二頁、川路聖謨著、藤井貞文・川田貞夫校注『長崎日記・下田日記』平凡社、一九六八年、五二～一〇五頁、ならびに、『幕末外国関係文書之三』、一二四～一二六頁、一三七頁、二九五～三三五頁、三七五～三七七頁、『幕末外国関係文書之四』、一〇三頁。

(161)『幕末外国関係文書之二』一七一頁、また、注(11)生田『外交儀礼から見た幕末日露文化交流史』、一四二頁参照。

(162) Perry, Matthew Calbraith, Compiled by Hawks, Francis L., *Narrative of the Expedition of an American Squadron to the China Seas and Japan, Performed in the Years 1852, 1853, and 1854, Under the Command of Commodore M. C. Perry, United States Navy, by Order of the Government of the United States*, Washington: A. O. P. Nicholson, 1856, p. 353, 380.

(163)『幕末外国関係文書之五』、四七四～四七五頁、『幕末外国関係文書之八』、一二三頁。

(164)『幕末外国関係文書之十四』、五一三頁、また、注(6)『ハリス日本滞在記　中』、一二三頁。

(165)注(6)『ハリス日本滞在記　中』、一六六～一六九頁。

(166)『幕末外国関係文書之十五』、八八六頁。

(167)『幕末外国関係文書之十八』、一九四頁

(168)『幕末外国関係文書之十七』、五四八頁。

(169)『幕末外国関係文書之十七』、五四九～五五〇頁。

(170)『幕末外国関係文書之十七』、五五〇頁、また、『幕末外国関係文書之十八』、一九四頁。

(171)『幕末外国関係文書之十七』、五五〇頁、また、『幕末外国関係文書之十八』、一九二頁。

(172)『幕末外国関係文書之十八』、七七～八一頁、注(75)『ハリス日本滞在記　下』、七九～八〇頁。

(173) 注(75)『ハリス日本滞在記　下』、八一～八三頁。

(174)『幕末外国関係文書之十七』、三三六頁。

(175) 注(75)『ハリス日本滞在記　下』、七三頁、注(78) *The Complete Journal of Townsend Harris*, p. 473.

(176) Harris to Cass, 10 Dec. 1857, Diplomatic Dispatches: Japan, General Records of the Department of State (N. A. M. 133/ R. G. 59),(The US National Archives and Records Administration [NARA] /横浜開港資料館蔵複写版 Ca4/01.4).

第四章　試行錯誤

本章では、安政四（一八五七）年一〇月二一日におけるアメリカ総領事タウンセンド・ハリスの将軍拝謁以降、これを起点として展開した数年間の動きを追跡する。朝鮮通信使迎接儀礼を主要な土台としてハリスを迎えた幕府は、最後のオランダ商館長であると同時に新たに領事官の身分を持って来日していたドンケル＝クルティウスからも登城・将軍拝謁の要請を受け、一方で長年の商館長江戸参府にまつわる慣習を参照しながら、直前のハリスの例に基づいて式次第の検討を行うことになった。翌安政五年四月にドンケル＝クルティウスの迎接が完了すると、同年七月、その様式に準じ、四度目の来日で日露修好通商条約を締結したロシア使節プチャーチンが登城・将軍拝謁を果たした。

一八五九年に入ると（安政五年一二月）、ハリスが総領事の身分から正式な外交代表たる公使に昇格することが本国で決定し、その旨の信任状を本人から将軍に捧呈する要があらためて生じた。この段階になると、幕府内ではもはや儀礼様式の詳細を検討し直す必要はないものと考えられ、安政六（一八五九）年一〇月一一日、江戸城において、ハリスの二度目の将軍（ただしこのたびは第一四代家茂）拝謁は滞りなく実施された。幕府の認識では、プチャーチンの迎接までにまとまった式次第を、すでに定式化したものとしてここに用いたのである。しかしその設えには、安政四年の初登城の際に比べ部分的に簡略化されたところがあったため、これを不満とするハリスとの間で再び論争となり、最終的には、式次第を修正のうえ、翌万延元（一八六〇）年七月四日に拝謁式を再挙行することで、ようやく決着を見た。

ここで整理された形に則って引き続き行われたのが、同月九日、イギリス公使オールコック、同二一日、フランス代理公使ド＝ベルクールの、それぞれ初めての登城・将軍拝謁である。本章では、ここまでの経過を取り上げる。

ハリスの初めての拝謁様式を整える作業にあたった幕臣たちがすでに予想していたように、将軍が欧米諸国の外交官を自らの居城に迎える機会はその後も引き続き発生し、しかもその間隔は徐々に狭まっていかざるをえなかった。それらの様式が、前例を連鎖的に踏襲しながら、その都度の検討を経て整備されていく過程には、この時期の徳川幕府において、実践的な対外認識がいかに形成され、定着していったのかが表れている。

第一節　オランダ、ロシア代表の将軍拝謁（安政五年）

（一）オランダ領事ドンケル＝クルティウスの将軍拝謁（安政五年四月）

ヤン・ヘンドリック・ドンケル＝クルティウスは嘉永五（一八五二）年、最後のオランダ商館長であると同時に、日蘭間の条約交渉の全権という使命を帯びて来日し、安政二（一八五五）年には正式に領事官となった。[1] これによって日蘭関係は民間の通商から公的な関係に転換する。この時期のオランダの地位は、物理的には従来のまま長崎の出島に駐在を続けたこともあり、アメリカをはじめとする新たに到来した欧米諸国に比して十分に注目されない向きがあるが、表面的な変化に乏しい背後で、日蘭の二国間関係はこのように他に類例を見ない変質を経験したのだった。その変質についての双方の認識が形となって表れたのが、ここで取り上げる、ドンケル＝クルティウスの登城・将軍拝謁をめぐる経緯である。

図1
ドンケル＝クルティウス

商館長から領事官へ

ドンケル＝クルティウスの江戸行きが、歴代オランダ商館長の参府スケジュールに沿って、先代のレフィスゾーンが登城した嘉永三（一八五〇）年の四年後に実現していれば、当面は従来の慣習が維持されたところであろう。ところが、年を追って繁多となる対外関係に幕府が忙殺されるなか、商館長の参府が先延ばしになっているうちに、安政四（一八五七）年八月に至って具体的な準備に入ったときには、[2] オランダとの関係は右のように変質していた。

これに伴うオランダからの種々の申し入れに積極的に対応していくという方向性は、すでに同年三月の時点で、老中堀田正睦が海防掛への諮問の形を取りつつ打ち出していたが、[3] ここにきてドンケル＝クルティウスの登城・将軍拝謁を具体化せざるをえなくなったのは、あとから来日したアメリカ総領事ハリスの登城・将軍拝謁が、当人の強い要請に端を発する長い論争ののち、いよいよこの時期に実質的な決定を見たことと密接に関係していたと考えられよう。注目すべきは、この時点で幕府老中が、「當時加比丹《カピタン》儀は、領事官ニ相成居候間、出府拜禮之節御取扱、是迄之通にも相成間敷候」と、「加比丹」（オランダ商館長）から「領事官」へという相手の身分の変化を明確に認識し、長崎奉行に対して、ドンケル＝クルティウス自身とも相談のうえ「相當之御取扱振」を考究するよう、積極的に命じていることである。(4)

「相當之御取扱振」を考究するとは、これまで幕府の役人による厳しい監視のもと、江戸までの道中も江戸滞在中も、指定の宿からの外出すら許されなかったことに象徴される商館長参府のしきたりを、改めることを意味した。役人らのあり方は「警固」から「案内」に、(5)宿泊は「市中旅宿」から幕府が提供する寺院に、(6)また各地で宿泊中、「供立等省略」しての外出も可とするなど、(7)全体として「殊ニ是迄と違ひ、緩優之御取扱」(8)となるよう、指示がなされた。

たとえば、元禄四（一六九一）年および同五年の商館長参府に医師として従ったエンゲルベルト・ケンペル（Engelbert Kaempfer）は、旅中の宿所において「一歩も外へ出ることは許されず、暇つぶしのために従僕どもの所へ行くことさえもできない」(9)と書き残している。また一〇〇年以上のち、天保元（一八三〇）年の商館長参府の際の幕府の記録には、現場の役人への指示として、「阿蘭陀人逗留場所其外、附添之もの下々部屋々々等までも爲見、……晝夜とも爲附切候様可仕候」とある。(10)商館長一行の道中、各地の宿に日本人の来客が多く訪れたことも知られてはいるが、オランダ人の側は、役人が片時も離れず見張っているうえ、片道一ヵ月を要する旅程において宿舎から出ることは一切叶わなかったのである。このたびの参府の当人であるドンケル＝クルティウスからも、こうした過去の仕様は「囚人同様」[11]であるとの指摘がなされていた。

対馬を渡って本州に入った最後の例が一世紀前という朝鮮通信使の場合とも異なり、オランダ商館長の参府は先述のように嘉永三（一八五〇）年まで実例があり、各地で前回のことを直接承知している者も多いだけに、幕府も神経を使ったであろうことが想像される。そうしたなかで「緩優之御取扱」を徹底しようとしたのは、現場の官僚やその支配の者が「是迄之仕癖」[12]どおりに一行に対すれば、たちまちドンケル＝クルティウスの新しい身分にふさわしくない過度の行動規制に当たる――領事官とは、商人の長にすぎない商館長とは異なる扱いを要する者である――との認識が、幕府においてはっきりしていたということであろう。

ハリスとの相違

他方、幕府はこのとき、直前に構築したアメリカ総領事迎接の方式を単純に適用したわけではない。ドンケル＝クルティウス側は当然ながら、「亞米利加官吏同様」の扱いを求めたが、幕府側はこれに対応するにあたり、先のアメリカ総領事を「國書持參之者」にして「別段之使節」[13]、今回のオランダ領事は「普通在留之官吏」と位置づけ、その「差別」を確認しながら、むしろ「今度之御扱振」[14]を契機に「向後外國官吏等參府之規則」を確立しようとの意思を持っていたのである。

その検討は実際に、従来から現場の対オランダ窓口を務めてきた長崎奉行を含め、安政五（一八五八）年二月の段階で任命された和蘭人參府掛（土岐頼旨、土岐朝昌、永井尚志、鵜殿長鋭、岡部長常、塚越藤助）[15]と、前年にハリス迎接の準備を取り仕切った米国総領事出府取調掛（土岐頼旨、林復齋、筒井政憲、川路聖謨、鵜殿長鋭、永井尚志、塚越藤助）とが合同で進めたことが諸記録から読み取れる。[16]この事実からも、オランダ領事に対する「今度之御扱振」は必然的に、直前のアメリカの例との具体的な比較衡量のなかで定められていったことが理解できよう。このとき、在府長崎奉行岡部長常の病気もあって中心的な役割を果たしたのは、米蘭双方の掛をかけ持ちする立場にあり、元長崎在勤目付ならびに長崎海軍伝習所総督として以前からドンケル＝クルティウス自身とも昵懇の、現勘定奉行永井尚志であった(17)。

さて、永井らが当初から持っていた考えは、ハリス迎接の式次第を基本としつつも、ドンケル＝クルティウスが将軍に拝謁する箇所については、ハリスが大統領の名代として国書を読み上げた場面ではなく、その後、あらためてハリス自身として——先の場面よりも数畳分下座から——謁見することを想定した「自分御禮」のくだりを採用するというものである(18)。前章で述べたとおり、ハリスは、そもそも使節の身分は大統領の名代として一意であり、二様の拝礼などありえないとして「自分御禮」を拒んだため、この部分は当日の儀式から省かれたのであった。幕府では、「國書持參之者」でない「普通在留之官吏」が将軍に拝謁する今回のドンケル＝クルティウスのケースにおいて、むしろこの場面をこそ取り出して適用することが妥当と考えたのである。

加えて、従来のオランダ商館長の登城が、特別の日取りではなく、江戸在府中の大名および旗本が定期的に総登城し、将軍に御目見する「月次御禮」の「御序《ついで》」に行われることが多かった慣例をあえて踏襲し、このたびのオランダ領事迎接もその形で実施するというのが幕府の計画であった(19)。これは、江戸城の年中行事のなかでは最高格式にあたる「年始御礼」に準拠したハリス迎接儀礼と、かなり大きな差別化を図ったものと言える。

長崎奉行から老中への報告によれば、当初、奉行が伝えた以上の方針に対し、ドンケル＝クルティウスは自らの身分がもはや単なる商館長でないことに加え、「和蘭・亞米利加兩國主」、つまりオランダ国王とアメリカ大統領の、「爵位之高下」を持ち出し、「和蘭之方、却て勝れ居候」と「申張」ったという(20)。奉行側は、このたびの拝謁式は必ずしもアメリカの例を踏襲しないことを納得させようとしてかなり骨を折ったらしいが、議論の決着を見ないまま、オランダ領事が江戸に向かって出立したのは、安政五年正月末であった。もともと、和暦の新春に長崎を発する商館長江戸参府の慣習により、正月早々の出立をめざして準備が進められていたが、少々の遅れが生じたのは、長崎よりも主に江戸側で本件の最終的な検討に手間取ったためのようである(21)。

三月一〇日にドンケル＝クルティウスが江戸に到着すると、式次第をめぐる交渉は主に永井尚志との間で延々と続けられた。その対話のなかでドンケル＝クルティウスは、オランダが日本と二〇〇年来、通商を保ってきた関係を持ち出し、他の国よりも「御優待」を受けるべきと本国政府でも考えているところではあるが、他国に対しあえて「踰越之御扱」を望むことはしない、ただアメリカ総領事と「同様之御扱」あって然るべきと、あらためて迫った。ハリスは大統領が署名した国書を携えてきたというが、自身も外交上の信任状を持って着任した使節であると主張。永井は、ドンケル＝クルティウスの信任状がオランダ国王ではなく、「印度都督」つまりオランダ領東インド総督の書簡であることを突き、両者の同等性を否定した(22)。

さて、「印度都督」の地位をめぐる議論はいったんおくとしても、このとき幕府側がめざしていた、ハリスは「國書持參之者」、ドンケル＝クルティウスは「普通在留之官吏」という整理は、後者の将軍謁見を「自分御禮」のレベルとする考えと相俟って、永井とドンケル＝クルティウスとの間に重要な争点をもたらすことになった。一国の外交代表として任国に駐在する者はいかなるときも「全ク自己」でありうるかどうか、という問題である。ハリスが「自分御禮」を拒絶したのと同様の理解によって、ひいては第二章で見た外交官の代表性に基づいて、ドンケル＝クルティウスはその可能性を否定した。ハリスのとき、その点を十分に了解しないまま終わった幕府側は、このたびの突っ込んだ議論を通じてその否定の意を受け止め、従前のスタンスを改めるに至った(23)。

とはいえ、そうして外交官の身分の一意性を理解しながらも、捧呈すべき国書の有無に着目することで、永井はなお、ドンケル＝クルティウスとハリスの儀礼の差別化を図った。結果としてドンケル＝クルティウス自身から、「若し其使節國書を持參候ハヽ、今般之亞米利加コンシユル之例を御取用ひ、書翰無之候ハヽ、私拝禮相願候儀式を以、御沙汰ニ相成候ハヽ、異論有之間敷候(24)」と、今後の扱いに及ぶ一般見解を引き出すことに成功し、結果的に幕府の当初からの方針を貫いたのである。さらに、これをオランダ領事が納得した結論であるとして、他国の官吏にも示してよいかとの永井の問いに、「聊差支無御座候(25)」とまでの回答を引き出した。

図2　永井尚志

ドンケル＝クルティウスのための最終的な式次第からは、ハリスが大統領の名代として口上を述べるため距離的に最も将軍に近づいた部分が取り除かれ、ドンケル＝クルティウスは、ハリスが「自分御禮」を行っていれば立つはずであった、「御下段下より二疊目」で将軍に見えることになった(26)。ハリスが強く拒み通した立ち位置を、今般、オランダ領事が受け

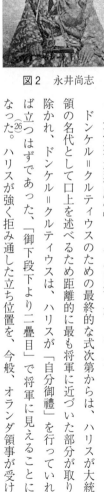

入れたことで、別の先例がつくられたことになる。

また、登城の日程については、ドンケル=クルティウス本人はとくに背景の説明を受けないまま、安政五年四月一日との幕府提案を了承し[27]、当日の儀式は実際に、月次御礼に引き続き――「御序」に――行われた[28]。これも、幕府の方針どおりである。日本側列席者の服装も、将軍自らを含め、月次御礼のまま「熨斗目袷半袴」（第一章図1参照）であった[29]。いちおう礼服ではあるものの、全員がごく軽微な服装で出席したことになる。

ハリス迎接の折の幕府内の議論では、装束の問題は非常に重要視され、一連の検討の結果、半袴より上位の長袴案をも排して、年始御礼に準ずる「直垂狩衣大紋布衣素袍」の着用が決定されたのだった。外国に対して日本社会の文明度を強調することを目的に、身分の上下に応じたきらびやかな服制を見せつけることにこだわったのである。それに比べ、このたびの経緯からは、幕府が一回限りの盛典の成功よりも、この種の儀式をできる限り類型化、平準化し、幕府内で比較的頻繁に行われる、通例の儀式の枠内に取り込むことを優先した様子が見て取れる。加えて、ドンケル=クルティウスの江戸滞在中、「亞墨利加官吏……より、一等軽キ御献立[30]」といった扱いも徹底された。

盛典から日常へ

欧米諸国からの登城二人目にして、幕府が早くも、このような形で「向後外國官吏等參府之規則」を構築することに意を砕いた事実には、同様のケースが今後加速度的に増加するという予測、また、それを受け入れていくとの認識が表れている。ここで現場の政策担当者たちがめざしたのは、今後繰り返し発生する可能性がある「普通在留之官吏」の登城・拝謁を、できるだけ特別の手間をかけず、ルーティーンとして遂行できるようにしておくことにほかなるまい。アメリカ総領事迎接に際して範をとった朝鮮通信使の来聘は、長期にわたって積み重ねられてきた慣例とはいえ、実践される頻度は間遠であり、限られた特別の場面であった。オランダ領事官登城・拝謁は、そうした盛典の挙行をもって外国交際なるものを理解してきた時代、もしくは環境からの脱却の過程を意味したと評価できよう。

加えて、このドンケル＝クルティウスの登城・拝謁は、下田から江戸に出府したハリスの場合と違い、長崎から江戸までの長い道中を含むものであった。本項冒頭で取り上げたように、幕府は商館長参府の慣習に代え、領事官に対する「相當之御取扱振」を構築することに積極的に取り組んだが、その過程は必然的に、長崎から江戸までの旅程にかかわる各地の役人を巻き込まざるをえなかったはずである。とりわけ京都、大坂に関しては、このたびの方針が、江戸の老中から所司代、城代を通じて現地の町奉行に徹底された(31)。さらには、その新しい「御取扱振」を各地の民衆もじかに見ることになったという点で、このケースは事実上、日本の対外関係の変化を広範に告知する、画期的な意義を担ったと言うことができる。

アメリカ総領事登城・将軍拝謁への対応が、欧米諸国との新たな関係を朝鮮通信使の伝統に基づいて咀嚼し、整合的な論理をもって日本の国際認識のなかに取り込む過程であったとすれば、幕府が引き続き取り組まなければならなかったオランダ領事のケースは、日本各地の実務担当者をも関与させ、外交接触をより日常的なレベルで捉えていくための契機を提供した。それは具体的には、幕府が経験の蓄積として持っていた、一方で朝鮮通信使、他方でオランダ商館長の迎接を、同時並行的に参照し、旧例を採用するところと変更を要するところを検討のうえ、標準ルールをつくりあげるという作業を意味した。

このとき意識的に整理された「向後外國官吏等參府之規則」は、このあと見るように、ハリスの二度目の将軍謁見時、新たな悶着を引き起こすことになる。しかし、ここまでの経過を鑑みるに、この折の幕府の考えには、単なる簡略化、ないし、のちのハリスの受け取り方によれば侮蔑的扱いを意図したということとは異なり、日本において外国交際が少しずつ「一般化」されていく方向を読み取るべきであろう。

同時に、この時期にはついに実現を見なかった朝鮮通信使来聘に関しても、「諸事先格ニ不拘」、要は過去の大礼としての慣行にしばられず、簡易省弊を旨として継続する方針が幕府にはあった。(32) 一般的にはその第一の要因として、両国における財政の逼迫が持ち出されるが(33)、日朝二国間関係のみに視野を限定することなく、幕府中枢の同じ面々が事に当たっていた新たな欧米諸国との関係を同一の盤上に乗せて眺めた場合、対朝鮮外交の推移もまた、ここで浮き彫りになった外国交際の頻繁化、一般化への意識と併せ、考え直してみる必要がある。

(二) ロシア使節プチャーチンの将軍拝謁(安政五年七月)

ドンケル＝クルティウスの次に登城することになったのは、安政五(一八五八)年六月、前年に締約済みの日露追加条約批准書交換を主な目的として来日した、ロシア使節プチャーチンである。周知のとおり、彼は長崎における最初の日露交渉、下田での日露和親条約締約、再び長崎での日露追加条約締約と、日本へはすでに三度訪れており、今回は四度目の来日ということになる。批准書交換の要は幕府もむろん承知しており、したがって、具体的な時期はともあれ、このたびの来日は十分に予測されていた。実際にプチャーチンが到着した前月には、入港地と想定されていた下田の奉行から幕府老中に対し、いざ来日の折の心得を問い合わせている(34)。

その問い合わせ内容から判明するのは、下田奉行が、来日したプチャーチンが日米間で新たな条約——初拝謁を終えたハリスと幕府の間で交渉が進められていた日米修好通商条約——の締結が準備されていることを知れば、既存の日露追加条約の批准書交換では済まず、必ずやアメリカと同様の新条約を要望するであろうことを明確に予期していたことである。加えて、新条約交渉のためにプチャーチンが江戸出府を希望するに違いないこと、その節は最近の米・蘭の例に倣い、登城・将軍拝謁を願い出るのは必至であることを指摘し、その場合には現に先例もあることから承諾してよろしいか、との伺いを立てている。

江戸では、既出の筒井政憲——プチャーチンの第一回、第二回の来日の際、全権として応接にあたった一人でもある——と、その系列に属する海防掛の大目付・目付衆、これにペリー以来の対外交渉に関与してきた林復齋を加えたメンバーが、対応を協議した。このとき彼らが合意したのは、拝謁云々以前、江戸出府の可否は、プチャーチンが新条約締結に関して本国政府の委任状を所持しているか否かを基準に判断し、所持なくば下田においてあくまで先の条約の批准書交換のみを行うという考え方であった(35)。

図3　プチャーチン

なお、これとほぼ同時に、幕府内では別に評定所一座として、同件に関する意見が提出されている。そこには、新条約交渉に関してはアメリカに門戸を開いた以上ロシアにも認めなければならず、また、「和蘭亞墨利加之御先蹤」に従って出府・拝謁も許容するという、かなり柔軟な考え方が部分的に顔を出している。しかし全体としては、当面、締約済みの条約を議題に載せてプチャーチンの様子を探るべしというところに落ち着き、明確な結論を回避した文書になっている。(36)

その際、曖昧ながら議論の引き合いに出されたのが、この時期の幕府を困難に陥れていた、対米条約交渉をめぐる朝廷の拒絶的反応のことであった。前年一〇月に出府し、将軍拝謁を果たしたアメリカ総領事ハリスと、幕府はその直後から新たな修好通商条約締結に向けた交渉に入り、年内にはほぼ妥結に至っていた。幕府はこの条約に勅許を得ることを決め、同安政四年暮れから年明けにかけて、ハリスの同意のもとで調印時期を延期した。しかし、幕府が当初、楽観的に考えていた条約勅許は成らなかった。(37)

のっぴきならぬ立場に置かれた幕府は、ハリスとの間でさらに七月下旬までの調印延期を合意した。(38)他方で六月に入ると、中国（清）で続いていた戦争——いわゆる第二次アヘン戦争——に欧米列強側が勝利し、五月中に天津条約が締結されたとの情報がもたらされる。それを日本側への格好の圧力として用い、幕府に伝えた一つのラインはハリス自身だが、(39)その天津条約調印を完了した諸国の使節のうち、いち早く日本に回航してきたのがプチャーチンだったのである。

プチャーチンの出府・拝謁希望

プチャーチンはいったん長崎、ついで下田に入るも、幕府の予想を覆してすぐに神奈川へ来航、幕府は即座の対応を余儀なくされた。これが安政五年六月一八日のこと、そして幕府が朝廷との問題解決を待たず日米修好通商条約の締結に踏み切ったのは翌一九日であった(40)。ロシア使節の応接は、永井尚志、井上清直、堀利熙《ほりとしひろ》、岩瀬忠震、津田正路の五名が命じられた(41)。以降の諸記録から、この際の対露交渉を実質的に担ったのは彼らのうち、再び永井を中心に堀と津田であったことがわかる。井上と岩瀬は言うまでもなく、対米業務に多忙を極めていたであろう。

応接掛とプチャーチンとの本格的な会談は六月二一日に行われたが(42)、そこでは、プチャーチン自身がすでに長崎などで得た情報から、対米条約交渉の進展を含め、直近の日本における対外関係の動向をよく承知していること、一方で、先に触れたように日本側で重視していた新たな全権委任状は所持していないことが判明した。その点を問われたプチャーチンは、天津条約締結のための委任状は携行しているので要すればそれを見せてもよいといった詭弁を展開している。

幕府が想定していたとおり、米・蘭の例に拠って江戸に赴き、将軍に拝謁したいとの希望もこの会談でプチャーチン側から言及された。その際、先の来日の折に「戸田ニて格別之御恩」を蒙ったことにつき、将軍へじかに御礼を申し述べたい旨を言い添えている。これが、有名な「ヘダ号」の逸話——安政の大地震に遭遇し、大破したプチャーチンの乗艦ディアナ号に代えて、現地住民の手で新船ヘダ号を建造するとともに、足止めされたロシア士官らを厚遇した——を指すことは言うまでもない。

このとき応接掛はプチャーチンに対し、「江府拝禮之儀は、精々力を盡し取計可申」と意外にも何の留保もなく前向きの回答を与え、同時に老中へは、「國書等持參不仕候得とも、是迄度々使節として渡來致候布恬廷《プチャーチン》之儀、出府拝禮等強て差拒候ハヽ、又々何様之害を生し可申哉難計候間、御許容相成候方、御都合も宜可然哉と奉存候(43)」と、事実上、受け入れを強く勧める上申を行った。「又々何様之害を生し可申哉難計候」と、強いて申し入れを拒んだ場合の弊害を言い、これを避けるためといった論法を用いてはいるものの、戸田の件を含めてプチャーチンとのここまでの関係がむしろ良好であったことに鑑み、それを損なうべきではないという方向を打ち出している。実際に本人と相対した応接掛の実感としても、「是迄度々使節として渡來致候布恬廷」という彼個人への一定の信頼に基づき、「國書等持參不仕候得とも」――肝心の委任状がなくても――その顔を立てようとしたと考えられる。

このの‌ち幕府内では、安政五年七月一日の段階でプチャーチンの出府、ならびに登城・将軍拝謁を受け入れることが決定した(44)。プチャーチン自身が神奈川から陸路で江戸入りしたのは七月四日(45)、一週間後の七月一一日に日露修好通商条約が締結され、登城は翌七月一二日に実現した(46)。なお、日露条約の前日一〇日には、四月の拝謁後、そのまま江戸に滞留していたドンケル＝クルティウスとの間で日蘭修好通商条約が調印に至っている(47)。

プチャーチンの登城・拝謁をめぐってはとくに議論はなかった。その理由を、その跡を残していない史料から実証することは難しいが、右に紹介した応接掛の見解、また、現に米・蘭の経験に鑑みて、幕府が同種の迎接それ自体を躊躇する理由はなかったであろう。

政局の混迷　しかし、この一連の過程の背後では、病弱であった第一三代将軍家定の後継をめぐる抗争から政局が激しい動揺を見せはじめていた。日米修好通商条約が勅許を待たずに調印されたことを捉え、六月二四日には徳川斉昭以下、一橋派が不時登城を断行、四月下旬から大老職に就いていた井伊直弼との決定的な衝突が起きる。翌二五日、これに蓋をする形で、井伊は家定の養子として紀州藩主徳川慶福（家茂）の披露を強行し、いわゆる「将軍継嗣問題」に決着をつけるという事態が発生した。引き続き七月上旬にかけ、不時登城組に謹慎・蟄居あるいは隠居・謹慎の措置が下された。(48)

同じ城を舞台とするがゆえに、プチャーチンの拝謁式が現実に、この混迷のなかで挙行されたことはきわめて印象的である。そこには、権力を掌握し、城を自由にしうる為政者の力が誇示されているようでもあり、また同時に、国内政治、あるいは国際情勢そのものの混乱にもかかわらず、常の形で淡々と実行され続けるべき外交儀礼というものの本質が、よく表れていると言うことができるだろう。違勅調印に踏み切った井伊側としては、この時節ゆえに、対外交際の進展に躊躇する道はかえってなく、その礼譲をまっとうしていくよりほかなかったとも考えられる。

これらの動きに加え、プチャーチン自身が六月二一日の会談で予告したように、中国（清）から同じく天津条約締結を果たしたイギリス使節、エルギン伯ジェームズ・ブルース（James Bruce, 8th Earl of Elgin）が品川に来着した。プチャーチンの江戸入りと同じ七月四日のことである。(49) このような状況下、もはや迷う余地なく各使節に対応していかなければならない幕府にとって、先のドンケル＝クルティウスの際、「向後外國官吏等參府之規則」を細かく検討しておいたことは幸いであったろう。

外国奉行が司る儀礼

さて、イギリスに対してはいったん、永井尚志、岩瀬忠震、津田正路の三名が応接掛に任じられたが、(50) エルギンの到着四日後にあたる安政五年七月八日、幕府では「外国奉行」の設置が発令された。弘化年間以来、幕府内の既存の組織をまたがる、いわばタスク・フォースの形で設置され、年々繁多となる国際問題に対処してきた「海防掛」を廃止し、既存業務から独立した対外関係専門の職掌が発足したのである。その初代の顔ぶれは、水野忠徳、永井尚志、岩瀬忠震、堀利熙、井上清直の五名、(51)いずれも、すでにここ何年も幕府の外交を実質的に支えてきた腕に覚えのある面々である。以降、これまで各国使節の到来ごとに、海防掛を中心に臨時の応接掛が組まれていた方式も改められ、対外業務は一貫して外国奉行が取り扱うことになった。

この体制のもとで、まずは七月一〇日に日蘭修好通商条約、一一日に日露修好通商条約の調印が行われ、引き続き一二日に挙行されたプチャーチンの登城・将軍拝謁儀礼も、むろん彼らが所掌する仕事であった。これは、幕府において外国奉行が取り仕切った最初の殿中儀礼となったのである。(52)なお、安政三年一〇月から専任の外国掛老中を務めていた堀田正睦は、もともと井伊直弼と政治路線が相容れず、条約勅許奏請失敗の責任をとらされる形で、これに先立ち六月二三日付で失脚していた。(53)

ロシア使節プチャーチンの拝謁は、形のうえではすべてオランダ領事ドンケル＝クルティウスの拝謁式次第を踏襲して準備された。一時的に来日しているにすぎないプチャーチンは「普通在留之官吏」とは言えまいが、一方で、右で見たとおり明らかに「國書持參之者」ではなかった。ここでは淡々と直近の例が用いられたのである。

ただし、第一三代将軍家定は七月六日に逝去し、幕府はこのとき、それをひた隠しにしていた。プチャーチンの迎接に際しては、将軍は「御痂積氣ニ付」出御が叶わないとされ、養子披露が済んだばかりの慶福（家茂）が名代に立った。(54)このときはまた、毎月一日、一五日、二八日に行われる月次御礼の「御序」という形はとられなかった。プチャーチンの来日後すぐの定期登城日にあたる六月二八日、あるいは七月一日前後、養君披露の諸儀式や祝賀行事で殿中の日程が詰まっていたことを視野に入れれば[55]、この先例が一回限りで放棄されたことについて格別の説明は要すまい。

なお、プチャーチンに続いて拝謁式に臨むのが自然であったはずのイギリス使節エルギンは、将軍の病気への配慮、および年若い将軍名代に引見されることを嫌って登城を要望せず[56]、条約交渉のみ行って去った（日英修好通商条約の締結は七月一八日）。家定の薨去は八月八日に至って公表され、のち、一二月一日に将軍宣下の大礼が行われて、徳川家茂が正式に第一四代将軍に就くことになる[57]。エルギンを追ってフランス使節ジャン＝バティスト・ルイ・グロ（Jean-Baptiste Louis Gros）が来日し（八月一三日品川入津[58]）、条約交渉を開始した時点では、すでに将軍の不在は明らかになっており、やはり登城の機会はないままに終わった（日仏修好通商条約締結は九月三日）。

第二節　アメリカ公使ハリスの将軍再拝謁（安政六年）とその後

（一）ハリス再拝謁の背景と当日の顚末

江戸駐在公使への昇任

その後しばらく、欧米外交使節の登城・拝謁問題は鎮静化したが、総領事であったタウンセンド・ハリスが正式な外交職である公使に昇格（本国における決定は一八五九年一月一九日／安政五年一二月一六日）、安政六（一八五九）年四月に至ってその通知をハリス本人が受領したことから[59]、彼の再登城・将軍拝謁が重要課題として浮上した。アメリカが日本に外交代表を置くことは、ほかでもないハリス自身が先の江戸滞在中に交渉した日米修好通商条約に規定されたものだが（第一条）、ハリスは条約締結直後から、その職に自らを任命してほしい旨、本国政府に願い出ていた[60]。

任命の通知を受け取ったとき、ハリスは上海にいた。条約の締結とその新しい枠組みを動かすための諸準備が一段落したのち、条約に定められた神奈川および長崎の開港（一八五九年七月四日／安政六年六月五日）までの時間を活用し、赴任以来初めて、静養を兼ねて日本を離れていたのである[61]。安政六年五月二七日に下田に帰着したハリスが他のすべてに優先してその当日に着手した仕事は、自らの公使任命を幕府に知らせ、また、大統領の名によるその旨の信任状を捧呈するため、あらためて将軍に拝謁したい意向を伝えて、日取りの設定を依頼することであった。同時に、新条約中、外交代表の駐在地は江戸との定めに基づき、近々に下田から江戸に移転する考えにも言及している[62]。

ちなみにこの江戸移転については、新条約締結後も本国からの指示はとくになかった。ハリスは、公使任命の知らせを受け取ったのち独断で江戸行きを決め、本国外相に対しては、その意思が「私が条約の規定（筆者注・駐在地は江戸との定め）に従うことにあろうと仮定し、荷物をまとめてこの地を離れることにいたします」との文書を下田から発出している[63]。

このことは、ハリスが単に一人で考えついたものではあるまい。同じ時期、それまで日本に駐在官を置いていなかったイギリスが、エルギンの締結した日英修好通商条約に基づき、初の駐日代表を派遣しようとしていた。駐広東領事を務めていたラザフォード・オールコックの転任である。彼はイギリス本国政府より、当初から江戸に乗り込み、同地に駐在拠点を築くことを明確に命じられていた[64]。

出発の準備を終えたオールコックが、日本へ向かう途上で上海に立ち寄ったため、ハリスはその地で彼と初の邂逅を果たすことになったが[65]、駐日イギリス代表の目的地が江戸であることを直接聞かされれば、自身が下田にとどまっているわけにはいかないと考えるのは当然であろう。また、先にも触れたように日本赴任前から昵懇になっていた香港総督バウリングとは、ハリスはその後も文通を続けており、バウリングからはより早い段階で、オールコックの江戸への異動を知らされていた[66]。それでも、日本帰還にあたっていったん下田に立ち寄らざるをえなかったハリスの江戸入りは、オールコックに一週間以上の遅れをとり[67]、すでに過去三年にわたる日本との付き合いにもかかわらず、初の「駐江戸」代表の地位を彼に譲ることになったのである。

なお、日本赴任時のオールコックの肩書きは総領事であった。ハリスも当初はそうであったが、これは、厳密な意味での「外交職」とは区別される身分である。とくにイギリスの場合、日英修好通商条約に外交官吏の江戸駐在を定めながら、あえて格下の肩書きで駐在代表を派遣したわけだが、当時、このことをオールコック自身が大いに問題視し、本国政府との応酬の末、一八五九年一二月八日（安政六年一一月一五日）に至って、公使への昇格を果たすことになる[68]。

この昇格にあたり、本国政府が女王の名で公使信任状を発給した時点で、それをオールコック自身が将軍に捧呈する必要が生じた。ハリスの場合、同じく総領事として赴任しながらも、日米修好通商条約締結交渉の使命を帯びていたため、将軍に捧呈すべき大統領の親書を携えていたが、それとは異なり、着任時のオールコックは、すでにエルギンが締結し、自らの赴任を規定した日英修好通商条約の批准書を、実務レベルで交換する以上の儀礼的な役割は与えられていなかった。したがって当初、彼が幕府に対して登城・将軍拝謁を要望することはなかったのである。

さて、公使昇格を知らせてきたハリスに対し、幕府は開港の翌日、安政六年六月六日付をもって、老中の名で「大慶之事」と祝賀の言葉を贈り、拝謁の日取りは追って知らせる旨を回答した(69)。結果としてこの拝謁が実現するのは同年一〇月一一日のことで(70)、ハリスはその二日前に至るまで日程の決定を催促しており(71)、相当に引き延ばされたのは間違いない。しかし、幕府内がとくにこの件で揉めていた形跡はなく、おそらくは開港後の業務繁多により一日延ばしになっていたものであろう。また、この間、幕府とハリスの間で他のもろもろの業務は順調に遂行されていた。

簡略化された儀式

安政六年一〇月一一日における、駐日アメリカ公使ハリス迎接の儀式は、ひとまず滞りなく実施されたかに見えた。幕府では、もはや式次第をあらためて検討するまでもなく、ドンケル＝クルティウス、プチャーチンの例を通じて確認されたルールに従ってこれを挙行したのである。右の二件では、城中の大広間下段、下から二畳目の「自分御禮」の位置で将軍に拝謁したのに対し、このたび公使任命の大統領信任状を捧呈するハリスについては、さらに計五畳分前進して拝謁する形がとられたことを含めて(72)、「普通在留之官吏」と「國書持參之者」とを区別する「向後外國官吏等參府之規則」が忠実に実践されたと見ることができる。むろん、この日は若き新将軍、一四代家茂が大広間に出御した。

さて、右のハリスの立ち位置は、安政四年の初登城の際、やはり大統領の名代として拝謁したのと同じ場所である。他方、列席者一同の服装は、熨斗目に長袴であった(73)（第三章図8参照）。前二件の「普通在留之官吏」のケースでは、既述のとおり半袴まで格を落としたことを考えれば、「國書持參之者」に対して幾分かの配慮がなされたものと推測されるが、「年始御礼」に準じたハリス初登城時の式と比べれば、はるかに格の低い迎接であった。これもまた、幕府においてドンケル＝クルティウスのときから明確に意識されていたように、こうした外交儀礼を特例的な盛典から、今後繰り返されていくことを前提とした、常の殿中儀礼のなかに取り込んでいこうとする流れの一環と捉えることができる。

とはいえ、将軍以下、下位の列席者までが熨斗目長袴で勢揃いした様相は、前回登城した折の「直垂狩衣大紋布衣素袍」の装束揃え——幕府側が見た目の多様さ、きらびやかさをとくに意識して選択した——と比べ、同じ城中にあって、ハリスの目に明らかに違う光景として映ったのである。

(二)「拝謁仕直し」論争

ハリスの抗議　翌々日から、ハリスの猛烈な抗議が開始された。安政六(一八五九)年一〇月一三日にハリスが老中に宛てて差し出した書簡では、二年前の初めての拝謁の際と明白に異なる扱いを受けたことを、自ら、ひいては自らを名代とするアメリカ大統領を軽視したものと位置づけ、"uncourteous and improper acts"(幕府で作成した翻訳文では「無禮及び不當の所置」)という言葉で強く批判している(74)。

ハリスがここで具体的に問題にしたのは、次の六点であった。

①先の拝謁では宿舎から城まで、「守」の呼称を有する身分の人物(下田奉行井上清直)の案内を受けたのに対し、今回の案内役は身分が低かったこと。

②居所から城までの道中、先の拝謁の折は往来を制して通行させたのに対し、今回は街路の往来は

まったく自由で、彼に駆け寄ってきて立ち騒ぐ集団まであったこと。
③先の拝謁の折は、儀式の終わりに将軍が一揖したが、今回はそれがなかったこと。
④前回と異なり、このたびは城中の参列者が適切な礼服を身に着けず、とりわけ頭上に被り物を用いていなかったこと。
⑤拝謁後、先の登城では筆頭老中堀田正睦以下の幕閣一同があらためて別室に居並び、挨拶を交わしたのに対し、今回は同様の場面において二名の老中が出席しただけであったこと。
⑥その際、筆頭老中間部詮勝《まなべあきかつ》がひとこと口をきいたのみで、その後はハリス側からの機嫌伺いにも答えず、甚だしく不遜な態度であったこと。

この抗議に対して幕府は、折しも一〇月一七日に発生した江戸城本丸炎上という事態を挟み、同月二七日に至ってまず老中から返簡を差し出し(75)、さらにひと月後の一一月二七日、外国奉行が江戸のアメリカ公使館となっている善福寺にハリスを訪ね、会談を持つという形で(76)、第一段階の処置を試みた。この段階での対応ぶりを右の六点に合わせて整理すれば、以下のとおりである。

①先の拝礼の折は、いまだ外国事務取扱の職掌が設定される以前の段階で俄かに礼式を講じたため、とりあえず下田奉行に先導させたが、現在までに担当の役職も定まったので、その筋の者を遣わしたのである。
②前回は初めての例であるため不慮の騒擾を防ぐべく市街に護衛の士卒を配したが、互いの交際が日

常化したいま、衛兵を退けて隔意のないところを示そうとした。下々の者が立ち騒いだことについては不行届きを認める。

③将軍の会釈の有無については事前に打ち合わせたはずである[77]。いずれにせよ、将軍自ら「百僚を率ひ、其席に臨まれた」のは、貴国への「恭敬の顕る、所」であるのに[78]、礼を失したと捉えられるのは不本意である。

④（今般の服装が長袴となることについては打ち合わせの際に伝達済みであったことをいったんハリス側にも認めさせたうえで）日本の礼式は専ら衣服の格を基準とすることから、被り物の有無のほか、諸点の簡易化についてはあえて略礼を重ねたわけではなく、装束の設定に連動したものである。全体として虚飾を排し、懇親の意を示そうとする趣旨であった。

⑤外国事務を担当する役職者が定まったうえは他の者が出ないのは当然である。

⑥大礼は静謐を旨とすることから間部が発言しなかったことも不敬には当たるまいが、加えて通訳が行き届かなかったところがあると思われ、指摘を受けて間部本人も驚いている。

これらのうち⑤については、先年の拝謁の段階でも老中のレベルではすでに堀田正睦が担当の役職者として外国掛に任じられていたのであり、このような説明は通じないこと、また⑥について、間部の不遜な態度は目に明らかであって言い訳の余地はない旨、即刻ハリスから反論を受けている[79]。なお、⑤の場面に関しては、記録に残された式次第にはより多くの列席者が書き込まれており[80]、そのような予定が立てられていたにもかかわらず、当日何らかの理由で略式の対応がなされた可能性も考えられる。

ともかく、ハリスが謁見の二日後に本国に書き送った報告からは、彼の不満が突き詰めるところ、間部から受けた侮辱一点に帰すると言っても過言ではないことが読み取れる(81)。仮に双方の間に多少の誤解があったにせよ、間部が一定以上の不遜な態度をとったのは事実なのであろう。間部は前年の井伊大老就任後、堀田をはじめ老中陣が一新されるにあたり、これに代わった人物の一人だが、能力や家格は平凡ながら、よく井伊の指示に従うという理由で、とくに朝廷工作ないし弾圧の手先とするためにこの役職に任じられたとする評がある(82)。そもそも外国掛の老中は、異例の独任でこれにあたった堀田の失脚とともに専任制も廃止され、このときは脇坂安宅《わきさかやすおり》、久世広周と三人で月番交代制をとるなか、間部の番にあたっていたのだった(83)。

よく知られているように、右の老中人事を皮切りに井伊独裁政権による恐怖政治が展開され、外国奉行に任命されていた開明派の能吏も多くが短期間で失脚、または他部署へ異動を命じられ、外交の舞台から消えていった(84)。この時点での外国奉行は堀利熙、村垣範正、酒井忠行、新見正興《しんみまさおき》、溝口直清、赤松範忠、渡邊孝綱という面々で(85)、初代の五人のうち唯一現場に残った堀、箱館奉行として活躍していた村垣など、外交畑で実務経験のある者も皆無ではなかったが、のち幕府の遣米使節に任命される新見を含め、この時点ではあえて素人を選んだとも言える人事であって、ハリスが前回登城時とまったく違う雰囲気を感じ取ったのも無理はあるまい(86)。なお、ハリスの不興を買った間部は、先に取り上げた安政六年一一月二七日のハリス・外国奉行会談の翌日、病気を理由に外国掛老中を罷免された(87)。

このとき日本側の主張の基調をなしていたのは、一〇月二七日の老中書簡にある、「先年拝礼の節は、新條約爲取替以前にて、……初て來る外賓を待遇する特礼を以て」迎えたが、「今ハ條約一定して、寬優の貿易を開き、已に一部内に居留ありて、互の交情日々に厚けれハ、徒に繁褥の礼文を用て虛飾を施すを要せす、……則懇篤和親の礼典に據りしなり」との考え方であった(88)。だからといって登城道中の人混みを十分に制御しないような仕方が適切かどうかはまた別だが、こうした外交官らの迎接がまさに「特礼」であった段階を脱し、両国間の交際がすでに常態であるとの認識を前提に、より日常的なレベルで処理していくとの方針は明確に存在した。事実、老中自身が同じ書簡のなかで、「惣て此度所用の礼典は、去午年、魯西亞使節、新條約爲取替の後、登營謁見せし先蹤を用ひしにて、其許先年登營の礼節とハ聊異同あるといへとも、……我邦礼典の常とする所(89)」と述べている。

先例の存在

ここでは直近の「魯西亞使節」、プチャーチンの登城を具体的な「先蹤」として、それに倣った今回の様式をすでに恒常的なものと位置づけようとしているが、これがさらに三ヵ月前のドンケル＝クルティウスの例に準じて成立したことは、再度説明するまでもあるまい。その節の「向後外國官吏等參府之規則」を確立するとの意識は、今回のハリス登城にあたり、確実に生きて実践されたことがわかる。あるいは、対外関係の進展に熱心かつ有能な人材を欠いたこの時期の幕府にとって、すでに十分な検討を経た先例が存在していたことは、幸いであったとも言えるだろう。

こうした先例遵守の基本方針に加え、実務レベルの外国奉行らは、ハリスが強いて反論を続けるなら、事前の打ち合わせにあたった自分たちに累が及ぶことを彼に述べ、不満の点は今後引き続き話し合い、またの拝謁機会に調整するという方向で説得、決着を図ろうとした。しかし、一方のハリスは自身の格下げを意味する今回の扱いをけっして了承せず、先年の方式に則って拝謁式をやり直すことを要求し、譲らなかったのである。幕府側はその強硬な主張の前に、結局、式の再挙行を受け入れざるをえなくなるのだが、時期は焼失した本丸の再建が成ったのちとし、当面は引き延ばしを画策した(90)。

ハリスの焦燥と仮城での将軍拝謁

本丸炎上後の江戸城では、将軍一家が西丸での仮寓を余儀なくされたことはもとより、恒例の行事もほとんどが略されたのであって(91)、再拝謁の実施時期を俄かには決定しがたいとしたのは、単にハリスに対する方便ではなかっただろう。が、ハリスはこれをも許容しなかった。

そもそも式の簡略化を問題にしながら、本格的な設えを待っての挙行より、仮御殿での早期実施をハリスが求めた背景には、自らに与えられた不名誉を一刻も早く払拭するという目的もあったには違いないが、ヨーロッパ諸国から新たに続々と外交使節の到来が予想されるなかで、彼らの拝謁が遠からず日程に上るのは確実であるとの予測が存在したものと考えられる。自分の身に起こった問題が解決する以前に、いずれの様式であれ他国の使節が拝謁を済ませてしまうことで、自らの立場が宙に浮くことになるのを懸念し、そのような事態が発生するのを避けるよう、幕府に対し明示的に釘を刺してもいる(92)。

とりわけ、イギリス総領事として江戸に駐在を開始していたオールコックが、一八五九年一二月八日（安政六年一一月一五日）をもって本国で公使に任命され、明けて万延元（一八六〇）年に入るとすぐ、その知らせが日本に到達、オールコックには登城のうえ将軍に公使信任状を捧呈する必要が生じた。彼がその手配を幕府に要望するのが確実となったため、ハリスは一層の焦燥感を抱くようになったと見られる。昇格のことをオールコック自身が幕府に正式通知した万延元年正月三〇日より早く、ハリスは同月一三日、幕府側との別件に関する会談の席でその件に言及し、オールコックが拝謁を申し入れた場合、それを自身の再拝謁に先行させることのないよう要請した。[93] 幕府もこれを受け入れ、他国外交官の登城に先

図4　オールコック

立ってハリスの問題を解決することを約した。[94]

その後もハリスの催促は続いたが、押された幕府がついに本丸の再建を待たず、仮御殿での迎接を許容することにしたのは、万延元年二月五日であった。なお、このことと、同年正月一八日をもって、幕府初の遣外使節、いわゆる万延元年遣米使節が品川を出航したこととは、直接記録上にそう言及されないまでも、無関係ではあるまい。[95] この使節は、先に締約された日米修好通商条約の批准書を、アメリカの首都ワシントンで交換することを主目的としたものである。その交換を日本国内で行うのではなく、日本の使節が海外に出る機会とすべく条約自体に盛り込んでおいたのは、ハリスと、当時全権としてその交渉相手となった岩瀬忠震の深謀遠慮であったとされる。[96]

遣米使節の準備は条約調印直後より、ハリスと幕府が連絡を取り合いながら始められていたが、[97] ここに至ってついに形を見、正使と副使に、外国奉行としてハリスとの拝謁問題の交渉にもあたってきた新見正興と村垣範正、監察としてこれもすでにハリスと接触のある目付小栗忠順《おぐりただまさ》、以下合計七七名の使節団が米艦ポーハタン号に乗り込み、いわばアメリカ側の対応に命を預けたのである。さらには周知の

図5　万延元年遣米使節団の主要メンバー（於ワシントン）
着席している前列右から２人目が小栗忠順、その左が正使・新見正興、その左が村垣範正。前列左端に、第６章に登場する塚原昌義がいる。

とおり、その護衛艦との名目で、木村喜毅《きむらよしたけ》提督、勝義邦《かつよしくに》（海舟）艦長率いる咸臨丸が太平洋横断の挙に出た(98)。ハリスによる再拝謁の督促は、使節団を迎えに来着したポーハタン号の艦長を伴ってハリスが老中を訪問した際、その同席のもとでもさかんに行われており(99)、幕府がこれを蔑ろにすることはできなかったであろう。

「通例」の整備に向けて

さて、仮御殿での拝謁式挙行を決定した際、幕府は老中名の書簡で、この場合はかえって略礼とならざるをえない旨をハリスに確認したが、同時に、「今般之式は、以後の通例たるへき」との考えが明記されていることに目を留めておきたい(100)。ドンケル＝クルティウスならびにプチャーチン、そしてハリスの第二回迎接機会を活用して確立したはずの「向後外國官吏等參府之規則」が、先に「特礼」レベルの儀式を経験していたハリスの抗議に遭って再考を余儀なくされたのち、これを機に再調整を図り、いよいよ「通例」を定めたいとの幕府の意思を読み取ることができる。

なお、以上の事情をハリスから直接聞いたオールコックは、それを追い越して拝謁を急ぐ意図を持たず、ハリスが順当に再拝謁を済ませるのを待つスタンスをとったため(101)、ハリスの心配は表向き杞憂に終わった。ただし、ひとえにハリスへの配慮からその問題解決を待っていたかに見えるオールコックが、のちに本国外務省へ送った報告文には、互いによき協力者であるとともにライバルでもあるハリスを向こうに回した周到な計算が表れている。多少の時間のロスを厭わなければ、日本側にもストレスを与えているはずの煩わしい交渉をハリスに任せ、自らはその果実を得るだけ——彼が受けたという不敬は自ずと回避され、自らは十分に意を尽くした設定で初登城に臨める——というのである。(102)

他方、もう一人、オールコックやハリスに少し遅れ、安政六（一八五九）年九月六日に江戸に到着し、やはり総領事として駐在を開始していたフランスのド＝ベルクール(103)は、実はオールコックのケースと異なり、本国の指示に基づいて、着任後すぐその身分のままで幕府に将軍拝謁を要請したことがある。ド＝ベルクール自身の本国宛報告によれば、幕府はその段階ではごく好意的に反応し(104)、日程はいったん、安政六年一〇月一六日に決していた。ところが、将軍が何らかの宗教行事に出席しなければならなくなったとの理由で延期され(105)、他方で一〇月一一日にハリスが登城、本節で見ている問題が発生したため、ド＝ベルクールの拝謁も当面、目処が立たなくなってしまったのだという(106)。おそらく幕府側の実態としては、ハリスの問題によって、ド＝ベルクールに対しては口実を設けて延期を要請せざるをえなくなり、これをド＝ベルクールのほうでは上記の順序で記憶、筆記したものではないか。

ハリスの「拝謁仕直し(107)」に向けた幕府の検討は、いまや、アメリカ、またその他の国々への個別の対応にとどまらず、次第にこうした複数国間のせめぎ合いをも巻き込みながら、「以後の通例」づくりをめざして進んでいくことになった。

図6　ド＝ベルクール

（三）アメリカ公使ハリスの三たび拝謁から、イギリス、フランス公使の拝謁へ（万延元年）

初めての登城か否か

来るべきハリスの「拝謁仕直し」に向け、大問題のもととなった装束について、外国奉行が検討結果を老中に上申したのが、万延元（一八六〇）年二月二二日のことである。(108) 文脈からは、これに基づいてハリスと話し合うことを前提に、事前に老中の意見を確認するための文書であったことがわかる。外国奉行の提案では、まず、「各國ミニストル拝礼之節、初て之節は官服、二度目よりは長上下之積」とし、「年始幷國書持參等之儀は不申談、官服は初て之節ニ限り候」という。ここでいう官服とは、安政四（一八五七）年におけるハリスの初めての拝謁にあたって採用した、「直垂狩衣大紋布衣素袍」という武家の式服を指すと考えて間違いない。

つまりここでは、一方でハリス初登城の際のように「官服」で臨む格式、他方でその後、外交儀礼の日常化を図ろうとする過程で二度目のハリス登城に適用した「長上下」（長袴）を用いる格式という、二つの水準を存続させたまま、登城・拝謁が「初て」か否かによってそれらの整理を試みている。右の引用部分では、もはや国書の有無は議論しないと述べているが、「官服」も「長上下」も、用いられた先例はいずれも「國書持參」のケースであって、国書捧呈を目的としなかったドンケル＝クルティウス、プチャーチンのときの半袴という選択肢は消えたことになる。

民間人と見なされていた出島のオランダ商館長が公的な立場の領事官に転換したり、別の目的で来日したロシア使節が状況に応じて新たな条約を取り結んで帰ったりといったことは、欧米との関係の最初期における特殊な事態である。いったん各国との外交関係が日常化してしまえば、「普通在留之官吏」がおいそれと将軍への拝謁を求めるものでもない。駐在官が拝謁を求めるのは、そもそも何らかの背景があって国書の捧呈が必要となった場合であり、そのような儀式をこそ、「特礼」でなく「通例」として挙行できるよう制度を整えておかなければならないということが、幕府にも了解されてきたことであろう。

とすれば、「普通在留之官吏」の拝謁というところまで格を下げたカテゴリーを設けておくことには、もはやほとんど意味がない。基本的には使節が国書を持参していることが前提であって、そのうち初拝謁の場合はなお「特礼」として盛大に、二度目以降は、「徒に繁褥の礼文を用て、虚飾を施す」ことをせず、「懇篤和親の礼典に據」って迎接する。この区別のみ想定しておけば、相手方にも礼を失することなく、かつ、幕府としても持続可能な態勢を築くことができるだろう。このたびの外国奉行の提案には、そのような現状把握が表れているのではないか。同時に、「初て」の場合には官服で、二度目には、国書捧呈の場面であっても下位の長袴で対応したという、すでに実在する例を正当化し、これと整合性のあるルールを考案したという見方もできる。

ただし、この際の議論において、「初て」とするのが国単位での初めてか、人単位の初めてかという点が、若干の問題となった。つまり、すでに駐在を開始していた国の公使が交代し、新しい人物が到来して将軍に謁見する場合を「初て」と位置づけるか否かということである。上申を行っている外国奉行は、これを「初て」と見なして官服を用いるのが適当とした。さもなければ、一連の国々と国交開始ののちは、もはや「初て」に該当するケースは消滅することになる。これは上記のドンケル＝クルティウスやプチャーチンの場合に似て、問い自体がいわゆる「開国」期に特有のものと言えよう。公使の側が、個々の人物ごとに任命を受け、その身体に君主ないし国家を背負う者として、新たな信任状を持って着任することを考えれば、人が交代するごとに「初て」の迎接式を行うという外国奉行の見解は至極まっとうに思われる。しかし、この時点での老中の考えは、国単位の「初て」、ひいては繰り返されていく儀式をできるだけ簡略化するほうであった。ここで取り上げている外国奉行の上書になされた老中の書き込みからは、後任者来着の際は長上下にて「和親之御取扱」をすべきとの判断が下されたことがわかる。

この老中意見は、翌年以降、実際に頻繁に行われるようになった外交儀礼に際して必ずしも適用しきれず、のちに触れるように、将軍拝謁儀礼の格式はそれよりもやや高めの設定で安定を見る(109)。いずれにせよここでは、いまだ各国の駐在官が初代であるか、または初代以前の一時的な使節をわずか数ヵ国から迎えたにすぎない段階において、このののち公使が交代を重ね、外国との関係が引き継がれていくという感覚を、当時の幕閣、幕臣らが当然のように持ち、議論の前提としていたことに目を留めておきたい。

交渉の決着

さて、幕府内で以上の検討が行われている間に、政局に劇的な転回が訪れた。万延元（一八六〇）年三月三日、桜田門外の変である。井伊直弼亡きあとの幕政ならびに対外問題を取り仕切ることになったのは、その少し前から老中職にあった安藤信正であった。合理的な仕事ぶりによって、こののち駐在外交官らの信望を集めた人物である(110)。

折からの問題についての幕府とハリスとの話し合いは、翌閏三月から五月にかけて、急激に実質的な進展を見た(111)。その過程で、ハリスがあらためて、先の安政四（一八五七）年、初拝謁時の様式にこだわりを見せたのに対し、幕府側は、その例は「永世の法度にハ確定しかた」いと言い、「猶我國の格例によりて參考講定し……永世不易の禮典を講定いたし度」と、明確な言葉で返答している[112]。前項で見た六つの問題のうち、ルール化の対象にはしにくい最後の二つを除き、①〜④の各項について整理するなら、幕府は次のとおり対応を決した。

①居所から城まで、使節には外国奉行に次ぐ位階の役人が同伴する。
②通行の道々では、登城の行列を横切る等の行為を禁止する。
③（将軍の会釈については言及なし。ただし、ハリス側の記録からは会釈が復活したことが読み取れる[113]。）
④服装については右に解説したとおり、「初て」と二回目以降とで区分する。なお、ハリス自身はすでに二度の登城経験があるが、「今度は禮典確定後、初て登城ニ付[114]」、列席者は官服を用いる。ただし、これは今回限りの扱いとし、以降の登城機会には熨斗目長袴を着用する。

④の服装の件に関しては、幕府側が自ら半ばこじつけともとれる論理を用いて、このたびのハリスの「拝謁仕直し」にあたり、もう一回限り官服で迎える配慮をした跡がうかがえる。ハリスはなおも城までの道中警衛をより手厚くすることなどを求め、応酬が続いたが、最終的には、幕府の用意した修正案に沿ってついに双方が合意した。別の見方をすれば、右の①の点について、外国奉行設置後の新体制を幕府が崩さず、下田奉行が案内役に立った初発事例を踏襲しなかったことと、式自体が西丸で挙行されることを除けば、全体として安政四年時の様式が再現されることになったと言える。これをもって、ハリスの修正拝謁はいよいよ万延元（一八六〇）年七月四日の実施と決定した[115]。

なお、この間、五月一三日に、咸臨丸が太平洋を往復して無事帰還[116]。また、サンフランシスコからパナマ地峡を横断してアメリカ東海岸に出た遣米使節団本隊は閏三月二四日にワシントンに到着し、三日後には大統領に謁見して将軍の親書を奉じた。本国からその報を受けたハリスが幕府にそれを伝達したのが六月三〇日である[117]。アメリカ政府が使節団を丁重に迎えたことを知らせ、自身の拝謁に向けて幕府にプレッシャーをかける意図もあったであろう。

七月四日の拝謁式完了後は、ハリスは同一三日に記した本国宛の文書で、使節団への現地での厚遇につき、幕府からとくに謝意が表明された旨を報告している[118]。十分な修正を経た様式での再拝謁が実現したことで、こうした前向きの情報伝達を行うなど、好循環が始まったと言えようか。この時期、ハリス再拝謁と、遣米使節団・咸臨丸の動きとが、日米双方の意識のなかでさまざまな相互作用を起こしていたことは間違いない[119]。

他方、ハリスとの交渉決着を見るや、その式の挙行以前、幕府よりただちに、イギリス公使オールコック、フランス代理公使ド＝ベルクール（この時点までに総領事から昇任[120]）に連絡がなされた。その内容は、「大君に謁見之儀、兼てより被申聞趣あれとも、一體之式法未タ講究せさるをもつて、心ならすも延引およひしに、近々亞國ミニストル謁見之積ニ付、引續き其許ニも謁見之禮を擧んとす[121]」というもので、ハリスを相手に決定したばかりの式次第の詳細を付し、これら二ヵ国代表の登城を積極的に促したのである。両人は何らの留保なくこの式次第を受け入れ[122]、とりわけド＝ベルクールは、外交使節としての自身のランクが他の二人より低いにもかかわらず、同じ様式で迎えられるということを喜び、本国外相宛の報告で特筆している[123]。

FIRST AUDIENCE OF A BRITISH MINISTER WITH THE TYCOON OF JAPAN AT JEDDO.—FROM A SKETCH BY S. J. GOWER.

図7　ラザフォード・オールコック初代駐日イギリス公使の第14代将軍家茂拝謁
(*Illustrated London News*, 15 Dec. 1860)

本図とともに掲載された記事は、式場となった大広間の様子や、おおまかな式次第を紹介するともに、オールコックが格調高い儀礼をもって迎接されたことを強調している。

実際に、ハリスに続き、オールコックは同年七月九日、ド＝ベルクールは七月二一日に、それぞれ「初て」の登城・将軍拝謁を果たした(124)。ひとまずここで、徳川幕府の外交における「永世不易の禮典」が成立したことになる。

第三節　まとめ——持続可能な外交へ

以上に見てきたのは、安政四（一八五七）年一〇月二一日に挙行された初代駐日アメリカ総領事タウンセンド・ハリスの登城に端を発する、欧米諸国から日本に着任した最初期の外交官らを迎えての、一連の将軍拝謁儀礼の展開であり、そのために徳川幕府が要求された準備、検討の実態である。本章ではとりわけ、一連の経過のなかで二つ目の事例にあたるオランダ領事官ドンケル＝クルティウス以降のケースを、連続的に読み解いてみた。そこからは、「向後外國官吏等參府之規則」

「我邦礼典の常とする所」「以後の通例」「永世不易の禮典」と、そのときどきに使われた表現はさまざまでも、当時の幕府がある一定の方向に向かって努力を重ねたことが浮かび上がる。

幕府がめざしたのは、従来国交のなかった欧米諸国から次々と外交官が到着する事態にあって、将軍がその居城で彼らを引見することにより外交関係の開始を認証するという象徴的行為を、できるかぎり特別視せず、もとより数々の殿中儀礼を軸に成立してきた政権の枠組みのなかに取り込み、平常の準備の範囲で彼らに対しうる態勢をつくることであった。そのことと、「外国奉行」を設置するという発想が同時期に生まれ、実現したことを考え合わせると、対外関係業務自体をもはや特殊なものではなく、幕府の一所掌領域として安定させ、持続可能なものにしていこうとする意思が、ここに表れていると見ることができよう。

ドンケル＝クルティウスの拝謁準備の過程で明らかになったこの方向性は、むろん、そこから突如として始まったのではなく、朝鮮通信使迎接儀礼に基本的な範をとった安政四年のハリス登城、そこに至る前年からの長い議論をベースに生まれ出たものであった。それはまた、その安政三年から万延元（一八六〇）年に至る五年間に、本章までに見てきた七つの具体的なケースを通じ、ひとえに現実に対処するなかで、当時の幕府が獲得した姿勢と言うべきものである。その過程は、むろん一面において必死の努力であったが、たとえば二度目のハリス登城からそのやり直しまでの経過に典型的に表れているように、いかに押されても、「猶我國の格例によりて參考講定し……永世不易の禮典を講定いたし度」と言い切る頑強な姿勢に支えられていた。

他方、これを別の角度から見れば、頑なに「我國の格例によりて」、殿中儀礼秩序の一部に外交儀礼を取り込んだようでありながら、その新たな儀礼カテゴリーが対外関係の水際にある以上、それを構築するには相手側との最低限の合意が欠かせなかったはずである。たとえばハリスが列席者の服装を批判したように、幕府がとろうとする方式に相手側から注文がついた場合もあるが、のみならず、幕府の実務担当者らは、この機に西洋式の儀礼についてできるだけ学び、また必要に応じてかなり柔軟かつ積極的にそれを採り入れもした。この過程から考案された儀礼様式は、徳川幕府殿中儀礼の伝統に則り、そのなかに位置づけられることを前提としながら、その検討は自ずと、幕府としての文化的経験の枠を広げることになった。

同時に、アメリカに使節を派遣するという経験は、彼らの視野を飛躍的に拡大させたと考えられる。外交使節というものが必ず外から日本の扉をこじ開けるという方向性は、もはや固定的なものではなくなった。いまだ大きな不均衡があるとはいえ、今後、対外関係が量的に拡大するだけではなく、双方向的になっていくことを、幕府の第一線の政策担当者たちは強く認識したであろう。単に人が行き来するという意味合いにとどまらず、たとえばハリスとの日々の関係を動かすうえで、自ら送り出した使節の動向を考慮し、兼ね合いを意識しなければならなくなるということは、実務上、大きな変化であったに違いない。その詳細を史料を用いて明らかにすることは、今後の重要な課題としたい。

ところで、こうした一連の展開には、さらにもう一つの側面として、アメリカに始まり、オランダ、ロシア、イギリス、フランスといった国制も国情も異なる国々を、何らの区別を設けることなくそれぞれ一国として扱い、相対していくという、近代的という言葉で評してもよい幕府の態度が表れている。このことは、史料を追う限りにおいて、特定の思想家の指導を受けたり、何らかの知的傾向に荷担したりしたものではない。持続可能な外交態勢を打ち立てるという、政策現場における不可避の要請を背負った幕臣たちの、日々の実践の結果として現れ出た姿勢である。

さて、本章までに取り上げた時期ののち、徳川政権が終焉に至るまでの間に、欧米諸国の外交官が登城し、将軍に拝謁したケースは次のとおりであった。

・文久元（一八六一）年一一月一三日、アメリカ公使ハリス（遣米使節関連大統領書簡の捧呈）。
・同年一一月五日、アメリカ公使ハリス（開港開市関連国書の捧呈）。
・文久二年三月二八日、アメリカ公使ハリス（帰国挨拶）。
・同年四月一九日、アメリカ公使プリュイン（着任挨拶）。
・同年五月二七日、フランス公使ド＝ベルクール（公使昇任、開港開市関連国書の捧呈）。
・同年閏八月九日、ロシア領事ゴシケーヴィチ（開港開市関連国書の捧呈）。
・慶応三（一八六七）年三月二八日、イギリス公使パークス（新将軍慶喜が大坂城にて引見。内謁見・饗応は三月二五日）。
・同日、オランダ総領事ファン＝ポルスブルック（同右。内謁見・饗応は三月二六日）。
・同日、フランス公使ロッシュ（同右。内謁見・饗応は三月二七日）。
・同年四月一日、アメリカ公使ヴァン＝ヴァルケンバーグ（同右。内謁見・饗応は三月二九日）。

以上は次章以降の考察課題であるが、あえて本章の末尾に一連の事例を掲げておこうとするのは、これら、あとに続く事例の存在によってこそ、ここで確認してきた万延元（一八六〇）年までの幕府における外交儀礼の検討に生きた意味のあったことを知りうるからである。とりわけ、右の前半、文久二（一八六二）年閏八月九日のヨシフ・ゴシケーヴィチ（Iosif Goshkevich）登城・拝謁に至る六件は、幕府の外交儀礼運営が大きな意味で安定飛行に入った時期と位置づけることができる。外交儀礼の様式は、いったん、たしかに固定され、あるいは完成し、もはや個々の式にあたっての議論を要しなくなった。外交代表を江戸城に迎えて行う儀礼は、五年にわたる試行錯誤を経て、この時期、徳川幕府が挙行する各種殿中儀礼の一つとして定着を見るのである。

本章では、それ以前、徳川幕府の担った外交儀礼が一連の試行錯誤の過程を乗り切るまでを、具体的に追跡してきた。その展開は同時に、本文中折々に触れた、国内政治上のさまざまな波乱にもかかわらず、対外関係がもはや停止や一時休止を想定することのできないものとなっていること、何よりも儀礼の安定的実施こそが、そうした関係の持続を表現する――それこそが儀礼の機能である――ということを、よく表現するものであったと言えるだろう。

（1）　フォス美弥子編訳『幕末出島未公開文書――ドンケル＝クルチウス覚え書』新人物往来社、一九九二年、二二五～二二六頁。
（2）『幕末外国関係文書之十七』、四六四～四六六頁。
（3）『幕末外国関係文書之十五』、六七〇～六七一頁、また、六八三～六八四頁。第三章注(17)参照。
（4）『幕末外国関係文書之十七』、四六四～四六六頁。

(5)『幕末外国関係文書之十九』、二五頁。
(6)『幕末外国関係文書之十九』、四五三頁。
(7)『幕末外国関係文書之十九』、四〇頁。
(8)『幕末外国関係文書之十九』、二七頁。
(9)ケンペル著・斎藤信訳『江戸参府旅行日記』平凡社、一九七七年、六九頁。
(10)『続通信全覧　類輯之部　四』、一五五～一五六頁。
(11)『幕末外国関係文書之十九』、三三頁。
(12)『幕末外国関係文書之十九』、一六六頁、一七〇頁。
(13)『幕末外国関係文書之十九』、二二～四八頁。
(14)『幕末外国関係文書之十九』、七八五頁。
(15)『幕末外国関係文書之十九』、四五一～四六〇頁、五三二～五三三頁。
(16)『幕末外国関係文書之十九』、三九〇頁、四五一～四五八頁。
(17)『幕末外国関係文書之十九』、五九三～五九四頁等。
(18)『幕末外国関係文書之十九』、四五七頁。
(19)『幕末外国関係文書之十九』、四五七頁。
(20)『幕末外国関係文書之十九』、三五～三六頁。
(21)『幕末外国関係文書之十八』、七九四～七九五頁。
(22)『幕末外国関係文書之十九』、六六〇～六六一頁。
(23)『幕末外国関係文書之十九』、六六二～六六七頁。
(24)『幕末外国関係文書之十九』、六八五頁。
(25)『幕末外国関係文書之十九』、六八五頁。

(26)『幕末外国関係文書之十九』、七八七頁。
(27)『幕末外国関係文書之十九』、六八四頁。
(28)『續徳川實紀　第三篇』、四八四頁。
(29)『幕末外国関係文書之十九』、七八五頁。
(30)『幕末外国関係文書之十九』、四〇〇頁。
(31)『幕末外国関係文書之十八』、二七〜二八頁。
(32)『幕末外国関係文書之三十六』、七四頁。
(33)荒野泰典「朝鮮通信使の終末――申維翰『海游録』によせて」『歴史評論』No.三五五（一九七九年）、七三頁、糟谷憲一「なぜ朝鮮通信使は廃止されたか――朝鮮史料を中心に」同、一七〜一八頁。
(34)『幕末外国関係文書之二十』、三四六〜三四七頁。
(35)『幕末外国関係文書之二十』、三四七〜三四九頁。
(36)『幕末外国関係文書之二十』、三五〇〜三五一頁。
(37)日米修好通商条約交渉の経緯について、詳しくは、石井孝『日本開国史』吉川弘文館、一九七二年、二四三〜三五三頁。
(38)同前、三三三〜三三四頁。また、ハリス著・坂田精一訳『ハリス日本滞在記　下』岩波書店、一九五四年、二三七頁参照。
(39)注(37)石井『日本開国史』、三三六頁。
(40)同前石井『日本開国史』は、条約締結前後の事情を説くにあたり、プチャーチンの来航にはいっさい触れていない。
(41)『幕末外国関係文書之二十』、四六六〜四六八頁。
(42)『幕末外国関係文書之二十』、四九七〜五〇五頁。

(43)『幕末外国関係文書之二十』、五〇七頁。
(44)『續徳川實紀　第三篇』、五一〇～五一一頁。
(45)『幕末外国関係文書之二十』、六七六頁。
(46)『幕末外国関係文書之二十』、七五一～七七五頁。
(47)『幕末外国関係文書之二十』、七一九～七三七頁。
(48) 渋沢栄一『徳川慶喜公伝二』平凡社、一九六七年、一八五～一八八頁。
(49)『幕末外国関係文書之二十』、六七八～六七九頁。
(50)『幕末外国関係文書之二十』、六九九～七〇〇頁。
(51)『幕末外国関係文書之二十』、七〇九～七一一頁。
(52)『幕末外国関係文書之二十』、七七一～七七五頁。
(53) 注(48)渋沢『徳川慶喜公伝二』、一八三頁、また、田辺太一著、坂田精一訳・校注『幕末外交談一』平凡社、一九六六年、九七頁参照。
(54)『幕末外国関係文書之二十』、七七四頁。
(55)『續徳川實紀　第三篇』、五〇七～五六六頁参照。
(56) *Correspondence Relative to the Earl of Elgin's Special Missions to China and Japan, 1857–1859: Presented to the House of Commons by Command of Her Majesty, in Pursuance of Their Address Dated July 15, 1859*, Reprinted by, San Francisco: Chinese Materials Center, 1975, p. 373. また Harris to Cass, 1 Sep. 1858, Diplomatic Dispatches: Japan, General Records of the Department of State (N. A. M.133/ R. G. 59), (The US National Archives and Records Administration [NARA]/横浜開港資料館蔵複写版 Ca 4/01.4).
(57)『續徳川實紀　第三篇』、五二五～五二六、五六六頁。
(58)『幕末外国関係文書之二十一』、八〇頁。

(59) Harris to Cass, 31 May 1859, N. A. M. 133/ R. G. 59（NARA）.

(60) Harris to Cass, 31 Jul. 1858, N. A. M. 133/ R. G. 59（NARA）. しかし彼自身は、その希望が叶う可能性は薄いと考えていたらしい。See Harris to Bowring, 15 Feb. 1859, Letter Book IV, The Letters and Papers of Townsend Harris（The Archive of the City College of New York [CCNY]/横浜開港資料館蔵複写版 Ca 4/04.2）.

(61) Harris to Cass, 26 Apr. 1859, N. A. M.133/ R. G. 59（NARA）.

(62) 『幕末外国関係文書之二十三』、三二一～三二五頁。

(63) Harris to Cass, 29 Jun. 1859, N. A. M. 133/ R. G. 59（NARA）.

(64) Malmesbury to Alcock, 1 Mar. 1859, Foreign Office（U. K.）: Political and Other Departments：General Correspondence before 1906, Japan（FO 46/2）,（The National Archives, U. K. [NA]）.

(65) Alcock to Malmesbury, 29 May 1859, FO 46/3（NA）. なお、その後の航程を追うと、オールコックの日本で最初の寄港地となった長崎でも、二人の滞在期間が重なったことが確実である。

(66) Bowring to Harris, 25 Mar. 1859, Letters & Papers, Series I, The Letters and Papers of Townsend Harris（CCNY）.

(67) 『幕末外国関係文書之二十三』、三八三～三八七頁、また、四二七～四二九頁参照。

(68) Russell to Alcock, 8 Dec. 1859, FO 46/2（NA）. 佐野真由子『オールコックの江戸――初代英国公使が見た幕末日本』中央公論新社、二〇〇三年、三四～三五頁参照。

(69) 『幕末外国関係文書之二十三』、四二九頁。

(70) 『幕末外国関係文書之二十八』、九九～一三六頁。

(71) 『幕末外国関係文書之二十八』、七九頁。

(72) 『幕末外国関係文書之二十八』、一三二頁。

(73)『幕末外国関係文書之二十八』、八二～八三頁。
(74) Harris to the Ministers for Foreign Affairs, 7 Nov. 1859, Letter Book IV, The Letters and Papers of Townsend Harris（CCNY).『幕末外国関係文書之二十八』、一八四頁。
(75)『幕末外国関係文書之二十九』、一八～二二頁。
(76)『幕末外国関係文書之三十』、三三二～三三六頁。
(77) この際の打ち合わせ記録は未見であるが、こうした事後の言及により、登城日の直前にハリスと外国奉行との間である程度、式次第の確認がなされていたことがわかる。
(78)『幕末外国関係文書之二十九』、二〇頁。
(79)『幕末外国関係文書之三十』、三二七～三二八頁。
(80)『幕末外国関係文書之二十八』、一三二～一三三頁。
(81) Harris to Cass, 7 Nov. 1859, N. A. M. 133/ R. G. 59（NARA).
(82) 松岡英夫『安政の大獄』中央公論新社、二〇〇一年、一二五～一二八頁。
(83) 上白石実『幕末期対外関係の研究』吉川弘文館、二〇一一年、一八五頁、および、『幕末外国関係文書之二十五』、一六九～一七一頁。
(84) 注(53)田辺『幕末外交談一』、九八頁参照。
(85) 東京大學史料編纂所編『柳營補任　六』東京大學出版會、一九六五年、四～五頁。
(86) ハリスの第一回出府時に積極的な役割を果たし、対外関係における重鎮的な位置にあった既出の筒井政憲も、この年六月に世を去っていた。森潤三郎「筒井政憲事蹟」『今昔』第三巻第三號（一九三二年)、六、一一頁。
(87)『幕末外国関係文書之三十』、三八七頁。
(88)『幕末外国関係文書之二十九』、二〇頁。

(89)『幕末外国関係文書之二十九』、二一一頁。
(90)『幕末外国関係文書之三十一』、三七九頁。
(91)『續徳川實紀　第三篇』、六三四〜八二二頁参照。
(92)『幕末外国関係文書之三十二』、二〇六頁。
(93)『幕末外国関係文書之三十四』、三八六〜三八八頁。
(94)『幕末外国関係文書之三十四』、一四八頁。
(95)『幕末外国関係文書之三十四』、二四三〜二四四頁。
(96) 注(53)田辺『幕末外交談二』、一四三頁。
(97) たとえば、Harris to Cass, 6 Sep. 1858, N. A. M. 133/ R. G. 59 (NARA).
(98) 使節一行および咸臨丸乗り組みメンバーの詳細は、宮永孝『万延元年の遣米使節団』講談社、二〇〇五年、二九八〜三〇六頁を参照。
(99)『幕末外国関係文書之三十四』、一三八〜一四八頁。
(100)『幕末外国関係文書之三十五』、八八頁。
(101)『幕末外国関係文書之三十五』、一〇〇頁参照。また、Alcock, Rutherford, *The Capital of the Tycoon: A Narrative of a Three Years' Residence in Japan*, Vol. I, London: Longman, Green, Longman, Roberts, & Green, 1863, pp. 379–381.
(102) Alcock to Russell, 28 Aug. 1860, FO 46/8 (NA).
(103) De Bellecourt à Walenski, 10 Sep. 1859, Correspondance Politique, Japon, Vol. 1 (CP 1), (Les Archives diplomatiques du ministère des Affaires étrangères, France [AD]/横浜開港資料館蔵複写版 Ca 4/01).
(104) De Bellecourt à Walenski, 15 Oct. 1859, CP 1 (AD).
(105)『續徳川實紀　第三篇』、六二三頁で確認する限り、この日の将軍家茂にそのような動きはまったくない。

(106) De Bellecourt à Walenski, 9 Nov. 1859, CP 1（AD）.

(107) 本節で見ている日米折衝の過程で、幕府の記録中に使われている語彙。『幕末外国関係文書之三十』、三二三頁参照。

(108) 『幕末外国関係文書之三十六』、一五～一六頁。

(109) 『續徳川實紀　第四篇』を全体として参照のこと。

(110) 注(82)松岡『安政の大獄』、二〇六頁、注(53)田辺『幕末外交談一』、一五六～一五八頁。なお、この時点での名は安藤信睦であるが、混乱を避けるため、最後の名として一般に通じている信正を一貫して用いることにする。

(111) 『幕末外国関係文書之三十九』、五九～六一、二四四～二四八、二七七～二七九頁。また、『幕末外国関係文書之四十』、六二～六七、一二八～一二九頁参照。

(112) 『幕末外国関係文書之三十九』、二四四～二四八頁。

(113) "Memorandum of ceremonies to be observed on the occasion of the audience of the American Minister", Incl. Harris to Cass, 16 Jul. 1860, N. A. M. 133/ R. G. 59（NARA）.

(114) 『幕末外国関係文書之四十』、六三頁。

(115) 『幕末外国関係文書之四十』、二七六～二七七頁。

(116) Harris to Cass, 5 Jul. 1860, N. A. M. 133/ R. G. 59（NARA）.

(117) 『幕末外国関係文書之四十』、三〇八～三一〇頁。

(118) Harris to Cass, 29 Aug. 1860, N. A. M. 133/ R. G. 59（NARS）.

(119) 徳川幕府が挙行した将軍拝謁式の展開を追う本書では、アメリカで幕府の使節団が大統領に謁見した際の儀礼様式までを検討範囲に含めることはできないが、その詳細をも把握し、本研究の成果とさらに重ね合わせることは、今後に残された課題と考えている。

(120) 『続通信全覧　類輯之部　三』、六〇七頁。
(121) 『幕末外国関係文書之四十』、一七五～一八〇頁。なお、引用文中の「大君」が将軍を指すことは言うまでもない。当時、対外的に徳川将軍の呼称として「大君」が使われたことは周知のとおりである。本書では混乱を避けるため、本文では今後ともつねに「将軍」を用い、史料中に「大君」が現れる場合はそのまま引用する。
(122) 『幕末外国関係文書之四十』、一八五～一八八、二五二～二五四頁。
(123) De Bellecourt à Thouvenel, 30 Aug. 1860, CP 2 (AD).
(124) 『續德川實紀　第三篇』、七八五～七八八頁。

第五章　儀礼様式の成立

本章では、ここまでの試行錯誤を踏まえ、徳川幕府の外交儀礼運営が「安定飛行」に入った時期を扱う。具体的には、前章のしめくくりとなった万延元（一八六〇）年七月二一日、初代フランス公使ド＝ベルクールによる第一四代将軍家茂への拝謁が完了したのち、次章の主題となる最幕末期の事例――将軍位に就いた第一五代慶喜が、慶応三（一八六七）年三〜四月、大坂城にて、英・蘭・仏・米の公使を連続的に引見した――に至る以前の経過が、本章の対象となる。

実は、本章第二節の最後に取り上げる時期には実際に登城・拝謁が行われることはなく、その部分を取り出して「空白期」と呼ぶことも、表面的には可能である。しかしこの間も、外交官らの迎接に関する動きが何もなかったわけではない。その事情をも含めて「儀礼様式の成立」と名づける意図は、追って明らかとなろう。一方、それ以前の時期には、「安定飛行」といえどもまだ式次第をめぐって多少の波乱があった。その区切りとなった、文久二（一八六二）年二月の初代イギリス公使オールコック離日までの状況（第一節）と、その後の展開（第二節）とに大きく分けて、考察を進めていきたい。

第一節　「永世不易の禮典」に基づく展開

（一）アメリカ公使ハリスの第四、五回将軍拝謁（文久元年）

前章で述べたように、万延元（一八六〇）年七月、アメリカ公使ハリスの「拝謁仕直し」が行われ（四日）、これを待ってイギリス公使オールコック（九日）、フランス総領事ド＝ベルクール（二一日）の登城が相次いで実現し、徳川幕府の外交における「永世不易の禮典」が一応の完成を見た。

これに基づく初の将軍拝謁は、日孛修好通商条約締結のため万延元年七月一九日に来着した[1]プロイセン使節フリードリヒ・アルブレヒト・ツー＝オイレンブルク（Friedrich Albrecht zu Eulenburg）のそれになるはずであった。奇しくも、右の三ヵ国代表の拝謁式が連続して挙行されていたさなかの着任である。

オイレンブルクは、条約交渉が概ね一段落したと考えられる万延元年一一月二八日、幕府老中に対し、将軍への拝謁を要請した。プロイセン公の親書を捧呈するためである[2]。折しも幕府は、一一月の頭から年末にかけて、将軍家の生活はもとより幕府の機能全般を、西丸の仮御殿から、前年に焼失し、再建成った本丸に戻しつつあり、城内では普請の完了や移転に関する行事が続いていた[3]。オイレンブルクへは「本城え移御ありし後、未た正寝席々等落成之期に至らざれバ[4]」と表御殿の設備未完成を理由に拝謁を断り、一方オイレンブルクのほうは、将軍への捧呈が実現しない以上、持参した書簡を日本側に預けることはせず、そのまま持ち帰ることにした。その方針が確定したのは、万延元年一二月八日から九日にかけてのことである[5]。

この直前にあたる一二月五日夜、史上有名な、アメリカ公使ハリスの秘書兼通訳ヒュースケンの殺害事件が発生している。よく知られているように、ヒュースケンが襲撃されたのは、ほかでもないオイレンブルクの宿所からアメリカ公使館に帰宅しようとした途上のことであり、彼はオイレンブルクの対日交渉を手伝うため、ハリスによってプロイセン使節団へ派遣されていたのだった。当時、外国公館に雇われた召使いや、横浜などに一時寄港中の船員など、外国人やその関係者が攘夷派に狙われる事件はすでにいくつも発生していたが、江戸駐在の外交団を構成する重要メンバーがターゲットとなったのはこれが初めてであった(6)。

このことが、目下懸案となっていたオイレンブルク登城をめぐる検討に影響したと想定するのは、ごく自然であろう。事件後の混乱のみならず、オイレンブルクの登城行列を組んだ場合、その安全を守りきれるかどうかに、オイレンブルク側、幕府側双方が危惧を抱いたとしても不思議はない。

他方、一見すると単なる建前のようにもとれる、先の「本城え移御ありし後、未た……」との釈明も、あながち詭弁とばかりは言えないようである。先の「仕直し」拝謁を終えたばかりのハリスはこの年の八月からすでに次の謁見要求を始めていたが、幕府はこれに対し、「本城落成之後迄延引候様致し度(7)」と答えてきた。幕府としては、本丸炎上以前から登城・拝謁が懸案となり、順番待ちの状態にあった前章最後の三件を除いて、然るべき準備が整うまでは式典を行わない考えを堅持したと捉えてよいのではないか。

図1　オイレンブルク

さて、ハリスが要請していた次の拝謁とは、幕府の遣米使節団が万延元年閏三月二四日にアメリカの首都ワシントンに到着したのを受け、この使節派遣を謝するジェームズ・ブキャナン（James Buchanan）大統領の将軍宛親書がハリスの手もとに届いたことをきっかけとしたものである。前回の謁見からひと月程度で再び登城のうえこれを将軍に捧呈したいと申し出たハリスは、このたびはあくまで本城落成を待ってからとする幕府の主張を受け入れた。本国にも、日本側が満足できない場所での実施を強いるのは本意でなく、延引に同意した旨を報告している。このときは、本丸初登城の機会はハリスのものとすることを、日本側から積極的に約束したようである。(8)

ハリスへの信頼

その件が再び浮上したのは、本丸への移転も落ち着いたのちの翌万延二（一八六一）年二月一七日、老中安藤信正とハリスとの会談の席であった。(9) オイレンブルクの拝謁問題が浮上してからここまでの間、ヒュースケン事件を契機に、幕府と各国外交団の間では、駐留外国人がつねにさらされている危険、それに対して幕府が十分な措置を講じられないでいることをめぐって対立が深まり、とくに英仏公使は一時期、抗議のため江戸の公使館を閉鎖して横浜の外国人居留地に退去してしまった。オランダ総領事もこれに同調したが、横浜ではなく本来の本拠地である長崎へ退去し、オイレンブルクは歩調を合わせる形をとりつつそのまま離日した。(10) しかしこのとき、自らの秘書ヒュースケンを殺害されたハリスはむしろ、苦境に立つ幕府に共感してみせる立場を崩さず、オールコックらの不興を買いながらも江戸に残ったのである。(11)

英仏公使が約一ヵ月の横浜滞在ののち、将軍名の帰還要請を出させる形で江戸に戻ったのは同年正月二一日のことだったが、この間、事態の収拾に向けて幕府にさまざまなアドバイスをしたのは江戸にいたハリスであり、[12] 次第に複雑さを増す外交運営をめぐって、幕府のハリスに対する信頼、あるいは依存度は、とくに深まっていたと言える。そうした親密な雰囲気のなか、前記の安藤・ハリス会談の場で、延引していた拝謁式の挙行が老中の側から提案された。同じ席では、かねて幕府と外交団の間で懸案となっていた本格的な各国公使館の建設について、[13] 幕府が御殿山に敷地を用意する予定であるとの情報が開示され、また、イギリス公使オールコックが本国政府に長期休暇を申請しているらしいとの話題も出た。

正装の採用

この会談で注目されるのは、安藤がハリスに、式次第についてはまったく留保なしで「此方ニて取扱方相違無之積りに候」と述べ、万延元年七月四日に倣った様式での拝謁式挙行が両者の間で確認されたことである。[14] つまり、先の「拝謁仕直し」に向け、ハリスの強硬な申し入れに抗しながら細かく検討されたところの式次第が、再考の過程を経ることなくそのまま採用された。これは列席者が前回と同様に官服を着することを意味し、逆に言えば、「各國ミニストル拜礼之節、初て之節は官服、二度目よりは長上下」として服装に格差を設けるルールは、とくに言及されずに放棄されたことになる。

残念ながら、この服装に関する意思決定過程を史料によって証することはできないが、幕府がこのような姿勢で臨んだことには、何らかの理由があったと想定するべきだろう。[15] 前回拝謁からここまでの間に、外国奉行の顔ぶれは一部入れ替わっているものの、何より安藤老中が引き続きこれを統括する立場にあり、いずれにしても、その都度の儀式にあたって先例を詳細に参照する幕府の常の行動からは、以前の議論を知らず、あるいは忘れて右のような対応をしたとは考えられないからである。この間に外交団のなかでハリスがとった態度、果たした役割への積極的な評価、または少なくとも、「初て」と「二度目」の区別をあらためて持ち出し、前回からの格下げを言い出すことはできないという、この時点での幕府の立場が背景にあったことは間違いないであろう。

図2　安藤信正

ハリスのほうでは、前回決定されたルールを思い起こしながらも、自らに有利なことゆえあえて黙っていたか、もとよりそうあるべきとの思い込みでいたかはともかく、結果として、遣米使節派遣を謝するアメリカ大統領国書捧呈のためのアメリカ公使登城・将軍拝謁は、文久元（一八六一）年二月二三日、前回と同じ次第によって執り行われた(16)。幕府内ではその三日前、列席予定者一同に対し、「直垂狩衣大紋布衣着用」にて登城の旨が明確に触れ出されている(17)。ハリスは、このたびの礼式が威厳に満ち、あらゆる面において満足すべきものであったことを本国にも報告した(18)。

その後、以下に取り上げる各国外交官の迎接に際しても、この点が議論になることはもはやなかった。まず、これに続く登城・拝謁の事例となったのは再びアメリカ公使ハリスで、同じ文久元年中、一一月五日のことであったが、その様式について老中はハリスに対し、単に「兼て懸合および置候成式を以て其儀を行ひ可申候(19)」とのみ告げ、合意済みの「成式」の存在を前提に準備を進めている。

開港開市延期願いの将軍国書

なお、このときのハリスの登城は、遡って同年春、三月二三日付で、将軍家茂の名において条約締約各国元首宛に発出されていた開港開市延期願いの書簡に対するアメリカ大統領の返簡がハリスのもとに届き、これを捧呈するためのものであった。[20] 急激な「開国」による国内情勢への影響を抑えるため、各国と締約済みの修好通商条約に定められた開港開市予定地のうち、すでに外国人を受け入れている横浜（神奈川）、長崎、箱館以外の地点（新潟またはその付近の一港、兵庫、江戸、大坂）については、延期を要請するしかないという幕府の意思が明らかになり、徐々に表立って議論されるようになったのは、この前年の秋からである。年が改まるころにはすでに、最重要の外交課題となっていた。

その交渉の詳細を追うことは本書の論旨を外れるが、[21] こうして幕府が各国に対し、将軍名義の国書によって条約の履行不可能を訴えるという挙に出たことは、返書として各国元首の名による国書を引き出すことになり、それを手にした各国駐日代表が、着任当初の信任状捧呈とは別にそれぞれ登城・将軍拝謁を求めるという事態を招来することになったのである。その最初の事例が、右に触れたハリスのものであった。アメリカ大統領の返書の内容自体は、将軍の要請が簡単に認められる内容でないことを言い、また、これに添えられた国務長官名の書簡では、ヒュースケンの件に触れて幕府を牽制しつつ、今後の両国友好への期待と、出先のハリスが行う交渉への信頼を述べるという、ごく当たり障りのないものである。[22] が、これは、あとに続く各国外交官の拝謁式と併せ、儀礼の積み重ねと様式の確認という観点から、図らずも重要な機会をもたらすことになった。

(二) イギリス公使オールコックとの悶着

拝謁空間の違い

文久元(一八六一)年に二件連続したハリスの拝謁は以上のとおり、つつがなく実行に移されたが、一点、注意を要する事実がある。これらの拝謁の実現は、そもそも焼失した本丸の再建完了を条件としていたのであって、万延元(一八六〇)年七月四日と同様の式次第とは言っても、例外的に西丸の仮御殿で挙行されたその式とは、当然、空間が異なったはずである。同様に、すでに見てきたとおり万延元年七月四日のいわゆる「拝謁仕直し」は、各史料において、ハリスが初めて登城した安政四(一八五七)年一〇月二一日の次第どおりに行ったとされているものの、実際には、本丸のそれよりは小さい西丸の大広間で無理に実施したのであるから、そこに何らかの違いが発生しなかったとは考えられない。

しかし、その相違をどう処理したのか、議論はなかったのか、不思議とそれを直接説明した記録には出会わない。空間が違うにもかかわらず、これらの式を挙行するにあたり、とりわけハリスとの間で、謁見の場における彼自身の動き、とくに広間内で前進する畳数などに関して新たに説明を要するような変更は行われなかった。

そこから推測できるのは、上・中・下の三段からなる本丸大広間と異なり、中段のない西丸大広間(図3)で挙行された拝謁式では——つまり、万延元(一八六〇)年夏、ハリス、オールコック、ド＝ベルクールが連続して登城した際には——、下段の廊下際から踏み入れ、決められた畳数を進んだ使節は、口上の際には将軍の間近に立つことになったのではないか、ということである。前章の図7が、むろん多くの不正確な点はあるものの、このことをある程度証明しえているようにも思われる。

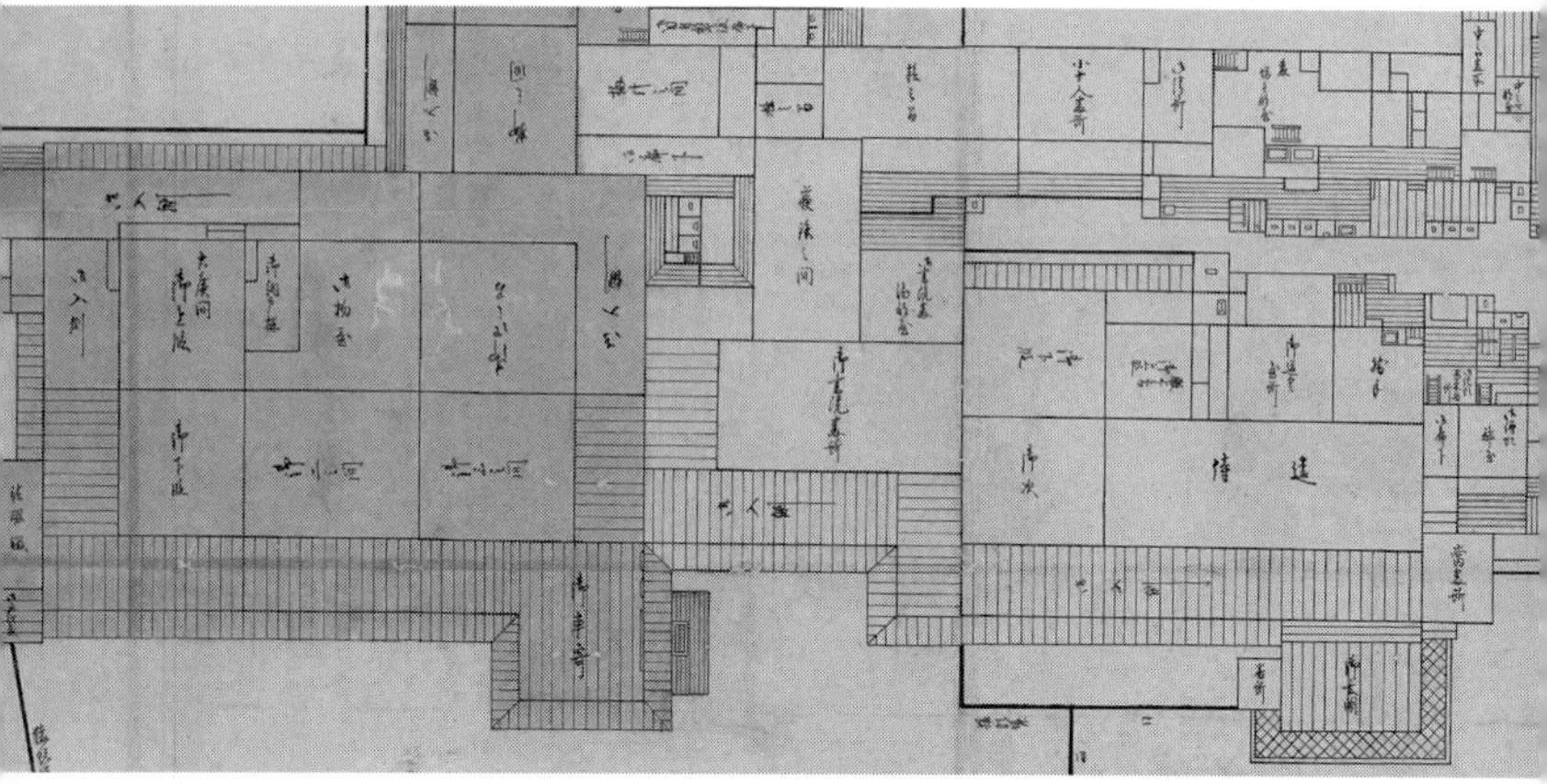

図3　江戸城西丸大広間付近
（「西丸御殿」部分、東京都立中央図書館特別文庫室蔵）
向かって左寄りに「大廣間　御上段」「御下段」が見える。

これについては、文久元（一八六一）年におけるハリスの二度の拝謁のあと、文久二年二月、イギリス公使オールコックの二度目の登城・拝謁をめぐって起きた問題を併せ見ることで、事情をより具体的に理解することができる。この拝謁は、一度は具体的に日程に上ったにもかかわらず、幕府側とオールコック側の主張が食い違ったまま、表向きはオールコックが病気を理由に中止を申し入れるという形で物別れに終わった(23)。そこに至る経緯については、日英いずれの側の記録も相手への憤懣を述べるのみで、その内実には触れていない。が、右の空間の違いを前提にすると、どこですれ違いが起き、憤懣の要因となったのかが把握される。

オールコックの発言力

安政六（一八五九）年から初代イギリス代表として日本に駐在していたオールコックは、このとき、前年から本国政府に申請していた休暇帰国が認められ、離日を目前にしていた。ぎりぎりのタイミングで本国から届いた、先の開港開市延期願い将軍親書へのイギリス女王の返簡を捧呈し、併せて帰国の挨拶と、代理公使チャールズ・アレクサンダー・ウィンチェスター（Charles Alexander Winchester）の紹介をするという目的で、文久二（一八六二）年正月から、まずは書面により幕府に将軍拝謁式の設定を要請していたが、(24)この件が本格的に話題になったのは、同年二月一二日、老中久世広周、若年寄酒井忠毗《さかいただます》との会談の場においてである。(25)

幕府とイギリス公使との関係は、過去一年間、先に触れたヒュースケン事件に抗議しての公使の横浜退去、将軍名の帰還要請を出させての江戸復帰ののち、雨降って地固まる様相で、徐々に強固なものになっていた。英仏公使の横浜退去中、交渉に訪れた酒井忠毗との間で本格化したヨーロッパ条約締約諸国への使節派遣計画は、オールコックのリーダーシップのもと文久元年を通じて準備が進み、この二ヵ月ほど前にすでに本隊を送り出していた。並行してオールコックは、一八六二年五月一日（文久二年四月三日）からロンドンで開催される万国博覧会への出品を幕府に勧め、これも彼の尽力で実現する運びとなっていた。

その間には、文久元年五月二八日、水戸浪士の一団が高輪のイギリス公使館に斬り込むという、世に言う東禅寺事件が発生した。オールコック自身は難を逃れたものの、書記官として同

図４　文久元年遣欧使節団の主要メンバー（於パリ）
右から柴田剛中、京極高朗、正使・竹内保徳、松平康直。右端の柴田は第６章に登場する。

公使館に着任したばかりだったローレンス・オリファント(Laurence Oliphant)が重傷を負って帰国するなど、幕府側はイギリスに大きな借りをつくった。が、これはかえって、幕閣とオールコックとの接触の機会を増やすことにもつながったと考えられる。
同年の春先からロシア軍艦が対馬を占拠しようと目論み、一触即発の事態にまで進んだいわゆるポサドニック号事件は、夏に至って、これもオールコックの手回しにより、イギリス海軍の威嚇によって解決した。さらに、これから休暇で帰国するオールコックには、遣欧使節の現地での活動、とりわけイギリス本国政府との開港開市延期交渉を助けてもらわなくてはならない。総じて、この時期のオールコックは幕府に対し、前年のハリス以上に発言力を増大させていたと見ることができる。[26]

図5　東禅寺事件
(*Illustrated London News*, 12 Oct. 1961)
鞭を振るって反撃するのがオリファント。

そのオールコックからの拝謁願いであってみれば、幕府において蔑ろにするはずはない。開港開市延期の実現は幕府にとって、朝廷との関係を頂点とする内政上の最大の課題でもあった。老中らは前述の二月一二日の会談の席で、折しもその前日に行われたばかりの将軍家茂と皇女和宮の婚礼に続く諸行事を押して、調整に努めることを約束したのである。[27]
回答は四日後の二月一六日、再び行われた会談の席でなされ、拝謁式は二月二〇日の朝と決まった。[28]幕府内ではすでに、会談前日の一五日、イギリス公使および代理公使の登城が告知され、会談の日を挟んで一七日には、列席者が「直垂狩衣……」の装束を着すべき旨、触れ出されている[29]。

なお、この時点で、ハリスという特定の相手にとどまらず、「各國ミニストル拝礼之節、初て之節は官服、二度目よりは長上下」の申し合わせは消滅したと捉えることができるだろう。このあとに続く各国の拝謁式も同様であり、将軍拝謁式における幕府側参列者の服装は、外交官の側の登城回数にかかわらず官服という了解が成り立ったと言ってよい。

このときのオールコック側の記録には、「儀式、ならびにその他すべての関連事項は、前回と同様に設定されることが明確に定められ、合意されていた」とある[30]。前回とは、オールコックの場合、前章で取り上げた万延元（一八六〇）年七月九日の登城・拝謁にほかならない。ただし今回の拝謁が、前回の西丸ではなく再建成った本丸での挙行となること、それが謁見式にどのような変化をもたらすかについては、オールコックはこの時点で特段の意識を持っていなかったと考えられる。

拝謁中止の顚末

結果として、二月二〇日当日、拝謁は行われなかった。日本側には「英吉利人不快ニ付」との記録しか残らないが[31]、オールコックの本国外相宛報告によれば、顚末はこうである。拝謁予定日の二日前になって外国奉行がオールコックを訪れ、式次第を説明したが、それによると、将軍のいる位置から畳上でオールコックが口上を述べる場所までの距離が、前回のほぼ二倍になっていた。具体的には、前回、その距離が六畳分であったのに対し、今回は一〇畳分になり、事実上、将軍と自分との間に一つの部屋が丸ごと挟まれる格好であったという[32]。

ここでオールコックの言う、彼と将軍との間を隔てる「部屋」というのが、本丸大広間の中段を指すことは、彼自身の描写からも明らかである。万延元（一八六〇）年の段階で「永世不易の禮典」とされた式次第において、使節は下段下から大広間に入り、畳二畳分、歩を進めてお辞儀をすると、奏者番が声を張り上げて使節を披露、使節はさらに二畳進んで礼、次に三畳進んで礼をし、入口から計七畳進んだところで口上を述べることになっていた[33]。西丸大広間の下段は、本丸より一畳少なく、縦の長さが八畳であるから[34]、中段がない以上、使節の立ち位置は上段との境からは二畳目ということになる。オールコックの計数が正しければ、その線から四畳奥に入ったところに将軍が座していたことになろう。それに対し、今回の式が執り行われる予定の本丸大広間では、下段自体が大きいうえに、上段との間に中段が存在するため、使節と将軍の距離はその分、開いてしまうのである。

日本側は、あくまで使節が入口からどれだけ室内に入り込むかという方向から式次第を設定していたため、前回と今回の間に何らの変更もないというのは正直なところであったと思われる。実際、先に本丸での儀式を経験していたハリスを西丸に迎えたときも、この点で変更を加えることなく、結果、先に推測したとおり、使節がぐっと将軍に近づく結果になっていたことが、いまあらためて明らかになる。踏み込んで想像を働かせれば、だからこそ、幕府は当初、西丸仮城での拝謁式の挙行を嫌ったのではないだろうか。

ハリスは、文久元（一八六二）年の二度の拝謁では新しい本丸に登ったが、炎上前の本丸を知っているのみならず、かつて自身が幕臣らとともにあれこれと式次第を検討してきた経緯から、本丸に戻れば再び将軍からの距離が空くことに疑問を持たなかったのであろう。しかしオールコックの過去の登城経験は西丸が最初で最後であったうえに、彼にとっては入口からどれだけ進むかではなく、親書を捧呈すべき相手との距離こそが問題であり、式次第もその角度から把握していたため、今回の措置は自らに不利な変更を提示されたものと捉えたのである。実際、外国奉行は、前回よりも部屋が大きいという事情を説明し、オールコックもたしかにそれを記録しているが、そのことが将軍と自らを隔てる距離に影響してはならない、との姿勢を崩していない[35]。

外交使節の身体が本国元首ないしその尊厳を体現するという国際慣行に則れば、たしかに、入口からの距離ではなく相手からの距離に着目するオールコックの発想は筋が通っている。しかし、少なくとも幕府側が、彼らなりの発想に従う限り一切の変更を加えなかったこともまた明らかであり、日本側があえて「距離を広げた」とするオールコックの捉え方は誤解である。加えて外国奉行が、代理公使ウィンチェスターの同行によって式次第に変更が生じたという言い方をしたことも[36]――実際には、いままでそのような身分の同伴者がいたことがなかったため、その立ち位置を新規に決定しただけなのだが――オールコックの誤解を上塗りした可能性がある。

とはいえオールコックは、本人の言によれば、離日直前の揉めごとを避けたい一心から、いったんは不満を抑え、提示された式次第を受け入れたらしい。しかしながら、幕府はその翌日、最初の説明ではオールコックの二畳後ろに立つはずであったウィンチェスターの位置を、さらに二畳下がったところへ指定し直してきたのだという。これをオールコックは、自身の出発が近づいており、もはや論争をする間がないのをよいことに、少しでも相手を低いところに置こうとする日本側の術策と解釈し、ついに拝謁の機会を自分のほうから拒絶する形で、そのまま離日することを決心したのだった[37]。

幕府がウィンチェスターの立ち位置をそのように変更した理由は不明だが、第三章で触れたように、琉球使節の拝謁位置は下段下から四畳目であったから（第三章図11参照）、当初ウィンチェスターに用意された位置（七畳目に立つオールコックの二畳後ろ）はそれより一畳分高く、変更後の位置はそれより一畳分低かったということになる。ひとまずの推測として、オールコック休暇中の代理公使という身分をめぐり、幕府内でこのあたりの比較考量を行った結果ではなかろうか。

第二節　安定実施への到達

（一）アメリカ公使ハリス、同第二代プリュイン、フランス公使ド＝ベルクールの将軍拝謁（文久二年三〜五月）

江戸城における外交儀礼はこののち、文久二（一八六二）年三月二八日、アメリカ公使ハリスの離任状捧呈、同年四月一九日、第二代アメリカ公使ロバート・ヒューソン・プリュイン（Robert Hewson Pruyn）の信任状捧呈、そして、同年五月二七日、フランス公使ド＝ベルクールの二度目の拝謁と、かなり高い頻度で回を重ねていくことになる。このときのド＝ベルクールの拝謁は、彼が代理公使から全権公使に昇格したことにより、あらためて信任状を捧呈するとともに、やはり開港開市延期願いの将軍親書に対するフランス皇帝の返簡を差し出すためのものであった。

米 v.s. 英仏

ハリス、プリュインは両人とも、礼式はきわめて満足すべきものであった旨、それぞれ本国政府に報告した(38)。このうちハリスの登城が挙行されたとき、既出のイギリス代理公使ウィンチェスターは自国外相宛の公信のなかで、オールコックが適切と認めなかった様式でその式が行われたということに、とくに言及している(39)。ウィンチェスターが来日したのはこの前年(40)で、万延元（一八六〇）年におけるオールコックの拝謁やそれ以前の経緯については知らない。書き方は淡々と事実を伝えるのみで、イギリス公使が不可とした条件を安々と飲んだアメリカ公使に驚いているのか、我が上司オールコックが問題を複雑にしすぎたと考えているのかは不明である。

ハリスの後任として着任したばかりのプリュインは、登城・拝謁以前に、日本到着時の幕府の行き届いた対応[41]、また、老中らとの初会談の際の感触として、信任状捧呈式の準備も順調になされるであろうとの期待[42]、そして、実際にきわめて迅速に式の挙行日程が決まったことへの好印象を[43]、順次、感動のこもったと言ってよい筆致で本国へ伝えている。式次第については、当日の二日前にあたる文久二（一八六二）年四月一七日、外国奉行から説明があり、ハリスの場合と同様に執り行うことがとくに確認された[44]。

図6　プリュイン

さて、プリュインによれば、外国奉行の説明に先立って老中から、おそらくは右の初会談の折に、英仏の公使がアメリカより高い扱いを要求してくるのに悩まされた話を聞いたという。両国の要求の理由は、同じ公使とはいえアメリカの代表は単に「駐在公使」であるのに対し、イギリスは最高位の「特命全権公使」、フランスは「全権公使」と、ランクが異なるためであるという[45]。

しかし、先に参照したオールコック自身の本国宛文書では、あくまで彼自身の前回と今回の拝謁を比較しての問題が論じられているのみで、とくにアメリカを意識した様子は見出すことができない。また、そもそも万延元（一八六〇）年のオールコック初拝謁の際、ハリスの「拝謁仕直し」交渉を待って同じ様式に従った経緯を振り返れば、これは、幕府がプリュインに語った見解なのか、プリュインが解釈を加えたものかはともかく、深読みにすぎるのではないか。プリュインはこれに続けて、幕府が英仏に対する腹いせに、逆にアメリカ公使の拝謁式を格下げするような態度に出なかったことは幸いであると述べている。[46]

ド＝ベルクールによる交渉

ここでオールコックと併せて言及されているフランス公使ド＝ベルクールは、万延元年の初拝謁時、自身の代理公使という身分がイギリスの全権公使、アメリカの駐在公使よりも低いのを気にしていた。このポストはほどなく全権公使に昇格され、ド＝ベルクールはその旨、文久元（一八六一）年七月二七日をもって幕府に伝えているが、あらためて信任状捧呈のための拝謁を要請したのは翌年二月一八日になってからである。この間、本国から信任状原本が到着するのを待っていたド＝ベルクールは、あまりに長く届かないため問い合わせてみたところ、すでに発出されたはずのものが何らかの事故で紛失したことが発覚した。そこでこのとき、彼はやむを得ず幕府に対し、信任状の写しを将軍に捧呈させてほしいという、異例の願い出をしたのだった。[47]

これについて幕府の側にとくに異論があった形跡はなく、三月八日には、老中安藤信正とド＝ベルクールの間で、礼式について会談が持たれた。それ自体の記録は現時点で見つけることができないが、以降の書簡等で振り返られる内容からは、主要な話題は拝謁時の将軍と公使の距離についてであったことがわかる。[48]ド＝ベルクールが拝謁を願い出た二月一八日とは、偶然ながら、外国奉行から離日前のオールックに式次第の説明が行われ、まさに礼式問題が発生した当日であり、結果としてド＝ベルクールは、オールコックが登城・拝謁の機会を拒絶したまま去ったあと、本件の議論を引き継ぐ格好になったわけである。

ただし安藤のほうは、このド＝ベルクールとの会談ののちすぐに、幕政の表舞台から去ることになった。安藤は万延元（一八六〇）年の桜田門外の変後、対外関係の第一線を掌握し、幕閣レベルではめずらしい柔軟な発想の持ち主として、各国外交官らにも頼りにされていたが、文久二（一八六二）年正月一五日、尊攘派水戸浪士に襲撃された。いわゆる坂下門外の変である。一命はとりとめたが、この怪我のため、すでに内心、幕府が希望する開港開市延期を助ける意向を持って、ぜひとも出発前に安藤と内密の相談をと念願していたオールコックとは会えずじまいになり(49)、彼が拝謁問題で揉めた際にも、これに対応することができなかった。先に、オールコックの最後の会談の相手が安藤でなく、老中久世広周、若年寄酒井忠毗の両名であったのはそのためである。ここで安藤がド＝ベルクールと意見交換の機会を持ったのは、その後、四月一一日に老中を免職になる以前のわずかな期間(50)、職務に復帰したタイミングであった。

ド＝ベルクールが同年五月一三日付で安藤の後任老中に宛てた書簡によれば、右の安藤との会談時、懸案の「距離」が、日仏双方ともに意図していない非友好的な要因によるかのような誤解を招く恐れがあること、とりわけフランス皇帝にそうした印象を与えるのを避けるべきであることが話し合われた。安藤はド＝ベルクールに対し、ここで用いようとしている式次第が、日本の大名・幕臣が「従事する法と同様の席次なる事」を「(フランス）政府に證することを得せしめん」と述べたという(51)。これをド＝ベルクールが自ら後任の老中に伝え直していることからは、彼が、オールコック流に将軍との距離を縮めることを主張し続けるより、幕府の提示する設定が「現地側のマナー」に照らして不当ではないことを自らの本国政府に説明できるようにすることを求め、落着を図ったと解釈してよさそうである。

　幕府側はこれを受け、ド＝ベルクールに対して、「我國列侯の貴官といへとも、三疊目より進み出、謁見いたせる事」はないという日本側の慣習をあらためて説明しているが[52]、これは、将軍への独礼を許された大名の拝謁位置が最も高い場合で下段下から三畳目であったことと、たしかに一致する。さらに幕府はこのとき、「貴國は勿論、英吉利、亞米利加、其他之公使、是迄右拾疊目謁見被致し事にて、聊疎略之扱あるにあらされは、篤と了解いたされ、右申入候場所にて謁見之禮典取行れ候積、被心得度候」と、外交官の拝謁位置は従来から、国内慣習に照らしてけっして低いものではなかったことを述べたうえで、外交儀礼の式次第を変更する意思のないことを言明している。

　なお、この「拾疊目」とは、安政四（一八五七）年のハリス登城の際に考案され、その後の紆余曲折を経て定まったところの、下段下から計七畳目で拝謁する礼式とは食い違っているのだが、そもそも大広間下段は縦が九畳目までしかないことから、何らかの変更や誤解があったのではなく、この際の書簡における書き間違いととっておいてよいだろう。前述のようにオールコックが、さらにはおそらくド＝ベルクールも、将軍側からの距離として一〇畳という数え方をし、その数字がたびたび出ていたことも、混乱につながった可能性がある。

　すでに見た、ハリスの離任状捧呈式、プリュインの信任状捧呈式は、こうした日仏間のやりとりが続くなかで行われたことになる。幕府側から見た場合、以前に決めておいた礼式であっさりと事が片づいていくアメリカと比べて、イギリス、フランスは扱いづらく――またはアメリカが非常に好ましく――感じられたことであろう。先に触れたプリュイン報告に見られる老中の半ば愚痴のような発言は、そうしたところから出てきたものでもあろうか。

「将軍との距離」問題の落着

ド＝ベルクール自身に関しては、この間に、開港開市延期を願った将軍親書への返簡も本国より届いたことから、失われた信任状の写しと併せてこれも捧呈することになり、既述のとおり文久二（一八六二）年五月二七日、江戸城大広間にて拝謁式が挙行された。その結果について、ド＝ベルクールは同日、本国外相宛の公信で、(53)式次第は前回の西丸におけるそれとまったく同様であったと報告している。そして、今回の式場は前回よりも若干大きいとはいうものの、それほどには感じられなかったこと、しかし、将軍と自分との間の距離は大きく広がったことを、あえて特記している。

この「距離」についてはさらに詳しい説明が付されており、新しい城では、将軍の座の設けられた場所と、自分のいる「拝謁室」それ自体——それぞれ大広間上段と下段を指していると考えて間違いない——の間に、完全に空けておかなければならない空間——中段のこと——があり、自身が立ったのは、その空間との境目（つまり下段の上側）から数えて三畳目であったという。これは、縦が九畳ある下段において、入り口の側から七畳目という既出のルールと一致する。さらにド＝ベルクールは、この中段の存在にもかかわらず空間全体がそれほど大きくなったように感じられなかったのは、上段の将軍のほうがかなり前に出てきていたからではないかと付け加えている。

将軍の座るべき位置は、頭上の天井の構造などともかかわっており、自由に動かせるとは考えられない。が、先に見たオールコックの報告——自身と将軍との距離が、西丸での拝謁式では六畳分であったのに対し、今回は一〇畳に広がるという——が正確であるとするなら、新たに間に挟まる本丸大広間の中段は縦に七畳の広さがあるにもかかわらず[54]、前回との差が四畳分しかないということは、たしかに、本丸大広間では将軍の座が、西丸よりも前方に据えられていたのであろう。先に見たように西丸大広間における将軍の座は、上段の端から四畳分奥まったところに設けられていたが、本丸では一畳分のみであったことになる。

いずれにしてもここからは、まず、オールコックの残した紛糾にもかかわらず、幕府が「永世不易の禮典」に変更を加えることなく、外交使節の将軍拝謁儀礼を実施し続けたことが確認できる。また、ド＝ベルクールの本国への説明ぶりは、自身が将軍からの距離の拡大を飲んだことを糊塗したという穿った見方もできなくはないが、オールコックの際には時間切れもあって物別れに終わった問題について、その後、幕府側との意思疎通に努めた結果と評価することが可能である。

かくして、殿中儀礼としての外交官の将軍拝謁式は、個々のケースにおける異論や空間の多少の相違、さらには幕府内での人事上の混乱をも越えて、その次第がいよいよ不動のものとして定まったのである。

(二) ロシア領事ゴシケーヴィチの将軍拝謁(文久二年閏八月)とその後

文久二(一八六二)年五月二七日、フランス公使ド＝ベルクールの拝謁のあと、その次の拝謁式が、結果から見れば、そこまでに確定していた様式での最後の挙行例となった。同じく文久二年の閏八月九日、ロシア領事ゴシケーヴィチの迎接である[55]。なお、筆者にはロシア語史料を解読する能力がないため、以下で触れるゴシケーヴィチ関係の情報については、多くを伊藤一哉『ロシア人の見た幕末日

図7　ゴシケーヴィチ

本』（吉川弘文館、二〇〇九年）に依拠させていただく。

ゴシケーヴィチは、安政元年一二月（一八五五年一月）の日露和親条約に基づいて任命されたロシアの初代駐日領事であり、安政五（一八五八）年九月には来日していたが(56)、その拠点は箱館にあり、当初、江戸や横浜の情報に接する機会はほとんどなかった。初めて江戸へ赴く機会は、翌安政六年七月、東シベリア総督ニコライ・ニコラエヴィチ・ムラヴィヨフ＝アムールスキー（Nikolai Nikolaevich Muraviyov-Amurskii）が来日した際に訪れたが、このときゴシケーヴィチはムラヴィヨフの軍艦に同乗したのみで、幕府中枢との接触があったわけではないようである。幕閣や各国の駐在官を相手に、より積極的に外交活動に従事したのは、安政七（一八六〇）年初頭、あらためて自らの意思で江戸に出たときで、正月二三日に船で神奈川に到着後、三週間にわたって江戸に滞在した(57)。しかしこの間に、登城・将軍拝謁といった展開には至らなかった(58)。

さて、彼が三回目に江戸に足を踏み入れたのは、文久元（一八六一）年二月、ロシア軍艦が船体修理を口実に対馬に居座るという、いわゆるポサドニック号事件が発生していた時期であった。伊藤一哉は、海軍の独断で進められたこの計画についてゴシケーヴィチが事前にはまったく情報を持っていなかった可能性を指摘している。しかし、江戸でこの動きを知ってからのゴシケーヴィチは、これが日露関係のみならず、ロシアを取り巻く国際情勢を悪化させるに違いないとの冷静な判断のもと、事態の収拾に奔走したという。対馬において、軍人の上陸、土地の物理的な占領と施設の建設という事態に至っていたポサドニック号事件は、同年八月、イギリス公使オールコックの、海軍と連携したやや威嚇的なイニシアティブと、江戸においてゴシケーヴィチが幕府高官と重ねたコミュニケーション、ならびに自国艦隊への撤退勧告という、両サイドからの努力によって解決を見た(59)。

ゴシケーヴィチの登城・拝謁　その後、いったん箱館に戻っていたゴシケーヴィチのもとへ開港開市延期願いの将軍親書に対するロシア皇帝の返簡が届いたことが、初代駐日ロシア代表がようやくにして将軍拝謁を願い出る契機となった。なお、これまでに届いていた他の条約締約諸国からの返書が開港開市延期に関する日本の要請を具体的に論じることなく、条約遵守の重要性を説き、曖昧に今後への友好関係の継続を謳うという論法をとっていたのに対し、このロシア皇帝国書（ならびにこれに添えられた、ロシア外相より老中宛の書簡）は、兵庫および日本海側一港の開港、江戸、大坂の開市について、七年間の延期を承諾するという、初めて将軍の希望に沿う内容のものであった(60)。

同書簡に記された、ロシア暦一八六二年一月二〇日（西暦一八六二年二月一日／文久二年正月三日）の日付は、休暇帰国の途についたイギリス公使オールコックがロンドンで幕府遣欧使節団のイギリス政府との交渉を助け、五年間の開港開市延期を実現させた「ロンドン覚書」（一八六二年六月六日／文久二年五月九日）に先んじており、また譲歩の幅も大きい。国際約束としては、遣欧使節団の訪問先国が順次ロンドン覚書に追随したことから、このロシアの譲歩も結果的にはそこに吸収されていったと考えられるが、ロシア政府がこの時期、自主的にこの判断を下したことは、一八世紀末以来の日露関係を踏まえ、また、対馬事件の処理という観点からも、本来はより大きな注目に値するであろう。が、これまでのところ、この事実は外交史研究において十分に掘り下げられておらず(61)、伊藤の研究も特別な関心を示していない。本書では、ひとまず問題の重要性のみ指摘しておきたい(62)。

ゴシケーヴィチは、文久二年八月二六日に箱館を出発、海路三日でいったん横浜に入り、江戸へは再び船で閏八月六日に到着した。拝謁の要請は箱館から行われていたのではなく、ここで初めて、ゴシケーヴィチにとっては旧知の外国奉行で箱館勤務経験のある村垣範正、津田正路に対してなされたようである。[63] 幕府では同日中に、三日後にロシア領事が登城する旨の触れが出ており、[64] 何ら躊躇なく事が運ばれたことがわかる。

図8　村垣範正

伊藤の前掲書に引用されているゴシケーヴィチの本国宛報告からは、式次第の詳細までは確認できないものの、幕府内でとくに議論が行われた跡はないため、直近のド＝ベルクールをはじめ、ここまでのケースに適用された次第と同様であったと考えて間違いはないであろう。ただし、注目すべきはゴシケーヴィチが、謁見完了後「老中たちは城の豪華さと偉大さを見せるために私を連れてすべての部屋を案内したのです」と記していることである。[65] これが事実だとすれば、従来にはない、規則の逸脱ともとれる大変な厚遇と言わなければならない。

現実に「すべての部屋を案内」することは城の広大さから考えれば現実的ではないが、既存の式次第に従って、謁見室から出た使節を老中らが囲んで挨拶を交わし、贈り物の目録を渡したのち、入城したルートを逆にたどって送り出すという程度であれば、このような記述がなされるとは思えない。少なくとも大広間周辺の一定範囲を、ゴシケーヴィチは式次第にない「おまけ」の形で案内されたのではないか。ここには、対馬事件に際して彼が幕府高官らと会談を重ねた結果、ある種の個人的友情が芽生えていたこと、事件が解決したことによって幕府における彼への評価が高まっていたこと、そして何よりも、このたび彼が運んできたロシア皇帝返書の内容が、大きく作用したであろうことが想像される。いずれにしても、拝謁式を挙行する幕府の面々には、場合によってこのようなアドリブ的対応をするような余裕も、この時点までに生まれていたということになろう。

「空白」期

しかし、先にも述べたとおりこのロシア領事ゴシケーヴィチの将軍拝謁式は結果として、これまでにつくりあげられてきた様式をそのまま踏襲するものとしては、最後のケースとなった。こののち、第一四代将軍家茂の在任中には各国駐在代表から四件の拝謁要請があったが、いずれも実現していない。これら四件について、以下に概要をまとめておく。

①文久三（一八六三）年四月、初代オランダ総領事ヤン・カーレル・デ＝ウィット（Jan Karel de Wit／前出のドンケル＝クルティウス初代領事の後任の形で、万延元〔一八六〇〕年に来日）より、開港開市延期願い将軍親書に対するオランダ国王の返簡捧呈のため拝謁を要請したが、実現を見ないまま当人が早期に離任。同年八月以降、後任のファン＝ポルスブルックが本件を引き継いだが、幕府は元治元（一八六四）年二月に至り、「人心不折合」を理由に断った。[66]

②同年一〇月、前年中に着任していた初代プロイセン領事マックス・アウグスト・スキピオ・フォン＝ブラント（Max August Scipio von Brandt）より、国書捧呈のため拝謁を要請したが、幕府は「人心不折合」により断った。[67]

③元治二（一八六五）年二〜三月、初代ロシア領事ゴシケーヴィチが離任にあたり拝謁を要請したが、幕府は本丸焼失（文久三〔一八六三〕年一一月）を理由に断った。[68]

④同年三月、第二代アメリカ公使プリュインが休暇帰国（帰国後に正式離任）にあたり拝謁を要請したが、幕府は同じく本丸焼失を理由に断った(69)。

第三節　まとめ――外交儀礼の定着と空白の意義

本章では、徳川幕府が欧米諸国外交官を江戸城に迎えて行う外交儀礼が、初例から三年、七件の試行錯誤を経たうえで、いまだ多少の波乱要素を含みながらも、ひとまずの安定に向かった段階の様相を追跡した。この間、アメリカは、他国に先駆けて公使が二代目に替わったこともあって、登城・拝謁の必要が他国に比べ頻繁に発生し、初発段階から引き続き、安定化への路線を牽引したが、同時に、一見その流れを乱したかに見えるイギリス公使との悶着、これに続くフランス公使との議論も、幕府にとって、最終的な儀礼様式確定へのステップとして機能した。前章の検討から浮かび上がった対外関係の日常化ないし一般化の方向に、さらなる進展が見られたのは明らかである。

同時にここでは、本章が対象とする時期――万延元（一八六〇）年の終わりから、ゴシケーヴィチの拝謁が挙行された文久二（一八六二）年初秋、さらには前節末尾の元治二（一八六五）年春まで――が、そうした外国交際の増加を背景に、国内で攘夷派の活動が激化したときでもあることを併せ考えておきたい。周知の経過をたどっておくなら、坂下門外の変（文久二（一八六二）年正月）ののち政権を去った安藤信正が最後に取りまとめた、フランス公使ド＝ベルクールの拝謁二日後、文久二年五月二九日には、オールコック留守中のイギリス公使館が襲われる第二次東禅寺事件が発生した。同年閏八月のゴシケーヴィチ拝謁直前、八月二一日には、薩摩国父島津久光の行列に遭遇したイギリス人が殺傷される生麦事件が発生、一二月一二日には、幕府が新たに御殿山に建設中であった新イギリス公使館の焼き討ちと、実力行使が続いた。

ゴシケーヴィチ拝謁以降の時期に入ると、幕府は朝廷の命により、文久三年五月一〇日をもって攘夷を実行する旨、やむなく宣言し、諸藩にも布告せざるをえなくなった。もとよりこうした朝廷の動きの背後にあった長州藩は同日、下関海峡を通る外国船に砲撃を加えた。続いて、同年七月に薩英戦争、翌元治元（一八六四）年七月には四国艦隊下関砲撃事件と、事態は雄藩と外国軍隊との直接交戦へと進んでいく。同時に、朝廷を擁して勢いに乗る長州藩が京都から排除された文久三（一八六三）年の八月一八日政変、一年後、長州藩が報復行動に出た禁門の変、これを発端に慶応二（一八六六）年まで続いていく長州征伐と、国内は徐々に内乱の体を呈していった。

図9　薩英戦争
（*Le Monde illustré,* 5 Déc. 1863）

前節の終わりで見たように、これは幕府が数ヵ国から将軍拝謁要請を受けながら、それを断り続け、表面的には外交儀礼の「空白期」となった時期にあたる。将軍拝謁を断る口実として使われた「人心不折合」という幕府の説明は――あとから発生する「本丸焼失」という事故はさておき――、右のような情勢を正直に表したものと受け取れる。しかし、それだけでは儀礼の不執行を理由づけることはできない。むしろ、現実のレベルでそのような混乱を抱えているからこそ、文字ど

図10　将軍家茂の上洛
（「東海道箱根山中圖」文久３年、神奈川県立図書館蔵）

おり儀礼的に諸国との関係の継続を表現し続けるのが儀礼であること、本来はその休止が想定できないものであることを、すでに前章のまとめとして確認したところである。

現にこの時期、幕府に言われるまでもなく日本国内の「人心不折合」をよく承知していたであろう外交官らが、それでも平然と儀礼の挙行を申し入れていることが、そうした儀礼の役割、機能を、最も端的に表していると言える。また、文久二（一八六二）年の段階では、生麦事件の対応に追われていたはずの幕府が一方でゴシケーヴィチを手厚く江戸城に迎えたことも、直接の相手国が異なるといった事情とは別に、現実の紛争と別次元で維持、遂行されなければならない儀礼の意義について理解していたからにほかなるまい。むしろ内政が不安定なときこそ、外交儀礼の執行によって政権の正統性を示さなければならない。

では、そのような性格を持った、しかも、その挙行様式もすでに十分に定着していたはずの殿中外交儀礼が、文久三年以降、表向き途絶えるのはなぜか。最大の、かつ単純な要因として想起すべきは、文久三年初頭、第一四代将軍家茂が第三代家光以来の上洛を余儀なくされ、その後も、翌年、翌々年と上洛が繰り返されたことであろう。つまり、江戸城をその主が頻繁に留守にするという異例の事態が生じた。このとき外交儀礼以前に、まず、大名、幕臣の御目見は一部、将軍の所在とともに京の二条城、または大坂城に移った。その一方で、月次の総登城などは、江戸に残った者を対象に将軍不在のまま実施したケースも見受けられる。いずれにしてもこの時期、登城・拝謁儀礼はその全体が、従来どおりの形では成り立たなくなったのである(70)。

将軍の身体と相手国元首の名代たる外交使節の身体が直接向かい合うことを本質とする外交儀礼が、こうした状況下において休止状態に陥ったのは、むしろその本質ゆえに当然の成り行きと見なすことができる。万延元(一八六〇)年の「永世不易の禮典」以降、ここまでの経緯を含めて、「儀礼様式の成立」期に整理する所以である。

この「空白」をはさんで、次の将軍慶喜により、出先の大坂城で外交使節の拝謁儀礼を挙行するという決断がなされた。しかし、あくまで江戸を本来の拠点として将軍家茂の上洛が繰り返されていた本章の時期には、まだその発想は生まれえなかったと考えられる。

(1) 福岡万里子『プロイセン東アジア遠征と幕末外交』東京大学出版会、二〇一三年、一八六頁。

(2) 『幕末外国関係文書之四十五』、一四〇~一四二頁。なお、プロイセンとの条約交渉の詳細は、注(1)福岡『プロイセン東アジア遠征と幕末外交』を参照のこと。ただし同書は、将軍拝謁、親書捧呈をめぐる経緯には触れていない。なお、オイレンブルク使節団を取り上げた近年の優れた研究には他に、鈴木楠緒子『ドイツ帝国の成立と東アジア——遅れてきたプロイセンによる「開国」』(ミネルヴァ書房、二〇一二年)

がある。
(3)『續德川實紀　第三篇』、八二二〜八四八頁参照。
(4)『幕末外国関係文書之四十五』、三四七頁。
(5)『幕末外国関係文書之四十五』、三六二〜三六四頁。
(6) 佐野真由子『オールコックの江戸──初代英国公使が見た幕末日本』中央公論新社、二〇〇三年、一三三〜一三五頁参照。
(7)『幕末外国関係文書之四十一』、二〇二頁。
(8)『幕末外国関係文書之四十一』、二一六〜二一八頁、また、Harris to Cass, 6 Oct., 1860, Diplomatic Dispatches: Japan, General Records of the Department of State (N. A. M. 133/ R. G. 59), (The US National Archives and Records Administration [NARA]/横浜開港資料館蔵複写版 Ca 4/01.4).
(9)『幕末外国関係文書之五十』、三〇〜五〇頁。
(10)『幕末外国関係文書之四十六』、一〇〇〜一〇七頁、一一二〜一一五頁。
(11) 注(6)佐野『オールコックの江戸』、一三三〜一四〇頁参照。
(12) とくに主要な場面として、万延二年正月一六日、老中安藤信正・ハリス会談がある(『幕末外国関係文書之四十七』、二八七〜三〇二頁)。
(13) これまでは、幕府が各国にそれぞれ提供した寺院が公使館に使われていた。
(14)『幕末外国関係文書之五十』、三一頁。
(15) 東京大學史料編纂所編『柳營補任　六』東京大學出版會、一九六五年、四〜五頁。
(16)『幕末外国関係文書之五十』、二二八〜二三二頁。
(17)『續德川實紀　第四篇』、二四頁。
(18) Harris to Seward, 3 Apr., 1861, N. A. M. 133/ R. G. 59 (NARA).

(19)『続通信全覧　類輯之部　三』、六七四頁。

(20)「文久元年　大君殿下へ国書捧呈ノタメ米国全権公使ハルリス氏謁見ノ件」『外国人謁見一件　米國之部（旧記類纂書類第二門礼典）』（東京大学史料編纂所蔵、外務省引継書類）。

(21)開港開市延期問題の初期段階については、石井孝『明治維新の国際的環境』吉川弘文館、一九五七年、四一～五九頁を参照のこと。

(22)『続通信全覧　類輯之部　四』、八二五頁。維新史學會編『幕末維新外交史料集成第一巻』財政經濟學會、一九四二年、二五二～二五三頁。

(23)『續徳川實紀　第四篇』、二七五～二七七頁。

(24)『続通信全覧　類輯之部　三』、五八八～五九一頁。

(25)"Minutes of Conference with the Japanese Minister of Foreign Affairs", 12 Mar. 1862, Incl., Alcock to Russell, 17 Mar. 1862, FO 46/21（NA）.

(26)注(6)佐野『オールコックの江戸』、一三三～二〇六頁参照。

(27)注(25)"Minutes", 12 Mar. 1862.

(28)"Minutes of a second confidential interview with Koodji Yamato no Kami, President of the Gorogio and First Minister of Foreign Affairs", 16 Mar. 1862, Incl. Alcock to Russell, 17 Mar. 1862, FO 46/21（NA）.

(29)『續徳川實紀　第四篇』、二七五頁。

(30)Alcock to Russell, 20 Mar. 1862, FO 46/21（NA）.

(31)『續徳川實紀　第四篇』、二七七頁。

(32)注(30)Alcock to Russell, 20 Mar. 1862.

(33)『続通信全覧　類輯之部　三』、五八四頁。

(34)深井雅海編『江戸時代武家行事儀礼図譜』（全八巻、東洋書林、二〇〇一～二〇〇二年）所載の各種図面を参照。

(35) 注(30) Alcock to Russell, 20 Mar. 1862.

(36) 同前。

(37) 同前。

(38) Harris to Seward, 26 Apr. 1862 ; Pruyn to Seward, 17 May 1862, N. A. M. 133/ R. G. 59 (NARA).

(39) Winchester to Russell, 28 Apr. 1862 (NA).

(40) 岩下哲典編『江戸時代　来日外国人人名辞典』東京堂出版、二〇一一年、二七三頁。

(41) Pruyn to Seward, 30 April 1862, N. A. M. 133/ R. G. 59 (NARA).

(42) Pruyn to Seward, 5 May 1862, N. A. M. 133/ R. G. 59 (NARA).

(43) Pruyn to Seward, 15 May 1862, N. A. M.133/ R. G. 59 (NARA).

(44) 同前。

(45) 同前。

(46) 同前。

(47) 『続通信全覧　類輯之部　三』、六二七～六二八頁。

(48) 『続通信全覧　類輯之部　三』、六二九～六三一頁。

(49) 注(6)佐野『オールコックの江戸』、二〇七～二一〇頁。

(50) 竹内誠編『徳川幕府事典』東京堂出版、二〇〇三年、四四四頁。

(51) 『続通信全覧　類輯之部　三』、六二九頁。

(52) 『続通信全覧　類輯之部　三』、六三〇頁。

(53) De Bellecourt à Thourenel, 24 Jun. 1862, CP 6 (AD).

(54) 注(34)深井編『江戸時代武家行事儀礼図譜』所載の各種図面を参照。

(55)『續徳川實紀　第四篇』、三六二頁。
(56)伊藤一哉『ロシア人の見た幕末日本』吉川弘文館、二〇〇九年、六〇頁、ならびに、『幕末外国関係文書之二十一』五五七~五五八頁。
(57)注(56)伊藤『ロシア人の見た幕末日本』、七二~八三頁。
(58)ただし、この際のゴシケーヴィチの旅に関して特筆すべきは、箱館への帰路、彼が二月一五日に江戸を発し、約一ヵ月をかけて東日本縦断の陸路をとったという事実である（『幕末外国関係文書之三十五』、一六七頁、二〇九~二一〇頁、二一三~二一九頁、二四七~二五一頁、二五六~二六〇頁、また、『幕末外国関係文書之三十六』、二〇八~二二二頁参照）。伊藤はこれについて、函館周辺の地方史研究のなかで発掘された史料、また、ロシア側史料として、ゴシケーヴィチの同行者による旅行記の存在を紹介しているが（注(56)伊藤『ロシア人の見た幕末日本』、七九~八四頁）、ごく簡単な取り上げ方に終わっているのは残念である。将軍拝謁儀礼を主題とする本書では、この旅行に深入りすることは断念せざるをえないが、当人らの文化的経験はもとより、幕府側の対応、各地の反応を含め、十分な掘り起こしに値するものと考えられる。
　なお、筆者は、文久元（一八六一）年四月から五月にかけて実行された、イギリス公使オールコックと、オランダ総領事デ＝ウィットが連れだっての、長崎から江戸までの内地旅行について研究したことがある（佐野真由子「幕末の対欧米外交を準備した朝鮮通信使――各国外交官による江戸行の問題を中心に」劉建輝編『前近代における東アジア三国の文化交流と表象――朝鮮通信使と燕行使を中心に』国際日本文化研究センター、二〇一一年、一九〇~二一〇頁参照）。これもまた、将軍拝謁儀礼の展開を見る本書の主題からは外れることから、ここで紙面を割くことはしないが、この旅行への対応に際して幕府では、「過ル午年阿蘭陀人江戸往來之節之趣」、つまり、前章で取り上げた、安政五（一八五八）年、初代オランダ領事官ドンケル＝クルティウスが拝謁のため江戸に向かったときの方式が引き合いに出され、道中はこれによって対処し、「此度新規ニ増候廉ハ無之」との方針が確認されたのであった（「大日本維新史料稿本マイクロ版集成」東京大学出版会〔東京大学史料編纂所蔵〕、一九九七年、BU010-0127）。

安政七（一八六〇）年におけるゴシケーヴィチの内地旅行については、筆者はまだ同様の詳細な検討を行ったことはなく、他の研究も現時点で見当たらないが、時期的に、「過ル午年阿蘭陀人江戸往來」のあと、右のオールコックとデ＝ウィットの西日本縦断に先立つものであって、駐在外交官への幕府の対応を考えるうえでその分析がきわめて重要であることは間違いない。別の機会を設けて取り組みたいと考えている。

(59) 注(56)伊藤『ロシア人の見た幕末日本』、一六九～一九九頁。なお、ポサドニック号事件については基本文献とされる大著として、日野清三郎著・長正統編『幕末における対馬と英露』（東京大学出版会、一九六八年）があるが、ロシア側史料を踏まえたものではない。

(60) 『続通信全覧　類輯之部　四』、八二八～八三二頁。注(22)維新史學會編『幕末維新外交史料集成第一巻』、二五二～二五三頁。

(61) 石井孝『明治維新の国際的環境』（吉川弘文館、一九五七年）も、まったくこの点に触れるところがない。なお、取り上げた対象は安政の五ヵ国条約のみではあるが、相手国ごとの内容の相違を詳細に検討し直す必要を説き、ここでの筆者の問題意識に通じる基礎的見解を示している論考に、ブレンダン、ル・ルー「『安政五ヵ国条約』を問うて――開国条約の再検討へ」大石学編『一九世紀の政権交代と社会変動――社会・外交・国家』東京堂出版、二〇〇九年がある。

(62) こうしたロシアの対日態度は、日露和親条約・日露修好通商条約においてともに領事裁判権が双務規定となっており、その点で、他の列強との間で結ばれたいわゆる不平等条約とは一線を画していることとも通底すると考えられる。この問題については、生田美智子『外交儀礼から見た幕末日露文化交流史――描かれた相互イメージ・表象』ミネルヴァ書房、二〇〇八年、一五七～一六〇頁を参照。

(63) 注(56)伊藤『ロシア人の見た幕末日本』、二一二～二一四頁。
(64)『續德川實紀　第四篇』、三六〇～三六一頁。
(65) 注(56)伊藤『ロシア人の見た幕末日本』、二一四～二一六頁。
(66)『続通信全覧　類輯之部　三』、七二二～七二四頁。
(67)『続通信全覧　類輯之部　三』、七二八～七三〇頁。
(68)『続通信全覧　類輯之部　三』、七〇三～七〇九頁。
(69)『続通信全覧　類輯之部　三』、六八八～六八九頁。
(70)『續德川實紀　第四篇』、五六一頁以下参照。

第六章　四ヵ国代表の将軍慶喜拝謁（慶応三年）

本章では、慶応三（一八六七）年三月から四月にかけて行われ、結果として「幕末外交儀礼」の最後の事例となった、第一五代将軍徳川慶喜による各国代表謁見を取り上げる。この際の拝謁式は、イギリス公使の部下として随行したアーネスト・サトウが「全くヨーロッパの流儀」(1)で挙行されたと評したことで知られ、また、将軍時代の慶喜を描くなかで言及されることもあった(2)。しかし、その儀礼の内実が明らかにされたことはない。

第一節　背景と準備

（一）「御代替」と外国使節謁見

拝謁式挙行の契機

前章で見た時期のあと、将軍拝謁に関して幕府に新たな動きがあったのは、慶応二（一八六六）年秋のことである。一一月三日付で、外国奉行が久々の将軍拝謁式の挙行を老中に上申した文書を以下に引用する（傍線は筆者による）。

（巻表）「四ヶ国公使拜禮之儀ニ付申上候書付」

今般英佛亞蘭四ヶ國公使大坂表へ被爲召呼、拜禮被　仰付候儀ハ、御和親之國々へ被爲對御信誼相立候而已ならす、此迄種々御不都合之次第も不少哉（ママ）之處、①今般新に大統被爲繼、人心一致國論協定御威權御掌握之御宏摸判然と被爲願候儀ニ相當り、尤以重大之御盛典ニ候間、御禮式御待遇振其他之諸事瑣末之儀ニ至り候迄、各國公使ハ勿論附屬士官等迄何れも御規模如何と注目罷在、始末書記も致し新聞紙にも相載、宇内各國公布流傳爲仕候儀も可有之間、歐亞諸州萬民之觀覽ニも供し候得ハ、御處置之次第ニ應し毀譽得失ニも關係仕候儀ニ付、御大切之事と奉存候。②一體外邦使臣之儀ハ其任重大ニ候故、其位級を尊く致し其俸金を厚く致し各其國帝王より人撰を以て御國へ差渡し、其本國於て特命を受候はしめ、兩國和親之交際不都合なき樣取扱、兩國懇親之利益となるへき事を斗り、其人民を法律に從ひ處置すへきとの主意を以て御條約ニ基き其國々名代人として在留仕候ものにて候得ハ……此迄迚も御懇親に御接遇被成遣、聊御粗意ハ無之候得共……習俗相違致し人心海外諸邦之風氣ニも慣熟不仕故、彼方に而は親睦に致し度、此方に而ハ却て仇視致候ものも有之哉、御國論兎角一致致し兼、夫等之顧慮不少故自然御待遇振も被盡兼候間、彼方於て窮屈不滿ニ存罷在候ものも有之哉ニ相聞候。然處今般之御一擧にて右等之疑團煥然氷解仕、何れも御懇親之御待遇感荷いたし、御威權之所得ニ安堵仕、各其主職ニ從事仕候樣可相成、就而勘辨仕候處、③拜禮式目之儀ハ先年亞佛英前任公使へ御掛合濟に而、彼方異存無之旨申立候儀ニ候得共、

此度之儀ハ御旅先等之儀に付御間席等も相違致し候間、夫々御變革無之而ハ相成間敷ニ付、御間席等見斗別紙之通取調申候。尤右ハ各國公使へも引合置可申、其他之件々ハ御舊制に不被爲拘、斷然別紙之趣御採擇被爲在候方可然、依之別紙相添此段申上候。以上

寅十一月(3)

さて、ここで新将軍による謁見の対象となっている「英佛亞蘭四ヶ国公使」(冒頭波線)とは誰か。まず、イギリス公使は、第二代パークスである。文久二(一八六二)年二月に休暇の途についた初代オールコックが二年後にいったん帰任するも、その元治元(一八六四)年、四国艦隊下関砲撃で主導的役割を果たしたのち正式に離任したのを受け、翌年に着任していた。フランス公使は、元治元(一八六四)年に初代ド＝ベルクールと交代した第二代ロッシュ。アメリカに関しては、第二代のプリュインが元治二年、当初は休暇の予定で帰国し、そのまま離任したため、これに代わって翌年、第三代ヴァン＝ヴァルケンバーグが来日していた。そしてオランダはファン＝ポルスブルックが、安政四(一八五七)年からドンケル＝クルティウス初代領事の秘書を務め、その後、在神奈川副領事、次いで領事、文久三(一八六三)年にデ＝ウィット総領事の後を継いで第二代総領事に昇格していた(4)(右に引用したの文書では同人をも「公使」としてまとめている)。

元治二(一八六五)年三月、アメリカ公使プリュインが休暇帰国にあたって拝謁を申し入れたものの、幕府が本丸焼失を理由にこれを断ったことは前章で見た。その後はここに至るまで、上記各人の離着任や昇格にあたり、拝謁の要請自体が行われた形跡がない。先にも述べたように、この時期、長

州征討を頂点とする国内の政治的混乱もさることながら、将軍の身柄がほぼ恒常的に京都にあり、江戸城を留守にしていたことに、その大きな要因があったと考えられる。この時期、外交官らは横浜を主要な拠点としつつ必要に応じて江戸との間を行き来しており、(5)たとえばプリュインの後任、ヴァン＝ヴァルケンバーグ公使の着任時も、横浜および江戸で外国掛老中や外国奉行と実務的な挨拶を交換するにとどまった。(6)

慶応二（一八六六）年の秋、こうして約一年半にわたり提案されることもなかった将軍拝謁の話が持ち上がった背景には、何よりも、同年七月、第一四代将軍家茂が逝去したという事実がある。翌月、将軍職空位のまま一橋慶喜の徳川宗家相続のみが決まっていたものの、この時期、いよいよ正式な将軍襲職が近づいていた。(7)ただしこのとき、外交官らの側から拝謁を要請した跡は、日本側のみならず諸外国側の史料においても確認できないため、この一件は幕府内で自主的に企画されたものと理解して間違いないだろう。外交使節がその任期のはじめに信任状を捧呈するのが本来であるにもかかわらず、現役の駐在代表らはいずれもその機会がないままになっているとの認識が、幕府のなかに存在したと考えられる。

こののちしばらくのうちに実現するこれら四ヵ国代表の将軍拝謁には、従来、慶喜の政権掌握を外交の面から印象づけるために実施されたとの意味づけがなされてきた。(8)引用文中にある、これをもって「今般新に　大統被爲繼、人心一致國論協定御威權御掌握之御宏摸判然と被爲願候」（傍線①）との認識はたしかにそのことを裏づけるものとも言えようが、だとすればむしろ、実権の在り処を示すために将軍拝謁式の挙行こそ効果的であるという知識、認識が、その種の儀礼を実際に行ってきたがゆえに、幕府のなかに根づいていたことを指摘しなければなるまい。

その意味で、右の文中、とくに注目されるのは、全体のなかほど、「一體外邦使臣之儀ハ」から始まる傍線②の部分である。外交官なる存在について、「其國帝王より人撰を以て御國へ差渡し……御條約ニ基き其國々名代人として在留仕候もの」との理解が明快に記されているが、これは翻って安政三(一八五六)年当時、着任後のハリスが初めて拝謁を要請したのに対し、下田奉行限りの応対で済ませようとの考えもあった幕府中枢の外交理解とはもはやまったく異なるものであり、一〇年間の実践的な経験の積み重ねが如実に示されていると言えよう。

経験と伝統の蓄積

日本国内での経験ももちろんだが、既出の万延元(一八六〇)年遣米使節、文久二(一八六二)年遣欧使節をはじめとする幕府遣外使節が各国において将軍の「名代人」として扱われた経験の蓄積も、念頭に置く必要がある。このあとに論じる拝謁式挙行への具体的な準備の過程でも、それが十全に生かされた様子を見ることになろう。ここでは、この時点での外国奉行に、万延元年使節に加わっていた塚原昌義、文久二年使節のメンバーで慶応元(一八六五)年にも仏・英に派遣された柴田剛中《しばたたけなか》、さらには大目付兼帯の外国奉行(慶応三年の拝謁実施時には若年寄格)として、安政四(一八五七)年ハリス登城からの経緯を知る永井尚志——安政の大獄による不遇ののち、復権していた——がおり、(9) 以降の業務において中心的な役割を果たすことに触れておく。

加えて、将軍代替りにあたって外国の使節を迎接することは、徳川幕府にとって朝鮮通信使以来の慣習であったことを思い起こせば、「今般新に　大統被爲繼」との契機により外交官らの将軍拝謁式挙行を企図するのは、この時期特有の国内政治状況に結びつけるまでもなく、伝統に沿った自然な発想との解釈も成り立つ。江戸城において、歴代の慣例に則った御代替りの儀式が挙行されたのが右文書の直前と言ってよい一一月一日であったことは、[10]そうした結びつきを裏づけているようでもある。

なお、朝鮮通信使に関しては、第一四代将軍家茂の襲職を祝うための来聘が、延引の末、来る丙子年(一八七六年)の実施と決していたが、一五代慶喜のために新たな来聘計画が立案されることはないまま、幕府は終焉を迎えることになる。[11]しかし、むしろ国内に欧米各国の使節が駐在している現状において、彼らの登城・将軍拝謁が計画されたわけである。

ところがこのとき、慶喜は家茂存命中から継続して上方にあり、代替りにあたって一時的にでも江戸城に入る余裕を持たず——右の江戸城における代替り御礼の際も、当の慶喜は不在のままであった——、また近い将来にもその機会は予想されなかった。[12]そこで、このたびの謁見は、はるばる大坂城に公使らを招いてこれを行うという異例の手段が計画されたのである。

本節冒頭に引用した文書はその書きぶりから、これをもって将軍拝謁式の挙行を初めて献言しているのではなく、すでに実施の合意が大体成り立っているところへ、その方向を後押しし、併せて具体的な提案に踏み込むといった段階のものであることがわかる。これに先立つ議論が幕府内でいかにして始まったのかについては、残念ながら記録を見出すことができず、『続通信全覧　類輯之部　四』中の「坂城ニ各國公使謁見一件」においても、またその原資料と位置づけられる外務省引継書類中「英米佛蘭四公使上坂謁見」(東京大学史料編纂所蔵)においても、この際の一連の記録のうち、これが最初の一通をなす。いずれにせよ、当初提案ののち、準備に向かうごく初期の段階でこの文書が書かれたことは間違いないだろう。

(二) 新旧式次第

右の文書には、末尾の傍線部③に、「拜禮式目之儀ハ先年亞佛英前任公使へ御掛合濟」との文言が見え、「亞佛英前任公使」つまりハリス／プリュイン、ド＝ベルクール、オールコックと、式次第についての議論を重ねてきたことが、今回の準備にあたる幕閣、幕臣らの間でも先例として十分に認識されていることがわかる。その一方で、今回は「御旅先」の大坂城における挙行であって間取りも違い、「御舊制に不被爲拘」、新たな発想を取り入れながら計画を進めるという積極的な考え方も、また明快である。ここで、外国奉行らが「別紙之通取調申候」として併せ提出した各国代表大坂招請計画全般のうち、将軍拝謁式に直接かかわる部分の段取りを、以下に掲げておく[13]。

四ヶ國公使拜禮手續

第一　着船禮式

……

……

第五　拜禮當日手續

四ヶ國公使拜禮ハ同日ニ被仰出、時刻一周程宛間を置候事。但、國順之儀ハ英國、亞國、荷蘭、佛國と治定之事。當日刻限前、外國奉行爲案内公使旅館へ罷越し、騎兵二拾五騎前列に而先導ハ外國奉行幷支配向……營中御儀式御次第書通り之事。

（朱書）「但、外國於て使臣其國王ニ謁見之節ハ、時刻見斗禮節掛役人旅宿まて爲案内罷越、使臣同車致し、乗車ハ國用備盛飾之美車人員等應し差出、城中兵卒を立並へ、宮中ハ親兵戎装にて羅列致し、國帝國王接近にて謁見いたし候。尤國帝國王とも后妃太子一席にて謁見有之候。」

右拜禮相濟歸路

第六　饗饌

御饗應ハ四ヶ國公使銘々別日に而、國順之儀ハ拜禮之節之通り。御席之儀ハ御連歌之間に而可然。尤上様より被下候儀に付、御臨席に而御對食被遊候旨被仰遣、在京諸侯御老中方はしめ御一統御對食之方可然奉存候。

（朱書）「四ヶ國別日各通

ヱキセルレンシー

四ヶ國公使へ

以書簡申入候。明何日（即西洋第何月何日）饗饌御設相成御對食被遊候間、其通辯官被召連何時（即西洋第何時）城中へ御越可有之、此段得御意候。拜具謹言

年　月　日　　　　　　　　御　名　前　花押」

右御饗饌之御席にハ四方へ瓶花等御飾付、通辯官迄ハ御城にて御料理被下候事。御饗饌御席於て御煙草一切御用無之様仕度、彼方於てハ飲食中煙草を嫌ひ且失敬ニ相當り候よし。煙具ハ御席に御取設置、饌終り候て御一同煙草御用之事。

一部之音樂御別席ニ御取設、御會食相始り候より音樂相始、暢舒繁數節奏を盡し候ハヽ、別て難有相心得可中候。

(朱書)「但、大饗饌之節、彼方於てハ必音樂相用候儀にて、已ニ御國使節先年佛國滯留中旅館於て夕饌相設、同國帝、貴族、外國事務執政、海軍事務執政、其他高貴のもの共招待仕候節、國帝より樂工五拾人程も贈り、饗席二階下にて合奏致し候事有之趣にて候。」

通詞はミニストル脇に爲招置候様仕度、饗席於て公使等酒觴を捧け立て御國を祝し候詞を述候節ハ、御老中方にも一同御立可被遊、其時通辯之もの意味可申上候。

猶又、於此方も右爲御答辭、御老中方始同様酒觴御捧け御立被遊候而、彼國又ハ彼君主を祝し被爲遊候様仕度奉存候。

但、奥醫師、御小姓、奥詰幷通辯之者等にて給仕心得候事。

第七　被下物

……

……

饗応案の出所

ここで何よりも注目されるのが、「第六　饗饌」の存在である。安政四（一八五七）年、ハリスの初めての登城の際、幕府側は拝謁式終了後の饗応を準備していたにもかかわらず、将軍の「対食」を拒んだため、ハリスは饗応席に着かず、料理は後刻宿舎に届けられたのであった。この経験から、その後の拝謁式にあたっては初めから饗応が計画されなくなり、あらためての議論もないまま、式次第はその形で安定を見ていたのである。当文書において、狭義の謁見式そのものとは別に饗応席を設けることが計画され、「御老中方はしめ御一統」はもとより将軍その人が「御臨席に而御對食被遊候」ことが提案されているのは、飛躍的な変化と言わなければならない。

この約五ヵ月後に実現する四ヵ国代表の大坂登城においては、将軍臨席のもと、洋食による華やかな饗応がなされた。たとえば鳴岩宗三や岩下哲典は、この饗応がフランス公使ロッシュからの助言によるものであると、とくに根拠を示さず当然のように述べている(14)。また、ロッシュは年が明けて慶応三（一八六七）年に入り、二月、各国代表が横浜で大坂行きに備えている最中に、いわば抜け駆け的に単独で上坂し、慶喜と会談することがあったが、石井孝は、このときにロッシュが饗応付きの拝謁を教示したとしている(15)。

しかし、二月六、七日にわたって行われたその会談の記録を見る限り、むしろ慶喜がロッシュから、謁見はどのように行うのかと尋ねられ、フランス式でと応じると、ロッシュが喜んだというのが実情であり[16]、そもそも実際の準備過程に照らして、この時点からのスタートではとても間に合うものではない。この時期における新規の発想を短絡的にロッシュの助言や示唆に帰するのは、先入観によるものと言わなければならないだろう。

慶喜の将軍就任前後から幕府終焉の時期に向けて、ロッシュが将軍への接近を試み、また「親仏派」と呼ばれる幕臣らの活躍によって、幕府がフランスの提案や援助を多く受けた側面があるのは事実である。しかしながら、最近の研究でも明らかにされつつあるように[17]、幕府、とりわけ慶喜本人が、必要と考える部分でフランスの助言を取り入れながらも、自主性を失わず全方位外交の姿勢を保ったことは、本章で見る儀礼準備の経緯からもまた十分に明らかになるであろう。

実際、右の史料からは、まだ料理の内容までは具体化されていないものの、饗応という発想が幕府内部から出たことが明らかである。では一体、いかにしてこのような饗応案が幕府内から現れるようになったのか。その重要な鍵は、「第六」項中、二つ目の「朱書」部分にある。「先年佛國滞留中」とあるように、幕府遣外使節が訪問先で、「同國帝、貴族、外國事務執政、海軍事務執政、其他高貴のもの共」と宴席を共にした経験が、ここでの提案に生きて盛り込まれているのである。

この饗応に関する項目のみならず、本史料において朱書きのコメントは、各項目の主要な提案に添えて、より具体的な参考知識を供する形になっている。誰の手によって書き添えられたものか、史料そのものからは判明しないが、滞仏経験がもとになっているということと、このときの外国奉行の顔ぶれを照らし合わせるに、書き手は柴田剛中と考えてよいのではないか。なお、柴田の日記には文書

図1　柴田剛中

日付の二日前、一一月一日の項に、照会を受けていた問題について老中板倉勝静《いたくらかつきよ》への「建白御書簡」ができたととれる記載があるが、内容は書かれておらず、本件のことであるかどうかは不明である(18)。

むろん、訪欧中に外交儀礼に伴う饗応を経験したからといって、あえてこれを採用しないという選択もありえよう。ここは結果から判断するほかないが、柴田や同行者らは訪問先で非常に強い、肯定的な印象を受け、次に日本で将軍拝謁式を実施する段になったとき、またとりわけ、「大統被爲繼、人心一致國論協定御威權御掌握之御宏摸判然と被爲願候儀ニ相當」っての「重大之御盛典」という認識のもとで、その見聞を日本で実地に移すことを真っ先に考えたものと推測される。

引き継がれた式次第

一方、「第五」項には、拝謁式当日の運びについて、「營中御儀式御次第書通り之事」とある。ここに次第書そのものは添付されていないが、それが既存ないし周知のものであるという意味に受け取れる。この際の準備過程で、具体的な次第書が検討される場面は当初しばらくはなく、ここから約二ヵ月後の慶応三年正月一二日、イギリス公使館員アルジャーノン・ベルトラム・フリーマン・ミットフォード（Algernon Bertram Freeman Mitford）の求めに応じて差し出したときが最初であった。それに基づいて行われたミットフォードと幕府側との議論は追って取り上げるが、ここではそのとき幕府が示した次第書を先回りして見ておこう。文書は冒頭、公使が大坂へ船で到着した際の迎え方といった、今回独特の事情から始まるが、拝謁式当日の礼式については次のとおりである。

一、……外國奉行之内ミニストル旅館より令案内。

但、途中前後騎兵にて警衛。兩頬は銃隊にて固め、往來人は銃隊後に通行爲致候事。

一、大手下馬にて一同下馬之事。

一、御玄關階上より外國奉行、御目付差添、殿上之間に扣罷在（何れも椅子設之）。

一、諸役人等出仕之面々官服着之。

一、外國奉行幷御用掛り之面々出席及挨拶。

一、外國奉行、御目付差添、大廣間御車寄之際假扣所へ相越、通辯官も相從（此所へも椅子設立）。

一、大目付より外國奉行御會釋有之候て、外國奉行差添、ミニストル御次板縁に扣有之、通辯官引續て罷在。

一、外國奉行差添、ミニストル罷在。御下段より二疊目に而拜。此時某國ミニストルと披露。ミニストル御下段上より三疊目ニ進ミ、

國帝國王口上申上之。

上意相伺退出。

一、外國奉行、御目付差添、御車寄之際扣所へ退去。

一、入御以後老中若年寄一同大廣間へ出席、雁之間際へ外國奉行幷御用掛り之面々一同出席（何れも立罷在）。

此時外國奉行差添、ミニストル大廣間中央に罷在、

御目見之御禮申上候。通辯官も相從、相濟て老中ミニストルに向ひ會釋有之。ミニストル通辯官

殿上之間へ退去。外國奉行、御目付差添。

一、外國奉行並御用掛り之面々一同、如今朝殿上之間へ相越及挨拶。ミニストル通辯官退去。御玄關階上まて外國奉行、御目付差添。
但、如今朝外國奉行ミニストル旅館まて相送候事。
以上(19)

これに一通り目を通せば、安政年間から万延元(一八六〇)年にわたる試行錯誤の末、「永世不易の禮典」とされ、その後も文久二(一八六二)年までの波乱を経て確認された様式が、そのままの形で提示されていることが明らかである。外国奉行の当初提案における「營中御儀式御次第書通り」も、同様のものを念頭に置いていたと考えて間違いあるまい。したがって、拝謁式に連動した形で将軍臨席の饗応の宴を設けるという、非常に大きな変更が積極的に提案された一方、基本となる狭義の式次第についてては変更の予定がなかったということになる。ゴシケーヴィチの文久二年閏八月以来、将軍拝謁式の挙行は約四年半ぶりであるが、幕府内ではこのとき何らの躊躇もなく、以前に確定を見た式次第が先例として用いられたのである。

なお、大坂城の大広間は、かつて江戸城本丸が焼失していた際に拝謁式を挙行した西丸の大広間と同じ、上下二段の構造であった(図2)。外交官側に提示する作法が変わらない以上、このたびの拝謁では、万延元(一八六〇)年に西丸で行われた一連の儀式と同様、彼らが将軍にぐっと近づいて口上を述べることが、初めから想定されていたと考えられる。

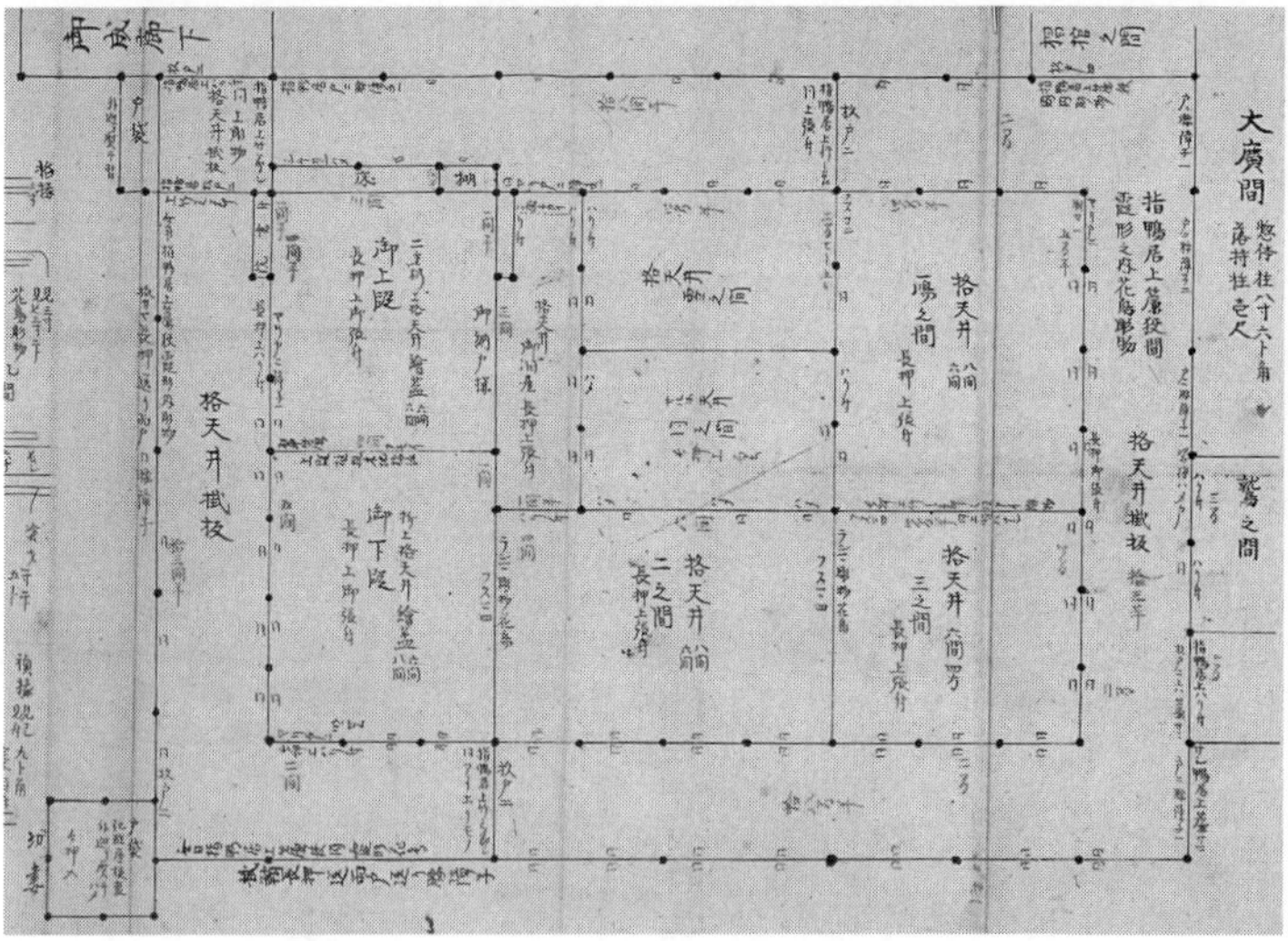

図２　大坂城大広間（「大坂城本丸御殿内部明細写」部分、大阪城天守閣蔵）

（三）実施への動き

信任状捧呈の必然性　慶応二（一八六六）年一二月に入ると、一日から二日にかけ、幕府は四ヵ国代表へ大坂招請と拝謁実施の旨を正式に通知し[20]、他方で五日には慶喜が朝廷より将軍宣下を受け[21]、拝謁式挙行の条件は整って、本件は本格的に動き出すことになる。老中より各国代表宛、正式通知の文面は以下のとおりであった[22]。

以書翰申入候。我
大君殿下新政之初に當り謁見可有之處、不得止之事情有之、即今難被遊　御帰城依而、於坂城謁見之禮典御施行可被遊と之事に付、各ミニストル被申合上坂有之候様いたし度、尤頃合其外巨細之儀は外國奉行塚原但馬守、柴田日向守、川勝近江守、向山隼人正へ命し置候間、猶同人共より追々申入るゝに而可有之候。此段申入度如斯候。拝具謹言ところで、この各国代表大坂招請の件は、従来の研究において、同じ時期に問題化した兵庫開港・大坂開市の実現如何と一体的に論じられてきた。このとき、先の文久二（一八六二）年遣欧使節が締結したロンドン覚書によって延期が認められていた、各国との修好通商条約に定めのある開港開市の期日が迫っていたのである。(23) すなわち諸外国側は、新将軍による大坂招請に応じるか否かについて、慶喜に開港開市の実現意思があることを条件とし、また慶喜のほうは朝廷側との政治抗争において、物理的に大坂に押し寄せた各国代表の圧力を背景に、開港開市を強引に推し進めようとしたという見方がなされてきた。

当時、開港開市問題が日本の外交をめぐる最大の懸案となっていたのは事実である。一二月七日、招請を受けた各国代表側が対応を協議するためイギリス公使館に会した際も、彼らはパークスの主導により、幕府からのこの拝謁提案を開港開市問題解決への重要な足がかりとする方向で合意した。(24) しかし、拝謁問題をその角度からのみ捉え、評価しようとするのは、一面的と言わなければならない。まず、右の老中書簡の冒頭、「大君殿下新政之初に當り謁見可有之處」との理解はそれ自体、外交儀礼の観点から至極当然であるとともに、公使らの側からも、この時点で新将軍に会い、日本着任以来、それぞれ携帯したままになっていた自らの信任状を捧呈することは、どうしても必要な行為であったはずだからである。第二章で見たアーネスト・サトウによる外交実務指南書の別の箇所に、次のようにある。

§410 信任を受けて外国にある、または会議に出席している外交官の使命は、以下のいずれかに該当する場合、その存命中に終了することがある。
……
5．外交官当人を送り出した国の元首、または彼が信任を受けて駐在している国の元首が死去したとき。……これらいずれの場合にも……新しい信任状が必要である。……[25]

つまり、この時期偶然にも日本にあったサトウによって後日まとめられた外交慣例によれば、家茂の死と慶喜への交代は、駐在外交使節らの身分にも根本的な影響を及ぼすものであった。彼らが赴任にあたって本国から信任されていた対象が、拝謁を果たしえないまま死去したいま、早期に新将軍への信任状捧呈を完了することは、彼らが本国元首を代表して外交実務を遂行する――つまり、そもそも開港開市問題を云々しうるための――大前提でもあったのである。

もっとも、これ以前の慶応元（一八六五）年にはすでに、ほぼ同じ顔ぶれの外交団のもと、締結の時点では成らなかった条約への勅許獲得が成し遂げられ、朝廷と幕府が分立する日本の政治構造がよく理解されたうえで、日本の「元首」にあたるのは将軍か天皇かという議論が駐在外交官らの間で本格化しつつあったのも、一方の事実である[26]。ほかでもないサトウの上官であったパークスは当初から、仮に慶喜に拝謁しても信任状を提出しない心づもりであった。しかしながら、これもまた、それを提出することの本来の意義を承知しているからこそ、この場合において提出しないという政治的判断が発生しうるのである。また、他の三ヵ国代表は、当初は開港開市問題と連動させることもなく、この信任状提出の機会を喜び、無条件に受け入れる考えであったことを、パークス自身が書き残している[27]。

したがって、一二月初頭の正式通知の前後にわたり、老中、外国奉行の両レベルで各国代表と会談、趣旨説明を始めていくなかで、まず拝謁自体に反対の出ようもなかったのは当然と言えるだろう。話し合いはすぐに、大坂での実施という異例の条件から必要とされる、現地行きの手段や旅宿の手配といった具体的な問題に進んでいった[28]。現地への移動は各国とも自国軍艦との方向で問題なく合意、旅宿については、幕府としては当初、四ヵ国の関係者を一ヵ所に合宿させる考えであったが、外交団側の反対に遭い、国ごとに宿寺を用意することになった[29]。

準備の進展

引き続き、旅宿で使用する洗面用具などに至るまで、すべての細かな必要を見越した準備が打ち合わされ、幕府の費用で調達されていった。この時期の幕府は、将軍に付いて上方に出向している面々と江戸に残った面々とに分かれていたが、双方で買い物が重複し無駄を生じたりすることのないよう、詳細にわたり文書での情報共有が重ねられている。基本的には、各国代表との交渉の第一線、それに伴う具体的な検討を江戸在府組が担い、将軍の側に仕える上方組へ逐次報告する形で準備が進められたため、道具類の発注などもほとんどが江戸で行われ、徐々に大坂へ運び込まれていった。同時に、現地での事務や警固を担う下役など、西への人の大移動も始まった[30]。

このほか、幕府がことさらに神経を使ったのは、先に注目した拝謁に伴う饗応に加え、外交団大坂滞在中の日々の賄い料理についてである。各国代表の意見を一通り聴取した外国奉行らは、準備のごく初期の段階で「日本料理ニ而は食用相成兼候」と判断し、洋食の採用に踏み切る[31]。上方の幕閣からは逆に、「洋風ニ而似て非なるもの差出候より、日本流の結構之御料理被下候方可然」との意見も聞かれたが、「其筋心得候料理人横濱より相雇候積ニ付、矢張洋風之御料理被下候方可然」と反論した。

ほぼ同時に、史料上には「料理人ラプラス」という名前が具体的に登場する。料理に関してはこの人物にすべてを託し、日本人、中国人を含む下働きの者数名を、必要なあらゆる調理器具とともに大坂に送り込むことになるのである。(32)

ラプラスに白羽の矢が立った経緯やその素性については、このたびの拝謁に関する一連の記録からは判明しないが、上海で一流の料理長として知られたのち日本に渡り、この時期、横浜居留地で「オテル&レストラン・デ・コロニー」を経営していたとされる同名の人物(A. Laplace)と考えて間違いないだろう。(33) なお、ラプラスとともに来日した甥のルイ・ベギュー(Louis Béguex)は、維新後の明治四(一八七一)年、天長節大晩餐会の料理長を務め、その後も長く「日本フランス料理の父」と称される人物である。(34)

図3　横浜居留地のオテル&レストラン・デ・コロニー
(長崎大学附属図書館蔵)

左手前の建物の看板に、HOTEL & RESTAURANT DES COLONIES とある。

こうして慶応二(一八六六)年一二月半ばには、正月の諸行事とぶつかることを避け、すぐにも四ヵ国代表の上坂、将軍拝謁を実行する方針が、東西に分かれた幕府内のやりとりで決定を見る。これほど速やかに事が進行した背景には、長引けば兵庫開港の件が問題化する可能性のほか、「意外之不都合」によって「折角之御交際上親睦に可被遊と之思召も泡沫ニ相成」ことへの危惧が、幕府中枢に色濃くあった。(35) ところが、一二月二五日、孝明天皇崩御という、まさに思いがけない事態が発生する。

孝明天皇崩御の影響

激しい政治的抗争のなかで将軍職を継いだ慶喜にとって、孝明天皇の個人的信頼が大きな力となっていたことは、すでに論じられてきた[36]。抗争はいまや幕府に対抗する雄藩のみならず、本来は幕府の強固な支持勢力であるはずの会津藩との間にも存在する。慶喜は会津の反対意見を容れずに征長戦争を終わらせ、政治的に危険分子とされていた公卿らを釈放した。家近良樹はその背景に薩摩への配慮があったとする。このことで会津藩は慶喜に強い反感を抱くようになり、新将軍の政権運営に協力しなかった。さらには、物理的に上方と江戸に分かれてしまっている幕府内部において、その両者の意思疎通も困難を増していた[37]。孝明天皇は天然痘に罹患したものの、快復が期待される状態から急死したため、ここでその人を失うことは事前に予測がつかず、いよいよ本格的に動き出そうとする慶喜に大きなダメージを与えたとの見方がなされてきた。

しかし、家近は最新の研究を盛り込んだ近著において、あらためて客観的に、孝明天皇という庇護者の死が慶喜にもたらしたプラスの面とマイナスの面を整理して述べている。プラスに働いたのはほかでもない外交面であり、条約勅許までは譲歩したものの、目下最大の懸案となっている兵庫開港については断固拒絶の姿勢を崩さなかった孝明天皇が不在となったことで、もはや開港の実現なくしては立ち行かないところにきていた条約締結諸国との関係に前進の可能性が開けた。こののちほどなく、実際に開港の勅許が得られたのは、まだ幼い新帝が自らの政治的意思を持ちえなかったことに助けられたためであるとする。

他方、マイナスの影響は二つあり、一つは、孝明天皇のもとで抑えられていた反幕派公卿の活動が公然化したこと、二つ目として、ここで服喪期間が発生したため、将軍職に就いたばかりの慶喜が政治的スタートダッシュを妨げられたことを挙げる(38)。しかも、徳川政権下においては長く天皇崩御の際の服喪が重視されてこなかったのに対し、今回は、逆転しつつあった朝幕間の力関係を反映し、幕府が積極的にこれを「国喪」とする異例の丁重な措置がとられた。一般に対しても、従前は京都においてのみ五〇日近い鳴物・普請の停止が命じられたものの、全国的には五日間であったのが、孝明天皇の際には、鳴物停止四四日、普請停止四〇日の全国令が出されたという(39)。とりわけ慶喜自身は、明けて慶応三年正月二七日に天皇の葬儀が済むまで、政治的な動きを完全に封じられることになった(40)。

とはいえ、その時点で最も重要な政治課題の一つであった兵庫開港が、同じ要因により結果的に後押しされたとすれば、天皇崩御の影響は文字どおりプラスマイナスゼロであったということになろうか。現実には、慶喜はこのあと、三月五日、二二日の二度にわたって朝廷に兵庫開港勅許を請願したものの、勅許が得られたのは五月二四日のことであって(41)、三月二五日から四月一日にかけて挙行された各国代表の謁見には結局間に合わなかった。謁見時、将軍上意のなかで各国代表に対し、イギリスの例をとるなら、「條約を一々履行ことを断然決定(42)」したという言い方で、開港をいわば独断専行で宣言してしまうことになる。

これ自体は、大坂招請に応じることを兵庫開港の実現と結びつけてきた外交団側に対し、当面必要な措置ではあったろう。しかし先述のとおり、外交官らにとってもまた、新将軍への拝謁は必要なステップだったのであって、儀礼手続きの側から見ていくと、このたびの拝謁をめぐる経緯を過度に開港開市問題と結びつけ、その点で幕府が諸外国に追い詰められた末の措置とばかり評価するのは、偏った捉え方であることがわかる。開港も、拝謁も、この時期、将軍周辺、外交団双方にとって、ともに避けられない課題であった。

実際、たしかに服喪によって政治的な空白が生まれはしたものの、儀礼の準備は延長された時間をむしろよく活用して、万端滞りなく進められた。天皇崩御の翌日、一二月二六日にも、在府の外国奉行らが各国公使館へ大坂行きの人員を問い合わせるなどの作業を淡々と進めているのは[43]、まだその報が幕府内でも江戸に届いていなかったためであろうが、その後の動きも、式自体が延期されたことを除けば、実のところ、とくに服喪によってダメージを受けた様子はない。

なお、各国代表に対し、天皇の崩御による国喪と、そのため計画中の外交儀礼を延期せざるをえない旨が幕府老中の名で正式に通知されたのは、年が明け、正月一〇日になってからだが[44]、それ以前、少なくとも一二月晦日までには、天皇の「御不例」という表現を用いながら、尋常ならざる事態の発生が口頭で伝えられていた[45]。

(四) ミットフォードの登場

ミットフォードとサトウの大坂行

慶応二(一八六六)年一二月晦日、大坂行きに関する外国奉行らと会談の席で、イギリス公使パークスが持ち出したのは、イギリス公使館より「大坂表旅宿一見として、士官一人通辯官一人、大坂表へ差遣度旨[46]」である。ここで言う士官とは、既出のミットフォードであり、この年の九月に来日、イギリス公使館の二等書記官として勤務していた[47]。通辯官は、何度も登場したサトウである。サトウは文久二(一八六二)年、最下級の通訳生として同公使館に赴任したのち、慶応元（一八六五）年に通訳官に昇進(48)、目下の慶応二年には、パークスの命で長崎、薩摩、宇和島方面へ情報収集に赴き、この一二月に横浜に戻ったばかりであった。

この時期からの駐日イギリス外交団は、辣腕公使として後世に名を残したパークスのもと、日本での経験はまだ浅いものの、イギリスの貴族社会に生まれてその行動様式を身につけ、オックスフォード大卒業後すぐに外務省に入省して、二〇代の若さですでに世界各地の外交活動を知っていたミットフォードと、現場叩き上げで日本語の名手に育った、やはり同年代のサトウの縦横の活躍により、明治維新前後の政情下、他国と比較して一頭地を抜く情報収集力を見せていくことになる。後世から見れば、いま、その態勢が形成されようとするところであった。駐在各国代表のうち大坂での将軍拝謁に先立って、部下を現地に派遣して式次第等に関する詳細の打ち合わせに当たらせたのも、このメンバーを擁したイギリス公使だけである。

さて、パークスは、天皇不例による拝謁延期の可能性を知らされたのをきっかけに、二人の派遣を思い立ったのであった(49)。もしも幕府が予定していたとおり、正月明け早々に各国代表が大坂に集合し

図4　ミットフォード

図5　サトウ

ていた場合、それでもこのように、実務レベルにおける式次第のすり合わせが行われたものか、その機会のないまま拝謁式が挙行されたものか、判断することはできない。しかし、いずれにしても、ここで生じた空白は、儀礼の具体的な側面において、あらかじめ用意されていた――遅くとも文久二（一八六二）年までに確定していた――式次第に影響を与えることになった。

ミットフォードとサトウは、慶応三年正月三日、横浜からイギリス軍艦に搭乗して兵庫の港に向かった(50)。横浜に帰着するのは同月二二日のことである。ミットフォードは、まず兵庫からパークスに宛てた報告に、「ミカドの死は、宮廷からこれほどの近距離においても、何らの目立った影響をもたらしてはいないようであり、日本人にとっても公務の遂行に差し支えるようなできことではないようである」と記している(51)。兵庫上陸後は大坂に向かい、いずれこの地にやってくるはずのパークスのために、その滞在と拝謁式の下調べにあたった。イギリス公使の宿舎として準備されている寺院を訪ね、チェックを兼ねて同所に宿泊したところ、洋式の家具、什器はもとより、ヨーロッパのワインその他、「ちょっとした嗜好品」まで備えられ、まずは申し分のない有様であったという(52)。

現地でこれに対応したのは、大坂町奉行竹内幸彝《たけうちゆきつね》とその支配の者たちであった。ミットフォードらに対し、案内、警護等、一通りの世話には親切に当たったらしいが、彼らは普段、外交官らと付き合う役回りにはなく、このときも、外交儀礼の問題については何ら承知していないという態度を貫いたようである。しかし要請があれば、京都で将軍の側近くにいる閣老に文書を送り、式次第を問い合わせるという程度の労は惜しまなかった(53)。その結果、正月一二日になってミットフォードに伝達されたのが、先に紹介した既定の次第書であった。

ミットフォードの修正要求　ミットフォードはこれを検討し、翌日、再び町奉行と会談した。自分は式次第の詳細までを交渉する権限を与えられているわけではないがとの留保を付しながらも、イギリス公使が「承諾するとは考えられない点が二ヵ所ある」として、それらを指摘した。二点とは、ミットフォード自身がパークスへの報告書中に簡潔にまとめたものを和訳引用すれば、以下のとおりである(54)（カッコ内は筆者による補足）。

①（謁見場において）公使の後に「通辯官引續て罷在」との項目からは、公使は（通訳以外には）自身の随員を伴っていくことができないと解釈されること。

②大君の面前に出る際、公使と大君の間は、同封の図面によれば三六畳分——つまり約六四八平方フィート——の広さがある一室分の空間で隔てられていること。

これに該当すると考えられるミットフォードの発言が、大坂町奉行側の対話記録には次のように書き留められている(55)。

①一躰各國帝王には外國公使謁見之節、禮典は頗懇親を表し候故、待遇も随而厚き事に有之。然るに於御國は大君の謁見に候得はミニストルえ被爲對候而は一層御懇親之御扱にて可然之處、拜禮之節はミニストル之外、書記官壹人ならては謁見難相成との趣、寔に不都合之儀にて、畢竟此度は高貴之者

も罷越候得共、既に人員御定有之上は此者等ハ道路に彳居候外無之、左候而はミニストルおゐて其者へ對し甚失敬に候。

……

一体ミニストルに續き候高貴之者有之候に、其者を除きミニストル而已謁見と申儀は無之事に有之。

②禮席に御國之ことき上段下段之座位を立候ハ、各國の禮典には曾て無之事に候。各國之禮式は都而帝王一席ニ而拝謁有之。書記なる者傍ニ而披露いたし、上意有之候上ニ而公使より祝辭申述候は一般之礼習ニ而、公使より先へ口上を述候は敬禮を失し候事に候。右等之廉、御手前様より委敷京師へ被仰立候様仕度、依而は拝禮之節之御間席繪圖面御渡し被下度候。

此時繪圖面を以禮典式を示す。

ミニストルは御上段へは通り不申哉。

（大坂町奉行の発言）ミニストルは御下段貳疊目にて拝禮之積に候。

御下段に而拝禮可致との儀に候ハヽ、各國之禮式に背候間、右様之御扱振に而はミニストルには假令御招に相成候共、上坂は致間敷候。

後日、ミットフォード自ら問題を整理し直して書いた上官宛の報告に比べると、その場の議論では、日本側の礼典準備を強く批判する調子で、言葉も相当に費やされたことがわかる。この対話記録では、②の点に関連して、報告文のほうにはない将軍と公使の発言順にも言及しており、後者から先に口上を述べるのは一般の礼に適わないとの指摘をしているが、第二章で引用したサトウの指南書、§249（本書八二および九二頁）に照らし合わせればむしろ逆であって、これはのちにミットフォード自身が撤回したのではあるまいか。

また、ミットフォード報告にある「公使と大君の間は……一室分の空間で隔てられている」という批判は、中段のある江戸城本丸大広間であればともかく、上・下段しかない大坂城の大広間で、その境界から三畳目まで近づいて口上を述べるはずの式次第には当たらないはずである。これは一つには、公使が最終的に口上を述べる位置ではなく、最初のお辞儀をする下段下から二畳目という位置との混乱があったものと思われる。「一室分」とはこの場合、二畳だけ踏み入れたところから前方に広がっている下段の空間を言ったものであろう。何より、大坂町奉行の「ミニストルは御下段貳疊目にて拜禮之積に候」という発言が、そのような前提で議論が行われたことを示している。

このとき両者の手もとにあったはずの、先に引用した次第書にはたしかに「ミニストル御下段上より三疊目ニ進み」と明記されており、大坂町奉行は不慣れのため説明を間違えたものと推測される。他方でミットフォードの側は、町奉行記録によく表れているように、将軍が「上」段におり、公使が「下」段から拝謁するという、空間の呼び方にことさらに反応し、これに囚われたのではないか。いずれにしても、指摘に対して大坂町奉行側は、江戸で調整してほしいとの対応に終始した(56)。

ミットフォードの復命を受けたパークスは、彼の意見に沿って幕府に式次第の変更を求めることにし、そのことについてフランス公使とも合意したという。パークスの考えを占めていたのは、このたびの拝謁において、日本側から敬意に欠ける扱いを受ける可能性をいっさい排除しておかなければな

図6　パークス

らないということであった[57]。パークスが幼少期から中国で育ち、アヘン戦争時を皮切りに、日本赴任までずっと中国でキャリアを積んだ第一線の外交官（中国時代は正式には領事）であったことと[58]、この時期までの中国における外交儀礼の展開を考え合わせれば、拝謁式に臨み、万が一にも臣下の礼をとらされるような扱いを恐れた彼のスタンスは理解することができよう。

しかし逆に言えば、パークス自身にはヨーロッパ宮廷での儀礼の経験があったわけではなく、彼がこのあと引き続き、既述の出自と経験を持つミットフォードに全面的に式次第変更の交渉を任せたのもうなずける。ミットフォードは三月中旬以降、各国公使一行がいよいよ大坂に入ってからも、謁見の直前までかかって要求を実現していくのだが[59]、その結果を考察するのは次節としたい。

ここでは、ミットフォードの指摘のうち②の点に関して、いくつかの誤解も含んではいるものの、本質的には、過去にオールコックやド＝ベルクールが問題にしてきた、元首と外交代表との距離という論点が再び蒸し返されていることを確認しておく。同時に①において、謁見式に外交代表が随員を伴うことの可否という、新しい問題が提示された。この点については、一〇年前、最初に拝謁様式の交渉にあたったハリスが、そもそも通訳のヒュースケン一人しか部下を持たず、続く他の各国も小所帯であったため、これまで問題が浮上することがなかったと考えられる。国喪による将軍拝謁の延期はこうして、さらなる儀礼様式の検討を促すことになった。

ロッシュの抜け駆け

他方、延期の間に見られたもう一つの重要な場面は、フランス公使ロッシュが、互いに連携して事態に対応している外交団から抜け駆けを図る形で、単独で大坂に入り、将軍慶喜と初めての面会を果たしたことである。二月六日、七日の両日、さらにフランス海軍のローズ提督を伴い同月二〇日に、大坂城に登った。ロッシュは前年から、次期将軍が確実視される一橋慶喜への接近を積極的に試みていたが、将軍の代替りを機に、駐日外交団におけるフランスの地位を一気に高めることを最大の目的として行動していたことが、本人の本国宛報告から読み取れる。(60)

幕府の側がなぜこの面会を受けたのかについては、この時期の幕府がまったく親仏的になっていたという先入観にとらわれない限り、一概には説明できない。が、前年中、来るパリ万国博覧会への参加が決まり、それを機に慶喜の名代として渡仏させることになった実弟徳川昭武の一行が、現にこの前月に出発していったことを考慮するなら、(61)将軍が個人的にフランス公使を引見したのも不自然ではないだろう。ともあれ、公的な拝謁儀礼以外の形で将軍が外国代表に会うのは初めての事態であり、これが難なく実現してしまったのは、家近が「権威や格式を重んじる伝統的な将軍であったなら、とうていとりえない行動」(62)を重ねたと評する慶喜自身の性向と、その「権威や格式」の拠点たる江戸を離れていたという当時の環境の特性によるものと言えようか。

図7　ロッシュ

この会談でロッシュは将軍に対し、各国外交官とも合意していた条約の確実な履行を迫る一方、薩長との結びつきを強めるイギリスの姿勢をことさらに批判した。併せて、総裁のもと「陸軍」「海軍」「外國事務」「會計」「全國部内」（内務）、「曲直裁斷」（司法）の「六局」からなる新しい行政機構を提言した[63]。これが後日、慶喜によって採用されるに至ったことはよく知られている[64]。ここまでが会談の一日目であり、二日目、さらに話を続けていくなかで、「拝謁之御禮典は如何被遊候哉」、「大廣間於て、佛の禮式ニ従て執行候積ニ候」とのやりとりが、公使と将軍の間で交わされた[65]。

「佛の禮式」とは、一般的に西洋の礼式と置き換えてもよいものを、面前にいる相手を慮ってそのように述べた面もあろうし、むろんそれだけではなく、前年一一月の外国奉行提案で主に、幕府遣外使節のフランスでの経験が語られていたこととも関係していよう。ロッシュ個人の影響力というよりは、少なくとも文久二（一八六二）年遣欧使節以来の幕府の外交経験を通して、儀礼に関してはフランスから学ぶところが実際に大きかったものと考えられる。

同じ会談のなかではさらに、右の対話に続いてロッシュが、最初に内拝謁、二度目に表向きの拝謁という順序で式を執り行うことが国際標準であると慶喜に進言している[66]。前者がいわゆる晩餐会であり、後者がこれまでも行われてきた大広間での公式の接見にあたる。これらは各国ごとに一組のものとして実際そのとおりに実施されるが、先にも述べたように、それがこのときのロッシュの提言に帰すると解釈することはできない。

こうした形でロッシュに出し抜かれながらも、イギリス公使パークスのほうは、ミットフォードらの働きに加え、自らは老中レベルとの接触を重ねることによって、拝謁に向け存在感を高めていった。ロッシュが慶喜との会談を終えて横浜に戻った直後にあたる、慶応三（一八六七）年二月二五日には、翌月一〇日ごろには自身も大坂に向かいたいとの意向を老中に通告、これを機に幕府は一気に本格的な直前準備を迫られることになる。同日には、江戸にあって本件の中核を担ってきた柴田剛中が現地入りのため急遽出立を命ぜられた(67)。三月に入ると、いよいよ料理人や必要物資を横浜から送り出す手配、現場で各種勤務にあたる町方への指示、馬や飼い葉の用意に至るまで、あらゆる種類の具体的な作業が進行していく(68)。実務レベルでそうした慌ただしい動きが始まるなか、京都では慶喜が兵庫開港勅許の請願を繰り返していたことになる。

なお、二月二八日には、国喪解除を受けて各国代表をあらためて大坂へ招請する旨の書状がいったん幕府内で作成された形跡があるが、これは実際には発出されなかったようであり、正式には三月八日付で、翌月上旬の拝謁実施が通知される(69)。服喪期間の終了にもかかわらずなかなか再招請がなされなかった間、外交団の側は開港開市問題の推移を現地で見守る必要を強調し、各国ともほどなく上坂を実行する旨、一致して幕府に伝えていた(70)。こうしていよいよ慶応三年三月中旬から、舞台は大坂へと移る。

(五) 謁見前夜の大坂

各国代表はそれぞれ自国軍艦で横浜を発ち、イギリス三月一四日、オランダ一六日、フランス二二日、アメリカ二八日と、相次いで大坂に入った(71)。

この動きと並行して、ロッシュの仲立ちにより、休暇帰国から戻ったばかりの初代プロイセン代理公使フォン＝ブラントを上坂グループに加える話が出、いったんは決定を見た(72)。フォン＝ブラントは、かつて万延元(一八六〇)年にプロイセン使節オイレンブルクの随員として来日し、日孛修好通商条約交渉中にヒュースケン殺害事件に遭遇した人物であり、またその後、文久二（一八六二）年に初代領事として再来日を果たしたが、幕府の述べる「人心不折合」という事情により将軍拝謁が叶わないままいったん帰国、このたび代理公使に昇格して戻ったのだった(73)。しかし結局、フォン＝ブラント側の「日本政府の體勢に因り嚴しく孛漏生《プロイセン》の事件に憂患を受けたれは、余、暫時の間横濱を去りて大坂に赴くこと能はす」との理由で、三月二六日の時点でこの件は見送られる(74)。

ここで言う「孛漏生の事件」とは、まさにこのとき本国で成就しつつあった、プロイセンを盟主とする北ドイツ連邦結成に向けた動きを指すと考えられる。そもそも、面前の交渉相手がプロイセン一国と北ドイツ諸邦のいずれを代表しているのかという問題は、日孛条約締結時に日本側が鋭く神経を尖らせた点であった(75)。「日本政府の體勢に因り」とわざわざフォン＝ブラントが述べているのもそのことを踏まえたものであろう。正式に北ドイツ連邦が発足すれば持参の信任状にも再び問題が発生するのであり、とりわけ将軍拝謁といった行為を彼が当面控えたのは当然である。ちなみに、プロイセン代表として徳川将軍へ信任状を捧呈することのないまま終わったフォン＝ブラントは、翌年、明治新政府成立後初めての参内を、駐日北ドイツ連邦代理公使として行ったのであった(76)。

したがってこのたびの将軍拝謁式は、予定どおり英仏亜蘭四ヵ国の代表を迎えて挙行されることになった。彼らの大坂滞在は順次拝謁の行われた三月二五日から四月一日までを中心に一ヵ月近くに及んだが、その際の大坂の模様について最も詳しく描写したのは、フランス艦隊の若き士官エドゥアルド・スエンソン（Edouard Suenson）である。この人物は、もともとデンマーク人だがフランス海軍に参加し、極東巡航艦隊の一員として慶応二（一八六六）年夏に来日した。その後、一年の滞在の間にロッシュの大坂行きに同行する機会を得たのである。(77) ここでは貴重な資料として、長島要一の訳になる彼の日本見聞記（原文は、一八六九年から翌年にかけ、日丁修好通商条約〔一八六七年〕の締結などで日本への関心が増すデンマークで公刊された）の該当部分を、以下に引用しておきたい。なお、長島による訳注には西暦表示などが含まれており、ここに添えるとかえって煩雑になるため、省略する。

日欧関係史に新しい時代の到来を記すべく外国公使の面々を晴れがましい集まりに招待しようという大君の計画がついに実現した。……

ほかの国々の公使は大坂に着くと、一ヵ月の間に素晴らしい西洋式住宅に変身していた各所の寺院や僧院に宿をとった。ロッシュ氏とローズ提督も同じ栄誉を受けることになっていたが、ふたりとも以前の宿舎のほうが気に入っていたため、環境もよし、城にも近くて長所の多いその宿舎が使えるよう、特に願い出た。四月二十六日（筆者注・慶応三年三月二二日）、三度目に大坂に達したわれわれの踏んだのは、すでに知った場所柄だった。しかし今回は、前二回の訪問のときよりずっと晴れやかな到来ぶり、提督は幕僚全員に囲まれていたし、公使も負けじと……横浜滞在のフランス軍事使節団の士官の大半を引き連れてきていた。われわれが宿に落ち着いた翌日、提督の命令で四十名より成る海兵の分遣隊が、フリゲート艦の楽器数二十以上にも及ぶ素晴らしい音楽隊を先頭に到着した。それに加うるに通訳、給仕、当番兵等々をあわせたら、全部で百名近くの部隊になった。日本人儀仗兵の一部が場所をあけわたして、われわれの海兵が離れの兵舎に収容され、宿舎内部の護衛に当たった。陸軍士官ほかの要員の大部分には、母屋のほうに部屋を用意する必要ができ、その機会に、日本の住居にそなわっている実際的な感覚を嘆賞することができた。一時間ぐらいのうちに、母屋の内部がすっかり変わってしまったのである。左右に動かせる戸を適当に移すことによってふたつの大広間がいくつかの小さな部屋に分けられ、どの部屋も場所をたっぷりととって快適になった。この仕事にあたった日本人の職人の腕の良さと敏捷さは注目に値し、あまり良くない道具を使っていたにもかかわらず、西欧の職人など足下にも及ばないような正確さと趣味の良さとをもって、あっという間に仕上げてしまった(78)。

前年秋以来、外国奉行が各国代表らに相談して整え、とくにイギリス公使に関してはミットフォードらが下見に訪れた、旅宿兼出先公使館の行き届いた準備状況が言及されている。なお、スエンソンが三度目の大坂入りと言っているのは、彼は前節で見たロッシュの単独上坂にも従い、ロッシュが半月以上滞在していた間、一度横浜との間を往復したために、すでに上坂二回を数えていたからである。仏公使ロッシュと同国海軍提督は、今回各国のために用意された寺院ではなく、その折に使用した別の宿舎をあえて所望したことがわかる。

続きに目を通そう。

今回大君が繰り広げたのは、まったくもってその名にふさわしい豪華で鷹揚な歓待振りであった。中国駐在時以来名の知られている英国公使、ハリー・パークス卿は、ロッシュ氏と同じ規模の随員を連れてきていた。アメリカとオランダの公使館も同様に多人数で、この一群の人々が何週間にもわたって、至れり尽くせりの世話を大君より受けたのである。客人たちの胃袋の心配はフランスの料理店主にまかせられた。彼は何人ものコックとパン職人ほかの料理人を引き連れて船一隻分もあろうかと思われた食糧、ワイン、シガーとともにある寺に陣取った。その寺は各国公使の宿舎から程よい距離にあるところから選ばれたのだったが、そこから昼間のうちは一時間ごとに使いの者が東西南北に走り、贅沢きわまりない各種の昼食、夕食、晩餐が、それぞれ仏英米蘭風に料理されて運ばれた。希望を述べさえすればただちにかなえられるようになっていた。ちなみに各国公使はおたがい別個に滞在しており、会うのはたまに行われた訪問、あるいはたがいに外交問題の懇談を兼ねた夕食に招待し合う時だけだった。……

式典の公式プログラムによれば、大君は、公使たちの大坂滞在中に、それぞれと二度ずつ会見することになっていた。一度目は私的な謁見で、その後で夕食になる。その時は大君が自ら主人役をつとめるので、そのために大君は毎日ナイフとフォークの使い方を練習しているとささやかれていた。二度目は正式謁見で、その折に各国公使がそれぞれの信任状を提出する。あとの時間は勝手に過ごしてよく、われわれは自由時間を市内や郊外の見物に使ったり、日本の大物高官諸氏に礼儀をつくすのにあてた。彼らを何度か食事に招いたが、それは大変な栄誉と見なされて、高く評価された。というのも西欧の音楽を聞く機会が得られたからであった。西洋音楽は大評判で、日本人の耳を快くくすぐるようだった。われわれ若い者には、これら長々と続く堅苦しい食事は退屈に思われたので、何とか抜け出す道を見つけ、かわりにもっとおもしろい方法で社会のそんなに高級ではない方面での民衆生活を見学しようとした。大坂は、日出ずる国のほかのどの町よりも抜きん出た娯楽の町として知られていたので、もうずっと前から一度ここの茶屋を訪ね、横浜の同種の施設と比較してみようと思っていた。けれども、ことはそうたやすくないことが判明、大変難儀な思いをしてやっと好意的な役人を見つけて説得し、彼の同僚たちも誘って町人が夜遊びしている現場へ連れていってもらうことになった。

……(79)

ここからは、前出の料理人ラプラスの活躍ぶりがいきいきと伝わってくる。スエンソンが証言するような大人数の滞在者に対し、日々の豪勢な食事をはじめとして、一点非の打ち所のないもてなしを完遂した幕府の努力も大変なものであったはずである。新将軍のもとで新たな外交に着手しようという決心がそれを支えたことは疑いないが、一方で、これもまた、未曾有の出来事だったとも言えない。よく知られているとおり、朝鮮通信使の来聘時には、対馬から瀬戸内海経由、江戸までの沿道諸藩による御馳走はもちろんのこと、江戸、大坂その他の直轄地では幕府自身の手によって、贅を尽くした歓待がなされた。相手や直接の事情は異なっても、外交使節の迎接にあたってこのような準備をするのは、幕府にとって特別の発想ではなかったと考えられる。

当の拝謁式については、幕府の当初の意向としては多少の余裕を持って四月に入ってからの挙行を考えていた。三月二三日の段階でも、イギリスのサトウと外国奉行との間で四月一日の実施を確認した記録がある。しかし二四日になると急に、翌二五日にイギリス公使登城との前提で関係者が動いた。(80)現時点ではこの変更の事情を史料から証することはできないが、三月二二日に慶喜が二度目の兵庫開港の奏上を行ったこと、その結果おそらくは、四月一日まで待っても明確な勅許を得られそうもないのが明白となったことと関係があると捉えるのが妥当であろう。

第二節　当日の大坂城

(一) 内拝謁

ここからは、実施に移された拝謁式の次第を具体的に確認していく。今回の拝謁では、安政四(一八五七)年のハリスの事例以来、一度も行われることのなかった将軍臨席の晩餐会が設けられたことが最大の特徴である。第二章で見たサトウの著作にも、ウッド/セールの書にも記されていないことからわかるように、晩餐会は必ずしも信任状捧呈式に伴う絶対的な慣例であったわけではないと考えられ、だからこそ、ハリスの初例以降に重ねられた各国代表の登城・拝謁機会において、その有無が繰り返し論争になることはなかったのであろう。しかし、当初の式次第検討のなかでハリスが主張し、遣欧使節の経験者が拝謁に付属すべき行事として自然と認識し、また二月七日のロッシュ・慶喜会談でも言及されていたように、欧米の外交現場における伝統に組み込まれていたこともまた、間違いない。それが、このたび日本で初めて、慶喜の各国代表謁見に伴って実現することになったのである。

その形態としては、国ごとに、まず晩餐会(「内拝謁」、白書院にて)を行ったのち、別の日に、より公式な信任状捧呈式(「本拝謁」、大広間にて)が挙行された[81](図8参照)。四ヵ国の式は基本的に同様の設定で行われたため、それらを代表して、ここでは最初の事例となったイギリスの式を取り上げることにし、必要に応じて微細な相違などに言及する。

初めての晩餐会

慶応三（一八六七）年三月二五日に行われたイギリス公使パークスの内拝謁の模様は、本人の本国外相宛報告文に、いきいきと書き残されている。分量が多くなるが、はじめにそれを紹介しないわけにはいかない。

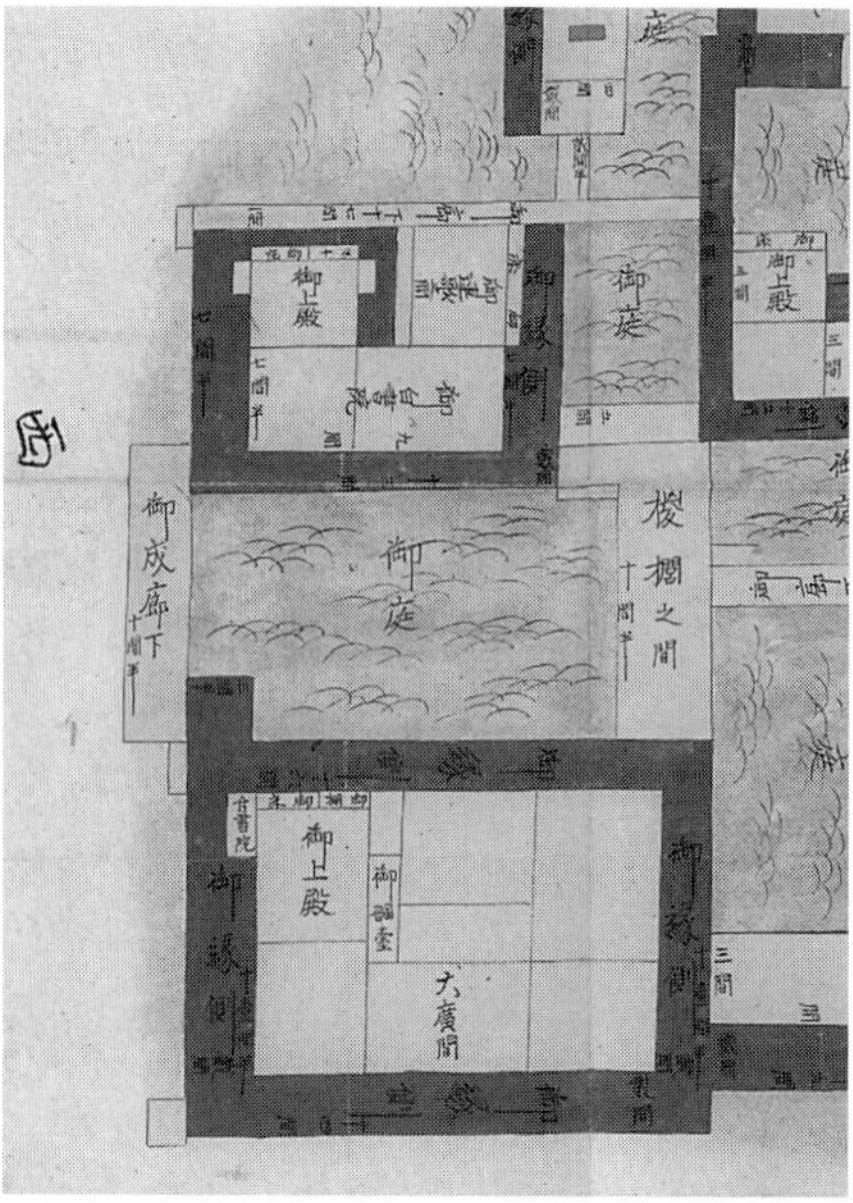

図8　大坂城内の大広間と白書院の位置関係（「大坂城本丸御殿図」部分、大阪城天守閣蔵）

ロコック君、ミットフォード君、サトウ君、さらに、アプリン大尉が指揮する騎馬の護衛隊が私に随行し、われわれは乗馬のまま城の大門を通過した。日本人の役人は全員、そこで馬を下りなければならなかったが、われわれには、内堀を越えたところの門に到達するまで下馬は求められなかった。門はすぐに内側へ向かって開かれ、すると目の前に城の玄関があって、われわれは外国奉行その他、おおぜいの役人たちの出迎えを受けた。彼らはわれわれを大きな控えの間に案内し、われわれの到着を宣言した。われわれが通過してきた道筋、また城中の通路や室内にも、ヨーロッパ式に武装した儀仗兵が厳めしく配置されていた。

わずかな待ち時間ののち、謁見の間に導かれると、老中の一人である板倉伊賀守と若年寄三名が待っていた。テーブルの片側にわれわれの席が設けられており、これらの役人たちは反対側に座るようになっていたが、上座に残った小さいながら豪華な装飾のある椅子は大君のためのものであった。

大臣である板倉がわれわれに、大君にお目通りする準備はよいかと尋ねるや、部屋の一方の仕切りとなっていた巨大な障壁画がゆっくりと開き、シーッという抑えた制止音のような低い声が彼の到着を告げた。その場にいた日本人の役人たちは大臣と若年寄を除いて全員がすぐに平伏した。入ってきた大君は、派手ではないが豪華な装いをしており、自分の椅子に向かって静かに歩いてくると、われわれに着席を勧めた。

彼は女王陛下の健康を尋ねることから会話を始め、私はそれに対し、日本の最高権威であるミカドの健康について、同様の質問をすることで応えた。大君はそれをとくに問題にもせず受け止めたので、私は殿下に対しても類似の敬意を表した。その場にいた私には、女王への祝辞にいきなり彼自身に対する皮肉で応酬するより、それがふさわしい態度であると思われたからである。もう一つ、女王の名を口にするとき彼は立ち上がり、また、私がミカドおよび彼自身の健康について尋ねたときにも、同じ方法で敬意を表したということを書き加えておきたい。

彼は続けて、私が部下とともに遠路、彼に会いにきたことを喜ばしく思っていると述べた。さらに、自身が目下、要職にあり、それゆえに負っている任務を果たしていく意思を伝えてわれわれを安心させるために、われわれと会いたいと考えていたこと、自身の前任者たちが諸外国と結んだ条約を厳守したいということ、日本と条約相手国との間に存する友好関係を増進させたいということにも触れた。……

……

会話が一時間半ほど続いたのち、彼がイギリス公使館付の騎馬護衛隊を見たいと言ったので、城の中庭に隊が引き入れられた。兵たちはアプリン大尉の指揮ですばらしい動きを披露し、外国の騎兵隊を初めて見る殿下を大いに満足させたのである。

今回の迎接には、まったく外国式の晩餐が含まれていた。殿下がこれを主宰され、老中、若年寄らのほか、会談に出席していた他の役人たちがテーブルについた。晩餐のなかほどで大君が立ち上がり、女王陛下の健康を祝して乾杯の音頭をとられたので、私はここでは、ミカドの健康ではなく、大君の健康を謳ってそれに応えるのが適当であると考え、併せて日本の繁栄を祝した。大君はそれに対し、私の健康のためにも乾杯してくださったので、私はさらに応えて、板倉伊賀守の健康に乾杯した。

晩餐ののち、大君はわれわれを別室に誘った。その部屋でコーヒーを飲みながら、晩餐の席での友好的な会話がさらに一時間ほど続いた。この機に大君は、私と随員それぞれに贈り物をした。

大君が退出されてから、私は大臣板倉伊賀守に向かって、この迎接に満足したことを伝えた。さらに、大君がこれまで互いの交際を大きく制限してきた数々の障害を取り除こうとされていること、従来のような制限に代えて互いの好感を増すのにかくも効果的な礼譲の交換を行っていくため、公的な形式を整えようとしていることをこの迎接から理解できたとも述べた。これまでのところ、江戸で老中や他の役人たちの態度を特徴づけていたのは、その冷たさと互いの信頼構築を不可能にする沈黙であった。しかしあの日、大君が彼らの前で示してみせた手本によって、今後、明確な進歩が見られるであろう。……

……

……（謁見について、翌日以降各所から聞いた大君側の反応は）私自身や私の随員たちが持ち帰ったすばらしい印象――大君が外国人に対して友好的な気質を持っていることにとどまらず、その能力の高さ、魅力的な態度や容姿も含めて――を裏づけるものであった。大変な意思の強さと優しさとを同時に持ち合わせていることも、彼のバランスのとれた優秀さに根ざしているのかもしれない。そして、まだ三一歳にしかならない彼の年齢が証するのは、古い偏見や伝統に対して柔軟でありうること、古い世代の日本の政治家にはほとんど見出せなかったような、環境の変化に適応する力を持っているということだ。彼は過去一〇年の出来事をしっかりと見てきた。今日の地位を引き継ぐ以前、確定的な養子縁組をできるだけ避けつつ、水戸家の出身でしかも長男ではないというやや不利な立場から実力で身を起こし、国内問題、対外問題の双方について、競合する各派の間に身を置いて影響力を発揮していたのである。いまこそ、両問題に関して彼自身の道を進まなければならない。その結果は、彼が事態の重大さに匹敵する能力を示すに違いないという、私の現在の信頼を裏切ることはないだろう。私はまた、彼の施政が日本の対外関係の進展のみならず、国内の統治にもよき画期を成すことを信じる。変化の只中にある日本がいま突入しつつある国内問題は、一人のリーダーの全精力を必要とするに違いない。(82)

まず、この日の内謁見が、前章までに見てきた将軍拝謁式にはない、まったく新しい場面として設定されたことが、ここでの描写からあらためて明らかになったであろう。アメリカ総領事ハリスの初めての将軍拝謁にあたり、彼が「西洋諸州之仕來」として、公式拝謁とは別の日に君主から夕食の招きがあるのが通例であり、その際には君主自身が同席し、主客がテーブルを囲んで食事をともにするものであることを下田奉行に説明したという、その実現しなかった迎接のあり方が、一〇年を経て実践されるに至ったのである。しかも、それは大きな抵抗を乗り越えて行われたのではなく、幕臣たち自身の海外での経験などから積極的に計画されたのであった。

各国代表を魅了した慶喜

とはいえこればかりは、幕臣たちの発想だけで実現するものではない。何よりも将軍自身がその案を受けてくれなくてはならず、また、実行するだけでなく成功裏に収めるには、将軍が出席するだけではなく、ホストとしてスマートに振る舞うことができなくてはならない。右の報告中でパークスが特筆している慶喜個人の「外国人に対して友好的な気質」「環境の変化に適応する力」をもって初めて行いえたのが、この内謁見であった。別の角度から見れば、「慶応二年四月の時点で、スプーンを使って食事をし、外国人女性二人を昼夜はべらせ、『もはや異人に替わらず候』と京都市中で噂される（『木戸孝允関係文書』四）ほど、誰の眼にも欧米好きと映るようになっていた(83)」とされる、慶喜という人を得ての画期であったと言えよう。

引き続き同様のスタイルで謁見した各国の外交官らも、のきなみ彼を高く評価している。アメリカ公使ヴァン＝ヴァルケンバーグは本国への報告で、慶喜を「紳士としての資質を保証するかのようなきわめて魅力的な容姿の持ち主」と言い、「その威厳と完璧と言うべき育ちの良さを感じさせる雰囲気とが頭の良さと共存し、気取らない様子と相俟ってますます際立っている」と絶賛した[84]。既出のフランス公使ロッシュの随員スエンソンは、このときではなく二月のロッシュ単独上坂の際の印象であるが、慶喜の容姿についてとくに具体的に書き留めているので、以下に引用しておこう。

図9
徳川慶喜（慶応3年）

大君ウエサマは体格が良く、年は三十三ぐらい。顔だちも整って美しく、少し曲がっているが鼻筋が通り、小さな口にきれいな歯、憂愁の影が少しさした知的な茶色の目をして、肌も健康そうに陽焼けしていた。ふつうの日本人によくあるように目尻が上がっていたり頬骨が出ていたりせず、深刻な表情をしていることの多い顔が、時折人好きのする微笑で生き生きとほころびた。頭の中央は例によって剃り上げてあり、後部の髪を束ねて丁髷にしてあった。中背以下であったが堂々とした体格で、その姿勢も充分に威厳があり、声が優しく快かった。まさに非の打ちどころのない国王、という印象であった[85]。

同性をこれだけ容姿で魅了するというのは、まことに特別なオーラを放つ人物だったのであろう。パークスに随行していたサトウもまた、「将軍は、私がこれまで見た日本人の中で最も貴族的な容貌をそなえた一人で、色が白く、前額が秀で、くっきりした鼻つき——の立派な紳士であった[86]」と記している。

右の報告文からも明らかなように、パークスがこの慶喜に一度の会見ですっかり惚れ込んだということはよく知られているが[87]、このことについてはとくに、事前のパークスの態度、政治的立場からの豹変ぶりもあり、説明を加えておかなくてはならない。これ自体も有名な事実ではあるが、ここで引用した部分にも数回にわたって表れるとおり、パークスは慶喜への呼称として「殿下（His Highness）」を用いた。このときパークスに続いて拝謁した他国の代表も、また、パークスの前任の初代イギリス公使オールコックや各国の前任者らも、将軍を「陛下（His Majesty）」と呼んできたのであり、このときパークスがあえて選んだ呼称は、裏返せば、将軍は国家元首ではないという理解をとくに表現しようとするものであった。

パークスは慶応元年の着任以来、日本の政治における朝廷と幕府の二元体制の本質を見極めることに努め、幕府の長である将軍は本来の元首たる天皇から執政の委託を受けた摂政相当の者、または代理にすぎないとの結論に至っていた[88]。将軍を最高権威と認めない彼の立場は、慶応元年中に実現した条約勅許に向けてとくに威嚇的な態度をとったとされることや、明治維新を跨いで影響力を強めた後日の展開から、日本の政治への介入、さらには倒幕派との親密化とただちに結びつくかのように捉えられることがあるが[89]、右の引用からもわかるように、彼はむしろ、王室と政府の二元体制をとる自国との対比から、自らの戴く元首であるイギリス女王と対等の立場にあるのは誰かということにこだわったと思われる。それは将軍ではなく天皇であるというのが、彼の出した答えであった。

殿下か陛下か

呼称の格を下げることは、将軍の城中においてかなり挑戦的な行為であったには違いないが、日本側に対しては通訳官のサトウの機転により、「殿下」という日本語を避け「上様」と呼びかけたため、事なきを得たとされている。[90]

しかし、この点についてのパークス自身の説明は少し異なる。このあとの本拝謁を終えたあとに認められた彼の本国宛公信からは、サトウの訳に表れたヨーロッパ諸言語と日本語の用語使いの違いを初めから計算に入れ、自身は将軍に向かって"His Highness"との呼称を貫徹しながら、それが問題となるのを回避したことが読み取れるのである。[91] つまり、パークス自身、この時点では、これをもって大きな改革に火をつけようというよりも、自らの思想と行動が首尾一貫していることが大事だったのであろう。

ちなみに、このときの顛末について、慶喜自身は晩年、次のように語ったという。

……仏蘭西のロセスはマゼステーと言った。マゼステーというのは何のことかと言ったら、これは帝ということに当る。それはどうも帝ではいけない。英の公使はハイネスと言った。ハイネスというと、私は何かしらぬが帝ではないので、いわばその下に位する者で、閣老でもない。……英の公使はハイネスと言います。どうしますと言うから、私は外国語は知らんが、帝ということを言ってはいかん、ハイネスというのがよかろう、それならばもう一向子細ない。ところが閣老あたりは、どうもハイネスと言ってはいかん、やはり仏公使の言うとおり、どうしてもマゼステーということにしたいと言うのだ。それで私はそれはいかん、京都に帝という者があるのだからいけない。いろいろ論があったが、英公使の話をする際はハイネス、仏公使はマゼステーと言った。[92]

慶喜自身があえて天皇と同等の呼称を要求したのではないように、パークスも天皇こそが日本の国家元首であるという理解を変えたわけではない。が、天皇に執政を委託された者である将軍と直接見えた結果、その人物に魅了され、個人的な信を置くようになったことは、幕府にとって、このときの拝謁、とりわけ親密な環境で両者が接した内拝謁の大きな成果であったと言えるだろう。パークスはさらに本拝謁ののち、本国に向けて、「わたしは将軍がどのような地位を占めることになろうと、可能なかぎりかれを支援したいと思っている」「将軍は、これまでわたしが知り合った日本人の中で、もっともすぐれた人物であるように思われる」とまで述べるに至った。[93] これは、外交儀礼が政治的な効果を発揮した稀有の実例と見てよいのではないか。

饗応の献立　さて、本項を閉じる前に、将軍慶喜がホストとなって各国代表に振る舞った食膳の内容を取り上げないわけにはいかないだろう。幕府の記録に残された当日の献立は、以下のとおりである。[94] なお、各品名に添えた（　）内の現代語訳ないし解説は、徳川慶喜家の現当主であり、食通でも知られる徳川慶朝氏がその著書で用いたものを借用し、[95] 筆者が元の献立表に書き込んだものである。

料理献立書

鶏の汁物　　　　　　魚

ブーセーアラベシャメル
但麦粉製之品
（ブーシェ・アラ・ベシャメル／ベシャメル・ソースの一口パイ詰）

ブヒレードボフ
但牛肉拼芋
（フィレー・ド・ブフ／フィレ・ステーキのポテト添え）

ロスヒーフ
但牛肉
（ロースト・ビーフ）

アリコベールアラメートルドテル
さやいんけん之品
（アリコ・ベール・ア・ラ・メートルドテル／さやいんげんのレモンバター炒め）

シヤンホントリフ
乾肉
（ジャンボン・トリフェー／豚腿肉のハムにトリュフを添えたもの）

プーヂンアラヂプロマート
かすていらの類
（プディング・ア・ラ・ディプロマート／フルーツ入り蒸しケーキ）

シユレーヲーキユレー
かんてんの類
（ジュレ・オウ・キュイユレ／ゼリー菓子ひとさじ）

ヌガー
（ヌガー／ナッツなどを飴で固めたもの）

ヲランジー
但櫁柑
（オランジュ／オレンジ）

シツプレームドフレートボライ
鶏腋
（シュプレーム・ド・プーレー・ド・ボライ／若鶏ささみのクリーム仕上げ）

カイユ、ゼカシース
鶉にしぎ
（鶉と鴫のロースト）

ペチホアソテー
白ゑんとふ豆
（プティ・ポア・ソーテ／エンドウ豆のバター炒め）

パテートホライ
麦粉拼肉製之品
（パーテ・ド・ボライユ／鶏肉のパイ料理）

シヽリエヌトフリー
菓物製之品
（シシリエーヌ・フリュイ／フルーツ類）

是より以下菓子之類
メレングアラシヨンテー
（メレンゲ・ア・ラ・シャンティー／ホイップクリーム添えドライメレンゲ）

ヒスクイガラセーヲキルヂー
（ビスキュイ・グラッセ・オー・キルシュ／桜桃酒入りアイスクリーム）

ホアール
梨子
（ポアール／梨）

サルミトキユリーフ
小鳥
（サルミ・ド・キュイール／小鳥の串焼き）

クルートシヤンピヨン
椎茸製の品
（クルート・シャンピニョン／洋茸の傘に詰め物をしたもの）

アスペルジユ
うとの類
（ホワイト・アスパラガス）

但葡萄《シーザンミスカー》
（レザン・ミュスカ／じゃこうぶどう）

但梅漬の品《プリノー》
（プリューヌ／西洋すもも）

但紙包之品《パピヨット》

御料理中出候酒類

五品

第一　セリー
（シェリー酒）

第二　ボルドー
（ボルドー・ワイン）

第三　コツトロヂー
（コート・ロチ／フランス中部コート・デュ・ローヌの銘赤ワイン）

第四　シャンパン

第五　フロブチニヨン
（フロンティニャン／甘みのデザート・ワイン）

御席替り候而

コーヒー

巻煙草

ブヒーグ
（フィーグ／いちじく）

五色豆の類《ダラセー》
（ドラジェ／糖衣でおおったアーモンド）

リキュール酒九品
暫時おゐて
茶
右ニ而畢

まことに絢爛たる饗応であったことは一見して明らかであろう。この献立は、前述のラプラスによるものと推測される。この人物が幕府の史料中に具体名で現れるのは、各国公使一行の大坂滞在中、日々の賄いをすべて請け負わせたとの文脈においてだが、アメリカ公使ヴァン＝ヴァルケンバーグの本国宛報告には内拝謁当日の料理についても、「外国人コックの手になるすばらしい晩餐」という文言が見出され[96]、将軍自身がそれを食したという事実は興味深い[97]。

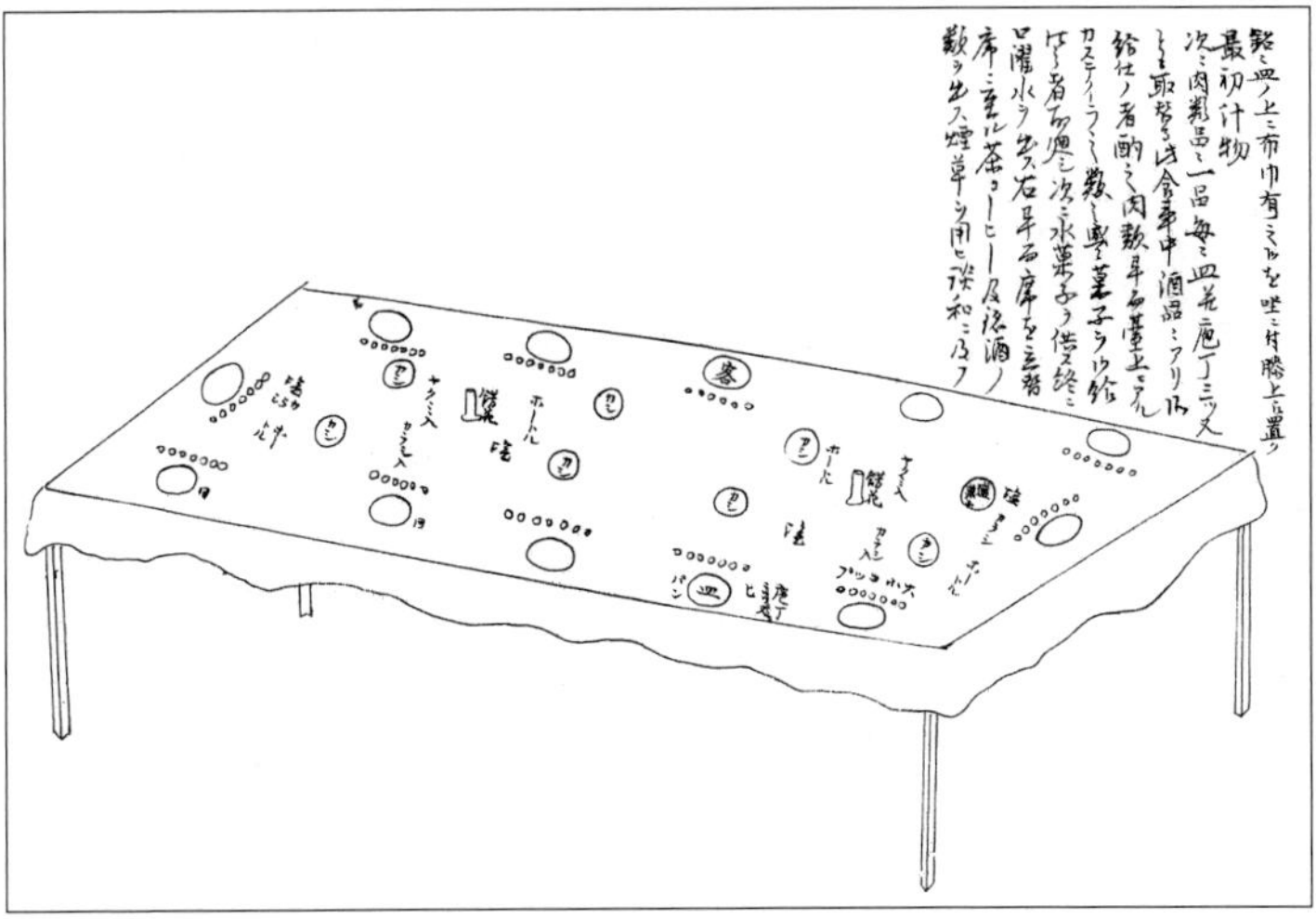

図10　晩餐のテーブルセッティングを検討したものと想定される図面
（「英米佛蘭四公使上坂謁見　乾」東京大学史料編纂所蔵）

給仕の段取りを簡単に記した右上の文中に、食後、別室に移って茶、コーヒーや銘酒、また煙草を供し、談話の場とする計画が記されている。準備中のいつの段階のものであるかは不明である。

ところで、この献立表で注目しておきたいのは最後の部分である。「御席替り候而　コーヒー……」となるくだりは、パークスの記録にあった、「晩餐ののち、大君はわれわれを別室に誘った。その部屋でコーヒーを飲みながら……」との記述に合致する。まことにあか抜けた演出であり、ラプラスの助言によるものか、遣外使節帰りの幕臣らの知識によるものであるかは判然としないものの、新たに取り入れた西洋風の形式であることは間違いない。

しかしそれ以上に抜群のセンスを感じさせるのは、さらにそのあと、「暫時おゐて　茶　右ニ而畢」のくだりではないか。食後に別室でコーヒーを供し、少し間を置いて、最後は日本茶で締める。これは、遣外使節経験のコピーではあるまい。その経験のうえに、自らの工夫で日本ならではの味付けを加える――はたして誰の発案によるものであったかはわからないが、見事と言うほかはない。その点についての評価をとくに書き留めた出席者がないのは残念である。

この内拝謁は、慶応三年三月二五日のイギリス公使パークスを皮切りに、二六日にはオランダ総領事ファン＝ポルスブルック、二七日フランス公使ロッシュ、二九日アメリカ公使ヴァン＝ヴァルケンバーグを相手に、同形式で繰り返された(98)。

(二)　本拝謁

ミットフォードとの最終調整　こうして国別の内拝謁が成功裏に進むさなか、三月二六日に、外国奉行塚原昌義からイギリス公使館員ミットフォードに対して、先の打ち合わせに基づく改訂式次第が示された。このときは、すでに式を目前に控えていたこともあり、また、ここまでの信頼によるものでもあろう、パークスはミッドフォードに、最終的な式次第を交渉し、決断する権限を事前に与えており、即刻、ミットフォードと塚原の間で調整が行われた(99)。

日本側の改訂案は、前回のミットフォード大坂訪問時の意見をよく踏まえており、イギリス側から見て修正を要する部分は少なかったというが(100)、話し合いの結果、二項目についてのみ訂正がなされることになった。ミットフォードはパークスへの報告のなかで、塚原が提示した式次第と最終合意版とを新旧対照表のような形式にまとめているが、そのうち、この段階で変更のあった部分を取り出すと以下のとおりである。なお、（　）内は補足説明のため筆者が書き加えた。

【旧】公使は謁見の間に入ると大君に一礼し、老中が大君に公使を披露。公使は老中に名を呼ばれてから前進する。

公使は大君に向かって口上を述べ、大君の答礼を伺ったのちに退出する。

【新】公使は随員を連れて謁見の間に入り、その際、老中が大君に公使を披露。引き続き、公使は随員を伴って大君の近くまで進み、口上を述べると、大君が答辞を述べる。

大君のお言葉ののち、公使は随員を紹介する。随員は大君の前に進み出てお辞儀をする。大君はこれに会釈で応える。大君は外交団の一人一人および海軍大佐に対して短い言葉をかけ、彼らはそれに答える。これは、ヨーロッパ諸国の宮廷における慣習である。

紹介が済むと、公使は随員を引き連れて退出する。

【旧】（謁見終了後、公使と老中の会話の席で）公使は（老中に対し）、拝謁および（大君からの）贈り物への謝辞を述べる。
【新】（謁見終了後、公使と老中の会話の席で）公使は（老中に対し）、（大君からの）贈り物への謝辞を述べる。[101]

ヨーロッパの流儀・日本の流儀

はじめに一つ目の訂正事項に関して、公使が謁見室に入る際、随員を伴うことが許されるべきであるというのは、本章前半で見たとおり、前回打ち合わせの際にミットフォードが問題にしたことの一つであった。それがここでなお議論の対象になったということは、全体としてはイギリス公使館の意見を柔軟に採り入れた幕府が、この問題に関しては十分な注意を払わなかったことになる。とはいえ、ミットフォードの報告によれば、すでに随員を同席させて内拝謁を実施したあとのこの打ち合わせで、幕府側はまったく躊躇なく修正に応じたとのことであり、[102]本件について特別の抵抗を示そうとしたわけではないようである。

注目すべきは、ミットフォードがこうした次第書のなかにまで、「これは、ヨーロッパ諸国の宮廷における慣習である」との一文をわざわざ書き込んでいることである。また、彼は、この新旧対照表型の式次第を添えてパークスに提出した最終報告書の本文中でも、計四頁の必ずしも長くない文章のなかで三回、これと同じ趣旨の文言を書き込んでおり、自分が「ヨーロッパ諸国の元首が外交団を迎接する際の慣習に沿ってこの次第を完成した」旨を強調している。[103]

上官のパークスは、むろんこのことに無関心であったわけではない。しかし、ミットフォードの交渉成果に沿って本国外相宛の報告を行う彼自身の筆致からは、先に取り上げた報告でもそうであったように、結果として日本の下位に置かれた形となる様式の採用を徹底して防ぐという意識が読み取れる一方、全体がヨーロッパの慣習に則ったものでなければならないという強い意向は必ずしも浮かび上がってこない。ヨーロッパ型の儀礼にこだわったのは公使パークスではなく、むしろミットフォードであったと考えることができ、ここには、中国育ちの叩き上げの外交官として、「下位に置かれた形となる様式」に悩まされ続けてきたパークスと、イギリスの上流階級に育ち、その儀礼を当然のものとして身につけたミットフォードの違いが表れていると言えるだろう。

そもそも中国では、相手を下位に置くその様式ゆえに、この時点ではまだ欧米諸国との間でこうした外交儀礼が実現していなかったのであって、パークスにとっても、外交使節としてこのような場に出るのは今回が初めてなのである。また、繰り返し触れたように、このたびの式が「全くヨーロッパの流儀によって」挙行されたと著書に書き残したサトウも、現場でトレーニングを開始する通訳生として、学校を終えた直後に中国経由で日本にやってきたのであり、儀礼として何が「ヨーロッパの流儀」であるのか、身をもって知っていたわけではない。だからこそ、パークスはこの点においてミットフォードを頼りにしたのであろうし、サトウはミットフォードとともに準備にあたりながら「ヨーロッパの流儀」を学び、それが本当に実現したのかどうか、ミットフォードの評価を信じるしかなかったに違いない。

サトウの外交実務指南書は、彼がこののち外交官として幾多の経験を踏んだのち、その集大成として引退後に著した書物であるが、儀礼については、間違いなくこのときが彼にとっての入門編であったと言える。いま、すでに第二章で引用した部分から、ここでのミットフォードの議論に該当する箇所をあらためて抜き出してみると、以下のように記されている。

§254　……通常、大使はまず随員を伴わずに拝謁し、信任状捧呈式が完了したのちに、随員を紹介する許可を求めることになっている。多くの宮廷では、彼は元首に対し、儀典長もしくは同等の宮廷係官によって紹介される。他には、大使接伴係による場合がある。あらたまった口上を述べるとは限らず、この点は現地の慣習によって決まる。……

§255　特派使節や全権公使、駐在公使の場合は、公使館員を伴わず、自身の乗り物で謁見に向かい、信任状を捧呈する際、口上は述べない。ただし、パリおよびマドリッドにおいては、館員を引き連れ、謁見の最後に彼らを紹介することとなっている。全体として、大使の場合の謁見に比べ、非常に簡略化された形で行われる。

……

§258　大使を置いていない国々では、……信任状の提出にあたって、口上を述べる慣習となっている場合もあれば、そうでない場合もある。……

まず、日本にはこの時代、欧米諸国は大使を置いていなかった。つまり、第一義的に§254のケースは当てはまらない。それよりも簡易な§255、§258に近いはずであるが、ミットフォードの主張するように、公使が随員を伴い、彼らを自らの謁見に続いて紹介することが前提であり、しかも公使の口上、将軍の答礼にとどまらず、随員一人一人に対しても将軍のお言葉を賜るのだとすれば、強いて言えば§255中のパリ、マドリッドの例に近似するものの、いずれにせよ、きわめて大仰な儀式ということになる。

いま見ている拝謁の時点と、サトウがこの書を出版した一九一七年との間の半世紀の時差、さらに、欧米の外交官が非西洋諸国に対する場合に儀礼が華美になるという当時の傾向を割り引いても、ミットフォードの見解もまた絶対的な決まりごとというレベルのものではなく、一般的な慣習に多分に彼自身が演出を加えた結果ととるべきであろう。その後の多くの経験を通してサトウの理解は修正されていったが、慶応三（一八六七）年大坂の現場では、ミットフォードの描く儀礼様式に疑問を差し挟むこともなかったのである。

他方、二つ目の修正点は謁見終了後の展開に関するものだが、ミットフォードの新旧比較だけを見れば、御礼は贈り物に対してのみで、拝謁それ自体の御礼を老中に述べる必要はないと、ミットフォードがその部分を取り下げさせたかのように解釈しうる。が、ここで削除されようとした部分は、実はこのあと確認する最終式次第にそのまま残っており、とくに大きな問題であったわけではないらしい。ミットフォードがパークス宛報告のなかで記している補足説明によると、論点は御礼ではなく、むしろ贈り物のほうにあった。ミットフォードはその場で、公的外交儀礼においては一連の儀式のあとでそのような気遣いは不要であるとコメントしたのである(104)。

この贈り物に関する項目は、ミットフォードの前回大坂来訪時に幕府から示された式次第案には書き込まれていなかった。しかし、幕府にとっては朝鮮通信使以来、外国使節の迎接に際して贈り物を持たせるのはあまりに当然のことだったのであろう。ミットフォードはこの点に関してこれ以上何も述べていないが、彼から話を聞いたはずのパークスが本国外相宛に書いたところによれば、外国奉行らは、もし贈り物を取りやめれば「日本の慣習を侵すことになる」と主張し、予定どおり授与されることになったという。贈り物の内容も、従来どおりの「時服」――パークスはこれを「式服（dresses of ceremony）」と記している――であった。(105)

このたびの式次第は、ミットフォードから見ればヨーロッパの慣習に従い、同時に幕府にとっても自らの慣習と合致する範囲で取りまとめられたと捉えられよう。

ところで、ミットフォードが前回大坂訪問時の打ち合わせで幕府に修正を要求した問題は、右の随員の件を含めて二点あったはずである。もう一つはどうなっただろうか。もう一つとは、謁見の間に入室した公使と将軍との距離の問題である。

これについては、先に引用した新旧対照表の冒頭、【旧】のほうに、「……公使は……前進する」とある幕府側の提案がすでに、修正を加えた結果を表している。つまり、これまでの式次第では、「ミニストル……御下段より二畳目に而　拜……ミニストル御下段上より三疊目ニ進ミ……」と細かく畳を数えていたのをやめ、前進の仕方を公使に任せたのである。文久二（一八六二）年、オールコック離日時からの大きな論点はここに解決を見、その時点での論争を知らないミットフォードももはやこれを問題にすることはなかったが、随員問題との関係でこの部分に手を加えた際、「公使は随員を伴って大君の近くまで進み……」（傍線筆者）とさりげないニュアンスを添えているのがわかる。

四ヵ国代表の姿勢

図11
ファン＝ポルスブルック

ミットフォードの最初の大坂出張の場合と同様、この直前の段階においても、館員に命じて幕府側と式次第に関する細かな打ち合わせをさせたのは、イギリスだけであった。フランス公使ロッシュが政治的に将軍に近づき、親密ぶりを演出しようとしたことは、従来から言われてきたように事実であったと考えられるが、式の執行に関しては大枠でヨーロッパ式の設定を求めたという程度で、より具体的な要求を出したり、幕府側の担当官の具体的な相談に乗ったりした跡は見出すことができない。オランダ総領事ファン＝ポルスブルックについては全体として、幕府が決定して伝えてくる形、あるいは各国外交団が協議して出した方向に添って、とくに強い意向を示すことなく動いている様子が見て取れる[106]。

アメリカは、ハリス以来の経緯を考えれば、このときの儀礼に関しても一定のリーダーシップを発揮することができたはずである。しかしこの時期、第三代公使ヴァン＝ヴァルケンバーグは着任して日が浅く、外交団の中で十分な発言力を持たなかった。そのうえに着任時から身体の具合が万全でなかった彼は、孝明天皇崩御により大坂行きの期日が延びた間を活用しようとしたものか、熱海へ湯治に出かけてしまったのだという。その結果、三月に入って他の三ヵ国代表が次々と横浜出帆を決めた際、これに同調することができなかった。

このことは、幕府内部での江戸から上方への連絡文書に現れるのだが[107]、ヴァン＝ヴァルケンバーグ自身の本国国務相宛報告では――当然と言うべきか――まったく触れられておらず、自分だけ出発が

図12　ヴァン＝ヴァルケンバーグ

遅れた理由を、本国からの指示、つまり横浜に来航する便船をもう一便待ってからと考えたことに加え、幕府が開港開市の件を約束どおり遂行するという確証を得てから出発するためであったと説明している。[108]慶喜から朝廷への開港勅許請願のタイミングをはじめ、すでに述べてきた事の順序からすれば、この理由に真実味があるとは思われない。

アメリカ公使は現に、他の三ヵ国がすでに内拝謁を終えた三月二八日に着坂、翌日に慌ただしく内拝謁に招かれたが、二八日にはもう三ヵ国が本拝謁に臨んでいたのであって、その式次第を云々する立場にはなかったであろう。したがって、この際の第一五代将軍慶喜による拝謁式の次第は、以上に見てきたとおり、イギリス公使パークスに本件を任されたミットフォードと幕府外国奉行との協議によって、実質的に形が整えられたと見なすことができる。なお、二八日の本拝謁はイギリスが五半時（午前九時ごろ）、オランダが四半時（午前一一時ごろ）、フランスが八半時（午後三時ごろ）と時間をずらして挙行され、アメリカのためには別途四月一日に実施された。[109]

本拝謁の式次第

幕府の記録として残された当日の式次第は、どのような形になったであろうか。初めにイギリスの例で見ると、以下のとおりである（傍線は筆者による）。

扣

外國人登　城

御目見之次第

三月廿八日

一、英吉利ミニストル登　城

御目見得被　仰付。牧野越中守其外諸役人等出仕。

一、出仕之面々直垂狩衣大紋布衣素袍着之。

一、外國奉行、英吉利ミニストル等召連、五半時迄登　城。ミニストル等櫻御門外ニ而下馬。御玄關階上より大目付、外國奉行、御目付差添、殿上間に扣罷在何も椅子設之。

一、外國奉行幷御用掛面々一同出席、及挨拶。

一、大廣間

出御御立烏帽子。御小直衣

御先立　板倉伊賀守

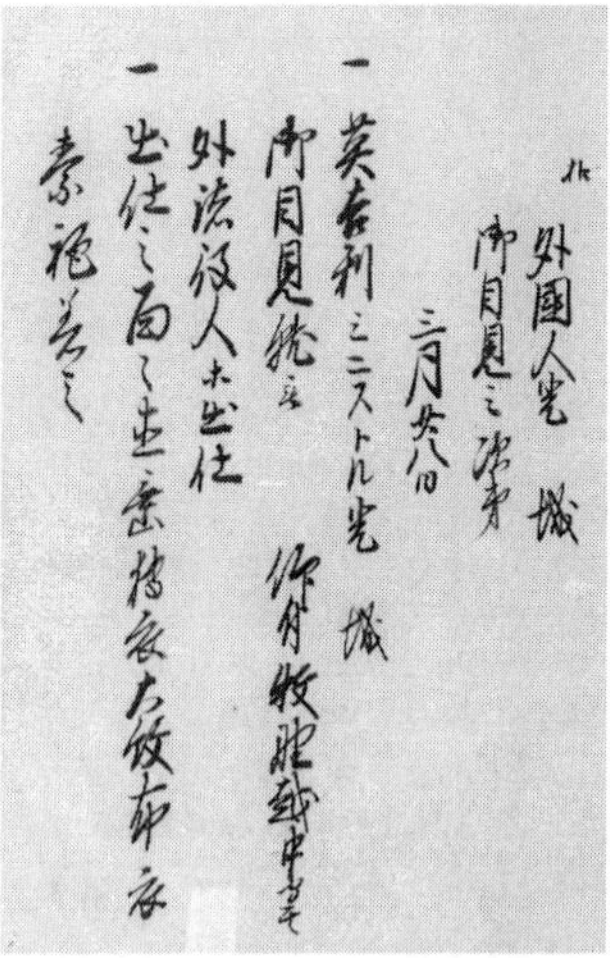

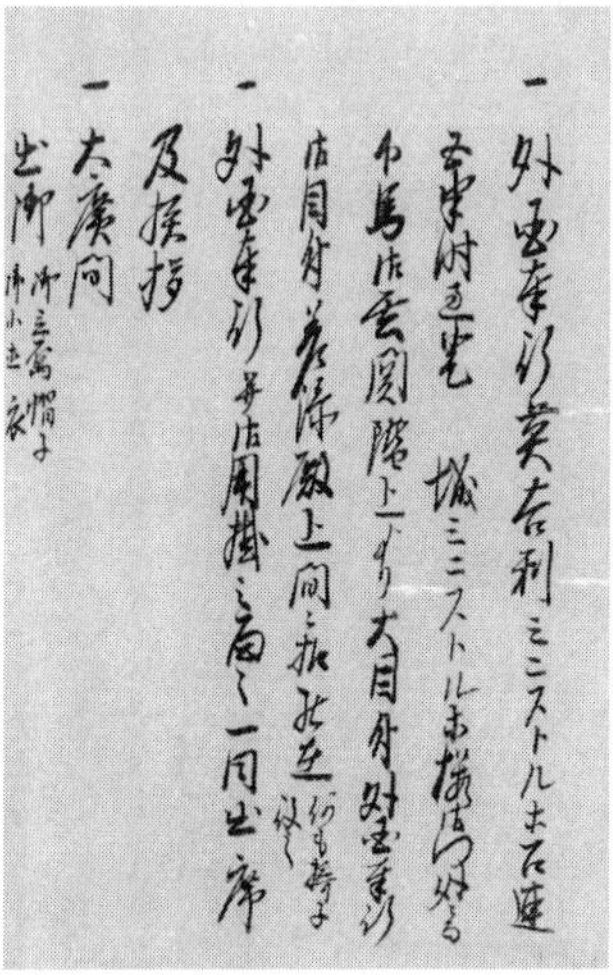

図13
イギリス公使パークスの拝謁式次第（冒頭部分）（「英米佛蘭四公使上坂謁見　乾」東京大学史料編纂所蔵）

御太刀　　　　御小姓
御刀　　　　　同
一、御上段御曲籙ニ
着御。
一、御後座ニ御太刀之役御刀之役、奥向之面々伺公。
一、御下段東之方上之方え年寄共着座。少し隔、若年寄着座。
一、同所西之方中程ニ牧野越中守着座。南板縁次ニ大坂御城番幷芙蓉間御役人其外列侯。
一、①出御之節ニ至り、殿上間え大目付相越、會釋有之。大目付、外國奉行、御目付差添、ミニスト
ル其外一同御席え罷出、謹拜。年寄共、英吉利ミニストルと披露。ミニストル其外前え進、ミニ
ストル口上申上之。
上意有之。ミニストル附屬士官之姓名逸々申上之。御會釋有之（但四五人えは少々ツヽ上意有之御答申上之）。
畢而ミニストル其外一同退去。相濟而
入御。
一、②御次之間におゐて時服被下旨、年寄共演述之、頂戴ミニストル
御目見幷被下物之御禮申上之。于時若年寄出席、一同及挨拶。相濟而、ミニストル其外殿上間え
退去。大目付、外國奉行、御目付差添。
一、外國奉行幷御用掛之面々一同、如今朝扣所え相越、及挨拶。ミニストル始退去之節、御玄關階
上迄、大目付、外國奉行、御目付送之。

……(110) 但、如今朝外國奉行ミニストル旅宿迄附添。

はじめに、ミットフォードとの最後の協議で問題になった箇所から確認しよう。謁見室に入室する公使に関しては、全体のなかほど、傍線部①に見える、「ミニストル其外一同」という書き方に、「ミニストル」に「通辯官」がついていくだけの従前の形とは異なる、大勢での入室が想定されている。また、上意ののち「ミニストル附屬士官之姓名逸々申上之」と、公使による随員の紹介が組み込まれ、さらに将軍から「四五人えは少々ツ、上意有之」と、まずこの点について、ミットフォードとの調整結果はすべて反映されている。

他方、謁見後、隣室で老中と挨拶の交換をする件については、傍線部②「御次之間におゐて……」のくだりを見ると、将軍からの贈り物があることも、公使がそれに対して御礼を言うことも、日本側の慣例どおりである。ミットフォードがいったん除外した「御目見」そのものに対して「御禮申上之」との設定も元に戻され、ここは幕府が主張を通したことがわかる。

ところで、日本における信任状捧呈の相手を天皇と考えるイギリス公使は、このとき将軍に対し、外交代表としての口上を述べるにとどまり、式典の場に国書を持参しなかった。そのことは、右の式次第にも現れている。他方、オランダ、フランス、アメリカの代表は、それぞれ本国元首が署名した自身の信任状を将軍に捧呈した。これは、謁見式を行うそもそもの趣旨として当然の行為である。

とはいえ、彼らの任命時に発給され、このときまで手もとに保持していたのは前将軍への捧呈を前提とした信任状であったはずであり、ロッシュが本国宛の報告に認めているように、本来のルールからすれば、新将軍宛のものがあらためて届くまで待たなければならないところであった。しかしながら、少なくともロッシュの場合、幕府がこの儀式に見出している重要性に応えるとの理由で、あえてそのルールを度外視し、手持ちの親書を捧呈することにしたのだという(111)。

謁見式の現場ではその信任状を、公使の口上に引き続き、随員を紹介する前に、各国代表から将軍へ「御直ニ差上」げるという形がとられた(112)。ここだけが、右に掲げたイギリスの場合と他の三ヵ国の式次第の間で違いのある点である。それら三ヵ国については、将軍の御座に接近したうえで、その手に直接、国書を捧呈するという、一〇年前、初例の謁見でハリスが実現できず、その後もそのままになっていた課題が、ここに至ってはとくに大きな問題にされることもなく実現したのだった。

なお、イギリス公使が信任状を捧呈しないことについては、外国奉行とミットフォードの直前の打ち合わせの際、前者が後者に確認し、後者は、このたび公使から将軍へ捧呈すべき書簡があるとは聞いていないと答えたという顚末がイギリス側で書き残されているが(113)、先の「陛下」「殿下」の問題同様、それが揉めごとになった形跡はない。

さて、これら事前の交渉で取り上げられた論点を確認したうえで、式次第の全体を眺め直すと、むしろ明白なのは、安政四（一八五七）年のハリスの事例に始まり、その後の紆余曲折を経て基本的には初発事例の様式に戻っていた「永世不易の禮典」が、大枠として何も変わらずに維持されたという事実である。とりわけ、参列者の「直垂狩衣大紋布衣素袍」という装束に変化がないという事実は、過去一〇年間の経緯の前半、その点で大きな論争があったことを顧みれば、注目に値しよう。一方、サトウ、ひいてはミットフォードが強く意識していた「ヨーロッパの流儀」とは、右に確認してきたいくつかの具体的な論点や、本拝謁と一組のものとして行われた内拝謁の有無こそがその鍵だったのであり、着衣などの外見の問題とはまったく関係がなかったということになる。

第三節　その後の展開

図14　パークスの慶喜拝謁の模様
(*Illustrated London News*, 24 Aug. 1867)

(一)「各國之御交際永續之爲め……」

大坂城における四ヵ国代表の徳川第一五代将軍慶喜への拝謁式は、こうして慶応三（一八六七）年三月二五日から四月一日にかけ、順次、成功裏に挙行された。アメリカ公使の内拝謁が行われた三月二九日には、その前の午前中、イギリス公使が歩兵隊を伴って再度登城し、操練を披露させるという行事も行われた。同じくアメリカ公使の本拝謁が挙行された四月一日には、やはりその前の午前中に、フランスの歩兵隊についても同様の操練台覧が実施された[114]。以降、幕府の実務レベルにおいて慌ただしく各種の事務・会計処理が進められ[115]、四月九日には大活躍した料理人ラプラスが横浜への帰途についた[116]。むろん各国代表一行も相次いで大坂を去り、この地を舞台とする外交儀礼の一大イベントは、無事、幕を下ろしたのである。

日本と諸外国との間の、少なくともその時点での友好関係強化にこれが大きな効果をもたらしたことは、すでに各所で紹介してきた各国代表の側の報告文から明らかであろう。儀式の演出からくる印象にとどまるものではなく、政治的懸案も、サトウの言葉を借りれば「……満足に進行し、五月の半ば（筆者注・慶応三年四月上〜中旬）には、まずこれ以上は望めまいと思われる段階にまで達した」という。(117)

幕府の決意

幕府ではこのたびの一連の試みを総括する形で、四月一二日付で二組の文書を作成した。(118) まず、老中より、外国奉行、神奈川奉行、箱館奉行ほか、「外國御用立合役々」として、対外関係にかかわるすべての係を対象に、各国代表の着坂日程に始まり、それぞれの登城の際の次第、随員の人数等を振り返り、整理した記録が回付された。その趣旨は、これらの段取りを十分に心得おくようにとのことであり、以上の事務手順に加え、謁見の場での将軍上意の文言があらためて下付された。ここでは、幕府が今後、同様の事柄に対処する機会が多く訪れることが当然の前提とされ、完了したばかりの仕事はすでに、その際の重要な先例と位置づけられている。

もう一組は、大仕事を終えた外国奉行らが帰着した江戸側の老中から、現地の状況を知る上方側の老中に宛てて認められた書簡と、その別紙とされている「御觸案」である。「御觸案」を起草したのは、今回の儀礼準備から遂行まで、一連の現場に携わった外国奉行らであり、右の一組目の記録に加えて布達すべきものとして、老中に提出した。これはその取り扱いを、老中の間で稟議するための書状である（傍線筆者）。

此度各國公使大坂表へ御召寄相成、
御目見被　仰付候ニ付而は、右御手續幷公使等え之
上意振等爲心得、外國立合役々、外國奉行、神奈川奉行、箱館奉行へ相達候處、右ニ而は別紙觸案
之通向々へ相觸候方可然旨、外國奉行申聞候。右は外國奉行見込之通相觸候方にも可有之哉、御評
之上御伺否御申越有之候様致度、且又文面之儀も御勘考之上、御不都合之廉は御取直し相成候様と
存候。以上

御觸案
今般格別之御禮典ニ而各國公使大坂へ被　召寄、　拝謁被　仰付。右は各國之御交際永續之爲め厚
き御趣意有之候儀ニ付、是迄觸達候趣も候得共、御趣意之旨尚厚く相守、以來外國人へ對し不敬之
振舞無之様可被心得候事。

ここから看取されるのは第一に、この触案を起案した外国奉行らが、このたびの拝謁式挙行の成果を今後の対外関係に生かしていこうとする、強い意思である。彼らはこの文面で、このたびの各国代表大坂招請、そして儀式の執行が、その場限りのものではなく、「各國之御交際永續之爲め」（波線部）の一挙であったとの捉え方を強調し、そこから、これを契機として外国人との友好関係を増進していくという方向をことさらに導き出そうとしている。
この案を作成した外国奉行らは、彼らのうちの遣外使節経験者を中心に、既存の式次第を土台とし

ながら、饗応の実施に特徴づけられる新たな要素を自ら発想して実践し、さらにミットフォードを相手の調整等を重ねて、このたびの将軍拝謁式を万端取り仕切ったのだった。彼らがその仕事をこうした位置づけを与えて終えようとしたこと自体に、担当者として一連の努力に託した考えがよく表れている。

管見の限り、江戸の同役から伺いを立てられた上方側老中の返書は見当たらず、「御觸案」が成案となった記録はない。とはいえ、無碍に却下されたという証拠があるわけではなく、そもそも老中レベルのイニシアティブとして、儀式終了後間もない時点で一連の経過を整理し直し、外国奉行にとどまらず広く対外業務の第一線にある者たちに共有させようとしたことを考えれば、仮に何らかの理由で触案が日の目を見なかったとしても、その方向性を否定したというわけではあるまい。

外交団との友好

この約一ヵ月後、アメリカ公使ヴァン＝ヴァルケンバーグが本国宛に報告しているところによれば、正式に通知を受けたものではないが、幕府内で発行された回覧文書を手に入れたという。それは、和暦で四月一二日付、老中井上正直から、目付、外国奉行、神奈川奉行、長崎奉行および箱館奉行に宛てたもので、三つの部分に分かれていたようであり、第一部は、各国代表の着坂日程から始まる一連の式次第の記録、最後の部分は、四ヵ国代表への将軍上意をテキスト化したものであったという。

残念ながら入手経路は記されていないが、間違いなく本物の回覧文書であるとヴァン＝ヴァルケンバーグ自身は述べており、三区分の第一、式の進行に関する部分が、日本語で残された幕府の式次第と細かな部分まで一致することからも、信頼を置くことができそうである。将軍上意については式の終了時にすでに報告したとして、ここでは内容は省略されている。この第一および第三の部分が、右に見た一組目の老中文書に該当することは間違いなかろう。

いま、その間に挟まれた第二の部分を、ヴァン＝ヴァルケンバーグ報告を和訳して紹介すると、以下のとおりである。

公使らを栄えある儀式で迎接したうえは、彼らに江戸帰着の祝辞を述べるに際して、老中の屋敷に招待し、饗応すること。そのような席では仕事の話はせず、心地よい話題のみ取り上げること。

今後は時折、老中が外国公使を居宅に招き、饗応すること。老中らは外国公使の招待を受け、公館で馳走にあずかってもよい。

ただし、外国公使が老中宅を業務で訪問する場合には、饗応の必要はなく、茶菓を供すれば足りる。

以上は、外国奉行および神奈川奉行においても同様である。

公使や他の公使館員らは、友好目的、業務目的のいずれにおいても奉行宅を訪問することができる。

このことは、外国奉行のみならず、陸海軍両奉行、および他のすべての部局に適用される。

外国方の主要な役々へ、

外国公使や他の公使館員に宛てて発出する書簡は敬意を表する文体で書かれ、小の花押を付さなければならない。

今後、外国人との交際においては率直を旨とする(119)。

のちの明治二六（一八九三）年、勝海舟が完成させた幕末資料集、『開国起原』に、「各国公使上坂、拝謁仰せ付けられ候につき、後来外国公使御取扱ひぶりの規則、御取極めに相成り、江戸へ仰せ越さる、左の通り」として収録された文書がある。それをここに引いてみよう(120)。

一、今般、格別の御礼典にて、各国公使坂地へ召呼ばれ候につき、着坂、即日尋問のため、上使旅寓へ伊賀守罷り越し候間、右の振合に準じ、横浜帰着の上、出府いたし候はば、尋問のため、上使旅館へ御越しなさるべく候。もつとも、帰着の上出府の遅速も斗り難く候間、横浜へ帰着の義、御承知なされ候はば、取敢ず滞りなく帰着の御祝状遣はさるべく候。

一、各国公使、以後出府いたし、御用談なされ候節は、此の方よりも旅寓へ御出でのこともこれあり、互に往返いたし候様なさるべく候こと。

一、公使帰着の上出府し候は、英、仏、亜、蘭とも、大礼済み帰着を御祝ひの趣意を以て、御役邸にて相応の饗応をなさるべく候こと、右にて大礼首尾全く相成り候こと。

但し、この節は閑話雑談のみにて、御用談はこれなく候。その以後とても、公使出府いたし候節は、御用談これなく、懇談にて、折節は御役邸へ御招き、一廉の御饗応なさるべく、また彼の旅寓へも御越し、饗応を御受けなさるべく候こと。

一、御用談にて公使御役邸へ罷り出で候節、以来茶菓子のみにて、御用談済みの後も、酒肴等差出しこれなきこと。
一、江戸ならびに横浜に於て、外国奉行、神奈川奉行は、御用の有無に拘らず、折々私の尋問のため、公使旅館へ罷り越し、談話いたすべきこと。
一、公使ならびに附属の士官、懇談として外国奉行宅へ罷り越し候義、苦しからず候こと。
　但し、外役々にても、引合ひ筋これあり候ものは、同断のこと。
一、公使御役邸へ罷り越し候節は、次の間まで送迎のこと。
一、公使へ遣はされ候書翰文体、不敬これなき様、外国奉行へ御申し聞け置き、花押も小の方用ゐるべく候こと。
　但し、御用向のほか、懇親の上にて書翰遣はし候節は、文面一段丁寧にいたすべきこと。
一、すべての取扱向、前件の振合に準じ、聊かも軽慢の仕向けは御改正これあるべきこと。

この文書の一箇条目にある、各国公使帰着直後の具体的な指示が、ヴァン＝ヴァルケンバーグ報告中のものでは抜けているほか、表現や順序に多少の違いはあるものの、ヴァン＝ヴァルケンバーグが入手したという回覧状がこれに該当することは疑う余地がないと言ってよいだろう。文書の日付や具体的な差出人・受取人は定かでないが、表題の「江戸へ仰せ越さる」という表現や、第一箇条の内容からは、在京老中から江戸在府の老中に宛てたものであることはほぼ間違いない。先の外国奉行による「御觸案」が在府老中から在京の老中の検討に供されたのち、より踏み込んだ、しかも具体性を伴った内容となって返ってきたとの推測も不可能ではないだろう。いずれにしても、駐在外交官というものを日本国内に迎えるようになって以来の大きな進展が、ここに生じたと見ることができる。サトウがこの時期を回想して書き残している次の一節は、彼の分析の当否はともかく、この新方針がたしかに実践されつつあったことを裏付けているように思われる。

私たちと幕府の役人との関係は、このころから急に親善味をおびてきた。こんなことは、前には思いもおよばぬことであったろう。これは大君が、巷間に伝えられていたわれわれと薩摩や長州の家臣との間の親交を妨げようとして、外国の使臣、とりわけイギリス公使館との親睦をはかるように閣老に命じた結果であることは、明白にして、疑いのないところであった。私は外国奉行の面々につぎつぎと招待され、日本式の食事をごちそうになった。……(121)

各国代表に対して公式には、四月下旬から五月上旬にかけて、各々の横浜無事帰着を祝し、併せて「彌以兩國之交誼益親睦を重ね候兆しと被存大慶いたし候」と述べた老中名の書簡が、すべて同文で届けられた(122)。これは、右の『開国起原』収載文書第一箇条に沿っており、引き続きこの方針に従うなら、追って各国代表が江戸にやってくれば老中宅へ招き、食膳が饗されたはずである。それら個々の具体的な営みを史料で証することはできないが、その後も機会あらば「御役邸へ御招き、一廉の御饗応」に努めるよう、また「彼の旅寓へも御越し、響応を御受け」するよう、重ねて指示がなされていること、さらに右のサトウの記述からは、幕府上層部が真剣にこの改革に取り組もうとしたことが伝わってくる。

以上が、慶応三年春、第一五代将軍慶喜による四ヵ国代表謁見の顛末である。この儀式は慶喜と幕府に外交上の勝利をもたらしたと言ってよい。しかし、後日の視点から振り返れば、慶喜はこの半年後には大政を奉還するに至るのであり、外交に関する幕府の、いわば「やる気」は、長期的な効果を発揮することはできなかった。このとき完成され、関係部局に念入りに共有されたプログラムでの将軍拝謁式も、これが最初で最後の挙行となったのである。

(二) 幕府の終焉から天皇の外交儀礼へ

こののち五月二四日にはついに兵庫開港が勅許となり、七月から八月にかけては現場を視察するためとの理由で再び英仏両公使が上坂、登城して将軍にも会ったが[123]、これらは儀礼としての謁見とはまた別のレベルの政治交渉の場であって、本書では取り上げない。一方でこれ以降の時期には、薩摩を中心とする反幕側の動きが再び激しくなり、武力行使に向けた動きが取り沙汰されるなど、慶喜周辺は不穏な空気に包まれた[124]。

こうしたなか、七月から九月にかけては、新たに数ヵ国の将軍拝謁が問題となる。慶応二(一八六六)年に調印されていた日白修好通商航海条約の批准書を持ってベルギー使節オーギュスト・ト=キント・デ・ローデンベーク(Auguste t'Kint de Roodenbeke)が来日、将軍拝謁を求めたが、依然として上方に主力を置く幕府は「陸路の危難」を挙げてこれを断った[125]。初代駐日イタリア公使として着任したばかりのヴィットリオ・サリエル=デ=ラ=トゥール(Vittorio Sallier de la Tour)へも同様で[126]、先に実現しなかったプロイセン代理公使フォン＝ブラントの拝謁問題も再び持ち上がったが、これも「種々差支有之」として実践に移すことができなかった(127)。いずれも、前述の情勢変化を反映したものに違いない。さもなくば、前項で見たような友好ムード推進の方向をいったんは採用した幕府としては、これらの案件を積極的に受けるのがむしろ自然な判断であったろう。

一〇月一四日には徳川慶喜が朝廷に大政奉還の上表を提出し、翌日それが勅許を得て、政局は決定的な転換を迎えた。駐日各国代表に対しては、幕府は一〇月二一日付で大政奉還のことを通告し(128)、ただし兵庫開港等、外交上の大方針には変更のないことを説明した(129)。同時に朝廷との間では、本来、「外國之儀」については諸藩主合議のうえで決定していくはずのところ、当面は従来どおり旧幕府においてこれを担当することが、一〇月一七日から一一月五日にかけ、三度の伺いと沙汰の往復によって確認された(130)。

大政奉還後の慶喜

右のうち、最初の一〇月一七日付上書で、慶喜は「外國之儀は、尤御至重之儀ニテ……」との認識を示している。家近良樹による最新の研究成果では、彼に誠心誠意その思いがあったとし、「慶喜が政権返上を決断したのは、欧米諸国に伍して独立を保っていくためにはこれまでのような朝幕二重政権状態を脱し、天皇のもとに挙国一致体制を構築しなければならないと考えた」ためであると見て、彼が大政奉還時点で幕府への政権再委任を期待していたとの通説を否定する(131)。筆者にはこの見解自体に賛否を下すことはできないが、本章で確認してきた儀礼の場面での慶喜の働き、そもそもその儀礼を実現させた実行力から判断する限りにおいて、慶喜の外交重視姿勢は実質を伴うものであったと考えられる。

さて、慶喜は一〇月二四日、朝廷に征夷大将軍辞職の上表を提出したものの、二六日付で、「追て可有御沙汰、夫迄之處、是迄之通相心得候様」と、当面の政務続行を申し渡された[132]。しかしながら、政体変更後も重要な立場でその運営に参画することが予想されていた慶喜が、結局のところそれを阻まれた、いわゆる「王政復古クーデター」が起きたのは、一二月九日。京に詰めていた慶喜は三日後、クーデターに反発する旧幕臣や会津藩関係者などを引き連れて大坂に下った[133]。クーデター発生は、懸案の兵庫開港・大坂開市が、旧幕臣らの働きのもと、一二月七日（一八六八年一月一日）の期限どおり実現したあとであったことになる。

この直後、慶喜がフランス、イギリス、アメリカ、イタリア、プロイセン、オランダと、この時点で日本に駐在していた六ヵ国すべての外交代表を一度に大坂城黒書院に迎え、会見したことはよく知られている[134]。この場合には、大々的な準備をして横浜から彼らを呼び寄せたのではない。この年一一月も半ばになると、各国代表らは、春に拝謁を済ませた四ヵ国とそれ以外とを問わず、日本の政局の大転換を横目で見つつ、目前に迫った開港開市の実行を監視するためとして、次々と大坂に入っていた[135]。彼らは、慶喜が京を去り、下坂したことを聞き、こぞって会見を求めたのである[136]。

日程調整などに関する多少の混乱ののち、一二月一六日に実現したこの合同謁見は[137]、同じ慶喜による同じ大坂城での外国使節引見であったためであろう、三〜四月の拝謁式とほぼ同種のものかのように言及されることもある[138]。たしかにこれは、慶喜がフランス公使ロッシュなどを相手に行ってきたような非公式の政務談話とは違い、簡略ながら一定の式次第を設定し、外交団を代表してロッシュが口上を述べたのち、慶喜が公使一人一人へ言葉をかけるという、一応公的な謁見式の形で挙行された[139]。

しかし、集団登城という形態は、一国の元首が相手国元首の名代たる外交官の身体を面前にして、その国との関係を象徴的に確認する種類の外交儀礼とは根本的に性格を異にする。一見、類似する面があることに引きずられて、安易に両者を並べるべきではない[140]。

このたびの謁見は、慶喜がすでに日本を束ねる立場にはないという、三〜四月の段階とはまったく違う状況のもとで行われたのであり、旧幕臣田辺太一はのちに、この会見の意図を「決して一国の君主の資格をもってせられたのではなく、ただ一身をもって、中外の間に介して、この国の安寧を保持しようとされた」と振り返っている[141]。また「その引見の際も、その礼をきわめて簡素にし、一国の君主として外国使臣に接見するような儀式にようら」なかったという。一方の各国代表の側から見た場合、これはあくまで政局を把握するための情報収集、ないしは、元為政者への挨拶であって、このときが初めての謁見となった国を含め、慶喜に信任状を捧呈するという可能性は一切想定されなかった。なお、晩年の慶喜自身が、このときの接見について繰り返し回想を促され、記録を見せられても、「……かつても話せしごとく、さらに覚えなし[142]」と言い切っていることは興味深い。

こののち、明けて慶応四（一八六八）年正月三日、鳥羽・伏見開戦、同六日、慶喜は大坂城を脱出、一二日江戸着と、事態は急速に展開した。慶喜は同月中、複数回にわたり江戸城でフランス公使ロッシュの会見要請に応じ、再起を促されたが、恭順の姿勢を変えず、以降、外国代表に会うこともないまま二月一二日に江戸城を去り、上野寛永寺に謹慎の身となった[143]。外交史における徳川将軍の時代は、ここに完全に終わりを告げた。

新政府と各国外交官

他方、外国代表らにとって、日本との外交は終わっていない。慶喜東帰直後の正月一五日、新政府は国内へ向けて「外交ニ關スル布告書」を発布、「幕府、從來之失錯ニヨリ因循」との前政権への批判とともに、「此度　朝議之上斷然和親條約被爲取結候就テハ……國威ヲ海外萬國ニ光耀セシメ　祖宗　先帝之神靈ニ對答可被遊　叡慮ニ候間、天下列藩市民ニ至ル迄此旨ヲ奉戴、心力ヲ盡シ勉勵可有之候事。……猶、外國交際之儀ハ宇内之公法ヲ以取扱可有之候。……」との方針を述べると同時に(144)、このとき諸外国代表が集結していた兵庫へ、参与兼外国事務取調係東久世通禧を送って彼らと会見させ、今後、「内外政事」を天皇が司ることを、天皇の名において通告した。サトウによれば、東久世はこの通告を各国代表から自国民に公示するよう迫ったという。これは外国側に、新政府の「承認要求」と受け取られた(145)。

外交団は、同じくサトウが、各国ともすでに慶喜との合同会見以前からそう努めていたと述べるように(146)、この日本国内の分裂に対して局外中立の姿勢をとり、正月二五日には共同でその旨の宣言を発した。しかしその裏で、前年三月に慶喜へ信任状を提出しなかったイギリス公使パークスは先々の展開を見越し、すでに大政奉還直後の段階で、天皇へ宛てたイギリス女王名の新たな信任状を、本国へ要請していたのである(147)。

二月上旬には、新政府と外交団の関係はそうした水面下の動きにとどまらず、表向きにも変化を見せ始めた。新政府が「年少の君主に少しでも外部の世界を見せ、……啓発する(148)」ためとして、天皇の大坂行幸を発案するとともに、その際に同地で各国外交官を謁見することを提案したのである。この時期、イギリス公使とその部下たちは、まもなく確立されるであろう新政府に対し、他の諸外国から抜きん出た影響力を持つことに努力を集中していたと見られるが、パークスは近く本国から新たな信任状が到来することを念頭に置き、このたびの謁見はあえて個別の正式なものとはせず、全外交団合同とすることを日本側に示唆した。しかし同時に、外交団の京都招請を狙い、大坂行幸のついでに謁見というのでは外交官の威厳にかかわるとの意見を表明した。結果として、外交団は合同で、二月三〇日に京都で天皇に拝謁することになった[149]。

それ以前から横浜への早期帰還を予定していたアメリカ、イタリア、プロイセンの代表はこれに加わらず、イギリス、フランス、オランダのみでの挙行となったこと[150]、また、パークス自身が当日、御所に向かう途上で凶漢に襲われ、結局は三月三日に単独で参内する形となった顚末については[151]、ここでは詳述しない。いまだ正式には局外中立の立場をとりながらも、こうして各国代表が天皇の招請に応じたことで、対外的には政権の交代が決定的になったと見るべきだろう。

ここから始まる「ミカドの外交儀礼」は本書の範囲を超える。詳しくは中山和芳の著作を参照されたい。ただし、パークスはこの初めての天皇の謁見式について、「事情が許す限りにおいてヨーロッパ宮廷で採用されるものに近い」様式で行われたと述べた[152]。中山が紹介している、三ヵ国の列席者が残した式典報告によれば、東久世に導かれて入室した公使は、背後に側近が跪き、左右に高官を従えた天皇の前に進み出て口上を述べ、天皇のお言葉ののち、随員の紹介を行うと、三拝しながら退室した。その前後に控え室で茶が供されるなど[153]、ここまでの時代を見てきた筆者の視角からは、その基本において、幕府時代に整備された式次第とよく似ている。

引き継がれた外交儀礼

このとき、幕府と朝廷の間で式次第の引き継ぎなどがあったはずもない。また、朝鮮通信使などを迎えてきた幕府の場合と異なり、その時点での朝廷には、むろん各種の儀礼伝統はあっても、外交儀礼の蓄積はなかった。こうした事態において、新政府内でこの儀式の準備にあたった伊達宗城《だてむねなり》と後藤象二郎が事前に、慶喜のときと同様、やはりイギリス公使館の部下たちと式次第の詳細な打ち合わせを行ったことは、(154)特筆しておくべきであろう。ミットフォードらは、新政府に対して徳川将軍の謁見様式を伝えようとしたわけではあるまいが、「ヨーロッパ宮廷で採用されるものに近い」形を伝授した結果、俄仕立てながら、前政権と大きくは違わない式の形態ができあがったと考えられる。

その意味では、徳川時代にすでに十分な発達を見せていた日本の外交儀礼は、外交団サイドの手によって、明治新政府下のそれへと引き継がれていったことになる。さらにイギリス公使は、約二ヵ月後の閏四月一日、本国から届いた新たな信任状を、大坂西本願寺の仮御所において正式に明治天皇に捧呈した。(155)外国政府による初の明治政府正式承認とされる場面である。また、イギリス以外の外交代表は、天皇が東京に入ったあと、この年の一一月以降に相次いで信任状を捧呈した。これら一連の儀式も、中山の著作に引用された諸史料を見る限り、(156)基本構造は同様であった。

パークスは、この儀式に関する本国への報告において、「日本政府が自身の慣習をわれわれの都合に合わせて変更しようとする意思」、および結果として「旧来の慣習の上に起きた決定的な進歩」を讃えている。(157)これらのコメントだけに目を留め、彼が述べている「変更」「進歩」を、日本で初めて起こったものととるならば、評価を間違うことになるだろう。ここで言う「旧来の慣習」とは、あくまで新政府、つまり朝廷のそれという意味である。旧政府、徳川幕府がすでに発展させてきた儀礼の実際について、パークスをはじめこの時期に居合わせた外交官らがよく承知していたことは、説明するまでもない。

さて、こののち、新政府は明治三（一八七〇）年に至って外国使臣の朝見の儀を確定し、多くの側面を改定したとされる[158]。しかしそのなかには「使節參朝の時は……向後饗饌の式を設け、……西洋料理を賜ふ事[159]」など、本研究の結果からはけっして新規と見なせない事項も含まれる。ほかでもない、その饗饌で活躍することになる「日本フランス料理の父」ルイ・ベギューの叔父ラプラスは、幕末に最後の将軍慶喜の外交儀礼を支えたのだった[160]。明治維新を跨ぐ連続的視野をもって眺め直すとき、従来、維新後に新しく始まったとされてきた多くの事柄は解釈の変更を迫られる可能性がある。本書を通じて、外交儀礼の展開過程には、きわめて具体的にその連続性を見出しうることが明らかになった。

第四節　まとめ――幕末外交儀礼の新展開

本章では、慶応三（一八六七）年三月から四月にかけて、イギリス、オランダ、フランス、アメリカ四ヵ国代表を大坂城に迎えて挙行された、第一五代の新将軍、徳川慶喜の拝謁式をめぐる経緯を追ってきた。

第一に明らかとなったのは、前年秋に開始されたその準備において、幕府の担当者らが、すでに整備されていた外交儀礼の手順、様式を、そのまま持ち出し、基本的な枠組みとして適用しようとしたことである。このことは、今回の拝謁式が、先代家茂がゴシケーヴィチを引見した最後の事例から四年半のブランクを経ており、またこの間に薩英戦争や下関砲撃事件を経験して日本を取り巻く国際環境も変貌し、直接これを担当する外国奉行の面々も大きく入れ替わったうえで行われたことを考慮した場合、意外な事実であるかのようにも思われる。しかし現場においては、ごくあたりまえの業務遂行であったに違いない。初代アメリカ総領事ハリスを江戸城に迎えるかどうか、安政三（一八五六）年に始まった議論の結果は、もはや当然のように幕府の先例となっており、それがここで踏襲されたにすぎない。

これと並行して、その準備過程の当初から、四年半前には考えられなかった新規の要素が提案され、力強く推進されたことも、このたびの大きな特徴であった。何よりも、既存様式で行われる「本拝謁」と一組のものとして、将軍臨席の晩餐を軸とする「内拝謁」を別の日に挙行するという儀礼の形態が実現したことである。ヨーロッパ、とりわけフランス風とされるこの方式は、先行研究では全面的にフランス公使ロッシュのロビー活動によって導入されたとされてきたが、実態はそうではなく、幕府遣外使節団に加わったことのある幕臣たちがその経験を生かして自ら発想し、実践に移したと考えられる。

そして、このたびの儀式の第三の特徴は、実務レベルの幕臣とイギリス公使館員ミットフォードとの間で、式典直前まで様式の調整が続けられたことである。ミットフォードはこのときまだ着任したばかりで、前章までの経過は知らず、あくまでヨーロッパ宮廷における慣例という角度から幕府の提案を検討するスタンスであったが、提示された式次第に大筋で賛同したうえで、結果としては二点について具体的な修正を要求した。拝謁する使節が将軍の面前まで近づくことができるようにすることと、使節が単独（通訳のみ随行可）ではなく、公使館員や随従士官らを伴って式典に臨めるようにすることである。幕府はこれらについて修正に応じ、当日を迎えた。

このようにして新旧の検討の成果が総合され、万全に生かされたのが、この慶応三（一八六七）年春の将軍拝謁儀礼であった。幕府にとって、新規に採用した部分の準備にはとりわけ手がかかったことであろうが、それ以前に検討されていた基本形は、十分な土台として機能した。他方、すでに繰り返し引用したサトウの「全くヨーロッパの流儀によって」という表現が語るように、これは、外交団の側にとっても、譲歩したり妥協したりしたところのない、いわば完璧な外交儀礼として受け止められた。慶喜の個人的資質とも相俟って、この拝謁式が出席した外交官たちに高く評価され、幕府の当面の対外関係処理にも効をなしたことは、彼らの報告、印象記を引いて述べてきたとおりである。

このときの登城・将軍拝謁をめぐって最も重要であったのは、これを契機に、外国交際全般の改善、友好関係の促進という方向へ、幕府中枢が大きな決心をもって舵を切ったことである。後世のわれわれには、その方向性を生かす間もなく幕政が終焉を迎え、本章で見てきた拝謁式が徳川政権下最後の事例となったことがあまりにも明らかであり、これを評価するにその観点が勝ってしまいがちである。が、その場でこれを動かした人々の立場からは、いよいよこれから活発な外交活動に邁進しようとするための、重要なきっかけと捉えられたことであろう。本節を「幕末外交儀礼の新展開」と名づけたのは、そうした趣旨によるものである。

拝謁式に出席したアメリカ公使ヴァン＝ヴァルケンバーグは、その見解を次のように、本国宛に書き送っている。

貴殿（本国国務長官）はむろんご記憶でしょう。過去のケースでは、外国代表は大君の顔を見ることも許されなかったということを。そして五年間というもの、大君は相手を問わず、外国代表をまったく謁見しませんでした。このたびの友好的な謁見――私は大君に直接見えただけでなく、彼の右隣に座を占めたのです――は、この民族とわれわれとの交際に、すばらしい進歩が見られたことを明白に示すものと言えましょう。(161)

ヴァン＝ヴァルケンバーグは他の三ヵ国の代表が上坂を決めた際に熱海に逗留中であったなどの失敗も犯したが、ここに表れているのは、公使本人はすでに三代目まで交代したとはいえ、初拝謁の事例をつくったハリス以来の経緯を継承するアメリカ代表だからこその視点と言えよう。このとき、このように過去を振り返っての感慨を記したのが、パークスでもロッシュでもなく、ヴァン＝ヴァルケンバーグであったことは非常に印象深い。しかし、その「進歩」を生み出してきた大きな器としての式次第そのものが、彼の前々任者ハリスと、「朝鮮信使之振合」を隅々まで検討した当時第一線の幕臣らとの共同作業の結果であったことまでは、彼は意識していないようである。

他方、同じヴァン＝ヴァルケンバーグが、明治元年一一月二三日（一八六九年一月五日）に至って明治天皇の拝謁式に臨んだ際の印象も、併せて紹介しておこう。

ミカドによる迎接は質素で、趣味のよいものであった。かつて大君がこの国の元首であったときのような、華やかさを見せつけるところはまったくなかった。他方、儀礼を担当した者たちが、その種の仕事に携わるのが初めてではないということも、また目に明らかであった。[162]

新政府が天皇を立てて挙行した明治最初期の外交儀礼にあたり、慶喜のケースと同様にイギリス公使館員ミットフォードらが担当者の相談に乗ったこと、ここに幕末外交儀礼からの連続性の鍵が見出せることについては、先に述べたとおりである。しかし同時に、このヴァン＝ヴァルケンバーグ報告は、政権を司る者が替わったためにこの系譜のなかへ新しく持ち込まれた、もう一つの側面を考えるうえで示唆に富んでいる。

それは、彼がここで、華美であったものが質素になったと言っているような表面的な変化のことではない。そうした変化となって表れた、外交儀礼へのより本質的な影響のことである。すなわち、幕末の一〇年を通して完成され、外交官側のかかわりによって新政府へと引き継がれた日本の外交儀礼にはここで、はるかに長い歴史を持つ――「その種の仕事に携わるのが初めてではない」――朝廷の儀礼伝統という要素が加わることになったのである。

新たに明治天皇のもとで行われるようになった外交儀礼は、たとえば服飾、あるいは、御所ないし皇居の空間的特性といった要素を含む朝廷の文化と、はたしていかなる接続を見せたのだろうか。本書前半では、初代アメリカ総領事ハリスの迎接儀礼を、勅使や朝鮮通信使などの迎接という幕府の伝統と照らし合わせた。明治政府の外交儀礼も、一方で幕末のそれ、もう一方では朝廷がもともと持っていた伝統との関係で、同様の丁寧な考察を必要としよう。

明治の外交儀礼は、単なる欧化、西洋文明の学習ではなく、幕末のうちにすでに採り入れられていた欧米における外交儀礼の本質部分、それをしっかりと受け止めた朝鮮通信使の迎接を軸とする徳川幕府の対外儀礼伝統、そして、明治にその全体を引き継ぐこととなった朝廷の文化という三者の絡み合いのなかで形成されたはずである。その追跡は次の課題とし、本書はその展望に道を開いたところで閉じることにしたい。

(1) サトウ、アーネスト著・坂田精一訳『一外交官の見た明治維新(上)』岩波書店、一九六〇年、二五二頁。
(2) たとえば、岩下哲典編著『徳川慶喜──その人と時代』岩田書院、一九九九年、四七頁。
(3) 『続通信全覧　類輯之部　四』雄松堂出版、一九八五年、二～三頁。
(4) 岩下哲典編『江戸時代　来日外国人人名辞典』東京堂出版、二〇一一年、二六一～二八三頁。
(5) 川崎晴朗『幕末の駐日外交官・領事官』雄松堂出版、一九八八年、一一六頁。長く長崎にとどまっていたオランダも、ファン＝ポルスブルックが正式に総領事となる直前、江戸に拠点を移していた。
(6) Van Valkenburg to Seward, 15 Sep. 1866, Diplomatic Dispatches: Japan, General Records of the Department of State (N. A. M. 133/ R. G. 59), (The US National Archives and Records Administration [NARA]/横浜開港資料館蔵複写版 Ca 4/01.4).
(7) 家近良樹『徳川慶喜』吉川弘文館、二〇一四年、一三〇～一六三頁参照。
(8) たとえば、注(2)岩下『徳川慶喜』、四七頁。
(9) 東京大學史料編纂所編『柳營補任　六』東京大學出版會、一九六五年、八～九頁、また、宮永孝『万延元年の遣米使節団』講談社、二〇〇五年、三〇〇頁、芳賀徹『大君の使節』中央公論社、一九六八年、二六頁。
(10)『續德川實紀　第五篇』、六一頁。
(11) 三宅英利『近世日朝関係の研究』文献出版、一九八六年、六二〇～六二二頁参照。また、田保橋潔『近代日鮮関係の研究(下)』原書房、一九七三年(覆刻原本一九四〇年)、八七三～八七八頁(朝鮮側史料による)。
(12) 注(7)家近『徳川慶喜』、一七〇～一七一頁。
(13)『続通信全覧　類輯之部　四』、三～九頁。
(14) 鳴岩宗三『幕末日本とフランス外交』創元社、一九九七年、一六三～一六四頁、また、注(2)岩下『徳川慶喜』、四七頁。
(15) 石井孝『明治維新の国際的環境』吉川弘文館、一九五七年、四七五頁。
(16) 日本史籍協会編『【新装版】徳川慶喜公伝　史料篇三』東京大学出版会、一九九七年、三一頁。
(17) 注(7)家近『徳川慶喜』、一四九～一五六頁参照。
(18) 柴田剛中「日載九」『柴田剛中文書(複写)』(神戸市文書館蔵)。なお、柴田が組頭を務め、訪問先各国(女王が夫君アルバート逝去による喪に服していたイギリスを除く)での国王、皇帝拝謁の場にも列席した、幕府の文久二(一八六二)年遣欧使節の日々の経験については、当面、野澤郁太「遺歐使節航海日録」日本史籍協會編『遺外使節日記纂輯二』東京大學出版會、一九七一年(覆刻原本一九二九年)、一一二～二四八頁、市川渡「尾蠅歐行漫錄」同二四九～五六二頁、益頭駿次郎「歐行記」日本史籍協會編『遺外使節日記纂輯三』東京大學出版會、一九七一年(覆刻原本一九三〇年)、一二五～三三八頁を参照。また、柴田の人物評として、注(9)芳賀『大君の使節』、七〇～七一頁、一〇〇～一〇三頁。一方、慶応元(一八六五)年、横須賀製鉄所設立準備を中心に、より実務的な目的を持って理事官として渡欧した際の記録は、柴田自身による「仏英行」沼田次郎・松沢弘陽校注『西洋見聞集』岩波書店、一九七四年、二六一～四七六頁。後者の場合には正式な謁見はなかったが、訪問先各地で政府高官や交渉関係者との「対食」を経験していることに留意したい。佐野真由子「幕末の遺外使節日記――淵辺徳蔵『欧行日記』、柴田剛中『仏英行』に見る日本人の開国」倉本一宏編『日本人にとって日記とは何か』臨川書店、二〇一六年七月刊行予定。

(19)『続通信全覧　類輯之部　四』、三四～三五頁。

(20)『続通信全覧　類輯之部　四』、一二頁。

(21)注(7)家近『徳川慶喜』、一六三頁。

(22)『続通信全覧　類輯之部　四』、一二頁。

(23)注(15)石井『明治維新の国際的環境』、四七一～四七九頁。

(24)萩原延壽『慶喜登場　遠い崖四――アーネスト・サトウ日記抄』朝日新聞社、二〇〇七年、一七八～一八八頁。

(25)Satow, Ernest Mason, *A Guide to Diplomatic Practice*, Vol. I, London, New York, Toronto, Bombay, Calcutta, and Madras: Longmans, Green and Co., 1922, p. 377.

(26)田辺太一著、坂田精一訳・校注『幕末外交談二』平凡社、一九六六年、二一一～二一二頁。

(27)注(24)萩原『慶喜登場　遠い崖四』、一八六～一八八頁。

(28)『続通信全覧　類輯之部　四』、一三～一七頁。また、「外國人謁見一件　各國共同之部」(東京大学史料編纂所蔵、外務省引継書類)。

(29)『続通信全覧　類輯之部　四』、三～一七頁。

(30)注(28)「外國人謁見一件　各國共同之部」、ならびに「英米佛蘭四公使上坂謁見　乾」(東京大学史料編纂所蔵、外務省引継書類)。

(31)『続通信全覧　類輯之部　四』、一五頁。
(32)注(30)「英米佛蘭四公使上坂謁見　乾」。
(33)伊藤薫『フランス料理人伝説　第四巻――日本のフランス料理人史　ビジュアル版』エービーシーツアーズ、二〇一一年、四一、四五頁。また、澤護『横浜外国人居留地ホテル史』白桃書房、二〇〇一年、四六～五一頁参照。
(34)注(33)伊藤『フランス料理人伝説　第四巻』、四一～四五頁。
(35)『続通信全覧　類輯之部　四』、一九～二一頁。
(36)松浦玲『徳川慶喜』中央公論社、一九七五年、一五一頁。
(37)注(7)家近『徳川慶喜』、一五七～一七二頁。
(38)同前、一七四～一七七頁。
(39)安田寛子「慶弔儀礼をめぐる幕府と諸外国の対応」『日本歴史』第七〇七号（二〇〇七年）、四一～四二頁。
(40)注(7)家近『徳川慶喜』、一七六頁。
(41)勝海舟全集刊行会編『勝海舟全集一九　開国起原Ⅴ』講談社、一九七五年、七二五頁。
(42)『続通信全覧　類輯之部　四』、九五頁。
(43)『続通信全覧　類輯之部　四』、二三～二四頁。
(44)『続通信全覧　類輯之部　四』、三三頁。
(45)注(24)萩原『慶喜登場　遠い崖四』、一八九～一九八頁。
(46)『続通信全覧　類輯之部　四』、三三頁。
(47)コータッツィ、ヒュー著、中須賀哲朗訳『ある英国外交官の明治維新――ミットフォードの回想』中央公論社、一九八六年、一四頁。また、注(4)岩下編『江戸時代　来日外国人人名辞典』、一八三頁。

(48)注(4)岩下編『江戸時代　来日外国人人名辞典』、二七五～二七六頁。
(49)注(24)萩原『慶喜登場　遠い崖四』、一九九～二〇〇頁。
(50)同前、二〇〇頁。
(51)Mitford to Parkes, 10 Feb. 1867, Incl. in Parkes to Stanley, 28 Feb. 1867, FO 46/78 (NA).
(52)Mitford to Parkes, 26 Feb. 1867, Incl. in Parkes to Stanley, 28 Feb. 1867, FO 46/78 (NA).
(53)注(24)萩原『慶喜登場　遠い崖四』、三五七～三五八頁。また、注(52)Mitford to Parkes, 26 Feb. 1867.
(54)注(52)Mitford to Parkes, 26 Feb. 1867.
(55)『続通信全覧　類輯之部　四』、三八～三九頁。カッコ内は筆者による追記。
(56)『続通信全覧　類輯之部　四』、三八～三九頁。
(57)Parkes to Stanley, 28 Feb. 1867, FO 46/78 (NA).
(58)注(4)岩下編『江戸時代　来日外国人人名辞典』、二八一～二八二頁。
(59)Mitford to Parkes, 30 Apr. 1867, Incl. in Parkes to Stanley, 6 May 1867, FO 46/80 (NA).
(60)Roche à Douyn de Lhuys, 17 Nov. 1866, CP 14 (AD).
(61)注(26)田辺『幕末外交談二』、二五三～二五七頁。
(62)注(7)家近『徳川慶喜』、一六九頁。
(63)注(16)日本史籍協会編『【新装版】徳川慶喜公伝　史料篇三』、三～二四頁。
(64)注(36)松浦『徳川慶喜』、一五四～一五五頁。
(65)注(16)日本史籍協会編『【新装版】徳川慶喜公伝　史料篇三』、三一頁。
(66)同前、三一頁。
(67)『続通信全覧　類輯之部　四』、四七～四八頁。また、注(18)柴田「日載九」。
(68)「各國公使上阪御用留」(東京大学史料編纂所蔵、外務省引継書類)。

(69) 『続通信全覧　類輯之部　四』、五〇～六六頁。
(70) Van Valkenburgh to Seward, 20 Apr. 1867, N. A. M. 133/ R. G. 59（NARA）.
(71) 『続通信全覧　類輯之部　四』、一一三頁。
(72) 『続通信全覧　類輯之部　四』、七〇～七七頁。
(73) 注(4)岩下編『江戸時代　来日外国人人名辞典』、二七二頁参照。
(74) 『続通信全覧　類輯之部　四』、八九頁。
(75) 福岡万里子『プロイセン東アジア遠征と幕末外交』東京大学出版会、二〇一三年、二二九～二八四頁。
(76) 注(4)岩下編『江戸時代　来日外国人人名辞典』、二七二頁。
(77) スエンソン、E著・長島要一訳『江戸幕末滞在記』新人物往来社、一九八九年、二〇一～二〇五頁参照。
(78) 同前、一八七～一八八頁。
(79) 同前、一八八～一九〇頁。
(80) 『続通信全覧　類輯之部　四』、八一頁。
(81) 本書において、「幕末外交儀礼」として全一七例を数えると言った場合に、この内拝謁と本拝謁を国ごとに一組、一件と数えていることを、ここでお断りしておく。
(82) Parkes to Stanley, 4 May 1867, FO 46/80（NA）.
(83) 注(7)家近『徳川慶喜』、一七三～一七四頁。
(84) Van Valkenburg to Seward, 6 May 1867, N. A. M. 133/ R. G. 59（NARA）.
(85) 注(77)スエンソン『江戸幕末滞在記』、一七三頁。
(86) 注(1)サトウ『一外交官の見た明治維新(上)』、二五四頁。
(87) たとえば、注(24)萩原『慶喜登場　遠い崖四』、四〇三～四〇四頁。
(88) 注(1)サトウ『一外交官の見た明治維新(上)』、二五〇頁。

(89) 注(15)石井『明治維新の国際的環境』、三〇七～三一三、四三三～四四七頁など。
(90) 注(24)萩原『慶喜登場　遠い崖四』、四〇一頁。
(91) Parkes to Stanley, 6 May 1867, FO 46/80 (NA).
(92) 渋沢栄一編・大久保利謙校訂『昔夢会筆記』平凡社、一九六六年、一〇九頁。
(93) 注(24)萩原『慶喜登場　遠い崖四』、四〇七～四一一頁。
(94) 『続通信全覧　類輯之部　四』、八五頁。なお、デザートの各項横に「此品飯臺上ニ居置有候分」ないし「同断」と添えた朱書きは省略した。
(95) 徳川慶朝『徳川慶喜家の食卓』文藝春秋、二〇〇八年、五八～六六頁。
(96) 注(84)Van Valkenburg to Seward, 6 May 1867.
(97) 拝謁当日、将軍自身が食す料理をラプラスの厨房にあてられていた寺院で用意し、外から城に持ち込んだのか、あるいは城中に外国人を入れて料理をさせたのかについては現時点で結論できない。幕府内の料理人が関与したか否かなどについても、別途の検討に値すると考えられる。
(98) 『続通信全覧　類輯之部　四』、八二～一〇六頁。
(99) 注(59)Mitford to Parkes, 30 Apr. 1867.
(100) 注(91)Parkes to Stanley, 6 May 1867.
(101) "Arrangements for the Reception of H. M's Minister by the Tycoon", Incl. in, Parkes to Stanley, 6 May 1867, FO 46/80 (NA).
(102) 注(59)Mitford to Parkes, 30 Apr. 1867.
(103) 同前。
(104) 同前。
(105) 注(91)Parkes to Stanley, 6 May 1867.

(106) ただし、筆者は蘭語史料を直接確認できていないことをお断りする。
(107) 『続通信全覧　類輯之部　四』、五八頁。
(108) 注(84)Van Valkenburg to Seward, 6 May 1867.
(109) 『続通信全覧　類輯之部　四』、九三〜一〇九頁。
(110) 『続通信全覧　類輯之部　四』、九三〜九四頁、ならびに、注(30)「英米佛蘭四公使上坂謁見　乾」。
(111) Roche à Moustier, 8 May 1867, CP 15 (AD).
(112) 『続通信全覧　類輯之部　四』、九四頁。また、注(30)「英米佛蘭四公使上坂謁見　乾」。
(113) 注(59)Mitford to Parkes, 30 Apr. 1867.
(114) 『続通信全覧　類輯之部　四』、一〇一〜一〇七頁。
(115) 注(68)「各國公使上阪御用留」。
(116) 同前。
(117) 注(1)サトウ『一外交官の見た明治維新(上)』、二五八頁。
(118) 『続通信全覧　類輯之部　四』、一一三〜一一七頁。
(119) Van Valkenburg to Seward, 18 June 1867, N. A. M. 133/ R. G. 59 (NARA).
(120) 注(41)『勝海舟全集一九　開国起原V』、七一七〜七一八頁（全集編者による注記は省略した）。
(121) サトウ、アーネスト著・坂田精一訳『一外交官の見た明治維新(下)』岩波書店、一九六〇年、五頁。
(122) 『続通信全覧　類輯之部　四』、一一七〜一一八頁。
(123) 渋沢栄一『徳川慶喜公伝四』平凡社、一九六八年、二八〜二九頁、また、萩原延壽『外国交際　遠い崖五――アーネスト・サトウ日記抄』朝日新聞社、二〇〇七年、二五六〜二九一頁。
(124) 注(7)家近『徳川慶喜』、一九五〜二〇二頁。
(125) 『続通信全覧　類輯之部　四』、一二一〜一二二頁。

(126)『続通信全覧　類輯之部　四』、一二六頁。
(127)『続通信全覧　類輯之部　四』、一二七頁。
(128)外務省編『日本外交文書(一)』日本外交文書頒布會、一九五七年、四七～六五頁。
(129)注(121)サトウ『一外交官の見た明治維新(下)』、八一～八二頁。
(130)注(16)日本史籍協会編『【新装版】徳川慶喜公伝　史料篇三』、一九五～二一〇頁。
(131)注(7)家近『徳川慶喜』、二一四～二一五頁。
(132)注(16)日本史籍協会編『【新装版】徳川慶喜公伝　史料篇三』、二〇一～二〇二頁。
(133)注(7)家近『徳川慶喜』、二二〇～二二五頁。
(134)注(26)田辺『幕末外交談二』、三一六～三一七頁。
(135)『続通信全覧　類輯之部　四』、一三二～一三四頁。
(136)『続通信全覧　類輯之部　四』、一三六～一三七頁。
(137)『続通信全覧　類輯之部　四』、一三七～一四二頁。
(138)たとえば、注(36)松浦『徳川慶喜』、一五三、一七七頁。
(139)『続通信全覧　類輯之部　四』、一三九～一四二頁。
(140)既刊の拙論「持続可能な外交をめざして――幕末期、欧米外交官の将軍拝謁儀礼をめぐる検討から」(『日本研究』第四八集、二〇一三年、一〇一～一二七頁)の執筆段階では、この点に関する筆者自身の認識が十分でなく、ここで取り上げている慶応三年一二月の各国代表引見を曖昧に検討の列に加えている。現時点までに、自ら見解を変更したことを記しておきたい。
(141)注(26)田辺『幕末外交談二』、三一七頁。
(142)注(92)渋沢『昔夢会筆記』、三一二頁。
(143)注(7)家近『徳川慶喜』、二四一～二四三頁、『續徳川實紀　第五篇』、三五四～三八五頁。

(144) 注(128)外務省編『日本外交文書(一)』、二二七〜二二八頁。
(145) 注(121)サトウ『一外交官の見た明治維新(下)』、一三七〜一三八頁。
(146) 『続通信全覧　類輯之部　三』、四五〇〜四五一頁、注(128)サトウ『一外交官の見た明治維新(下)』、一〇九頁。
(147) Parkes to Stanley, 28 Nov. 1867, FO 46/82 (NA).
(148) 注(121)サトウ『一外交官の見た明治維新(下)』、一六二頁。
(149) 同前、一六二〜一七八頁。
(150) 同前、一六八〜一七六頁。
(151) Parkes to Stanley, 25 Mar. 1868, FO 46/92 (NA).
(152) Parkes to Stanley, 26 Mar. 1868, FO 46/92 (NA).
(153) 中山和芳『ミカドの外交儀礼――明治天皇の時代』朝日新聞社、二〇〇七年、二〇〜三六頁。
(154) 注(121)サトウ『一外交官の見た明治維新(下)』、一八二頁。
(155) Parkes to Stanley, 30 May 1868, FO 46/93 (NA). また、Dickins, F. V., and Lane-Poole, S., *The Life of Sir Harry Parkes: Sometime Her Majesty's Minister to China & Japan*, Vol. II, London: Macmillan and Co., 1894, pp. 96–98.
(156) 注(153)中山『ミカドの外交儀礼』、四四〜五一頁。
(157) 注(155)Parkes to Stanley, 30 May 1868.
(158) 注(153)中山『ミカドの外交儀礼』、八一〜八二頁。
(159) 宮内庁『明治天皇紀　第二』吉川弘文館、一九六九年、三二四頁。
(160) 近年、フランス料理の専門家らが丹念な史料調査を経て発刊した『フランス料理人伝説』(全四巻、エービーシーツアーズ、二〇一一年)では、ルイ・ベギューの活躍を「知られざる歴史」として強調しているが、その叔父ラプラスについても紹介しながら、彼が徳川政権の末期、将軍慶喜の外交に一役買ったことにはまったく触れていない。

(161) 注(84)Van Valkenburg to Seward, 6 May 1867.

(162) Van Valkenburg to Seward, 7 Jan. 1869, N. A. M. 133/ R. G. 59 (NARA).

終　章——「対等外交」をもたらした幕末外交儀礼

本書では、幕末に日本に到来し、駐在を開始した欧米諸国の外交使節が将軍の居城に迎えられ、今日皇居で行われる信任状捧呈式とほぼ同義と言ってよい将軍拝謁式に臨んだ全一七のケースについて、背景と実際の経過を追い、その意義を考察してきた。対象とした時期は、一七例のうち初例にあたるアメリカ総領事ハリスの登城・将軍（第一三代家定）拝謁が実現した安政四（一八五七）年一〇月から、上方滞在中の第一五代将軍慶喜が大坂城において拝謁式を挙行した慶応三（一八六七）年三～四月、さらに、主として同年中の実施後の顚末までである。

「外交儀礼」は、外交官の日常の行動規範全般を指すこともあるきわめて広範な用語であるが、そのなかで信任状捧呈式は、本国元首の名代である使節が駐在国の元首に見え、二つの身体が国家を体現して相対するという最も本質的な場面である。それをもって、まず両国間の公式な関係の存在が象徴的に確認されるとともに、国際慣習上、実質的にも、その儀式を経て初めて外交官は業務を開始することができる。そうした位置づけを重視して、本書では必要に応じてより広い外交儀礼、また外交関係以外の武家儀礼に目を配りながらも、将軍拝謁式という一つの線に密着してその展開を追跡してきた。

では、以上の顚末が語るのは何であろうか。ここまでの各章末尾に述べたことと重なる部分もあるが、あらためて簡単にまとめ直しておきたい。

「幕末外交儀礼」は、まず、その一一年間の命脈の入口において、朝鮮通信使迎接の伝統に代表される、幕府が長くアジア域内の国を相手に蓄積してきた国際関係業務の経験を、欧米諸国を対象とする新たな外交の展開へと接続させる舞台となった。その接続は、当時の幕臣中の長老、筒井政憲の意見に牽引され、アメリカ大統領使節たるタウンセンド・ハリスを徳川政権の公式の客人として江戸城に迎えるという決断を支えたのみならず、式典を準備する現場の幕臣たちの具体的な作業のなかにも見出すことができた。

とりわけ後者のレベルでは、大きな政治的決断、大所高所からの理念の実現としてではなく、日々の業務に直面しての切実な必要性から、したがってごく自然にその接続がなされたことが重要である。これを逆から見れば、対外関係の相手として初めて欧米諸国の代表を迎えるという事態は、その決断さえしてしまえば、幕府の従前の経験の延長線上で十分に処理可能だったということになろう。また、だからこそ決断してよいというのが筒井の論法であったとも言える。

こうして、幕府は自らの伝統を基盤に欧米の外交官を迎えることになったが、ここで強調し直しておくべきもう一つの側面は、実現した式典がハリスをはじめ欧米外交官側から見ても、彼らの伝統と齟齬のないものとして成立したという事実である。式次第の準備をめぐる第一線の議論は、文化交流ないし文化摩擦論の素材に事欠かず、強硬な拒絶も見られる一方で、互いに比較的柔軟と言ってよい妥協も重ねられた。双方が納得したうえで執り行われた儀礼は類い稀な文化的融合の実現した場と位置づけることが可能である。

このことは、そもそも外交という異文化の水際をつなぐ営為、そのなかでも最も象徴的な場面としての儀礼において当然とも言える一方、中国のようにその融合がきわめて難しかったケースの存在を考えれば、やはり何らかの条件が揃うことが必要であったと考えられる。日本の場合、朝鮮という事実上の対等交際の相手が歴史的に存在したこと、しかも朝鮮側と異なり、日本にとっての対朝鮮関係とは、実際に自国の領域内に使節を迎えるという経験の蓄積を伴っていたこと、そして、琉球、オランダなど、他にも存在した対外関係のなかで、ハリスを迎えようとする現場の幕臣らが、他のいずれでもなく朝鮮との関係を、これに相応の先例として採用し、議論を進めたことこそが、初発段階における外交儀礼の形成において、決定的な前提となったと見ることができる。その後、一件ごとに試行錯誤を重ねて儀礼様式が完成されていったプロセスを振り返るなら、初例の方向づけが果たした役割の大きさは、強調してもしすぎることはない。

他方、一一年間の出口においては、そこで最後に実行された儀礼、さらにはそれを契機に始められつつあった対外関係改善の努力は、まさに「徳川外交の集大成」と呼ぶべきものであった。それはそのまま欧米社会を相手に近代の外交として機能し、政権が替わったのち、明治以降の具体的な営みに円滑に移行していくことのできる形を整えていた。

これを、右に記した第一段階での方向づけを重視しつつ、もう一歩踏み込んで評価するならば、徳川政権の終わりにこれらの儀礼を検討し、実行しおいたことは、西洋国際社会との接触の初めにあたり、最も根本的なところで日本の対等外交の素地をつくったと言えるであろう。

生きた人間の身体に国家元首ないし国家そのものを体現させる西洋の外交儀礼は、その儀礼空間で向かい合う者相互の「対等」を表現することに究極の意義があった。迎える側がそのような儀式を遂行する以上、式によって迎えられた外交使節、ひいてはその本国も、互いの「対等」を認めたことになる。そうした理念を明示的に念頭に置くかどうか以前の問題として、徳川幕府がこのような性格を持つ儀礼を整え、空白の時期を含め一一年間にわたって挙行し続けたことは、日本を自ずと、その周りに新しく広がった世界のなかで、対等外交の地平に立たせることになった(1)。

むろん、明治新政府が、幕府の締約した安政の五ヵ国条約をはじめとする「不平等条約」の改正に大きなエネルギーを割かれたことは、明白な歴史の事実である。幕府がそれらの条約を結んだ時点で、後日の観点から「不平等」とされる部分が、どのように意識されていたか、本当に不平等であったかどうかという問題に、いま踏み込むことはしないが(2)、ここで言う対等外交とは、それよりもはるかに基本的な、むしろ、必要に応じてそのような改正交渉をも可能にする、一国家としての認知、国際社会への参入資格についてである。以降の日本の立場から振り返った場合、それを確保したことは、不平等条約を補って余りある徳川外交の遺産と言いうるのではないだろうか。

では、東アジアにとってはどうか。日本がここでその基礎的立場を獲得した対等外交は、言うまでもなく、東アジア域内国際関係の伝統とされる、中華とその周辺の上下関係を前提とした冊封体制とはまったく性格を異にする。もとより江戸時代の日本は、中国に朝貢し、冊封を受ける関係にはなく、そのため、たとえば欧米諸国との関係開設自体、一八八〇年代を待たなければならなかった朝鮮のケースと比較した場合、自らの必要に応じてきわめてシンプルな形で――むろん、現場に直接かかわった人々にとっては厳しい決断の連続であったにしても――新しい発想を実行に移すことができた。

域内からそのような国が出たことは一面において、中国に三跪九叩頭を伴わない外交儀礼を実現させた初例が日本の副島種臣であったように、東アジアの伝統的国際秩序の終焉を早めたと考えられる。個々の国家どうしの対等を前提とする関係は、近世の琉球のように中国と日本に両属する存在の仕方も否定することになった。後日の展開からはこうした経過について、日本が早い段階で学習した西洋的行動様式をもって近隣諸国に進出し、その秩序を「破壊」したとの見方が主力であった。しかし、ここで見てきた、幕末外交儀礼を構築した一一年間の努力は、そのような意思を持って行われたのではないことは明らかである。

同時に、東アジアの伝統的国際関係は、それを全体として捉えた場合、その一隅に存在した日朝関係の蓄積を通じて、西洋国際法の世界と連結しえたのである。日本で欧米諸国を相手とする外交儀礼が形成される過程は、その連結の実験場であった。実際に辿った経過は、少なくともこの時点において、西洋と（東）アジア、どちらか一方の大きな犠牲や、耐えがたいほどの摩擦を経ることなく、双方の理解と協働が可能であったことを示している。

これを逆に転ずれば、欧米諸国にとって、儀礼をめぐる日本での経験は、自らのルールが通用する相手を発見する過程であったと言えよう。ここで注意しておかなければならないのは、現場にやってきた外交官たちが日本ないしアジアの慣習を一概に劣位と見なし、その修正を求めたわけではないということである。彼らはときに明示的に、あるいは事実上、西洋式の礼典執行を求めたが、それはむしろ、イギリス公使パークスの場合に典型的に表れていたように、中国式の華夷観念が発揮され、自らが劣位に置かれるのを恐れたためであった。そうしたなかで、彼らは日本側が譲れない慣習についてはかなり柔軟に受け容れながら、元首の名代として、本国と駐在国との対等な関係を確保するという使命を果たしたのである。

もともと西洋の外交儀礼慣習に含まれていた、「現地側のマナー」を尊重するという考え方にも支えられて、「幕末外交儀礼」は一一年の間に、順調に完成したと言ってよい。そこに織り込まれた各要素は、新たな「現地のマナー」として、欧米外交官らの側の文化的経験、ひいては外交実務に関する慣習、規範の枠をも広げたと考えることができる。

さて、本書で論じてきた幕末の外交儀礼は、儀礼研究の角度からも、外交史研究の角度からも、生田美智子の研究を貴重な例外として、ほぼ完全に見過ごされてきたテーマである。表面のダイナミックな政治交渉や、その延長としての動乱とは別の次元で、国家間関係の存在と継続を表現する儀礼行為が遂行されていること、それを分析の視野に入れることで、外交の動きがより重層的に見えてくることは、前章までの本論からすでに明らかになったことと思う。逆に、この部分を捨象してしまった場合、今日の、制度としてすでに確立した外交活動とも異なり、とりわけ初期の対欧米外交を論じるうえでは、大きな見落としをすることになる。

なかでも、第四、五章で対象とした儀礼群は、幕府が日米修好通商条約に違勅調印せざるをえなくなったところから、その政治的立場が揺らぎはじめ、国内の抗争が徐々に激化すると同時に、攘夷派の台頭による外国人殺傷事件が多発した時期に行われている。最初と最後の事例――それぞれ第三、六章で扱った――ほどの華やかさはないものの、この間、動乱の背後で、外交儀礼をめぐる淡々とした試行錯誤が重ねられ、事実、その様式の完成と言える段階に至り、安定的な実施態勢に入っていく様は、外交関係に文字どおり二層が存在することを示すものであろう。言うなれば、動乱のあるときこそ、平然と儀礼を執行し続けることによって、双方の関係が最低限のところで保たれるのであり、また、外交とはそのように構築されているのであって、当時の日本は、対外関係の運営においてすでにそうした態勢を確保し、実践していたと見ることができる。また、これを個別の政権について見た場合、そうした儀礼の執行者であり続けることで、その正統性が保持される。

幕末外交儀礼の実態に光を当てた本書を通じて、これまで不可視であった、または不当に軽視されていた、そのもう一つの層の働きが明らかになり、対外関係史研究に付け加えるところがあればと願う次第である。

いま一つ、この研究を通して確認された重要な事実として、本書で見てきた儀礼の発展過程における各段階の成果が、ひとえに実践の産物であったということを強調しておきたい。筒井政憲などのいわゆる開明派幕臣を中心として、ここで直接、事態に対応した人々は、国際関係とはこうあらねばならないという理論、あるいは思想的な理念に従って動いたのではなく、また、理論や理念を打ち立てようとしたのでもなかった。日々の現実を前に、とにかく、しなければならないことは何かを考え、こなしていったのである。

その結果が、日本を早くに近代外交のレールに乗せる結果をもたらした。つまるところ、現場の第一線に立った個々人の働き以外に、日本がこの時期を、比較的平穏に乗り切ることのできた要因はないと言ってよいのではないか。幕末外交儀礼の成立過程を追跡することは、筆者にとって、外交とはそれにかかわる人間個々人の日々の行動、その積み重ねの産物以外の何物でもないことを、あらためて知ることであった。序章で展望したとおり、人間に着目した「外交の文化史」の一端として、これを提示するものである。

しかしながら、本研究は大きな課題も残している。その一つは、本書のなかでも重要視しながら、必ずしも十分な分析を行うことができなかった、幕府遣外使節の経験と日本国内における外交儀礼の展開とのかかわりを、より綿密に検証することである。彼らが欧米諸国で王宮や大統領府に迎えられた際の儀礼様式、その際に行われたであろう先方政府担当官との打ち合わせの様子などを詳らかにし、本書第四章以降の時期の展開とあらためて照らし合わせつつ、影響関係を明らかにしたいと思う。そのことによって、先に述べた、儀礼を通じた西洋諸国と東アジア世界の出会いについても、さらに双方向的な議論が可能になるであろう。

もう一つの、より大きな課題は、中国、朝鮮、タイ、琉球その他、近隣諸国それぞれにおける、欧米諸国を相手とした初期の外交儀礼形成過程について、本書で日本について試みたのと同様の詳細な考察を行い、きめ細かく比較の俎上に載せることである。むろん、それらは一国ごとの事例として切り離し、並置できるものではなく、互いの伝統的な関係を反映して複雑な分析を要求するであろう。現時点で筆者にできるのは、日本が当時の国際情勢に直面して、本書に述べてきたような処置をなしえたことを確認するところまでであり、域内各国との比較において「なぜ」という論証を試みる段階には至っていない。この先、東アジアを大きく視野に入れた、一九世紀の外交儀礼研究を構想しなければならないと考えている。

（1）問題意識を同じくする論考として、三谷博「一九世紀東アジアにおける外交規範の変化——儀礼と言語」明治維新史学会編『講座　明治維新一　世界史のなかの明治維新』有志舎、二〇一〇年、二一〇～二三七頁。
（2）この問題について、三谷博「一九世紀における東アジア国際秩序の転換——条約体制を『不平等』と括るのは適切か」『東アジア近代史』第一三号（二〇一〇年）、一～一一頁を参照。

参考文献目録

【公刊史料】

石井良助・服藤弘司編『幕末御触書集成　第一～六巻』岩波書店、一九九二～一九九五年。

維新史學會編『幕末維新外交史料集成第一巻』財政經濟學會、一九四二年。

岩瀬忠震書簡研究会『橋本左内宛　岩瀬忠震書簡注解』忠震会、二〇〇四年。

外務省編『日本外交文書(一)』日本外交文書頒布會、一九五七年。

宮内庁『明治天皇紀　第二』吉川弘文館、一九六九年。

黑板勝美編『徳川實記　第五篇』吉川弘文館、一九六五年。

黑板勝美編『續徳川實記　第三～五篇』吉川弘文館、一九六六～一九六七年。

國書刊行会編『通航一覧第二～六』同会、一九一二～一九一三年。

史籍研究會『内閣文庫所蔵史籍叢刊　第七六号　御徒方萬年記(九)』汲古書院、一九八七年。

「大日本維新史料稿本」(東京大学史料編纂所所蔵)マイクロ版集成」東京大学出版会、一九九七年。

千葉県企画部県民課編『千葉県史料　近世篇　堀田正睦外交文書』千葉県、一九八一年。

通信全覧編集委員会編『続通信全覧　類輯之部　三～四、三七』雄松堂出版、一九八五～一九八七年。

東京大学史料編纂所編『幕末外国関係文書之二～五十二、附録之三』東京大学出版会、一九八四～二〇一三年。

東京大學史料編纂所編『柳營補任　一～六』東京大學出版會、一九六三～一九六五年。

徳川黎明会編『徳川禮典録（上・中・下）』原書房、一九八二年（覆刻原本一九四〇年）。

日蘭学会編『長崎オランダ商館日記　六〜九』雄松堂出版、一九九五〜一九九八年。

日蘭学会法政蘭学研究会編『和蘭風説書集成　下巻』吉川弘文館、一九七九年。

日本史籍協会編『阿部正弘事蹟　一・二』東京大學出版會、一九七八年（覆刻原本一九一〇年）。

日本史籍協会編『昨夢紀事二』東京大學出版會、一九六八年（覆刻原本一九二一年）。

日本史籍協会編『【新装版】徳川慶喜公伝　史料篇三』東京大学出版会、一九九七年。

日本史籍協会編『増補　幕末明治　重職補任　附諸藩一覧（復刻版）』マツノ書店、二〇一四年。

箭内健次編『通航一覧続輯　第一〜二巻』清文堂出版、一九六八年。

Correspondence Relative to the Earl of Elgin's Special Missions to China and Japan, 1857-1859: Presented to the House of Commons by Command of Her Majesty, in Pursuance of Their Address Dated July 15, 1859, Reprinted by, San Francisco: Chinese Materials Center, 1975.

The Illustrated London News, Tokyo: Kashiwashobo, 1997-.

【未公刊史料】

■日本

「亜墨利加使節御目見之節絵図」丹後田辺藩主牧野家文書（東京都江戸東京博物館蔵）。

「英米佛蘭四公使上坂謁見　乾・坤」慶応二〜三年（東京大学史料編纂所蔵、外務省引継書類）。

「外國人謁見一件　各國共同之部・英國之部・仏國之部・米國之部」（東京大学史料編纂所蔵、外務省引継書類）。

「各國公使上坂謁見一件」（東京大学史料編纂所蔵、外務省引継書類）。

「各國公使上阪御用留」慶応二年（東京大学史料編纂所蔵、外務省引継書類）。

「柴田剛中文書（複写）」（神戸市文書館蔵）。

「柴田剛中明細書（写真帳）」（東京大学史料編纂所蔵）。

小船方「沖両御番所幷小瀬戸御巡見　文化一四年丑九月　金沢（大蔵少輔）様、筒井（和泉守）様　奉行巡見記録」（長崎歴史文化博物館蔵）。

「朝鮮人来朝之記」明和元年（国立公文書館内閣文庫蔵）。

「筒井肥前守明細書」（国立公文書館内閣文庫蔵）。

筒井政憲「異国筋之儀ニ付存得候趣申上候書付」文政一一年（早稲田大学図書館蔵）。

「長崎ニテ筒井肥前守　川路左衛門尉　使節ト対話書　二條」「筒井肥前守　川路左衛門尉　使節ト対話書　三條附同節差出ノ書翰」「豆州下田於テ筒井肥前守　川路左衛門尉　使節ト対話書　三條」（国立公文書館蔵）。

「四ヶ國公使上坂御用書類書抜　往復御書翰　御在京閣老方江差上候扣」慶応三年（東京大学史料編纂所蔵、外務省引継書類）。

■アメリカ

Diplomatic Dispatches: Japan, General Records of the Department of State（N. A. M. 133/ R. G. 59）, 1855-1869（The US National Archives and Records Administration［NARA］, National Archives microfilm publications/横浜開港資料館蔵複写版 Ca 4/01.4）.

The Letters and Papers of Townsend Harris（The Archive of the City College of New York/横浜開港資料館蔵複写版 Ca 4/04.2）.

■イギリス

Political and Other Departments: General Correspondence before 1906, Japan, FO 46/2-3, 8, 21, 78, 80, 82, 92-93),(The National Archives, U. K.[NA], British Foreign Office collection).

■フランス

Correspondance Politique（CP）, Japon, Vol. 1-2, 6, 14-15（Les Archives diplomatiques du ministère des Affaires étrangères, France [AD]/横浜開港資料館蔵複写版 Ca 4/01.36).

【同時代の著作】

市岡正一『徳川盛世録』平凡社、一九八九年。

市川渡「尾蠅歐行漫錄」「遣歐使節航海日錄」日本史籍協會編『遣外使節日記纂輯二』東京大學出版會、一九七一年（覆刻原本一九二九年）、二四九～五六二頁。

小野清『徳川制度史料』同、一九二七年。

勝海舟全集刊行会編『勝海舟全集　開国起原Ⅲ・Ⅴ』講談社、一九七三～一九七五年。

川路聖謨著、藤井貞文・川田貞夫校注『長崎日記・下田日記』平凡社、一九六八年。

ケンペル著、斎藤信訳『江戸参府旅行日記』平凡社、一九七七年。

ゴンチャローフ著、高野明・島田陽訳『ゴンチャローフ日本渡航記』雄松堂書店、一九六九年。

シーボルト著、斎藤信訳『江戸参府紀行』平凡社、一九六七年。

柴田剛中「仏英行」沼田次郎・松沢弘陽校注『西洋見聞集』岩波書店、一九七四年。

渋沢栄一編、大久保利謙校訂『昔夢会筆記』平凡社、一九六六年。

中維翰著、姜在彦訳『海游録――朝鮮通信使の日本紀行』平凡社、一九七四年。

スエンソン、E著・長島要一訳『江戸幕末滞在記』新人物往来社、一九八九年。

田辺太一著、坂田精一訳・校注『幕末外交談一～二』平凡社、一九六六年。

筒井政憲「喝蘭演戯記」新村出監修『海表叢書巻二』更生閣書店、一九二八年。

野澤郁太「遣歐使節航海日錄」日本史籍協會編『遣外使節日記纂輯二』東京大學出版會、一九七一年（覆刻原本一九二九年）、一二一～二四八頁。

東久世通禧『竹亭回顧録　維新前夜』新人物往来社、一九六九年。

マカートニー著、坂野正高訳注『中国訪問使節日記』平凡社、一九七五年。

益頭駿次郎「歐行記」日本史籍協會編『遣外使節日記纂輯三』東京大學出版會、一九七一年（覆刻原本一九三〇年）、一二五〜三三八頁。

松平太郎著、進士慶幹校訂『校訂　江戸時代制度の研究』柏書房、一九六四年。

Alcock, Rutherford, *The Capital of the Tycoon: A Narrative of a Three Years' Residence in Japan*, Vol. I, London: Longman, Green, Longman, Roberts, & Green, 1863.（オールコック、ラザフォード著、山口光朔訳『大君の都(上・中・下)』岩波書店、一九六二年。）

Heusken, Henry, *Japan Journal 1855-1861*, New Brunswick: Rutgers University Press, 1964.（ヒュースケン著、青木枝朗訳『ヒュースケン　日本日記』岩波書店、一九八九年。）

Lane-Poole, Stanley, *The Life of Sir Harry Parkes : Sometime Her Majesty's Minister to China & Japan*, 2 Vols. London and New York: Macmillan and Co., 1894.

Morton, Robert, and Ruxton, Ian, Eds., *The Diaries of Sir Ernest Mason Satow 1861-1869*, Kyoto: Eureka Press, 2013.(サトウ、アーネスト著、坂田精一訳『一外交官の見た明治維新(上・下)』岩波書店、一九六〇年。)

Perry, Matthew Calbraith, Compiled by Hawks, Francis L., *Narrative of the Expedition of an American Squadron to the China Seas and Japan, Performed in the Years 1852, 1853, and 1854, Under the Command of Commodore M. C. Perry, United States Navy, by Order of the Government of the United States*, Washington: A. O. P. Nicholson, 1856.（ペリー、M・C著、ホークス、F・L編纂、宮崎壽子監訳『ペリー提督日本遠征記　上・下』ＫＡＤＯＫＡＷＡ、二〇一四年。）

Satow, Ernest, *A Guide to Diplomatic Practice*, London & New York: Longmans, Green & Co., 1917.

Satow, Ernest, *A Guide to Diplomatic Practice*, 2nd Ed., Vol. I, London, New York, Toronto, Bombay, Calcutta, and Madras: Longmans, Green and Co., 1922.

The Complete Journal of Townsend Harris: First American Consul and Minister to Japan, Revd. Ed., Rutland, Vermont, and Tokyo: Charles E. Tuttle Company, 1959.（ハリス著・坂田精一訳『ハリス　日本滞在記　上・中・下』岩波書店、一九五三～一九五四年。）

【研究文献】

青木美智男・河内八郎編『開国（オンデマンド版）』有斐閣、二〇〇四年。

荒野泰典「朝鮮通信使の終末――申維翰『海遊録』によせて」『歴史評論』第三五五号（一九七九年）、六三～七四頁。

荒野泰典「『四つの口』と長崎貿易――近世日本の国際関係再考のために」（「nippon.com」二〇一二年七月九日付収録記事）、http://www.nippon.com/ja/features/c00104/（アクセス日・二〇一六年三月七日）。

荒野泰典編『江戸幕府と東アジア』吉川弘文館、二〇〇三年。

荒野泰典・石井正敏・村井章介編『日本の対外関係六　近世的世界の成熟』吉川弘文館、二〇一〇年。

荒野泰典・石井正敏・村井章介編『日本の対外関係七　近代化する日本』吉川弘文館、二〇一二年。

家近良樹『徳川慶喜』吉川弘文館、二〇一四年。

五百旗頭薫「開国と不平等条約改正――日本による国際標準への適応過程」川島真・服部龍二編『東アジア国際政治史』名古屋大学出版会、二〇〇七年、二五～五二頁。

生田美智子『外交儀礼から見た幕末日露文化交流史――描かれた相互イメージ・表象』ミネルヴァ書房、二〇〇八年。

生田美智子「儀礼から見る近世後期の日露交渉――日本型華夷秩序から西洋型国際秩序へ、または近世から近代へ」『東アジア近代史』第一三号（二〇一〇年）、九二～一一二頁。

池内敏「実現されなかった朝鮮通信使――天保期以降の朝鮮通信使構想」辛基秀・中尾宏責任編集『善隣と友好

の記録◎大系朝鮮通信使◎第八巻　辛未・文化度』明石書店、一九九三年、一〇二～一〇六頁。

池内敏「一八四〇年代以降における朝鮮通信使来聘計画（その一）」『鳥取大学教養部紀要』第二七号（一九九三年）、一〇九～一二四頁。

池内敏『大君外交と「武威」』名古屋大学出版会、二〇〇六年。

池内敏「朝鮮通信使大坂易地聘礼計画をめぐって」『日本史研究』第三三六号（一九九〇年）、六〇～八一頁。

石井孝『日本開国史』吉川弘文館、一九七二年。

石井孝『明治維新の国際的環境』吉川弘文館、一九五七年。

石川英輔「徳川の合理性(八)」『大日光』第七二号（二〇〇二年）、一三～一六頁。

石川寛「近代日朝関係と外交儀礼――天皇と朝鮮国王の交際の検討から」『史学雑誌』第一〇八編第一号（一九九九年）、三九～六五頁。

石田純郎「文政三年に出島で演じられた小唄入り喜劇『二人の猟師と乳売り娘』について」『日蘭学会会誌』第一六巻第二号（一九九二年）、六一頁。

市川寛明「朝鮮通信使の行列構成と大名の役負担体系――大名課役と請負商人の成立」『史海』第五〇号（二〇〇三年）、二八～四〇頁。

伊藤薫『フランス料理人伝説　第四巻――日本のフランス料理人史　ビジュアル版』エービーシーツアーズ、二〇一一年。

伊藤一哉『ロシア人の見た幕末日本』吉川弘文館、二〇〇九年。

井上勝生編『幕末維新論集二　開国』吉川弘文館、二〇〇一年。

岩下哲典編『江戸時代　来日外国人人名辞典』東京堂出版、二〇一一年。

岩下哲典編著『徳川慶喜――その人と時代』岩田書院、一九九九年。

岩橋清美「将軍代替り儀礼の社会的意義――第一三代将軍徳川家定の代替り儀礼を事例として」『東京都江戸東京

博物館研究報告』第八号（二〇〇二年）、五三～七〇頁。

上松俊弘「日本の開国と外交儀礼」『中央大学大学院　大学院研究年報　文学研究科篇』第三四号（二〇〇五年）、一〇四五～一〇五一頁。

鵜澤義行「講武所創設の経緯について――佐久間象山と勝海舟をめぐって」『日本大学史紀要』第九号（二〇〇三年）、一～三三頁。

大石学編『江戸幕府大事典』吉川弘文館、二〇〇九年。

大阪城天守閣編『テーマ展　描かれた大坂城・写された大阪城』大阪城天守閣特別事業委員会、二〇〇八年。

大塚武松『幕末外交史の研究　新訂増補版』宝文館出版、一九六七年。

太田勝也『長崎貿易』同成社、二〇〇〇年。

大友一雄「近世の武家儀礼と江戸・江戸城」『日本史研究』第四六三号（二〇〇一年）、四六～六三頁。

大友一雄「近世武家社会の年中儀礼と人生儀礼――はじめての御目見に注目して」『日本歴史』第六三〇号（二〇〇〇年）、五三～五九頁。

大友一雄「鷹をめぐる贈答儀礼の構造――将軍（徳川）権威の一側面」『国史学』第一四八号（一九九二年）、三一～六〇頁。

大友一雄『日本近世国家の権威と儀礼』吉川弘文館、一九九九年。

大友一雄「幕藩関係にみる武家儀礼」『儀礼文化』第二六号（一九九九年）、三七～五〇頁。

岡泰正「オランダ所蔵の出島俄芝居図をめぐって」『日蘭学会会誌』第一八巻第二号（一九九四年）、五一～六八頁。

岡本隆司・川島真編『中国近代外交の胎動』東京大学出版会、二〇〇九年。

岡本良一編『日本名城集成　大坂城』小学館、一九八五年。

沖縄県立博物館・美術館編『琉球使節、江戸へ行く！――琉球慶賀使・謝恩使一行二、〇〇〇キロの旅絵巻』同館、二〇〇九年。

奥谷浩一「朝鮮通信使四七年間の空白と『易地聘礼』にかんする思想史的考察――江戸時代の日本思想史の一断面」『札幌学院大学人文学会紀要』第八〇号（二〇〇六年）、一四三～一七六頁。

笠谷和比古『近世武家社会の政治構造』吉川弘文館、一九九三年。

笠谷和比古「一八世紀日本の『知』的革命 Intellectual Revolution」笠谷編『一八世紀日本の文化状況と国際環境』思文閣出版、二〇一一年、三～二九頁。

糟谷憲一「なぜ朝鮮通信使は廃止されたか――朝鮮史料を中心に」『歴史評論』第三五五号（一九七九年）、八～二三、四二頁。

片桐一男『江戸のオランダ人』中央公論新社、二〇〇〇年。

片桐一男『阿蘭陀宿長崎屋の史料研究』雄松堂出版、二〇〇七年。

加藤祐三『幕末外交と開国』講談社、二〇一二年。

上白石実「筒井政憲――開港前後の幕臣の危機意識について」『史苑』第五四巻第一号（一九九三年）、四七～六二頁。

上白石実『幕末期対外関係の研究』吉川弘文館、二〇一一年。

紙屋敦之『大君外交と東アジア』吉川弘文館、一九九七年。

紙屋敦之『東アジアのなかの琉球と薩摩藩』校倉書房、二〇一三年。

川崎晴朗『幕末の駐日外交官・領事官』雄松堂出版、一九八八年。

川島真・服部龍二編『東アジア国際政治史』名古屋大学出版会、二〇〇七年。

城殿輝雄『伝記　永井玄蕃頭尚志』一九八六年。

木村直也「幕末における日朝関係の転回」『歴史学研究』六五一号（一九九三年）、一〇八～一一八頁。

木村直也「幕末の日朝関係と征韓論」『歴史評論』第五一六号（一九九三年）、二六～三七頁。

クレインス、フレデリック「オランダ商館長と将軍謁見――野望、維新、挫折」笠谷和比古編『徳川社会と日本の近代化』思文閣出版、二〇一五年、五五一～五七八頁。

小泉順子「ラタナコーシン朝初期シャムにみる『朝貢』と地域秩序――『まるで琉球のようだ』（伊藤博文　一八八八年一月二十三日）」村井章介・三谷博編『琉球からみた世界史』山川出版社、二〇一一年、七四～九〇頁。

国史大辞典編集委員会編『国史大辞典　第二巻』吉川弘文館、一九八〇年。

小宮木代良『江戸幕府の日記と儀礼史料』吉川弘文館、二〇〇六年。

笹川臨風・足立勇『日本食物史〈下〉』雄山閣出版、一九九五年。

笹原一晃「川路聖謨と幕末の政局――聖謨の政見の形成を中心に」『日本大学史学会研究彙報』通号五・六（一九六三年）、四四～五八頁。

佐藤誠三郎『「死の跳躍」を越えて――西洋の衝撃と日本』都市出版、一九九二年。

佐野真由子『オールコックの江戸――初代英国公使が見た幕末日本』中央公論新社、二〇〇三年。

佐野真由子「坂本龍馬と開明派幕臣の系譜――受け継がれた徳川的教養」岩下哲典・小美濃清明編『龍馬の世界認識』藤原書店、二〇一〇年、一一五～一五二頁。

佐野真由子「持続可能な外交をめざして――幕末の外交儀礼をめぐる検討から」『日本研究』第四八集（二〇一三年）、一〇一～一二七頁。

佐野真由子「幕臣筒井政憲における徳川の外交――米国総領事出府問題への対応を中心に」『日本研究』第三九集（二〇〇九年）、二九～六四頁。

佐野真由子「幕末最終章の外交儀礼」笠谷和比古編『徳川社会と日本の近代化』思文閣出版、二〇一五年、六四七～六七九頁。

佐野真由子「幕末の対欧米外交を準備した朝鮮通信使――各国外交官による江戸行の問題を中心に」劉建輝編『前近代における東アジア三国の文化交流と表象――朝鮮通信使と燕行使を中心に』国際日本文化研究セン

ター、二〇一一年、一九〇～二一〇頁。

佐野真由子「引き継がれた外交儀礼――朝鮮通信使から米国総領事へ」笠谷和比古編『一八世紀日本の文化状況と国際環境』思文閣出版、二〇一一年、五三五～五六四頁。

澤護『横浜外国人居留地ホテル史』白桃書房、二〇〇一年。

渋沢栄一『徳川慶喜公伝一～四』平凡社、一九六七～一九六八年。

嶋村元宏「日本の開国と香港総督」明治維新史学会編『明治維新とアジア　明治維新史研究6』吉川弘文館、二〇〇一年、一五五～一八〇頁。

嶋村元宏「幕末通商条約をめぐるアメリカの対日政策について――アジアにおけるT・ハリスの外交活動を中心に」『青山史学』第二三号（二〇〇五年）、二九～四七頁。

辛基秀『新版　朝鮮通信使往来――江戸時代二六〇年の平和と友好』明石書店、二〇〇二年。

新人物往来社編『阿部正弘のすべて』同社、一九九七年。

鈴木楠緒子『ドイツ帝国の成立と東アジア――遅れてきたプロイセンによる「開国」』ミネルヴァ書房、二〇一二年。

スティール、M・ウィリアム著、岡本尚央子訳「日本史における料理と外交」『食文化助成研究の報告』第九号（一九九九年）、一七～二二頁。

高正晴子『朝鮮通信使の饗応』明石書店、二〇〇一年。

高正晴子『朝鮮通信使をもてなした料理――饗応と食文化の交流』明石書店、二〇一〇年。

竹内誠編『徳川幕府事典』東京堂出版、二〇〇三年。

竹内誠・深井雅海編『日本近世人名辞典』吉川弘文館、二〇〇五年。

田保橋潔『増訂・近代日本外国関係史』原書房、一九七六年。

田保橋潔「朝鮮通信使易地行聘考」朝鮮総督府編『近代日鮮関係の研究(下)』原書房、一九七三年（覆刻原本一九四〇年)。

玉井建也「朝鮮通信使・琉球使節通航と情報・接待・応対――伊予国津和地島を事例として」『風俗史学』第三六号（二〇〇七年)、二～二三頁。

玉井建也「琉球使節派遣準備と解体過程――『最後』の琉球使節を通じて」『交通史研究』第六七号（二〇〇八年)、四三～五九頁。

鄭銀志「江戸時代における朝鮮通信使の服飾」『服飾文化学会誌』第四巻第一号（二〇〇三年)、一五～二九頁。

鄭銀志「朝鮮通信使がみた近世日本の服飾――『海行摠載』を中心に」『日本女子大学紀要　家政学部』第五三号（二〇〇六年)、一二七～一三七頁。

東京国立博物館編『朝鮮通信使――近世二〇〇年の日韓文化交流』国際交流基金、一九八五年。

東京都江戸東京博物館編『特別展　ペリー&ハリス――太平の眠りを覚ました男たち』同館、名古屋ボストン美術館、読売新聞社、二〇〇八年。

東京都立図書館デジタルアーカイブ（江戸城造営関係資料)、http://archive.library.metro.tokyo.jp/da/top（アクセス日・二〇一六年四月二三日)。

徳川慶朝『徳川慶喜家の食卓』文藝春秋、二〇〇八年。

トビ、ロナルド『全集　日本の歴史　第九巻「鎖国」という外交』小学館、二〇〇八年。

仲尾宏『朝鮮通信使と徳川幕府』明石書店、一九九七年。

仲尾宏「文化度通信使の意義」辛基秀、仲尾宏編『善隣と友好の記録◎大系朝鮮通信使◎第八巻　辛未・文化度』明石書店、一九九三年、八八～九五頁。

仲尾宏「宝暦度通信使とその時代」辛基秀、仲尾宏編『善隣と友好の記録◎大系朝鮮通信使◎第七巻甲申・宝暦度』明石書店、一九九七年、九四～一〇五頁。

長崎県史編集委員会編『長崎県史　対外交渉編』吉川弘文館、一九八六年。

長崎市役所編『長崎叢書(下)』原書房、一九七三年(復刻原本一九二六年)。

「長崎奉行が喜んだオランダ人のにわか芝居」『芸術新潮』第四四巻第一〇号(一九九三年)、七〇~七三頁。

永積洋子『近世初期の外交』創文社、一九九〇年。

中山和芳『ミカドの外交儀礼――明治天皇の時代』朝日新聞社、二〇〇七年。

鳴岩宗三『幕末日本とフランス外交』創元社、一九九七年。

ニコルソン、H著、斎藤真訳『外交』東京大学出版会、一九六八年。

西澤美穂子「ペリー来航前後の日蘭交渉――オランダ商館長クルチウスの活動を中心に」『専修史学』第三〇号(一九九九年)、二四~五五頁。

沼田次郎「和蘭商館長ヤン・コック・ブロンホフについて――とくに洋学史との関連において」『長崎市立博物館々報』第二六号(一九八六年)、一一~二九頁。

芳賀徹『大君の使節』中央公論社、一九六八年。

萩原延壽『遠い崖四・五――アーネスト・サトウ日記抄』朝日新聞社、二〇〇七年。

箱田恵子『外交官の誕生』名古屋大学出版会、二〇一二年。

濱田明美・林純一「江戸幕府の接待にみられる江戸中期から後期の饗応の形態」『日本家政学会誌』第四〇巻第一二号(一九八九年)、三五~四三頁。

原平三「蕃書調所の創設」『歴史學研究』第一〇三号(一九四二年)、一~四二頁。

原田知佳「江戸幕府将軍世子の人生儀礼――家治の誕生祝儀を事例に」『学習院史学』第五〇号(二〇一二年)、四〇~六二頁。

原田信夫「異人への饗応」『Vesta』第四四号(二〇〇一年)、四一~四七頁。

原田信夫「将軍家の食生活」『Vesta』第三〇号(一九九八年)、一六~二一頁。

坂野正高『近代中国外交史研究』岩波書店、一九七〇年。

坂野正高『近代中国政治外交史』東京大学出版会、一九七三年。

樋口清之監修・NHKデータ情報部編集『ヴィジュアル百科　江戸事情　第六巻服飾編』雄山閣出版、一九九四年。

日野清三郎著・長正統編『幕末における対馬と英露』東京大学出版会、一九六八年。

平井聖「江戸城造営における建築儀礼」『風俗』第二五巻第二号（一九八六年）、一～一二頁。

平井聖監修『歴史群像シリーズ特別編集【決定版】図説江戸城　その歴史としくみ』学習研究社、二〇〇八年。

平木實「一八世紀朝鮮国の儒学界とそれがみた日本の儒学」笠谷和比古編『一八世紀日本の文化状況と国際環境』思文閣出版、二〇一一年、四五七～四八九頁。

フォス、ケン「国立民族博物館の発展と、ブロンホフ、フィッセル、シーボルトの日本コレクションに求められるそのルーツ」長崎歴史文化博物館編『長崎歴史文化博物館・ライデン国立民族学博物館共同企画　開館記念特別展　長崎大万華鏡――近世日蘭交流の華　長崎』同博物館、一六〇～一六四頁。

フォス美弥子編訳『海国日本の夜明け――オランダ海軍ファビウス駐留日誌』思文閣出版、二〇〇〇年。

深井雅海『江戸城――本丸御殿と幕府政治』中央公論新社、二〇〇八年。

深井雅海『図解・江戸城をよむ』原書房、一九九七年。

深井雅海編『江戸時代武家行事儀礼図譜』全八巻、東洋書林、二〇〇一～二〇〇二年。

福井延幸「幕府外務官僚の履歴に関する一考察」『目白大学短期大学部研究紀要』第三五号（一九九八年）、二四九～二七二頁。

福井延幸「文久・元治期における幕府外交官僚の外交姿勢――横浜鎖港談判から」『目白大学短期大学部研究紀要』第四〇号（二〇〇三年）、一六五～一七九頁。

福岡万里子『プロイセン東アジア遠征と幕末外交』東京大学出版会、二〇一三年。

藤井哲博『長崎海軍伝習所』中央公論社、一九九一年。

武士生活研究会編『絵図でさぐる武士の生活一　職制・儀礼』柏書房、一九八二年。

武士生活研究会編『絵図でさぐる武士の生活二　生活・文化』柏書房、一九八二年。

藤田覚「嘉永二年の開国論――貿易容認論と祖法相対化の論理」『日本歴史』第四六四号（一九八七年）、七九～九七頁。

藤田覚『儀礼をめぐる朝幕藩関係の基礎的研究』平成一三年度～一五年度科学研究費補助金（基盤研究(C)(2)研究成果報告書、二〇〇四年。

藤田覚『近世後期政治史と対外関係』東京大学出版会、二〇〇五年。

藤田覚「近世後期の町奉行と民衆――名奉行の虚像と実像」『地方史研究』第三八巻第五号（一九八八年）、一～一五頁。

藤田覚「対外危機の深化と幕政の動向」豊田武先生古稀記念会編『豊田武博士古稀記念　日本近世の政治と社会』吉川弘文館、一九八〇年、四七七～五一〇頁。

藤田覚『天保の改革』吉川弘文館、一九八九年。

藤田覚『幕藩制国家の政治史的研究』校倉書房、一九八七年。

二木謙一「江戸幕府将軍拝謁儀礼と大名の格式」『日本歴史』第六一八号（一九九九年）、一～一九頁。

二木謙一「江戸幕府将軍拝謁儀礼と大名の座次」『日本歴史』第六四八号（二〇〇二年）、一八～三六頁。

二木謙一「江戸幕府八朔参賀儀礼の成立」『日本歴史』第四六二号（一九八六）年、三三～五〇頁。

二木謙一「徳川家康と幕府儀礼の制定」『大日光』第七二号（二〇〇二年）、二～八頁。

ブリーン、ジョン『儀礼と権力　天皇の明治維新』平凡社、二〇一一年。

古田智史「朝鮮通信使接待の財政負担――宝暦通信使の萩藩を事例として」『七隈史学』第一六号（二〇一四年）、一二一～一四一頁。

ブレンダン、ル・ルー「『安政五ヵ国条約』を問うて――開国条約の再検討へ」大石学編『一九世紀の政権交代と

社会変動――社会・外交・国家』東京堂出版、二〇〇九年。

碧水社編『歴史群像●名城シリーズ①　大坂城』学習研究社、一九九四年。

本馬晴子「長崎奉行所組織の基礎的考察」『崎陽』第二号（二〇〇四年）、八七～九九頁。

前田勉「幕末海防論における華夷観念」吉田忠編『一九世紀東アジアにおける国際秩序観の比較研究』国際高等研究所、二〇一〇年、八五～一一〇頁。

真栄平房昭「幕藩制国家の外交儀礼と琉球――東照宮儀礼を中心に」『歴史学研究』第六二〇号（一九九一年）、三三～四四頁。

真壁仁『徳川後期の学問と政治』名古屋大学出版会、二〇〇七年。

松浦玲『徳川慶喜』中央公論社、一九七五年。

松岡英夫『安政の大獄』中央公論新社、二〇〇一年。

三谷博「安定と激変――複雑系をヒントに変化を考える」史学会編『歴史学の最前線』東京大学出版会、二〇〇四年、七九～九八頁。

三谷博「一九世紀における東アジア国際秩序の転換――条約体制を『不平等』と括るのは適切か」『東アジア近代史』第一三号（二〇一〇年）、一～一一頁。

三谷博「一九世紀東アジアにおける外交規範の変化――儀礼と言語」明治維新史学会編『講座　明治維新一　世界史のなかの明治維新』有志舎、二〇一〇年、二二〇～二三七頁。

三谷博『ペリー来航』吉川弘文館、二〇〇三年。

三谷博『明治維新とナショナリズム――幕末の外交と政治変動』山川出版社、一九九七年。

三谷博・並木頼寿・月脚達彦編『大人のための近現代史　一九世紀編』東京大学出版会、二〇〇九年、一～八頁。

宮内悊「勅使饗応にみる日本的生活文化の断片――空間の装いと時間に対する意識について」『日本文化』第一七号（一九九四年）、四三～七六頁。

宮城栄昌『琉球使者の江戸上り』第一書房、一九八二年。

三宅英利『近世日朝関係史の研究』文献出版、一九八六年。

宮永孝「イギリスにおける柴田日向守」『社会労働研究』第四五巻第三号（一九九九年）、四三～八四頁。

宮永孝『阿蘭陀商館物語』筑摩書房、一九八六年。

宮永孝『万延元年の遣米使節団』講談社、二〇〇五年。

閔徳基「江戸時代の琉球使節と朝鮮使節」河宇鳳他著、赤嶺守監訳『朝鮮と琉球――歴史の深淵を探る』榕樹書林、二〇一一年、四九～七七頁。

村井益男『江戸城――将軍家の生活』講談社、二〇〇八年。

村井益男編『日本名城集成　江戸城』小学館、一九八六年。

森潤三郎「筒井政憲事蹟」『今昔』第三巻第三號（一九三二年）、一～一四頁。

森田登代子「歌舞伎衣裳にみられる歴史的・社会的事象の受容――『馬簾つき四天』『小忌衣』『蝦夷錦』『厚司』を事例として」『日本研究』第四〇号（二〇〇九年）、一二九～一五八頁。

森田吉彦「幕末維新期の対清政策と日清修好条規――日本・中華帝国・西洋国際社会の三角関係と東アジア秩序の二重性、一八六二～一八七一年」『国際政治』第一三九号（二〇〇四年）、二九～四四頁。

森永種夫校訂『続長崎實録大成』長崎文献社、一九七四年。

諸星美智直「幕府儀礼における奏者番の口上について――国立国会図書館蔵『江戸城諸役人勤向心得』より」『国語研究』五七（一九九四年）、一～二三頁。

安田寛子「慶弔儀礼をめぐる幕府と諸外国の対応」『日本歴史』第七〇七号（二〇〇七年）、三八～五五頁。

山本博文『江戸時代の国家・法・社会』校倉書房、二〇〇四年。

横田喜三郎『外交関係の国際法』有斐閣、一九六三年。

横浜開港資料館編『図説　アーネスト・サトウ――幕末維新のイギリス外交官』有隣堂、二〇〇一年。

横山学「琉球国使節」『国文学　解釈と鑑賞』第六八巻第一二号（二〇〇三年）、一七〇～一七八頁。
横山学『琉球国使節渡来の研究』吉川弘文館、一九八七年。
横山伊徳『開国前夜の世界』吉川弘文館、二〇一三年。
横山伊徳「対外関係史の前提について」『人民の歴史学』第一六九号（二〇〇六年）、一二～二四頁。
横山伊徳編『幕末維新論集七　幕末維新と外交』吉川弘文館、二〇〇一年。
吉澤誠一郎『清朝と近代世界――一九世紀　シリーズ中国近現代史①』岩波書店、二〇一〇年。
吉田昌彦「近世確立期将軍宣下儀礼に関する一考察」『九州史学』第一一八・一一九号（一九九七年）、四二～四七頁。
吉田昌彦「将軍任命儀礼で読み解く幕府と朝廷の関係性――二つの顔を持った王権の正体」『歴史読本』第五八巻第一号（二〇一三年）、一七二～一七七頁。
渡辺浩『東アジアの王権と思想』東京大学出版会、一九九七年。
渡辺実『日本食生活史』吉川弘文館、一九六四年。
Anderson, M. S., *The Rise of Modern Diplomacy 1450-1919*, London and New York: Longman, 1993.
Auslin, Michael R., *Negotiating with Imperialism: The Unequal Treaties and the Culture of Japanese Diplomacy*, Cambridge, Massachusetts, and London, England: Harvard University Press, 2004.
Berridge, G. R., and Lloyd, Lorna, *The Palgrave Macmillan Dictionary of Diplomacy*, 3rd Ed., Houndmills (U. K.) and New York: Palgrave Macmillan, 2001.
Bickers, Robert A., Ed., *Ritual & Diplomacy: The Macartney Mission to China 1792-1794*, London: The British Association for Chinese Studies, 1993.
Black, Jeremy, *A History of Diplomacy*, London: Reaktion Books, 2010.
Bull, Hedley, and Watson, Adam, Eds., The Expansion of International Society, Oxford: Clarendon Press, 1984.

Cortazzi, Hugh, *Mitford's Japan: Memories and Recollections 1866-1906*, Revd. Ed., London: Japan Library, 2002.（コータッツィ、ヒュー著、中須賀哲朗訳『ある英国外交官の明治維新——ミットフォードの回想』中央公論社、一九八六年。）

Cosenza, Mario Emilio, "Introduction: The Appointment of Townsend Harris as Consul General for Japan", in *The Complete Journal of Townsend Harris: First American Consul and Minister to Japan*, Rutland, Vermont, and Tokyo: Charles E. Tuttle company, Revd., Ed., 1959, pp. 2-3.

Davis, Jr., Robert Ralph, "Diplomatic Plumage: American Court Dress in the Early National Period", *American Quarterly*, Vol. 20, No. 2, Part 1（1968）, pp. 164-179.

Hevia, James L., *Cherishing Men from Afar: Qing Guest Ritual and the Macartney Embassy of 1793*, Durham and London: Duke University Press, 1995.

Innis, Pauline, McCaffree, Mary Jane, and Sand, Richard M., *Protocol: The Complete Handbook of Diplomatic, Official & Social Usage*, Dallas: Durban House Publishing Company, Inc., 1977.

Jones, Raymond A., *The British Diplomatic Service 1815-1914*, Gerrards Cross: Colin Smythe, 1983.

Lensen, George Alexander, *The Russian Push Toward Japan: Russo-Japanese Relations, 1697-1875*, Princeton: Princeton University Press, 1959.

Mösslang, Markus, and Riotte, Torsten, Eds., *The Diplomats' World: A Cultural History of Diplomacy, 1815-1914*, Oxford: Oxford University Press, 2008.

Roosen, William, "Early Modern Diplomatic Ceremonial: A Systems Approach", *The Journal of Modern History*, Vol. 52, No. 3（1980）, pp. 452-476.

Toby, Ronald P., *State and Diplomacy in Early Modern Japan: Asia in the Development of the Tokugawa Bakufu*, Stanford: Stanford University Press, 1984.（トビ、ロナルド著、速水融・永積洋子・川勝平太訳『近世日本

の国家形成と外交』創文社、一九九〇年。）

Wang, Tseng-Tsai, "Audience Question: Foreign Representatives and the Emperor of China, 1858-1873", *The Historical Journal*, Vol. 14, No. 3（1971）, pp. 617-626.

Wood, John, R., and Serres, Jean, *Diplomatic Ceremonial and Protocol: Principles, Procedures & Practices*, New York: Columbia University Press, 1970.

Zang, Shunhong, "Historical Anacronism: The Qing Court's Perception of and Reaction to the Macartney Embassy", in Bickers, Robert A., Ed., *Ritual & Diplomacy: The Macartney Mission to China 1792-1794*, London: The British Association for Chinese Studies, 1993, pp. 35-36.

〔付記〕

本書はこれまでに頂戴した左記の研究助成金による成果を反映している。記して感謝申し上げる。

・二〇〇八年度　静岡文化芸術大学文化政策学部長特別研究費「幕末期の外交官における近世日朝関係」

・二〇〇九年度　静岡文化芸術大学文化政策学部長特別研究費「江戸時代における外交使節の登城・将軍拝謁をめぐる文化史的考察」

・二〇〇九〜二〇一〇年度　科学研究費補助金（若手研究B）「徳川外交の連続性――『近世』から『幕末』へ、幕臣筒井政憲に見る経験の蓄積に着目して」（課題番号・二一七三〇一四三）

・二〇一一〜二〇一三年度　科学研究費補助金（基盤C）「徳川幕府の外交儀礼――近世アジア域内交流から幕末対欧米外交への連続性を中心に」（課題番号・二三五三〇二〇九）

・二〇一四〜二〇一六年度　科学研究費補助金（基盤C）「幕末外交儀礼の研究――欧米外交官による登城・将軍拝謁儀礼を中心として」（課題番号・二六三八〇二二六）

あとがき

本書につながる研究の発端となったのは、ちょうど一〇年前――当時、韓国・成均館大学校の崔博光先生が、国際日本文化研究センター（日文研）の客員として組織しておられた共同研究会「前近代における東アジア三国の文化交流と表象――朝鮮通信使と燕行使を中心に」に加えていただいたことであった。私自身はまだ日文研に所属しておらず、将来移籍するとは思いもしなかったが、別の共同研究会のメンバーとしてときどき訪れることがあった。

外交史をやっているなら、勉強のためにこちらの研究会にも顔を出してみたら、と崔先生が誘ってくださったとき、朝鮮通信使についての知識は文字どおりゼロだった。躊躇する私に、それでもまったくかまわない、いずれ研究発表の順序が回ってきても、朝鮮通信使や燕行使の比較対象として、私の狭い専門であった幕末のイギリス外交官について報告すればよいと気楽に励ましてくださったのである。

ところが、いよいよ数ヵ月後には何か発表を、という段階になり、私がテーマ案をご説明すると、崔先生は涼しい顔をして、「この研究会で発表するのだから、朝鮮通信使の話でなくては困りますね」とおっしゃったのである。でも、最初のお約束では……という交渉はまったく入れられず、私はその日から青くなって、朝鮮通信使に関係するありとあらゆる先行研究を集め、部屋じゅう文字どおり足の踏み場もなく積み上げて、順序を問う余裕すらなく片っ端から読むことになった。そのなかで、幕末の「実現しなかった朝鮮通信使」と、幕府が着手したばかりの対欧米外交が、どこかでつながっているのではないか、という着想が生まれた。着想というよりは、当時、課せられた研究報告を何とか自分の専門に引きつけてクリアするために、必死の体で見つけた活路だった。

この過程で、それまでに自分も活用していたはずの幕末の外交文書群のなかに、第一線の幕臣たちが朝鮮通信使記録を参照していた明確な痕跡が多々見出されたことには、本文でも触れた。驚き、夢中になってその跡を追ったことは、苦しくも楽しく、懐しい思い出である。結果として、崔研究会の最後のまとめともなった同名の国際シンポジウム（二〇〇六年一〇月一七～二〇日）で発表させていただいた、「幕末の対欧米外交を準備した朝鮮通信使——各国外交官による江戸行の問題を中心に」は、予想外にも、重要な発見であるとの評価をご出席の先生方から頂戴し、日本外交における近世から近代への連続性を軸とした研究を志すよう、捉していただいたのである。

筒井政憲という、「日本外交における近世から近代への連続性」をそのまま体現するような個人や、筒井らの仕事のなかでも外交儀礼の検討という場面に具体的な着眼点を見出したのは、その後の研究過程でのことであった。いま、いったんの区切りとして本書を上梓するにあたり、あのとき崔博光先生が、なんとしても朝鮮通信使に関係するテーマを見つけるよう命じてくださったことに——深謀遠慮を込めたお導きだったのか、単に最初の約束をお忘れになったのかは、いまでも判然としないのだが——心から感謝せずにはいられない。

そして、右の国際シンポジウムでの発表を聞いていてくださり、崔先生のプロジェクトが終了したのち、徳川社会と日本の近代化について考えるご自身の共同研究会に私を迎え入れ、一昨年度日文研を定年退職されるまでの八年間にわたり、最良の研鑽の場を与えてくださったのは、笠谷和比古先生であった。とりわけ儀礼という線に焦点を定めてから、国際「政治」関係史の主要論点を外れたものと見られることもあったこの研究は、笠谷先生の継続的なお励ましがなければとうてい続けてくることはできなかった。

また、笠谷先生の独特の求心力のもと、日本近世史を中心に多彩な専門家たちが惜しみなく知識を分け合い、互いを尊重して真摯に議論を深める「笠谷班」の雰囲気は、これまでの研究生活で経験したさまざまな研究会のなかでも、類い稀と言うべきすばらしいものであった。本書は私にとって、第一に、笠谷先生のご退職によって幕を閉じることになった「笠谷班」の卒業論文にほかならず、笠谷先生と同班の皆さまに、不十分な成果をお詫びしつつ、あらためて深く御礼を申し上げたい。

そのようにして進めてきた研究を、遅ればせながら博士論文としてまとめるよう勧めてくださったのも笠谷先生だが、それを私の母校、東京大学駒場キャンパスに提出することを受け入れてくださったのは、三谷博先生である。定説の枠を打ち破って幕末外交史の新しい段階を拓いてこられた三谷先生が、このテーマを認め、さらなる前進を督励してくださらなければ、本書の直接の元となった論文が最終的に仕上がることはなかった。のみならず、三谷先生には、いわゆる「論文博士」の制度で提出する論文としては通常想像できないほど、厳しく、お心のこもったご指導を賜った。学生時代からはだいぶ隔った人生のこの時期に、こうして再び、大先達にビシビシと教えを受けるという経験ができたことは、私の宝物である。

これからの研究生活にとって計り知れないご恩を頂戴した三谷先生に感謝を捧げるとともに、大変なご多忙のなか、三谷先生とご一緒に審査にあたってくださった、東京大学大学院総合文化研究科の川島真先生、渡辺美季先生、小川浩之先生、同大学史料編纂所の鶴田啓先生への御礼をこの場に記させていただきたい。

本書は、こうして二〇一五年二月に東京大学大学院総合文化研究科において受理された博士論文に、若干の修正を加えたものである。そして校正の段階では、あらためて笠谷先生にさまざまなご相談をさせていただいた。しかし、当然のことながら、本書に含まれる不備の責はすべて筆者にある。

振り返れば、徐々に研究を進めてくる間に、お世話になった方々が限りなく思い出される。貴重な史料を閲覧させていただいた国内外の図書館・文書館の皆さまを含め、ここにすべてのお名前を挙げるのは不可能だが、あとお二人にだけ触れさせていただきたいと思う。

お一人は、外務省に勤務される関泉さんである。関さんは、私が大学卒業後一〇年間、国際交流基金に勤めていた最後の時期、とりわけ二〇〇一年にイギリス全土で展開された"Japan 2001"という大型日本文化紹介事業に携わった際、外務省文化交流部側から同事業を担当されていて、お世話になった。私は翌年、国際交流基金を退職してパリのユネスコ本部に勤めるようになり、関さんは在米大使館や在リトアニア大使館でのお仕事を重ねられた。なかなか直接お会いする機会はなかったが、ずっと年賀状やクリスマスカードを送り合って、近況を存じ上げていた。

私が研究職に就き、さらに外交儀礼の研究に本格的に取り組み始めたころ、その関さんが、外務省内の儀典官室に着任されたというお知らせをいただいたのである。私が掘り起こしているのは一五〇年前の経緯だが、その現代版を司るところにいらっしゃるのか、と考えただけでも背中を押される思いだった。

すぐにというわけにはいかなかったが、そろそろご相談を持ちかけても許されるだろうかという程度に研究が進んできたころ、ご連絡すると、儀典官のさまざまなお仕事のなかでも、ほかでもない、各国新任大使の天皇陛下への信任状捧呈式を担当していらっしゃるとのこと。何というご縁(!)と、ワクワクしながら教えを乞い、旧交を温めることもできた。むろん、公表できないルールやエピソードの多い世界のこと、関さんがお話しになれることに限りがあるのは十分に想像できたが、そうしたなか、お立場の許す範囲で本当に親身のアドバイスを頂戴し、また宮内庁側のご同僚にもお話を伺ってくださるなど、そのご親切にはつねに頭を垂れる思いであった。

そしてもうお一人が、二〇一四年一二月に初代駐日マケドニア大使として着任された、アンドリヤナ・ツヴェトコビッチさんである。その約二年前、新進気鋭の日本映画研究者として日文研に一年間滞在しておられたとき、私たちは気の合う友人になった。ツヴェトコビッチさんは研究のみならず、松竹の撮影所で時代劇の制作にもかかわり、また写真家としても活躍の場を広げていた。

日文研での生活を終えていったん帰国した彼女が、次に別の研究プロジェクトで来日した折、「絶対に秘密」という条件で、大使就任内定を打ち明けてくれたときには、その躍進に快哉を叫ぶとともに、相手国の文化を深く知る、若くバイタリティーにあふれた知識人をこのようなポストに抜擢したマケドニア政府の決断に敬意を抱いたものである。ご本人は、歴史をつくる立場に置かれる運命を引き受けることにしたと、いきいきとした瞳で語っていた。もちろん私は秘密を守り、現に大使として着任されるまで、誰にもその話をしたことはない。

そして、着任後、その最初の公式の仕事は、もちろん皇居での信任状捧呈であった（その設定を担当されたのは右の関さんである）。東京駅前の明治生命館を発する車列で皇居に到着、松の間での儀式に至る当日のお話を大使ご本人から伺ったことは、私にとってどれほど豊かな刺激になったことだろう。二一世紀の初代マケドニア大使は、流暢な日本語でその式に臨むことを決め、関係者を驚かせた。天皇陛下は映画の研究についてもお尋ねになり、大使は好きな作品として、溝口健二監督の「雨月物語」を挙げたという。

この場面は、来年で初版から一〇〇年になるアーネスト・サトウの外交手引き書にとって、「例外」と位置づけるべきものだろうか、それとも、国際関係の「新しい展開」としか言いようのないものであろうか――。本書で取り上げた将軍慶喜の晩餐の折、三十六歌仙についての知識を披露して周囲に舌を巻かせ、後年、第六代の駐日イギリス公使となって、さらに日本研究者としても名を馳せたサトウと、ツヴェトコビッチ大使とは、もし時間を超えて相見えることができたなら、さぞや意気投合し、話が尽きないことであろう。

彼・彼女らを迎えて今日に至る日本の近代外交は、サトウが若き通訳官として初めて日本の土を踏んだ幕末、すでに近隣国との間で長く実践されていた礼譲の上に、現場を司る人々の努力によってその礎が築かれ、積み重ねられてきた。新しい展開どころか、修復不可能な断層ともなりえた、一五〇年前の国際環境の変動を、徳川幕府の外交最前線にあって、堂々と乗り越えてみせた人々の存在と働きを、本書でお伝えすることができたなら幸いである。

最後に、昨秋刊行した『万国博覧会と人間の歴史』（編著）に続いて本書を手がけてくださった、思文閣出版新刊事業部・田中峰人さんに、心からの御礼を申し上げたい。田中さんとのやりとりを通じて原稿が一つの本に成長していく過程は、著者としてこのうえない喜びであった。

最後の最後に、私ごとながら、夫・岡本拓司への感謝を記す。私たちの遅い結婚は私の博士論文追い込みの真っ最中で、新婚生活としては「とんでもない」ものだった。あの時期を乗り切ることができたのは、先輩研究者としての夫の励ましと、ニコニコ顔の賜物である。

二〇一六年四月　京都にて

佐野真由子

〔関係年表〕

年月日	使節の登城・拝謁（網掛け部分）／主な出来事	拝謁した将軍	拝謁の趣旨（備考）
安政三（一八五六）年			
7月21日	初代アメリカ総領事ハリス下田に着任		
安政四（一八五七）年			
10月21日	〈1〉初代アメリカ総領事ハリス	一三代家定	ピアース大統領より将軍宛親書の捧呈。（駐在地下田より江戸出府のうえ登城。）
安政五（一八五八）年			
4月1日	〈2〉初代オランダ領事ドンケル＝クルティウス	一三代家定	「最後の商館長」として来日後、江戸参府以前に身分変更し、初登城。（駐在地長崎より江戸出府のうえ登城。）
6月19日	日米修好通商条約締結		
7月10日	日蘭修好通商条約締結		
7月11日	日露修好通商条約締結		
7月12日	〈3〉ロシア使節プチャーチン	一三代家定	日露追加条約批准書交換（結果として日露修好通商条約を締結）のため来日し、当人の希望により拝謁。（将軍家定の薨去〔7月6日〕を伏せ、「御疝積氣ニ付」名代として世子慶福〔家茂〕が出御。）
7月18日	日英修好通商条約締結		
9月3日	日仏修好通商条約締結		

12月1日　第一四代家茂将軍宣下		
安政六(一八五九)年		
6月2日　神奈川(横浜)・長崎・箱館開港		
10月11日　〈4〉初代アメリカ公使ハリス	**一四代家茂**	**公使昇任によりブキャナン大統領の信任状捧呈。**
安政七/万延元(一八六〇)年		
1月18日　初の遣米使節団出発		
3月3日　桜田門外の変		
6月17日　日葡修好通商条約締結		
7月4日　〈5〉初代アメリカ公使ハリス	**一四代家茂**	**〈4〉の式次第不備により「拝謁仕直し」。**
7月9日　〈6〉初代イギリス公使オールコック	**一四代家茂**	**公使昇任(安政六年着任時は総領事)につき、ヴィクトリア女王の信任状捧呈。**
7月21日　〈7〉初代フランス代理公使ド=ベルクール	**一四代家茂**	**皇帝ナポレオン三世の信任状捧呈。**
12月5日　アメリカ公使秘書ヒュースケン暗殺事件		
12月14日　日孛修好通商条約締結		
万延二/文久元(一八六一)年		
2月3日　露艦ポサドニック号による対馬占拠事件発生		
2月23日　〈8〉初代アメリカ公使ハリス	**一四代家茂**	**万延元年遣米使節派遣を謝するブキャナン大統領よりの将軍宛親書捧呈。**
3月23日　条約締結諸国へ追加開港開市延期願いの将軍国書発出		
5月28日　東禅寺事件		
11月5日　〈9〉初代アメリカ公使ハリス	**一四代家茂**	**開港開市延期願いの将軍親書に対するリンカーン大統領の返簡捧呈。**
12月23日　初の遣欧使節団出発		

文久二（一八六二）年			
1月15日	坂下門外の変		
3月28日	**〈10〉初代アメリカ公使ハリス**	一四代家茂	離任状捧呈。
4月19日	**〈11〉第二代アメリカ公使プリュイン**	一四代家茂	着任にあたりリンカーン大統領の信任状捧呈。
4月29日	上海へ貿易調査使節団出発		
5月27日	**〈12〉初代フランス公使ド＝ベルクール**	一四代家茂	公使昇任によりあらためてナポレオン三世の信任状捧呈、ならびに開港開市延期願いの将軍親書に対するナポレオン三世の返簡を捧呈。
8月21日	生麦事件		
閏8月9日	**〈13〉初代ロシア領事ゴシケーヴィチ**	一四代家茂	開港開市延期願いの将軍親書に対するロシア皇帝アレクサンドル二世の返簡捧呈。（駐在地箱館より江戸出府のうえ登城。）
文久三（一八六三）年			
2月13日	将軍家茂上洛のため江戸を出立		
5月10日	長州藩攘夷決行		
7月2日	薩英戦争勃発		
8月18日	八月一八日の政変		
12月29日	日瑞修好通商条約締結／横浜鎖交談判遣仏使節団出発		
文久四／元治元（一八六四）年			
7月19日	禁門（蛤御門）の変		
7月23日	長州征討発令		
8月5日	四国艦隊下関砲撃		
元治二／慶応元（一八六五）年			
閏5月5日	横須賀製鉄所建設準備遣仏英使節団出発		

10月5日	条約勅許（兵庫開港を除く）		
慶応二（一八六六）年			
6月21日	日白修好通商航海条約締結		
7月16日	日伊修好通商条約締結		
10月12日	樺太境界交渉遣露使節団出発		
12月5日	第一五代慶喜将軍宣下		
12月7日	日丁修好通商条約締結		
慶応三（一八六七）年			
1月11日	パリ万国博覧会参加遣仏使節団出発		
3月25日	〈14〉第二代イギリス公使パークス	一五代慶喜	新将軍襲職につき、幕府において拝謁の機会を設定（以下〈17〉まで同）。＊1
3月26日	〈15〉第二代オランダ総領事ファン＝ポルスブルック	一五代慶喜	＊1
3月27日	〈16〉第二代フランス公使ロッシュ	一五代慶喜	＊1
3月28日	〈14-2〉第二代イギリス公使パークス	一五代慶喜	口上のみ。＊2
	〈15-2〉第二代オランダ総領事ファン＝ポルスブルック	一五代慶喜	国王ウィレム三世の信任状を捧呈。＊2
	〈16-2〉第二代フランス公使ロッシュ	一五代慶喜	皇帝ナポレオン三世の信任状を捧呈。＊2
3月29日	〈17〉第三代アメリカ公使ヴァン＝ヴァルケンバーグ	一五代慶喜	＊1
4月1日	〈17-2〉第三代アメリカ公使ヴァン＝ヴァルケンバーグ	一五代慶喜	ジョンソン大統領の信任状捧呈。＊3
5月24日	兵庫開港勅許		
10月14日	大政奉還		

＊1　大坂城白書院での内拝謁・饗応
＊2　大坂城大広間での本拝謁（国別に時間をずらし、それぞれ〈14、15、16〉と一組のものとして挙行）
＊3　大坂城大広間での本拝謁（〈17〉と一組のものとして挙行）

索　引

＊本索引は本文中の語から作成した（章末注、図表は採録の対象としなかった）。
＊見出し語が章・節・項のタイトルに含まれる場合は、そのタイトルの頁番号を太字で掲げ、該当する章・節・項内からは採録を省略した。
＊西洋人の名前は検索の便宜のため、日本での慣用的な呼び方を重視して見出し語とした。

【人名】

【事項】

て

と

な

に

◆掲載図表一覧◆

【第一章】

【第二章】

図２　ハリスのタイ(シャム)国王拝揭(ヒュースケン画／Heusken, Henry, *Japan Journal 1855–1861*, New Brunswick: Rutgers University Press, 1964)……99

【第三章】

図１　ハリス(ニューヨーク市立大学シティ・カレッジ蔵／東京都江戸東京博物館編『特別展　ペリー&ハリス――泰平の眠りを覚ました男たち』同館、名古屋ボストン美術館、読売新聞社、2008年)……112
図２　下田・玉泉寺の駐日アメリカ総領事館(ヒュースケン画／Heusken, Henry, *Japan Journal 1855–1861*, New Brunswick: Rutgers University Press, 1964)……113
図３　堀田正睦(千葉県企画部県民課編『千葉県史料　近世篇　堀田正睦外交文書』1981年)……118
図４　岩瀬忠震(渡辺修二郎『阿部正弘事蹟　日本開国起原史　上』1910年)……121
図５　下田から江戸へ向かうハリス一行(「米国官吏江府行装之図」ピーボディー・エセックス博物館蔵、E37827)……137
図６　「安政改正御江戸大絵図」部分に加筆(安政５年、国立国会図書館蔵)……138
図７　大手三之門(蜷川式胤編『旧江戸城写真帖』、明治４年撮影、重要文化財、東京国立博物館蔵　Image: TNM Image Archives)……139
図８　長袴(市岡正一『徳川盛世録』平凡社、1989年)……146
図９　小直衣(堀内信編輯『南紀徳川史』第16冊、南紀徳川史刊行会、1933年)……151
図10　「亜墨利加使節御目見之節絵図」丹後田辺藩主牧野家文書(東京都江戸東京博物館蔵　Image: 東京都歴史文化財団イメージアーカイブ)……153
図11　拝謁位置の模式図(「御本丸席図」、深井雅海編『江戸時代武家行事儀礼図譜』第２巻〔東洋書林、2001年〕を基に作成)……161
図12　奈良台と押(「公義御城之例対馬屋敷ニ而御饗応七五三図幷仕建方写」九州大学附属図書館付設記録資料館九州文化史資料部門蔵／高正晴子『朝鮮通信使をもてなした料理――饗応と食文化の交流』明石書店、2010年)……168

【第四章】

図１　ドンケル＝クルティウス（長崎歴史文化博物館蔵）……………………188
図２　永井尚志（田辺太一『幕末外交談』冨山房、1898年）…………………193
図３　プチャーチン（沼津市教育委員会蔵）…………………………………197
図４　オールコック（フェリーチェ・ベアト撮影、東京都写真美術館蔵 Image: 東京都歴史文化財団イメージアーカイブ）………………………213
図５　万延元年遣米使節団の主要メンバー（於ワシントン）（尾佐竹猛『國際法より観たる幕末外交物語』邦光堂、1930年）………………………214
図６　ド＝ベルクール（アムステルダム海洋博物館蔵／港区立港郷土資料館編『江戸の外国公使館　開国150周年記念資料集』2005年）…………215
図７　ラザフォード・オールコック初代駐日イギリス公使の第14代将軍家茂拝謁（*Illustrated London News*, 15 Dec. 1860）………………………221

【第五章】

図１　オイレンブルク（オイレンブルク著、中井晶夫訳『オイレンブルク日本遠征記　上』雄松堂書店、1969年）………………………………236
図２　安藤信正（オイレンブルク著、中井晶夫訳『オイレンブルク日本遠征記　上』雄松堂書店、1969年）…………………………………………239
図３　江戸城西丸大広間付近（「西丸御殿」部分、東京都立中央図書館特別文庫室蔵）……………………………………………………………242
図４　文久元年遣欧使節団の主要メンバー（於パリ）（尾佐竹猛『國際法より観たる幕末外交物語』邦光堂、1930年）………………………………243
図５　東禅寺事件（*Illustrated London News*, 12 Oct. 1861）…………………244
図６　プリュイン（アムステルダム海洋博物館蔵／港区立港郷土資料館編『江戸の外国公使館　開国150周年記念資料集』2005年）………………249
図７　ゴシケーヴィチ（「安政七年庚申歳　魯西亜人通行之節諸取扱手続幷見聞之書」部分、三戸町教育委員会蔵）…………………………………255
図８　村垣範正（オイレンブルク著、中井晶夫訳『オイレンブルク日本遠征記　下』雄松堂書店、1969年）…………………………………………257
図９　薩英戦争（*Le Monde illustré*, 5 Déc. 1863）……………………………260
図10　将軍家茂の上洛（「東海道箱根山中圖」文久３年、神奈川県立図書館蔵）………………………………………………………………………261

【第六章】

◆著者略歴◆

佐野真由子（さの・まゆこ）

1969年東京生まれ．東京大学教養学部教養学科（国際関係論専攻）卒業．ケンブリッジ大学国際関係論専攻 MPhil 課程修了．東京大学博士（学術）．国際交流基金，UNESCO 本部勤務，静岡文化芸術大学准教授等を経て，現在，国際日本文化研究センター（日文研）准教授．専門分野は，外交史・文化交流史，文化政策．

主な著作に，『オールコックの江戸——初代英国公使が見た幕末日本』（中央公論新社，2003年），「坂本龍馬と開明派幕臣の系譜——受け継がれた徳川的教養」（岩下哲典・小美濃清明編『龍馬の世界認識』藤原書店，2010年），“La politique culturelle du Japon”（Poirrier, Philippe, Ed., *Pour une histoire des politiques culturelles dans le monde : 1945–2011*, Paris : Comité d'histoire du ministère de la culture, 2011），『万国博覧会と人間の歴史』（編著，思文閣出版，2015年）などがある．

幕末外交儀礼《ばくまつがいこうぎれい》の研究《けんきゅう》
——欧米外交官《おうべいがいこうかん》たちの将軍拝謁《しょうぐんはいえつ》

2016（平成28）年７月15日発行

定価：本体5,000円（税別）

著　者　佐野真由子
発行者　田中　大
発行所　株式会社 思文閣出版
〒605-0089 京都市東山区元町355
電話 075-533-6860（代表）

装　幀　上野かおる（鷺草デザイン事務所）
印　刷
製　本　亜細亜印刷株式会社

 ISBN978-4-7842-1850-9 C3021